国家社科基金
后期资助项目

宋立中 著

多维视野中的文化旅游

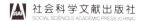

社会科学文献出版社
SOCIAL SCIENCES ACADEMIC PRESS (CHINA)

图书在版编目（CIP）数据

多维视野中的文化旅游／宋立中著. -- 北京：社
会科学文献出版社，2024.7（2025.9 重印）
国家社科基金后期资助项目
ISBN 978 - 7 - 5228 - 3622 - 5

Ⅰ.①多…　Ⅱ.①宋…　Ⅲ.①旅游文化 - 旅游业发展
- 研究 - 中国　Ⅳ.①F592.3

中国国家版本馆 CIP 数据核字（2024）第 092186 号

国家社科基金后期资助项目

多维视野中的文化旅游

著　　者／宋立中

出 版 人／冀祥德
责任编辑／朱　月
责任印制／岳　阳

出　　版／社会科学文献出版社
　　　　　　地址：北京市北三环中路甲 29 号院华龙大厦　邮编：100029
　　　　　　网址：www.ssap.com.cn
发　　行／社会科学文献出版社（010）59367028
印　　装／唐山玺诚印务有限公司

规　　格／开　本：787mm × 1092mm　1/16
　　　　　　印　张：22.75　字　数：355 千字
版　　次／2024 年 7 月第 1 版　2025 年 9 月第 2 次印刷
书　　号／ISBN 978 - 7 - 5228 - 3622 - 5
定　　价／138.00 元

读者服务电话：4008918866

国家社科基金后期资助项目
出版说明

后期资助项目是国家社科基金设立的一类重要项目，旨在鼓励广大社科研究者潜心治学，支持基础研究多出优秀成果。它是经过严格评审，从接近完成的科研成果中遴选立项的。为扩大后期资助项目的影响，更好地推动学术发展，促进成果转化，全国哲学社会科学工作办公室按照"统一设计、统一标识、统一版式、形成系列"的总体要求，组织出版国家社科基金后期资助项目成果。

全国哲学社会科学工作办公室

前　言

文化旅游的重心在于旅游，而文化为其底色，空间位移是其形式。大约 20 年前，我为谋生需要，举家从南京迁居福州，很长时间，及笄之年的女儿都很难融入福州社会，由此可见，"文化休克"（cultural shock）现象是的确存在的。不要说孩子难以适应，即便人到中年的我，每当驾车出入闽浙分水关时，都能强烈感受到吴越与闽越两大文化区不同的"个性"，诚如清代历史地理学家顾祖禹所言，"枫岭北为浙、闽分疆之处，相距不过数武，而物候荣落，顿觉不同"。这不免让人生出些许淡淡的"乡愁"。我国古籍《尚书·禹贡》分天下为九州，《山海经》以山海为经纬描述所在区域各色怪异的人与物，以及之后形成的所谓燕赵、齐鲁、吴越等若干文化区，凡此等等表明，空间的拟人化或"人化的自然"无不昭示着空间的文化差异性。环境影响文化，文化塑造人类，人类生产空间。在某种程度上，文化旅游就是"好事者"为文化差异所吸引而发生的空间位移。于是，我对文化旅游和文化空间的研究就产生了浓厚的兴趣。

儒家经典有云，"知者乐水，仁者乐山；知者动，仁者静；知者乐，仁者寿"；佛家则强调"众生平等""依正不二"；道家则言，"上善若水""天地有大美而不言"。所有这些无一不是赋予无生命空间或景观以生命主体性。我引用儒、释、道三家对于自然或空间的主体性认知，是想说明我借用法国社会学家布尔迪厄的文化资本理论解读文化资本的空间集聚特征及其文化旅游空间再生产的合理性。上述我国传统文化中赋予空间以人格特征在文化旅游实践中似乎也得到了相应的佐证。布尔迪厄文化资本的主体原本指人类，强调"品位"、"惯习"和"场域"的三位一体，而场域只不过是文化资本价值转化的一个"有意味"的空间而已。但西方文化地理学家或文化社会学家们进一步发现文化资本具有空间属性，比如欧洲的"文化之都"（The Capital of Culture）案例所揭示的那样。大卫·哈维（David Harvey）、莎伦·祖金（Sharon Zukin）都不约而同地将研究重点聚焦于地域空间文化资本的增殖过程，如哈维的《后现代性的条件》（*The Condition of Postmodernity*）、祖金的《权力的景观》（*Landscapes of Power*）和《城市的文化》（*The Cultures of Cities*）等，祖金甚至宣称，这才是"真正的文化资本"。上述研究是布尔迪厄文化资本和文化再生产理论在空间生产上的逻辑延伸。

我国当代学者陈传康先生的"文脉"概念、邹统钎教授的"地格"构念似乎都不约而同地秉承中外文化空间思想的研究理路，不过"文脉"只能说明一个地方文化的脉络演进，而不能说明文化资本的空间集聚形态；"地格"概念使人联想到"人格"意涵，亦即赋予一个地方类似于人类的主体性，换句话说，赋予空间以人格特征。文化资本及其空间集聚形态是游客地方感产生的源泉，在当下的文化旅游研究以及旅游规划和开发的实践中，虽然都有旅游地文化资源禀赋内容，但往往重视资源类型的罗列而忽略其"禀赋"分析，甚至"文脉"梳理都难得一见，从而导致旅游目的地竞争陷入"无地方性"（placelessness）和"无个性"（characterless）的地方趋同陷阱。顾名思义，"禀赋"一词也是拟人化地表达地域文化资本的特征。总之，依托缺乏深度的地域文化资本的"文脉"和"禀赋"分析而开展的所谓案例研究，其结论值得怀疑，这是本研究的一个初始动机。

当下文旅融合研究缺乏对地方文化资源的"禀赋"、"品位"以及"惯习"的探索，然而这是开展文化旅游的理论探索和实践案例研究的前提。但多数研究者，包括许多硕博士论文作者"惜墨如金"，往往在简单交代案例地概况或集中概括研究区域的文化资源赋存后，便不加系统梳理和特征分析直奔主题，热衷于模型建构、数理统计等"硬"性指标的推演，使得这些研究结果很可能缺乏"个性"而雷同化、浅表化。诚如上述，文化旅游研究的关键是对地域文化资本禀赋特征的提炼和描述，缺此环节，研究结论对于理论建构和实践探索的引导将可能陷入逻辑自戕。鉴于此，笔者不厌其烦地爬梳剔抉案例地文化资源的"脉络"和"禀赋"，试图挖掘特定地域中的不同本底的文化资本空间集聚形态，以此探索其文旅融合背景下的文化再生产的逻辑理路。当然，布尔迪厄的文化资本理论的主体是人，大卫·哈维、莎伦·祖金的文化资本理论的主体在某种程度上是空间。虽然新文化地理学视野中的空间并非实体容器，而是有意味的意义空间，但意义是如何产生的呢？空间中的文化资本本身不可能自行"繁殖"，国内外文化旅游研究者似乎都没有明确表述过这个"缺环"。笔者通过对文化再生产理论和空间生产理论的学术梳理和实践探索，发现一个地域的文化再生产的动力来自旅游地利益相关者的权力博弈，在旅游这个特定场域中，利益相关者就是文化再生产的"中介"力量。地方政府、开发商、运营商、社区居民和外来游客等都是这一空间生产和文化生产的行动者。游客是主要的"中介"力量。用理查德·约翰逊（Richard Johnson）的文化环理论（The Circuit of Culture）解释就是，文本最初由生产者形成，然后成为阅读者赋予其自身意义的差异解释的一部分。转化后的文本意义进入现有的话语文化蓄水池，新的意义转化成新生产的原材料。生产者、他们的产品（文本）、他们的读者和活态文化都被看作文化环的一部分，经历着永恒的变化。也就是说，游客对景观的阅读反哺开发商"反思"文化旅游产品生产的"漏洞"或"短板"，依据游客的消费偏好，不断加以改进，然后是再阅读、再改进，形成一个理论的闭环和实践的循环。文化便是在这一场域中不断被生产和再生产的。这是笔者需要着重解释的文化旅游空间生产的机理。

　　文化旅游是一个跨学科研究领域，要求研究者"上知天文，中知人情，下知地理"，难度非同一般；旅游研究对象的碎片化使得成体系的研究颇为不易。本书写作准备十年，构思五年，成书三年，反复修改，数易其稿，终成现在这个样子。这里需要特别感谢国家社科规划办的不弃刍荛，使得本书获得后期资助，并给予足够的包容和激励；感谢通讯评审专家和成果鉴定专家的真知灼见、苦口良药。

宋立中

福建师范大学文化旅游与公共管理学院

2023 年 7 月 22 日初稿

2024 年 6 月 25 日定稿

目　录

上篇　跨区域合作

中篇　空间生产

下篇　冲突协调

导　论

　　文化旅游当然不是当代才有的现象，一般认为它发生于 16 世纪至 18 世纪的英国贵族子弟的欧洲大巡游（The Grand Tour），约翰·陶纳（John Towner）认为它是一种典型的文化旅游①。但作为产业形态的文化旅游则萌芽于近代，出现于 20 世纪 70 年代，发展于 80 年代至 90 年代，21 世纪初，受联合国教科文组织《世界文化发展十年计划（1988—1997）》的推动以及《国际文化旅游宪章》的颁布实施，文化旅游迎来了繁荣发展的新局面。近年来，世界文化旅游发展出现明显的转向，即从服务经济时代向体验经济时代转变，亦即从观光旅游的浅层次体验向文化旅游发展的深度体验转变。联合国世界旅游组织（UNWTO）发布的《旅游与文化协同效应》显示，约 84% 的会员国或地区表示，文化旅游在其市场营销和推广计划中占有特殊地位；基于活动的文化旅游定义的 47% 的国际游客估计是文化旅游者。文化旅游者占到国际旅游人次的 40% 左右，这一观点得到了旅游和文化专家的支持，他们认为广义的文化旅游占比平均为 46%，中值为 40%。组织成员和专家们都支持文化旅游是一个成长性市场的总体观点。组织成员认为，过去五年，文化旅游平均增长 20%。专家们普遍认为文化旅游将会在未来五年内有所增长，40% 的专家认为文化旅游将显著增长②。该报告通过对联合国世界旅游组织 44% 的成员以及 61 位该领域的国际专家和学者进行在线调查，证实了文化旅游的重要性。文化旅游产业的发展得到国际组织和国家的大力推动，为文化旅游的长足发展奠定了制度基础。就我国而言，如果说 2016 年是文旅融合元年，那么 2018 年国家整合文化部和国家旅游局职责，组建文化和旅游部，就意味着从国家层面进一步明确了文化旅游发展战略，其内在动力源于人民群众对美好生活的向往。

---

①　Towner, J., "The Grand Tour: A Key Phase in the History of Tourism," *Annals of Tourism Research*, 1985, 12 (3): 297 – 333.

②　UNWTO, ed., *Report on Tourism and Culture Synergies*, Madrid: UNWTO, 2018.

"以文促旅，以旅彰文。"当前我国正面临着文化旅游发展难得的战略机遇期，但有关文化旅游理论远远不能满足文旅产业发展的实践需要。正如上述，无论从国际政策层面还是国家战略层面，加强对文化旅游的研究，揭示其发展规律，在当前文旅融合大背景下，对我国区域社会文旅经济发展和文化遗产保护与传承都具有重要的现实意义。

第一节　核心概念

本书涉及三个核心概念，包括文化旅游、文化旅游者（或文化游客）以及文化旅游吸引物（cultural attractions）或文化旅游资源①，这是本书的研究起点。这几个概念也是国内外文化旅游研究成果积累最为丰富的内容，尽管众说纷纭，尚无定论，但学术争鸣有助于问题的具体化，而不必刻意寻求统一。

（一）文化旅游

文化旅游是一个跨学科概念，涉及两个学科领域：一是文化学，二是旅游学。因此，要对文化旅游概念进行界定，便无论如何也绕不开对"文化"和"旅游"两个相关概念的界定，而恰恰这两个概念内涵之丰富、范围之广、边界之模糊，让人颇感棘手。

有关"文化"的概念界定，目前，学术界公认的是被称为人类学之父的英国人类学家爱德华·泰勒所下的定义，他在其所著的《原始文化》一书中说，"文化，或文明，就其广泛的民族学意义来说，是包括全部的知识、信仰、艺术、道德、法律、风俗以及作为社会成员的人所掌握和接受的任何其他一切才能和习惯的复合体"②。但泰勒的定义显然偏重于无形文化，对于物质文化则没有给予关照。从此，泰勒的文化定义不断被超越，文化的内涵也不断丰富。据美国学者克罗伯和克拉克洪在《文化：概念和定义的批判性回顾》中的统计，1871—1951 年欧美对

---

① 对于在我国旅游语境中使用的"文化旅游资源"这个术语，国际学术界往往使用不多，而是大多采用 cultural attraction 这个概念，此概念实际上涵盖了我国文化旅游资源和文化旅游产品的双重意涵，中文翻译为"文化旅游吸引物"。本书则视其为我国语境下的"文化旅游资源"的代名词。

② 〔英〕爱德华·泰勒：《原始文化》，连树声译，上海：上海文艺出版社，1992，第 1 页。

文化的定义达 160 种。据法国学者摩尔的统计，世界文献中的文化定义
多达 250 种。100 多年来，不同学科如哲学、历史学、人类学、语言学、
文化学、考古学等从各自的角度对文化概念都做了界定。由此可见，文
化是一个内涵非常广泛的概念，其语意也非常丰富。正因如此，人们很
难给出一个确切的定义。但学术界大致将文化分为广义的文化和狭义的
文化两个层面。我国权威辞典《辞海》就给出了广义和狭义两种定义。
广义指人类社会历史实践过程中所创造的物质财富和精神财富的总和；
狭义指社会的意识形态，以及与之相适应的制度和组织机构。①

　　关于"旅游"的概念界定，这同样是令人棘手的难题。最早可以追
溯到奥地利学者施拉德于 1910 年所下的定义，即"旅游是外国或外地人
口进入非定居地并在其逗留和移动所引起的经济活动的总和"。而影响最
大的则为亨齐克与克拉普夫（W. Hunziker & K. Krapf）的定义："旅游是
非定居者的旅行和暂时逗留而引起的现象和关系的总和，这些人不会长
期定居，并且不会牵涉任何赚钱的活动。"② 1970 年代这一定义被旅游科
学专家国际联合会（IASET）采纳，故又被称为"艾斯特"定义。一些
国际组织也给出了旅游的定义，如世界旅游组织于 1991 年的定义为"旅
游是人们为了休闲、商务或其他目的离开他们惯常环境，到某些地方停
留，但连续不超过 1 年的活动"。

　　据张凌云的归纳分析，目前主要有 30 种代表性"旅游"定义。这些
定义主要从空间、动机、消费方式和基础设施等方面对旅游现象进行描
述，较全面地反映出国际旅游学术界对于旅游内涵认识的概貌和演化过
程。由此可以看出，国际上关于旅游的定义分成学术定义和工作定义两
大类：概念性或学术性定义和技术性或操作性定义（主要是出于统计工
作的需要）。还可以分为广义定义和狭义定义两大类：宏观地将旅游看成
一种因人际交往而产生的社会现象（由此引发的现象和关系的总和）和
微观地将旅游看成一种纯个人的休闲方式或一项经济产业。事实上，旅
游本身就具有经济属性、文化属性和社会属性等多种属性。张凌云指出
了旅游定义的多义性，以及这给旅游学科建设造成的困境。他借鉴胡塞

---

① 辞海编辑委员会编《辞海》（下），上海：上海辞书出版社，1989，第 4022 页。
② 有关施拉德定义和亨齐克等的定义，作者转引自张凌云《国际上流行的旅游定义和概
　念综述——兼对旅游本质的再认识》，《旅游学刊》2008 年第 1 期，第 86—91 页。

尔的现象学哲学方法，从两个层面重新定义了旅游：一是，"旅游是人们一种短暂的生活方式和生存状态，是人们对于惯常的生活和工作环境或熟悉的人地关系和人际关系的异化体验，是对惯常生存状态和境遇的一种否定"；二是，"旅游是由于人的与生俱来的需要和行为得到满足和释放时，所产生的社会关系和现象的总和"。① 国内学术界对"旅游"的定义也是众说纷纭、莫衷一是。有关旅游的定义主要是从审美、文化、空间、体验和求知等方面加以界定，具体观点因不是本书的主要关注点，恕不一一展开。正因为文化和旅游这两个概念是文化旅游概念界定的基本前提，国际学术界也认为"文化"是英语世界中最复杂的词语之一，所以对文化旅游的概念界定显得极其困难就毫不奇怪了。加之近年来欧洲所谓的文化民主化（cultural democratization）（指高雅文化的消费下移），以及文化与日常生活日益交融，因而赋予了文化额外的意义和功能，某种程度上，"文化"显得更加难以辨识；同样，在与旅游有关的"文化"一词的使用中，我们可以识别出其不断"膨胀"的意义。所以，文化旅游、遗产旅游、艺术旅游、民族旅游等概念在这种使用中似乎都可以互换②。本书所讨论的文化旅游概念也取此广义。

国际上关于文化旅游的研究起源于 20 世纪 70 年代，一些国际组织主要是受旅游业实践推动率先对文化旅游概念进行了界定。国际古迹遗址理事会早在 1976 年《国际文化旅游宪章》中就给出了文化旅游的定义，即文化旅游是一种旅游形式，其目的之一是游客想发现和了解更多有趣的历史和艺术的名胜古迹③。该组织在 1999 年《国际文化旅游宪章》（修订本）附表中专门对文化旅游这个概念给出了详细解释，即文化旅游主要指"将重点放在文化和文化环境上的旅游，文化环境包括目的地的景观、价值和生活方式、遗产、视觉和表演艺术、工业、传统和当地居民或东道主社区的休闲活动"。这一解释突出强调文化旅游所处的环境及其社区。世界旅游组织在 1985 年给出的"文化旅游"的定义是

---

① 张凌云：《国际上流行的旅游定义和概念综述——兼对旅游本质的再认识》，《旅游学刊》2008 年第 1 期，第 86—91 页。

② Richards, G., ed., *Cultural Attractions and Europen Tourism*, Wallingford, UK：CABI Publishing, 2001：6 - 7.

③ ICOMOS, ed., *Cultural Tourism Charter*, Retrieved from http：//www. icomos. org/tourism/ tourism charter. html, 1976.

"人们本质上出于文化的动机而进行的所有移动，诸如研究性旅行，表演艺术和其他文化之旅，节日和其他文化事件旅行，参观历史遗迹和名胜古迹，以及研究自然、民俗或艺术或宗教朝圣的旅行"①。该组织在2005年对文化旅游重新做了界定，即文化旅游是指"那些受文化意图驱使的人们的若干移动，如研学旅行，参加表演艺术、节日和文化活动，参观遗址和名胜古迹，以及宗教朝圣。文化旅游也是关于沉浸于和欣赏当地人和当地的生活方式以及构成其身份和特征的东西"②。2017年世界旅游组织在中国成都举办的全体大会上对文化旅游的操作性定义进行重新界定，"文化旅游本质上是游客出于学习、发现、体验和消费旅游目的地的有形和无形文化吸引物或产品动机的一种旅游活动。这些吸引物或产品与一个社会的一套独特的物质、智力、精神和情感特征有关，包括艺术和建筑、历史和文化遗产、烹饪遗产、文学、音乐、创意产业和与他们生活方式有关的价值体系、信仰和传统的活态文化"③。可以看出，国际古迹遗址理事会的文化旅游定义强调的是环境和活动，而世界旅游组织则强调游客动机和旅游对象。它们从不同侧面指出了文化旅游的若干特质，提供了一些宏观指向性思路，但动机角度对于文化需求难以把握，对象角度又过于宽泛，环境角度比较抽象，活动角度又过于笼统，这些给学术界界定文化旅游概念带来了不小的难题。

国际旅游学术界最早涉及"文化旅游"这一概念并对此粗略界定的是美国学者罗伯特·麦金托什和夏希肯特·格波特。他们认为，旅游文化实际上概括了旅游的各个方面，人们可以借此来了解彼此的生活和思想。因此，旅游是促进国际文化合作的重要途径。反过来说，一个国家的文化发展又是吸引游客的根本保证。比如艺术、音乐、建筑、工程设计成果以及其他活动，都对游客具有强烈的感染力④。但从其概念界定

① UNWTO, ed., *The State's in Protecting and Promoting Culture as a Factor of Tourism Development and the Proper Use and Exploitation of the National Cultural Heritage of Sites and Monuments for Tourism*, Madrid: UNWTO, 1985: 6.

② UNWTO, ed., *Cultural Tourism and Poverty Alleviation: The Asia-Pacific Perspective*, Madrid: UNWTO, 2005: 1.

③ UNWTO, ed., *Tourism Definitions*, Madrid: UNWTO, 2019: 1 - 58.

④ 〔美〕罗伯特·麦金托什、〔美〕夏希肯特·格波特：《旅游学——要素·实践·基本原理》，蒲红等译，上海：上海文化出版社，1985，第37 - 38 + 45页。

及所举例证来看，他们所说的"旅游文化"，其实指的是"文化旅游"，不过这还不是非常规范的文化旅游定义。随后，西方学者就文化旅游现象开展了深入细致的研究，涌现许多代表性观点（参见本书附录：导论附录一）。根据文献梳理得知，学者们主要是从两个角度来界定文化旅游概念的：一是从游客（消费者）角度而言，即从体验、动机、生活方式等角度加以界定；二是从旅游产业（生产者）角度而言，即从产品、类型、活动等角度加以界定。如伊薇特·赖辛格（Yvette Reisinger）强调文化旅游的体验性及旅游文化内容的综合性，如遗产旅游、历史旅游、生态旅游、体育旅游以及农业旅游等；而沃尔特·贾米森（Walter Jamieson）则强调教育、宗教、艺术等更能触达人们内心的活动内容①。以格雷格·理查兹（Greg Richards）为首的欧洲旅游与休闲教育协会（European Association for Tourism and Leisure Education，ATLAS）主持的文化旅游研究项目所给出的定义最为典型。ATLAS 的文化旅游定义分概念性定义（conceptional definition）和操作性定义（operational definition）两类。其文化旅游的概念性定义是指：人们离开其惯常居住地到旅游地参观各种文化表现形式（cultural manifestations）的若干移动，意在收集新的信息和体验来满足他们的文化需求。其文化旅游的操作性定义是指，文化旅游包括人们离开惯常居住地去参观具体文化旅游吸引物的全部移动，这些吸引物包括遗产地、各种艺术和文化表现形式、技艺和戏剧等②。操作性定义和概念性定义之间最重要的区别是后者认为旅游者的动机是主要的文化旅游衡量标准。文化旅游的概念性定义试图描述附着于文化旅游活动之上的动机和意义。总之，学者们对于文化旅游概念的界定众说纷纭、莫衷一是。

卡罗·博尼克（Caro Bonink）对学术界文化旅游的概念界定进行了回顾，他确定了两种基本方法。第一种是遗址和名胜古迹的方法，侧重于描述文化旅游者所参观的景点的类型，并且明显地与基于产品的文化定义有关。这种方法对于文化旅游的定量研究非常有用，因为它相对容易识别、统计和采访文化景点的游客。第二种方法对文化旅游者的活动

---

① Jamieson，W.，"The Challenge of Cultural Tourism，" *Canadian Tourism Bulletin*，1994，3（3）：3 - 4.

② Richards，G.，ed.，*Cultural Tourism in Europe*，Wallingford：CABI，1996：24.

和动机产生的看法相对狭隘，因为它限制了对特定地点的分析。①

　　文化旅游的概念、内涵、外延及其衍生关系相当复杂，文化和旅游两个母概念本身也是相当复杂的。所以，霍华德·L. 休斯（Howard L. Hughes）认为，人们所使用的文化旅游这个术语和范围都很混乱②。就文化旅游最常用的意义而言，文化旅游既包括参观历史建筑和遗址、博物馆、美术馆等，也包括观看当代绘画、雕塑或参加艺术表演③。瓦伦·L. 史密斯（Valene L. Smith）称前者为历史旅游或遗产旅游④。理查兹·普伦蒂斯（Richards Prentice）也将"遗产旅游"一词用于指代参观自然历史景点和表演艺术⑤。文化旅游也可以被归类为艺术旅游，约翰·迈尔斯科（John Myerscough）也用这个术语来描述博物馆和美术馆旅游⑥。此外，文化旅游者可能是以一种独特的生活方式体验文化，这些方面被称为民族旅游⑦；有学者将文化旅游看作一种特殊兴趣旅游⑧⑨、"严肃休闲"⑩、生态旅游⑪等。对于文化旅游，还有学者将其视为介于大众旅游和替代性旅游（alternative tourism）的一种混合类型⑫。

①　Bonink, C. A. M., "Cultural Tourism Development and Government Policy," MA Dissertation, Rijksuniversiteit Utrecht, 1992.

②　Hughes, H. L., "Redefining Cultural Tourism," *Annals of Tourism Research*, 1996, 23 (3): 707 – 709.

③　Richards, G., "Developments in European Cultural Tourism," in *Tourism: The State of the Art*, edited by Seaton, C. A. et al., Chichester: Wiley, 1994: 366 – 376.

④　Smith, V. L., ed., *Hosts and Guests* (2nd ed.), Oxford: Blackwell, 1989.

⑤　Prentice, R., *Tourism and Heritage Attractions*, London and New York: Routledge, 1993.

⑥　Myerscough, J., *The Economic Importance of the Arts in Britain*, London: Policy Studies Institute, 1988.

⑦　Smith, V. L., ed., *Hosts and Guests* (2nd ed.), Oxford: Blackwell, 1989.

⑧　Reisinger, Y., "Tourist-Host Contact as a Part of Cultural Tourism," *World Leisure and Recreation*, 1994, 36 (2): 24 – 28.

⑨　Norman, D., et al., eds., *Special Interest Tourism: Context and Cases*, Brisbane: John Wiley & Sons Australia Ltd, 2001: 113 – 139.

⑩　Stebbins, R. A., "Cultural Tourism as Serious Leisure," *Annals of Tourism Research*, 1996, 23 (4): 948 – 950.

⑪　Ceballos-Lascurain, H., "The Future of Eco-tourism," *Mexico Journal*, 1987: 13 – 14.

⑫　Jovicic, D., "Cultural Tourism in the Context of Relations Between Mass and Alternative Tourism," *Current Issues in Tourism*, 2016, 19 (6): 605 – 612.

由此可见，国际学术界所指称的文化旅游应是一个复合概念。诚如梅勒妮·K. 史密斯（Melanie K. Smith）所认为的那样，列举法很容易陷入术语使用的陷阱，如"遗产旅游"、"艺术旅游"、"民族旅游"或"土著旅游"，它们几乎可以互换①。因此，本书采用复合型文化旅游概念，也就是说，文化旅游是一个母概念，笔者不再细分所谓遗产旅游、宗教旅游、民族旅游、民俗旅游等子概念。本书把依托于文化线路、历史街区、民族文化、民间信仰等有形文化遗产和无形文化遗产而开展的旅游生产活动和旅游消费活动皆视为"文化旅游"。

我国学者虽然对文化旅游概念有所界定，但大多是描述性的，很少有学理性界定，且大多将文化旅游与旅游文化两个概念不自觉混淆。马波较早区分了旅游文化与文化旅游的不同，认为"旅游文化与文化旅游是两个截然不同的概念，不能混淆。旅游文化属于文化的范畴，是文化的一个门类。文化旅游属于旅游的范畴，是旅游的一种类型"②。由于研究者常常把文化旅游与旅游文化的概念相混淆，以致无法明确研究对象。徐菊凤、吴光玲、韩一武、陈冬鑫等学者曾对此加以明确辨析③④⑤⑥。总体而言，国内学者的文化旅游定义侧重于三个视角：将文化旅游视为一种思维和方法、一种旅游产品、一种旅游体验（参见本书附录：导论附录二）。显然，国内学者对于文化旅游概念界定较为模糊，以致无法明确研究对象。

（二）文化旅游者或文化游客

最早对游客类型进行划分的国外学者是艾瑞克·科恩（Erik Cohen），他是在旅游真实性争论中提出自己的旅游体验现象学分类标准的。科恩

① Smith，M. K.，*Issues in Cultural Tourism Studies*（2nd ed.），London and New York：Routledge，2009：17 - 19.
② 马波：《现代旅游文化学》，青岛：青岛大学出版社，1998，第 37 页。
③ 徐菊凤：《旅游文化与文化旅游：理论与实践的若干问题》，《旅游学刊》2005 年第 4 期，第 67—72 页。
④ 吴光玲：《关于文化旅游与旅游文化若干问题研究》，《经济与社会发展》2006 年第 11 期，第 161—163 页。
⑤ 韩一武：《浅析旅游文化与文化旅游的差异》，《中共太原市委党校学报》2008 年第 6 期，第 46—48 页。
⑥ 陈冬鑫：《文化旅游与旅游文化辨析》，《商业文化》2011 年第 4 期，第 173—174 页。

根据旅游者个体对他者的文化、社会生活和自然环境的兴趣和理解的差异，将旅游者划分为五种类型：（1）娱乐型；（2）转移型；（3）体验型；（4）实验型；（5）存在型①。这其中虽然涉及文化动机，但科恩并不是针对文化旅游者而做出上述划分的。鲍勃·迈克彻和希拉里·迪克罗斯（Bob McKercher & Hilary du Cros）将文化旅游者界定为：在旅行过程中的某一时段访问特定的文化或遗产吸引物、博物馆、美术馆和历史遗址，参加文化或遗产游览活动，出席节日庆典、现场演出，或者参加其他特定活动的人，不论访问目的地的原因是什么②。绥欧皮斯缇·斯塔莱诺 - 兰伯特（Theopisti Stylianou-Lambert）认为，就广义而言，他或她（文化旅游者）是一个远离家乡去参观文化机构或地方，如博物馆、考古遗址、文化遗址、歌剧、戏剧、节日或建筑的个体③。多数学者都是根据游客文化旅游动机、兴趣、体验以及社会人口统计学特征等来构建文化旅游者类型学的，由于文化旅游者类型划分极多，为简便起见，作者将众多学者的文化旅游者类型划分情况加以概述（见本书导论附录三）。

　　在文化旅游者分类中，最为典型的是鲍勃·迈克彻的五分法（见图 0 - 1）。鲍勃·迈克彻根据游客文化体验深浅，以香港文化旅游者为案例，建构了一个文化旅游者分类模型④。在这个模型中，鲍勃·迈克彻所使用的指标是旅游体验的深度和文化旅游在决定旅游目的地时的中心性（centrality）。并根据游客文化旅游动机强弱，将文化旅游者分为五种类型：（1）有目的的文化旅游者，具有高质量/深度体验的特点；（2）观光型文化旅游者，他们的兴趣只在于参观主要的旅游景点（高质量/浅体验）；（3）临时性文化旅游者，文化对他们来说是无足轻重的（适度的质量/浅体验）；（4）附带的文化旅游者，文化不是一个兴趣的

① Cohen, E., "A Phenomenology of Tourist Experiences," *Sociology*, 1979, 13（2）: 179 - 201.

② 〔加〕Bob McKercher、〔澳〕Hilary du Cros：《文化旅游与文化遗产管理》，朱路平译，天津：南开大学出版社，2006，第147—148页。

③ Stylianou-Lambert, T., "Gazing From Home: Cultural Tourism and Art Museums," *Annals of Tourism Research*, 2011, 38（2）: 403 - 421.

④ McKercher, B., "Towards a Classification of Cultural Tourists," *International Journal of Tourism Research*, 2002, 4（1）: 29 - 38.

要素，接触和体验是如此的浅薄（低质量/浅体验）；（5）偶然的/意外的文化旅游者，文化不是主要的兴趣，但如果有机会接触，则是深度体验（低质量/深度体验）。鲍勃·迈克彻指出，并不是所有的文化旅游者都对文化有兴趣和动机，动机强烈的游客将会在更深的层次上参与到文化景点中来，因此将会有一个重要的旅游体验。鲍勃·迈克彻等的类型学方法适用性已经在东亚文化背景下的案例研究中得到进一步的检验，如中国大陆、中国香港①②、中国澳门③④以及越南顺化⑤。

图 0 - 1　鲍勃·迈克彻的文化旅游者分类模型

之后是安德列·豪斯曼（Andrea Hausmann）的文化旅游者类型学模型（见图 0 - 2）。安德列·豪斯曼认为，文化旅游者比普通游客的年龄更大，受教育程度更高，收入也更高。与其他游客相比，他们通常在度

① McKercher, B., & du Cros, H., "Testing a Cultural Tourism Typology," *International Journal of Tourism Research*, 2003, 5 (1): 45 - 58.

② McKercher, B., Mei, W. S., & Tse, T. S. M., "Are Short Duration Cultural Festivals Tourist Attractions?" *Journal of Sustainable Tourism*, 2006, 14 (1): 55 - 66.

③ Vong, F., "Application of Cultural Tourist Typology in a Gaming Destination-Macau," *Current Issues in Tourism*, 2016, 19 (9): 949 - 965.

④ Nguyen, T. H. H., & Cheung, C., "The Classification of Heritage Tourists: A Case of Hue City, Vietnam," *Journal of Heritage Tourism*, 2014, 9 (1): 35 - 50.

⑤ Chen Ganghua & Huang Songshan, "Understanding Chinese Cultural Tourists: Typology and Profile," *Journal of Travel & Tourism Marketing*, 2018, 35 (2): 162 - 177.

假时花费更多的钱，在特定地区停留的时间更长，参加的活动也更多。此外，女性是这个市场的重要组成部分。需要强调的是，根据进行文化旅游的消费者的不同动机程度，可以识别出不同类型的文化旅游者。为此，他将文化旅游者分为四种类型。第一种类型是动机很强的文化旅游者，特别喜欢有博物馆、文化景观、教堂或节日的旅游目的地。第二种类型是部分受到文化驱动的文化旅游者。例如，这些个体前往目的地旅行既有文化产品的原因，也为了探亲访友或参观某些特定的城市设施和景点。第三种类型是带有其他主要兴趣爱好或目的的文化旅游者。例如，某个目的地主要是与业务相关。尽管如此，这些人也会参观古迹、博物馆或其他文化产品。因此，旅行的主要目的不是文化。第四种类型是所谓的"临时的文化旅游者"。在这种情况下，文化场所的参观不是计划好的，而是偶然的。①

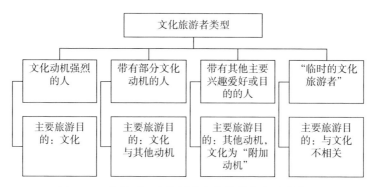

图 0 - 2 安德列·豪斯曼的文化旅游者类型学模型

还有努里亚·伽里 - 艾斯佩尔特（Nuria Galí-Espelt）的文化旅游者类型学。努里亚·伽里 - 艾斯佩尔特根据旅游者停留时间与其所经历的文化活动量之间的关系构建了如图 0 - 3 所示的矩阵。X 轴将文化活动量较多和较少的游客区分开来。Y 轴区分了长期和短期游客。因此，该矩阵有四个象限，对应于四种模式的文化旅游者：（a）长期停留的游客和较少文化活动；（b）长期停留的游客和较多文化活动；（c）短期停留的游客和较多文化活动；（d）短期停留的游客和较少文化活动。努里亚·

---

① Hausmann, A., "Cultural Tourism: Marketing Challenges and Opportunities for German Cultural Heritage," *International Journal of Heritage Studies*, 2007, 13 (2): 170 - 184.

伽里－艾斯佩尔特认为这是对文化旅游者进行分类，让我们确定有多少
具有高、中、低水平文化兴趣的文化旅游者①。

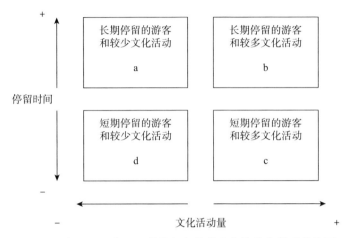

图 0－3　努里亚·伽里－艾斯佩尔特的文化旅游者类型学模型

　　综上所述，国外学者对文化旅游者类型的划分相当细致，有的从体
验角度划分，有的从旅游动机角度来划分，有的从兴趣爱好以及社会人
口学特征进行细分，这对文化旅游现象的学理探索具有重要的意义，因
为文化旅游的消费主体是游客，只有了解游客的消费动机及其偏好，文
化旅游开发和文化旅游营销等旅游产业活动才可能有的放矢。

　　国内部分学者对文化旅游者也做了界定，如刘宏燕认为，文化旅游
者通常是指那些将文化旅游作为一种爱好，具有较高的文化素养和知识
水平，有较强的求知欲和对异域文化的好奇心，知识的开放性强，乐于
与人切磋交流，努力获取新知识以提高自身的文化旅游参与者。② 任冠
文认为，文化旅游者的旅游动机主要是对文化知识的追求，他们从事旅
游活动的主要目的是在自我充实和感受各种文化熏陶的同时得到自我放
松③。但鲜有针对文化旅游者类型学的模型建构或对文化旅游者概念的

①　Galí-Espelt，N.，"Identifying Cultural Tourism：A Theoretical Methodological Proposal，"
　　Journal of Heritage Tourism，2012，7（1）：45－58.
②　刘宏燕：《文化旅游及其相关问题研究》，《社会科学家》（增刊）2005 年 5 月，第
　　430—433 页。
③　任冠文：《文化旅游相关概念辨析》，《旅游论坛》2009 年第 2 期，第 159—162 页。

实证研究。这一点与国外的研究风格明显不同①②③④。难能可贵的是，陈钢华等在鲍勃·迈克彻文化旅游者类型学基础上，以在中国澳门旅游的中国大陆游客为调查对象，对迈克彻的文化旅游者类型学进行了验证并加以改进，改进后的类型学提供了一个文化游客均衡的细分方法，这在社会人口统计学特征上更清晰地区分了不同的游客群体。改进后的类型学具有更大实际意义⑤。

笔者认为，以实践为导向的文化旅游者类型学划分有意义，同时具有可操作性。因此，笔者更加认同安德列·豪斯曼的文化旅游者类型学谱系。

（三）文化旅游吸引物（文化旅游资源）

文化旅游吸引物（cultural tourism attractions）类型学的研究是文化旅游概念和文化旅游者类型学的逻辑延伸。迪恩·麦康奈尔（Dean Mac-Cannell）认为，文化旅游吸引物是指文化产物，这个术语不仅指文化的过程，而且指源于这一过程的产物。麦康奈尔认为旅游景区是研究这种文化生产性质的理想场所。然而，文化产品的范围本身是巨大的，"文化旅游"这个术语已经被用来描述游客对艺术、遗产、民俗以及其他各种文化表现形式的消费⑥。尽管文化旅游被广泛视为一种不断发展的现象，也是最早的旅游类型学之一，但它并没有一个普遍有效和综合的定义。

西方学者主要基于文化旅游和文化旅游者概念的辨析，从吸引游客的动机和体验、社会人口学特征等角度建构文化旅游吸引物类型学。理查兹·普伦蒂斯发现了 23 个不同类型的文化旅游吸引物，如自然历史、

① McKercher, B., "Towards a Classification of Cultural Tourists," *International Journal of Tourism Research*, 2002, 4 (1): 29 – 38.

② Pulido-Fernández, J. I., et al., "Attitudes of the Cultural Tourist: A Latent Segmentation Approach," *Journal of Cultural Economics*, 2010, 34 (2): 111 – 129.

③ Niemczyk, A., "Cultural Tourists: An Attempt to Classify Them," *Tourism Management Perspectives*, 2013, 5 (1): 24 – 30.

④ Vong, F., "Application of Cultural Tourist Typology in a Gaming Destination-Macao," *Current Issues in Tourism*, 2016, 19 (9): 949 – 965.

⑤ Chen Ganghua & Huang Songshan, "Understanding Chinese Cultural Tourists: Typology and Profile," *Journal of Travel & Tourism Marketing*, 2018, 35 (2): 162 – 177.

⑥ MacCannell, D., *The Tourist: A New Theory of the Leisure Class*, London: Macmillan, 1976: 25.

以科学为基础的科学博物馆、技术中心、与初级生产和工业遗产相关的旅游景点、手工艺中心和手工艺品作坊、历史文化和历史人物、娱乐花园和主题公园、画廊、节日以及宗教景点等，还包括村庄和小村落，以及农村和整个地区①。迈克尔·霍尔和西蒙·麦克阿瑟（C. Michael Hall & Simon McArthur）认为，文物、建筑、遗址、城镇景观和作为遗产吸引物的景观都属于文化旅游吸引物②。同样，维尔·芒斯特斯（Wil Munsters）以布鲁塞尔为案例地，分析文化旅游吸引物的类型。他将文化旅游吸引物分为吸引物和事件或活动（events）两大类。吸引物包括文物古迹（宗教建筑、公共建筑、历史建筑、城堡和宫殿、公园和园林、防御工事、考古遗址、工业—考古建筑）、博物馆（民俗博物馆、艺术博物馆）、线路（文化—历史专线、艺术专线）、主题公园（文化—历史公园、考古公园、建筑公园）；活动包括文化—历史活动（宗教节日、世俗节日、民俗节日）、艺术活动（艺术展览、艺术节日）等③。帕特·耶鲁（Pat Yale）确定了12种类型的吸引物，包括节日和活动，以及一个非定型的杂项④。几年后，苏·米勒（Sue Millar）将吸引物划分为三种类型："人造"遗产（"built" heritage）、"自然"遗产（"natural" heritage）和"活态"遗产（"living" heritage）。然后增加了一个规模维度——"国家/地区"来区分不同的类型，所谓"自然"遗产也并不是"自然"的，比如其所列举的遗产海岸线、乡镇公园、历史花园等⑤。莱因哈德·巴赤雷特和安德里亚斯·辛斯（Reinhard Bachleitner & Andreas H. Zins）指出文化旅游开发主要依靠四个方面的内容：一是文化供给

---

① Prentice, R., *Tourism and Heritage Attractions*, London and New York: Routledge, 1993: 39 – 40.

② Hall, C. M., and McArthur, S., eds., *Heritage Management in New Zealand and Australia: Visitor Management, Interpretation and Marketing*, Oxford: Oxford University Press, 1993: 10 – 11.

③ Munsters, W., "Cultural Tourism in Belgium," in *Cultural Tourism in Europe*, edited by Richards, G., Wallingford: CABI, 1996: 80 – 81.

④ Yale, P., "From Tourist Attractions to Heritage Tourism," of *Cultural Tourism* (2nd ed.), by Cros, H. D., and McKercher, B., London and New York: Routledge, 2015: 10.

⑤ Millar, S., "An Overview of the Sector," in *Heritage Visitor Attractions: An Operations Management Perspective*, edited by Leask, A., & Yeoman, I., London and New York: Cassell, 1999: 8 – 9.

（有吸引力的文化展览）；二是社会和组织结构（考虑当地和区域背景）；三是文化经历；四是自然和社会遗产（独特）[①]。特威德（Tweed）试图开发一种文化旅游产品分类。他确定了四个广泛的类别：对象、地点、事件和景点。然后，在每个广泛的主题下，将一些子类别再分组。这些对象被进一步细分为名胜古迹、建筑物和基础设施，并在每个标题下进一步细分。例如，建筑物的子群包括住房（还有四个分支）、工业遗产、军事附属设施和其他共 14 种类型[②]。如此繁复的细分，也无法穷尽所有文化旅游吸引物类型。笔者认为，最为缜密的文化旅游吸引物类型学是格雷格·理查兹（Greg Richards）和梅勒妮·L. 斯密斯（Melanie K. Smith）等的类型学。

格雷格·理查兹根据形式（从过去到现在）和功能（从教育到娱乐），较早建立文化旅游吸引物类型学模型（见图 0-4）。他认为吸引物的文化基础可以从文化的物质产品的表述到活态文化元素的主动传播，或者将文化作为生活的方式。他将文化旅游吸引物分成两个维度：第一个维度代表了文化定义的连续统一体，从文化作为产品到文化作为过程；第二个维度代表了文化资源被置于吸引物用途或目的中的文化目的[③]。图 0-4 直观地展示了理查兹对文化旅游环境的有用描述。在他的类型学中，两个尺度——过去/现在、教育/娱乐形成一个矩阵轴，其中包含广泛的文化产品，如那些主要是为了发展旅游业而表演的产品，如举行选美比赛或庆祝节日，和几乎可以为旅游业阈限实体的产品，如艺术展览和语言课程[④]。从理查兹的分类中可以看出，他所指的文化旅游吸引物既包括文化旅游产品，也包括文化旅游资源。产品如娱乐消遣、艺术节、主题公园、艺术展览、语言课程、创意假日、民俗节日、美术馆、博物馆、露天表演等。纯粹的文化资源包括遗产吸引物、名胜古迹等。总体

① Bachleitner, R., & Zins, A. H., "Cultural Tourism in Rural Communities: The Residents' Perspective," *Journal of Business Research*, 1999, 44 (3): 199 – 207.

② Tweed, C., "Taxonomy of Cultural Attractors," of *Cultural Tourism* (2nd ed.), by Cros, H. D., and McKercher, B., London and New York: Routledge, 2015: 10.

③ Richards, G., ed., *Cultural Attractions and European Tourism*, Wallingford, UK: CABI publishing, 2001: 24.

④ Raj, R., Griffin, K., and Morpeth, N., eds., *Cultural Tourism*, Wallingford and Boston: CABI, 2013: 40.

而言，理查兹并没有严格区分产品和资源的差异。

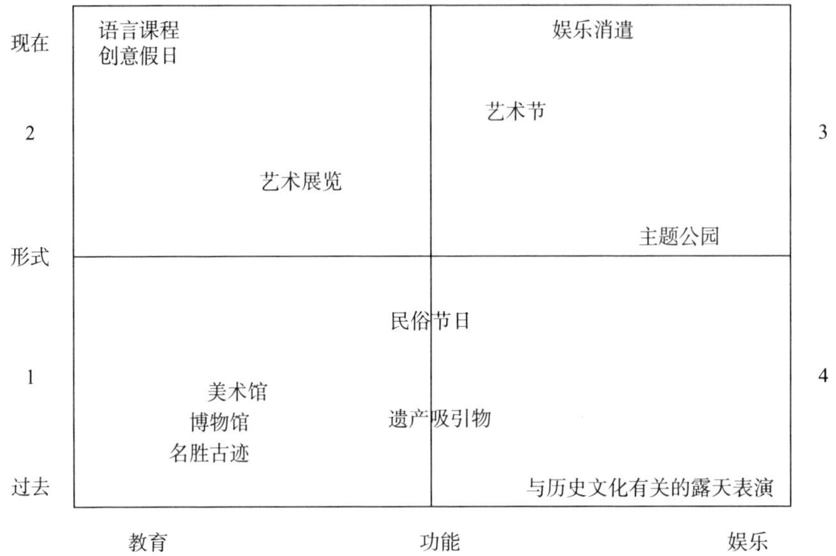

图 0-4　格雷格·理查兹的文化旅游吸引物类型学模型

　　欧洲传统和区域文化中心（European Centre for Traditional and Regional Cultures，ECTARC）提供了一份典型的用来吸引文化旅游者的吸引物的清单，它是对《国际文化旅游宪章》的一种贡献。该清单同样是建立在建筑、艺术、音乐和戏剧等高雅文化形式之上的。[①] 然而，与欧盟的文化旅游吸引物类型学不同，人们更注重文化过程，而不仅仅是文化产品。这表明人们对于流行文化和民间文化的兴趣日益浓厚。具体内容如下。

　　　　a. 考古遗址和博物馆。

　　　　b. 建筑（废墟、著名建筑、整个城镇）。

　　　　c. 艺术、雕塑、工艺品、画廊、节日、活动。

　　　　d. 音乐和舞蹈（古典的、民间的、当代的）。

　　　　e. 戏剧（剧院、电影、剧作家）。

　　　　f. 语言和文学研究、旅游、活动。

---

　　① ECTARC，"Contribution to the Drafting of a Charter for Cultural Tourism，European Centre for Traditional and Regional Culturaes，" of *Cultural Attractions and European Tourism*，edited by Richards，G.，Wallingford，UK：CABI Publishing，2001：23.

g. 宗教节日、朝圣。

h. 完整的文化（民间的或原始的）和亚文化。

　　这一划分显然是将文化的有形和无形方面都囊括在内，而且这些吸引物的特征明显指向一种高雅文化的文化旅游概念，倾向于消费文化产品，而不是参与文化过程。联合国教科文组织针对文化资源作用于文化旅游的原理，构建了一个概念模型，联合国教科文组织认为，自然遗产、文化遗产、文化景观、表演艺术、庆典和精致艺术等是文化旅游资源的核心，对文化旅游具有直接和强大的影响力。创意产业对文化旅游的影响较弱，且较为间接。创意产业包括与出版物，音频、视频及媒体相关的领域，以及设计和创意服务①（见图 0 - 5）。

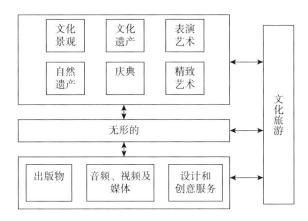

图 0 - 5　联合国教科文组织的文化资源作用于文化旅游的概念模型

　　梅勒妮·史密斯（Melanie K. Smith）鉴于列举法很容易陷入术语使用的陷阱，于是将文化旅游进一步细分为遗产旅游、艺术旅游、创意旅游、城市文化旅游、乡村文化旅游、土著文化旅游和体验型文化旅游七个子类，每个子类对应不同的文化旅游吸引物（见表 0 - 1）②。显然，这个类型学外延相当广泛，既包括高雅文化，也内含通俗文化；既包括过

---

① UNESCO, ed., *The Framework for Cultural Statistics（FCS）*, New York：UNESCO Institute for Statistics, 2009.

② Smith, M. K., *Issues in Cultural Tourism Studies*（2nd ed.）, London and New York：Routledge, 2009：17 - 19.

去的文化遗产，也包括当代的文化景观。

表 0 - 1　文化旅游吸引物类型

遗产旅游	参观城堡、宫殿、乡村住宅
	考古遗址、历史古迹、建筑艺术、博物馆、宗教遗址
艺术旅游	参观剧院、音乐会、美术馆、节日、嘉年华、事件
	文学遗址
创意旅游	摄影、绘画、陶艺、舞蹈、烹饪、手工艺品
	创意产业（如电影、TV、建筑艺术、时装、设计）
城市文化旅游	历史城市、再生性工业城市、滨水开发区、艺术和遗产
	吸引物、购物、夜生活
乡村文化旅游	村庄旅游、农业或农场旅游、生态博物馆
	文化景观、国家公园、葡萄酒小径
土著文化旅游	登山、沙漠、丛林、热带雨林或山地徒步、部落村庄
	参观文化中心、艺术品和手工艺品、文化表演、节日
体验型文化旅游	主题公园、主题餐厅、购物商厦、流行音乐厅、体育赛事
	电影和电视场所、名人签售（celebrity-endorsed）的产品

　　综上所述，国外文化旅游吸引物既包含文化旅游资源，也包括文化旅游产品。不同的组织机构和学者个人对文化旅游吸引物的看法虽有较大差异，但都不外乎有形文化遗产和无形文化遗产，以及当代流行文化、物质文化等广义的文化资源，外延广泛，内涵复杂，可以说，举凡一切可以吸引游客的文化资源都可被称为文化旅游吸引物。本书中的文化旅游吸引物或文化旅游资源概念也是如此[①]。因此，本书所指的文化旅游大约等同于格雷格·理查兹的文化旅游操作性定义，亦即举凡依托于文化遗产（包括非物质文化遗产）、各种文化表现形式和当代文化景观而

---

① 国内学者很少界定文化旅游资源或文化旅游吸引物。国家质量监督检验检疫总局发布了《旅游资源分类、调查与评价》（GB/T18972 - 2003），因此研究者要么对文化旅游资源概念不做界定，要么直接借用上述国家标准，尽管有学者对此标准有所质疑，但反响微乎其微。需要说明的是，2017年因应文化与旅游融合发展，相关部门对上述标准作了修订，但修订后的标准仍然不能满足旅游实践需要，目前文化和旅游部在全国许多省区试点，试图重新制定新的文旅资源分类标准。

开展的旅游活动，均被视为文化旅游。

第二节　主要论题

自 1991 年欧盟启动文化旅游研究的 ATLAS 项目以来，以格雷格·理查兹为首的众多文化旅游研究者长期从事此项研究，积累了丰富的研究成果，标志着全球范围的文化旅游研究从学术边缘走向学术中心，也使得文化旅游研究实现从小众特殊兴趣旅游范畴到广众的意涵丰富的旅游形态的转变。本书将以 ATLAS 项目系列成果为中心，兼及国内外文化旅游研究论著，以及发表在本领域国际顶刊或国内核心期刊上的论文，重点梳理国内外研究比较充分的系列文化旅游主题，这是开展本课题研究的必要前提。

（一）真实性与商品化

文化旅游真实性问题的讨论源于美国历史学家丹尼尔·J. 布尔斯廷（Daniel J. Boorstin）所谓的"伪事件"（Pseudo-event）命题。布尔斯廷认为，在美国，现实生活中充满太多的虚假现象，"伪事件"泛滥成灾，从新闻采集到新闻制作，从英雄到名人的包装，无不如此。因此，从旅行者到游客的身份转变便成为一种失落的旅行艺术。所以，他认为，"生活在一个安全、富裕、体面的社会里的人们旅行是为了逃避无聊，躲避熟悉的事物，发现奇异的事物"[①]。换句话说，外出旅行是为了寻求真实。社会学家迪恩·麦康奈尔则在此基础上借鉴社会学家欧文·戈夫曼（Erving Goffman）的"拟剧理论"提出了一个所谓的"舞台真实"（Staged Authenticity）的概念[②]。麦康奈尔将戈夫曼在其《日常生活中的自我呈现》一书中提出的"结构与意识"（Structure and Consciousness）以及前后台二分（the Dichotomy of Front and Back）等概念引入旅游研究中，是对戈夫曼"拟剧理论"的发展和延伸[③]。麦康奈尔认为，人们在

---

① Boorstin D. J. , *The Image*: *A Guide to Pseudo-Events in America*（*the* 25*th Anniversary Edition*）, New York: Atheneum, 1987: 78.

② MacCannell, D. , "Staged Authenticity: Arrangements of Social Space in Tourist Settings," *American Journal of Sociology*, 1973, 79（3）: 589 – 603.

③ Goffman, E. , *The Presentation of Self in Everyday Life*, Harmondsworth: Penguin, 1959.

现实生活中经历了太多的虚假事件和伪事件，迫切需要到外面的世界寻找真实的体验。但他们看到的并非真实，而是人造的"舞台真实"，即所谓商品化的文化。其目的是保护后台，即东道地的文化传统免遭破坏。为了确保前台表演的真实性和可信度，就必须要保证后台的封闭性和神秘性。麦康奈尔提出的"舞台真实"理论中的"原真性"和"舞台性"是旅游社会学研究中从游客动机和游客体验角度对旅游吸引物或旅游景观系统理论进行阐释的两个核心概念。麦康奈尔的"舞台真实"假说虽有失偏颇，却引发了全球范围内旅游社会学家关于旅游真实性的大讨论，涌现许多具有启发意义的观点①。

　　旅游社会学领域另一巨擘艾瑞克·科恩认为本真性的概念本来就不是静止、固定的，它是可以协商的，随着时间的推移，这些东西最终可能会成为"新增的真实"（emergent authenticity）或"渐进性真实"②。历史学家霍布斯鲍姆等所提出的"传统的发明"（the invention of tradition）概念表明③，原本不存在的东西，因为人为的建构，随着时间的推移，人们也会渐渐视其为真实，这实际上是我国学者王宁所论述的建构性真实。王宁对麦康奈尔的"舞台真实"理论加以修正和补充，将真实性区分为"客观主义真实"（objective authenticity）、"建构主义真实"（constructive authenticity）和"存在主义真实"（existential authenticity）④。客观主义真实，按照作者的理解，是指原物的真实性，相应地，旅游中的真实体验就等同于原物真实的游客认知体验。这种真实情形类似于博物馆里的藏品。所谓建构主义真实，是指游客将自己的信念、期望、偏好、

---

① 参见肖洪根《对旅游社会学理论体系研究的认识——兼评国外旅游社会学研究动态（上）》，《旅游学刊》2001 年第 6 期，第 16—26 页。参见肖洪根《对旅游社会学理论体系研究的认识——兼评国外旅游社会学研究动态（下）》，《旅游学刊》2002 年第 1 期，第 59—68 页。参见赵红梅、李庆雷《回望"真实性"（authenticity）（上）——一个旅游研究的热点》，《旅游学刊》2012 年第 4 期，第 11—20 页。参见赵红梅、董培海《回望"真实性"（authenticity）（下）——一个旅游研究的热点》，《旅游学刊》2012 年第 5 期，第 13—22 页。

② Cohen, E., "Authentiticiy and Commoditization in Tourism," *Annals of Tourism Research*, 1988, 15（3）：371 – 386.

③ 〔英〕E. 霍布斯鲍姆、T. 兰格：《传统的发明》，顾航、庞冠群译，南京：译林出版社，2004，第 1—17 页。

④ Wang, N., "Rethinking Authenticity in Tourism Experience," *Annals of Tourism Research*, 1999, 26（2）：349 – 370.

刻板印象和意识对所游览对象，特别是对"被旅游的他者"（toured other）进行的一种投射。所谓存在主义真实，是指"一种潜在的存在状态"，它是由旅游活动所激发的，相应地，旅游的真实体验就是在旅游的阈限过程中实现这种激发的存在状态。存在主义真实可以与旅游对象的真实性无关。存在主义真实又可以分为两个不同维度：个体内部真实和个体间真实。存在主义真实可以解释更多的旅游体验，从而有助于提高旅游中真实性追求模型的解释力。杨振之则在麦康奈尔的"舞台二分"中间插入一个"帷幕"，形成了一种"前台—帷幕—后台"的民族文化保护模式①。

　　塔齐姆·B. 贾马尔和史蒂夫·希尔（Tazim B. Jamal & Steve Hill）也赞同王宁的观点。他们认为，有关物品或历史事件的客观事实的观点对于科学家、人类学家和考古学家而言，是可以理解的，他们一般持这样的观点，即在科学上和客观上是可以确定一个真实的历史事件或地点位于一个原初的时间段内，以及那个时代的物质环境之中的②。汤姆·塞尔温（Tom Selwyn）认为，真实性也许存在于真实物品或事件本身的消费者体验之中，进而他将真实性分为"冷真实"（真的和实际存在的）和"热真实"（承认其是虚假的但令人愉快的东西）③。"热真实"是"游客虚构的想象世界的一个方面……关注自我与社会的问题"，特别是寻求"真实的自我"和"真实的他者"。这种类型的真实其实是一种象征性真实（symbolic authenticity）。那么，对于旅游体验的"冷真实"和"热真实"如何进行验证或鉴定呢？艾瑞克·科恩和斯科特·科恩（Erik Cohen & Scott A. Cohen）提出了"冷"验证和"热"验证两个概念，所谓"冷"验证，"通常是一种单一的、明确的、正式的甚至官方的、表演的（言语）行为，通过这种行为，一个物体、地点、事件、习俗、角色或人的真实性被宣布为原创的、真实的或实际的，而不是复制的、虚假的或人为的"；"热"验证是"一个内在的、重复的、非正式的表演过

---

①　杨振之：《前台、帷幕、后台——民族文化保护与旅游开发的新模式探索》，《民族研究》2006 年第 2 期，第 39—46 页。

②　Jamal, T., and Hill, S., "The Home and the World: (Post) Touristic Spaces of (in) Authenticity," in *The Tourist as Metaphor of the Social World*, edited by Dann, G., Wallingford: CABI Publishing, 2002: 84.

③　Selwyn, T., ed., *The Tourists Image: Myths and Myth Making in Tourism*, Chichester, UK: John Wiley & Sons, 1996: 21 - 28.

程，它创造、保存和加强一个对象、地点或事件的真实性。它通常是一个匿名的操作过程，缺乏一个公认的身份验证代理"①。对此，马克冉迪达·科诺（Muchazondida Mkono）采用网络民族志方法来说明旅游体验中"热"和"冷"验证的概念。笔者认为，真实性的验证有利于推动真实性理论发展，超越了主观感知和思想流派，但"冷"和"热"的身份验证永远都不会真正完成。关键问题则是，谁将对验证者进行身份验证②。由此可见，文化旅游中真实性的讨论似乎永远是一个颇具张力的开放性论题③。

由麦康奈尔的"舞台真实"理论所激发的真实性与商品化关系的讨论成为国内外学术界争论的焦点，这也是旅游文化影响研究的重要内容。路易斯·特纳和约翰·阿什（Louis Turner & John Ash）指出，游客和野蛮人一样都是出于逃离的欲望追求富有异国情调的他者文化。在此过程中，游客很快就会"把自己的价值观强加给他所参观的社会。旅游者优越的经济财富迅速侵蚀了与西方世界隔绝而发展起来的文化的感官和审美财富"④。吉安娜·M. 莫斯卡多和菲利普·皮尔斯（Gianna M. Moscardo & Philip L. Pearce）认为旅游尤其是民族民俗旅游和文化旅游对传统文化有负面影响，认为民俗商品化破坏了地方文化和人际关系的真实性⑤。戴维德·J. 格林伍德（Davydd J. Greenwood）认为，文化商品化促使文化"真实性"遭到破坏，滥用"地方色彩"并把它当作"诱饵"实际上剥夺了文化的内涵，同时剥夺了文化的方方面面⑥。艾

---

① Cohen, E., & Cohen, S. A., "Authentication: Hot and Cool," *Annals of Tourism Research*, 2012, 39 (3): 1295 –1314.

② Mkono, M., "Hot and Cool Authentication: A Netnographic Illustration," *Annals of Tourism Research*, 2013, 41 (2): 215 –218.

③ 参见赵红梅等《回望"真实性"（authenticity）（上）——一个旅游研究的热点》，《旅游学刊》2012 年第 4 期，第 11—19 页。参见赵红梅、董培海《回望"真实性"（authenticity）（下）——一个旅游研究的热点》，《旅游学刊》2012 年第 5 期，第 13—22 页。

④ Turner, L., and Ash, J., *The Golden Hordes: International Tourism and the Pleasure Periphery*, New York: St. Martin's Press, Inc., 1976: 130.

⑤ Moscardo, G. M., and Pearce, P. L., "Historic Theme Parks: An Australian Experience in Authenticity," *Annals of Tourism Research*, 1986, 13 (3): 467 –479.

⑥ 〔美〕戴维德·J. 格林伍德：《文化能用金钱来衡量吗？——从人类学的角度探讨旅游文化商品化问题》，转引自〔美〕瓦伦·L. 史密斯主编《东道主与游客：旅游人类学研究》（中译本修订版），张晓萍等译，昆明：云南大学出版社，2007，第 149—161 页。

瑞克·科恩则是另一派学者的代表。他认为，商品化使真实性丧失是一种荒谬的说法。因为一种新的文化产品可以随时被接受为"真实"。商品化不一定破坏文化产品的真实性。文化商品化会给旅游产品增加新的含义①。持此种观点的学者不在少数，如乔治·休斯②、伊冯·佩恩·丹尼尔（Yvonne Payne Daniel）③、基尔·马丁（Keir Martin）④ 等。

　　文化旅游中真实性与商品化的问题在我国旅游学界也引起了广泛的讨论。总体而言，这些研究大多是案例研究，一般都是借助舞台真实理论，尤其是借助王宁提出的建构主义真实的研究框架来探讨案例中所呈现的问题。研究结论也没有超出上述国外学者的二分格局，即文化商品化既有积极影响，也有消极作用。积极影响表现在，文化商品化可以激发民族自豪感、身份认同和社群意识⑤⑥⑦，及其工具性，如文化商品化的价值增殖反哺文化保护，激发社区文化保护意识、助推民族文化复兴、促进文化创新和整合等⑧⑨⑩⑪。消极作用表现在，文化商品化可能导致文化同化、地方性消失以及民族文化"仆从性"、庸俗化、

① Cohen，E.，"Authentiticiy and Commoditization in Tourism，" *Annals of Tourism Research*，1988，15（3）：371－386.

② Hughes，G.，"Authenticity in Tourism，" *Annals of Tourism Research*，1995，22（4）：781－803.

③ Daniel，Y. P.，"Tourism Dance Performances: Authenticity and Creativity，" *Annals of Tourism Research*，1996，23（4）：780－797.

④ Martin，K.，"Living Pasts：Contested Tourism Authenticities，" *Annals of Tourism Research*，2010，37（2）：537－554.

⑤ 孙九霞、吴韬：《民族旅游地文化商品化对文化传承的影响——以小黄侗族大歌为例》，《华南师范大学学报》（社会科学版）2015 年第 2 期，第 73—82 页。

⑥ 周丽洁：《民族旅游对非物质文化遗产保护与传承的影响——基于湖南省湘西地区的调查与思考》，《中州学刊》2010 年第 4 期，第 131—133 页。

⑦ 李林：《旅游对吕家河"民歌村"社区传统文化的影响》，《西南民族大学学报》（人文社会科学版）2006 年第 8 期，第 219—222 页。

⑧ 李萍、王倩、Chris Ryan：《旅游对传统村落的影响研究——以安徽齐云山为例》，《旅游学刊》2012 年第 4 期，第 57—63 页。

⑨ 何仲禹、张杰：《旅游开发对我国历史文化村镇的影响研究》，《城市规划》2011 年第 2 期，第 68—73 页。

⑩ 董文寿、鄂崇荣：《旅游开发对土族非物质文化遗产保护的影响——以互助土族自治县小庄村、大庄村为例》，《青海民族大学学报》（社会科学版）2010 年第 3 期，第 51—55 页。

⑪ 马振：《旅游对舞蹈类非物质文化遗产传承的影响——以土家摆手舞为例》，《中南民族大学学报》（人文社会科学版）2018 年第 5 期，第 45—48 页。

退化或稀释等①②③。然而，把文化资源开发成文化旅游产品的过程，就是一个文化商品化的过程。但文化商品化不是文化旅游影响的一个测度工具，只有当文化过度商品化，它才对文化形成深度影响。因此，文化商品化不可避免，这是学界的共识，但如何避免文化过度商品化是本主题颇具张力的学术议题。

（二）全球化与在地化

全球化（globalization）和在地化或本土化（localization）是文化旅游研究中经久不衰的主题。它往往与身份创造、跨文化交流和跨文化对话的主题密切相关。国际学术界大致分为两大主流观点。一派学者认为，文化旅游全球化会导致文化同质化。凯文·罗宾斯（Kevin Robins）认为，文化旅游全球化的一个典型表现就是时空压缩和"不断升级的全球化逻辑"同质化了当地身份和地方④。这一点在文化和遗产旅游作为世界旅游的主要趋势中得到了明显的体现⑤。全球旅游所特有的人员流动、信息流动、标志和符号使文化非本地化，使发展有意义的人际互动变得困难。全球化被定义为同质化的过程，威胁着民族文化和地方文化模式的存在。全球旅游使民族文化去地方化（de-localization），地方文化旅游消失。

经济和旅游的全球化是否必然导致"文化全球化"，这一问题受到越来越多的关注。多数学者认为，全球文化旅游与当地文化是双向互动的关系。全球化非但不会导致文化同质化，反而刺激文化在地化。全球化在某种程度上是对文化差异的承认。大卫·哈维（David Harvey）认为，全球之间的相互关系越紧密，世界人口就越依赖于地域和邻里

---

① 张波：《旅游对接待地社会文化的消极影响》，《云南师范大学学报》（哲学社会科学版）2004 年第 2 期，第 125—130 页。

② 王晞：《论"大众化旅游"对旅游地社会文化的负面影响》，《社会科学家》2002 年第 6 期，第 35—38 页。

③ 汪黎明：《旅游开发对传统民族音乐文化的影响——以云南大理白族"绕三灵"节祭音乐文化为例》，《民族艺术研究》2011 年第 2 期，第 62—65 页。

④ Robins, K., "Tradition and Translation: National Culture in Its Global Context," in *Enterprise and Heritage: Crosscurrents of National Culture*, edited by Corner, J., & Harvey, S., London: Routledge & Kegan Paul, 1991: 21-44.

⑤ Chang, T. C., Milne, S., and Fallon, D., et al., "Urban Heritage Tourism: The Global-Local Nexus," *Annals of Tourism Research*, 1996, 23 (2): 284-305.

关系①。斯科特·拉什和约翰·厄里（Scott Lash & John Urry）在《符号和空间的经济学》一书中也认为全球化有助于文化旅游的发展，以及有助于全球化和在地化之间的良性互动，因为：

> 人们有权在任何地方旅行；对所有地方、民族和文化都有好奇心；对其他民族和文化持开放态度；愿意承担风险，走出旅游环境气泡；有能力从广泛的历史和地理知识中定位自己的社会和文化，在不同的自然、地方和社会之间进行反思和审美判断；还有一定的符号学技能——能够解读旅游标志，并以冷静或超然的方式接近（它们）。②

约翰·艾德（John Eade）和艾伦·约翰·斯科特（Allen John Scott）也注意到，全球化不会产生文化同质化，也不会破坏地方差异，相反，它创造了条件，使当地的文化传统得以保存，文化创新得以蓬勃发展③④。面对全球化，人们和组织利用自己的地方性来维持和生产独特的产品，建立社会联系和网络，并通过使用不同的符号和图案来建立和增强地方独特性。地方和文化总是相互交织在一起的，文化是一种具有强烈地方特征的现象，从而有助于将地方区分开来。地方文化有助于塑造城市内经济活动的特征；同样，经济活动成为特定地方文化创造和创新能力的一个动态因素。斯科特进一步指出，随着文化经济的高速发展，不同地方的文化差异也有可能加剧，因为如果资本主义消解了某些文化表达场所，它会积极地在其他地方重新创造其他场所。随着经济和文化全球化趋势的深化，这些分化过程有可能更尖锐地铭刻在文化生产的经济地理中。

格雷格·理查兹认为，随着全球化而产生的同质化和空洞化刺激了本

---

① Harvey, D., "From Space to Place and Back Again: Reflections on the Condition of Postmodernity," in *Mapping the Futures: Local Cultures, Global Change*, edited by Bird, J., Curtis, B., et al., London and New York: Routledge, 1993: 2-29.

② Lash, S., & Urry, J., *Economies of Signs and Space*, London·Thousand Oaks·New Delhi: Sage Publications Ltd, 1994: 309.

③ Eade, J., ed., *Living the Global City: Globalization as a Local Process*, London and New York: Routledge, 1997: 3-5.

④ Scott, A. J., *The Cultural Economy of Cities: Essays on the Geography of Image-Producing Industries*, London·Thousand Oaks·New Delhi: Sage Publications Ltd, 2000: 3-15.

地化，因为当地社区需要努力建立新的身份和恢复他们的遗产①。人们建立联系的方式，传达和交换信息，理解符号和文化意义，嵌入话语中的符号都加强了地方差异、地方性格和地方独特性②。旅游目的地也需要差异化布局。全球力量不会消除当地的文化标准，相反，它迫使地方产生当地的文化元素，并促进其独特性。全球力量为当地传统的生存创造了条件。例如新加坡，文化和旅游交织在一起的结果是透过全球旅游的镜头"传播"当地的文化身份；同时为旅游业重新配置新加坡的"文化储备"（cultural stock），再造当地文化景观，确立"新亚洲—新加坡"的旅游目的地形象③。

　　文化旅游的全球化过程恰恰是一种全球文化的驯化过程，因为旅游的卖点是差异化，地方为了发展具有地域特色的文化旅游，就必须抵制全球化带来的同质化和标准化冲击，也就是要避免所谓的麦当劳化（Mc-Donaldization）或克里奥尔化（Creolization）。"全球化"，即全球大众旅游的本土化，发展地方文化旅游是保护和保存地方文化的重要手段之一，也是解决地方文化退化问题的方法。只要当地社区保持对自己产品的控制，本地产品就会得到认可，传统价值会得到提升④。全球化反过来也是本土文化的创新动力，独特的当地文化和传统为目的地赋予意义；不同的群体通过不同的活动来塑造不同的地方形象，用不同的符号来提升当地文化和抵制全球化将当地传统（文化）商品化的企图⑤。全球化和地方化是一种辩证统一的关系，新加坡的"全球化"和"地方化"之间的关系表明了"全球化"和"地方化"是相互构建的，即"全球本地化"（localization of globality）或"地方的全球化"（globalization of localities），旅游无疑为

①　Richards, G., ed., *Cultural Tourism: Global and Local Perspectives*, New York, London and Oxford: The Haworth Press, Inc., 2007: 1.

②　Gotham, K. F., "Tourism from Above and Below: Globalization, Localization and New Orleans's Mardi Gras," *International Journal of Urban and Regional Research*, 2005, 29 (2): 309 – 326.

③　Chang, T. C., Yeoh, B. S. A., "New Asia-Singapore: Communicating Local Cultures Through Global Tourism," *GeoForum*, 1999 (30): 101 – 115.

④　Reisinger, Y., "Reflections on Globalisation and Cultural Tourism," in *The Routledge Handbook of Cultural Tourism*, edited by Smith, M., & Richards, G., London and New York: Routledge, 2013: 40 – 46.

⑤　Molotch, H., Freudenberg, W., and Paulsen, K. E., "History Repeats Itself, but How? City Character, Urban Tradition, and the Accomplishment of Place," *American Sociological Review*, 2000, 65 (6): 791 – 823.

全球化和地方化及其景观影响的概念讨论提供了一个合适的案例①。

　　总之，文化旅游中的全球化和在地化是一个辩证的互动过程。许多研究表明，在地化通过文化旅游的全球化而凸显地方文化特色、促进地方文化生产的创新和文化认同。

（三）文化变迁与文化适应

　　旅游是目的地文化变迁的主要动力之一。文化旅游的发展不可避免地会导致目的地文化变迁，但文化变迁反过来会激发文化适应。从文化人类学角度看，"强势文化"对"弱势文化"的同化被称为"涵化"（acculturation）。在旅游场域中的文化变迁过程往往为旅游地原始文化和旅游者外来文化两个相互开放的文化系统之间发生碰撞所产生的持续交互适应过程②③，克里斯·罗杰克和约翰·厄里（Chris Rojek & John Urry）将这一过程称为"旅游文化"（touring culture），其主要观点是，"旅游是一种文化实践；旅游和文化有很大的重叠"④。有关旅游中的文化"涵化"或文化变迁的问题，彭兆荣、王宁等都有较为详细的学术梳理⑤⑥。综合而言，国内外文化旅游案例表明，文化旅游目的地文化变迁体现在文化的物质、行为和制度、精神三个层面。

　　第一，物质层面的文化变迁主要表现在视觉可见的物质文化景观的改变上。旅游化改造对传统民居、古村落建筑的色彩、体量、形状、材料造成一定的"视觉污染"，进而导致文化冲突及过度商业化⑦⑧⑨。为迎合游客需求，传统工艺品在生产和包装上不得不改变传统做法，为便

---

① Chang, T. C. , "Local Uniqueness in the Global Village: Heritage Tourism in Singapore," *The Professional Geographer*, 1999, 51 (1): 91 – 103.

② Nash, D. , & Smith, V. L. , " Anthropology and Tourism," *Annals of Tourism Research*, 1991, 18 (1): 12 – 25.

③ Jamal, T. B. , & Getz, G. , "Collaboration Theory and Community Tourism Planning," *Annals of Tourism Research*, 1995, 22 (1): 186 – 204.

④ Rojek, C. , & Urry, J. , eds. , *Touring Cultures: Transformations of Travel and Theory*, London and New York: Routledge, 1997: 5.

⑤ 彭兆荣：《旅游人类学》，北京：民族出版社，2004，第289—293页。

⑥ 王宁等编著《旅游社会学》，天津：南开大学出版社，2008，第278—290页。

⑦ 孙静、苏勤：《古村落旅游开发的视觉影响与管理——以西递—宏村为例》，《人文地理》2004年第4期，第37—40页。

⑧ 王挺之、李林：《旅游开发对小族群传统文化的影响——对四川平武白马藏族的个案研究》，《西南民族大学学报》（人文社会科学版）2009年第5期，第152—157页。

⑨ 孙九霞、张倩：《旅游对傣族物质文化变迁及其资本化的影响——以傣楼景观为例》，《广西民族大学学报》（哲学社会科学版）2011年第3期，第7—13页。

于游客携带，传统工艺品的小包装形式多见，如毛利人的雕刻品出现越来越多的小物件（smaller pieces）①。

第二，行为和制度层面的文化变迁主要体现在民族艺术形式的改变和现代技术的运用上。如为迎合游客的需要，传统舞蹈结构被压缩，时间被缩短，演奏乐器现代化，演出空间产生变化等②③。有案例表明，旅游者的大量移动冲淡了当地方言④，如目的地语言景观更趋多元化，外语作为一种异质文化，与方言相互交融，形成中外语言景观并存、交互并用的格局⑤，文化景观成为一种旅游商业符号，缺乏支撑语言活力的信息功能⑥，等等。

第三，精神层面的文化变迁主要体现为文化旅游的发展对目的地社区居民精神心理方面的影响，如有可能导致旅游地居民的文化自豪感和自信心增强⑦，文化旅游可以促进当地传统文化的复兴，并强化当地的民族认同意识等⑧⑨⑩⑪⑫⑬。关于文化旅游与文化认同的耦合关系，学者

---

① Ryan，C.，& Crotts，J.，"Carving and Tourism：A Maori Perspective," *Annals of Tourism Research*，1997，24（4）：898 – 918.

② Daniel，Y. P.，"Tourism Dance Performances：Authenticity and Creativity," *Annals of Tourism Research*，1996，23（4）：780 – 797.

③ Tahana，N.，Oppermann，M.，"Maori Cultural Performances and Tourism," *Tourism Recreation Research*，1998，23（1）：23 – 30.

④ Brunt，P.，Courtney，P.，"Host Perceptions of Socio-cultural Impact," *Annals of Tourism Research*，1999，26（3）：493 – 515.

⑤ 潘秋玲：《旅游开发对语言文化景观的影响效应研究——以西安为例》，《旅游学刊》2005 年第 6 期，第 19—25 页。

⑥ 徐红罡、任燕：《旅游对纳西东巴文语言景观的影响》，《旅游学刊》2015 年第 1 期，第 102—111 页。

⑦ 宗晓莲、戴光全：《节事旅游活动中的文化表达及其旅游影响——国际东巴文化艺术节的旅游人类学解读》，《思想战线》2005 年第 2 期，第 134—140 页。

⑧ 周霄：《人类学视野——论旅游的本质及其社会文化影响》，《湖北大学学报》（哲学社会科学版）2003 年第 5 期，第 114—116 页。

⑨ 张波：《论旅游对接待地社会文化的积极影响——以云南丽江为例》，《云南民族大学学报》（哲学社会科学版）2004 年第 4 期，第 68—71 页。

⑩ 徐新建：《民族身份的再激发——丹巴藏寨及其旅游影响》，《中南民族大学学报》（人文社会科学版）2008 年第 3 期，第 11—15 页。

⑪ 孙九霞：《旅游对目的地社区族群认同的影响——基于不同旅游作用的案例分析》，《中山大学学报》（社会科学版）2010 年第 1 期，第 170—177 页。

⑫ 薛熙明、覃璇、唐雪琼：《旅游对恩施土家族居民民族认同感的影响——基于个人生活史的视角》，《旅游学刊》2012 年第 3 期，第 27—35 页。

⑬ 庄晓平、尹书华、朱竑：《旅游发展对古村落村民公民性建构的影响——以开平古碉楼群为例》，《地理学报》2018 年第 8 期，第 1571—1585 页。

多有论述，这是旅游人类学研究的主要领域，此类案例不胜枚举。

在文化旅游发展过程中，由于旅游的经济理性的驱动，目的地社区既有被动适应，又有主动调整。文化适应（或"示范效应"）是指接待地社区的成员接受游客的文化、社会和行为模式。突尼斯案例表明，在旅游利益的驱动下，为迎合游客需要，社区居民和旅游从业者在语言、服装、食物、饮料、赌博、清真寺、制瓷艺术、展示、手工艺品、纪念品等方面都有不同程度的改变，表现出较强的主动适应的能力①。同样，文化旅游也为墨西哥 Succotzeños 人学习玛雅文化知识提供激励，为因应旅游市场的需要，他们学习石刻艺术、制瓷技术，大量生产古代玛雅面具和花瓶的复制品，用古代玛雅图案和颜色装饰陶瓷器等②。泰国清迈丹·奎恩（Dan Kwien）认为村落的陶瓷生产技艺的创新就是由旅游外部动力驱动的，对此，科恩持肯定态度③。哈桑·扎弗·多甘（Hasan Zafer Doğan）总结了东道主应对西方文化冲击的五种调节模式，即抵制、逃避、边界维持、复兴、完全接受等④。泰国苏密岛的案例显示，当地居民面对旅游带来的社会文化方面的影响选择妥协，这已成为其应对旅游影响的一种机制⑤。这些案例不胜枚举。国内案例也表明，由于经济驱动，实用性成为重要的考虑因素；文化濡化功能得以强化；新的文化符号功能得到加强，如湘西土家族织锦"西兰卡普"⑥。李毓、孙九霞研究发现，在旅游经济利益驱动下，西双版纳傣族园村民往往顺应时代发展，发挥个人主观能动性，"自圆其说"地打破传统束缚，进行地方知识的协商和再建构，并采取弱化仪式的物质边界、调整时间、

① Bleasdale, S., "Connecting Paradise, Culture and Tourism in Tunisia," *Journal of Intercultural Studies*, 2006, 27 (4): 447 – 460.

② Medina, L. K., "Commoditizing Culture: Tourism and Maya Identity," *Annals of Tourism Research*, 2003, 30 (2): 353 – 368.

③ Cohen, E., "The Heterogeneization of a Tourist Art," *Annnls of Tourism Research*, 1993, 2 (1): 138 – 163.

④ Doğan, H. Z., "Forms of Adjustment: Sociocultural Impacts of Tourism," *Annals of Tourism Research*, 1989, 16 (2): 216 – 236.

⑤ Soontayatron, S., "Thais' Coping with Sociocultural Impacts of Tourism Development," *Asia Pacifific Journal of Tourism Research*, 2014, 19 (10): 1228 – 1238.

⑥ 马振：《旅游对手工艺类非物质文化遗产传承的影响——以土家族织锦"西兰卡普"为例》，《中南民族大学学报》（人文社会科学版）2014 年第 3 期，第 24—27 页。

区隔空间等实践策略①。长街宴经历了地方文化认同、文化适应与文化重构，被包装、重塑成旅游节庆产品，从哈尼村寨走向旅游市场，从地方认同走向世界文化②。王海燕、蒋建华、袁晓文认为在川西北民族村寨旅游发展中，传统文化"再造"不可避免③。现有研究很少关注游客对目的地的文化适应问题④，跨文化移动常常会导致"文化休克"（cultural shock）现象，这是因为显著文化差异可能使游客陷入情绪困扰或焦虑状态⑤⑥⑦。对于异质文化中游客跨文化适应问题的研究还有待深入开掘。

（四）文化认同与权力关系

文化认同是文化旅游发展的基础。文化认同这一主题在国外文化旅游研究中的相关研究成果最为丰富。早在 20 世纪 80 年代，迪恩·麦康奈尔就认为，旅游的根本目的就是获得一种对地方或世界的自我认识的方式⑧；旅游业要求一个群体将真正的民族身份内在化，旅游机构发挥着强大的塑造民族认同的作用⑨。罗伯特·伍德（Robert E. Wood）认为，旅游和文化认同之间的关系是在全球化的大背景下由国家协调的一

① 李毓、孙九霞：《旅游发展对傣族社区居民生活宗教实践的影响》，《社会科学家》2018 年第 3 期，第 91—98 页。

② 唐雪琼、钱俊希、陈岚雪：《旅游影响下少数民族节日的文化适应与重构——基于哈尼族长街宴演变的分析》，《地理研究》2011 年第 5 期，第 835—844 页。

③ 王海燕、蒋建华、袁晓文：《少数民族特色村寨旅游开发对文化传承的影响与思考——以川西北桃坪羌寨与上磨藏寨为例》，《广西民族研究》2018 年第 2 期，第 105—111 页。

④ Garrod, B., & Nicholls, S., "British Tourists' Adjustment to Cultural Expectations in Muslim-Majority Countries," *Tourism Management*, 2022, 91 (4): 1–11.

⑤ Irwin, R., "Culture Shock: Negotiating Feelings in the Field," *Anthropology Matters*, 2007, 9 (1): 1–11.

⑥ Moufakkir, O., "Culture Shock, What Culture Shock? Conceptualizing Culture Unrest in Intercultural Tourism and Assessing Its Effect on Tourists' Perceptions and Travel Propensity," *Tourist Studies*, 2013, 13 (3): 322–340.

⑦ AlSaleh, D., & Moufakkir, O., "An Exploratory Study of the Experience of VFR Tourists: A Culture Shock Perspective," *Tourism Geographies*, 2019, 21 (4): 565–585.

⑧ 〔美〕Dean MacCannell：《旅游者：休闲阶层新论》，张晓萍等译，广西师范大学出版社，2008，第 14 页。

⑨ MacCannell, D., "Reconstructed Ethnicity Tourism and Cultural Identity in Third World Communities," *Annals of Tourism Research*, 1984, 11 (3): 375–391.

个持续的过程①。杰妮·凯夫等（Jenny Cave，et al.）认为，文化旅游是一种肯定传统价值的机制、一种身份的重申、一种政治和社会愿望的宣示②；文化旅游促进民族认同和国家建设③；文化旅游也是构建社区团结的工具④。国内外学者探讨最多的是文化旅游发展对目的地居民的国家认同、民族认同和个体身份认同三个不同层次的影响。

第一，在国家认同层面上，文化旅游的发展成为强化文化旅游地民族认同和爱国认同的表达场域⑤，是一种国家统一和整合的工具⑥，强化了国家认同、民族认同⑦和国家归属感，从而增强其民族认同感⑧，等等。

第二，在民族认同层面上，文化旅游发展有利于族群认同，是对民族属性和民族意识的修正与再创造⑨，有利于种族性的防御与重建⑩，也是一种种族性保存的手段⑪、一种民族主义和爱国主义的象征⑫与群体身

① Wood, R. E., "Ethnic Tourism, the State, and Cultural Change in Southeast Asia," *Annals of Tourism Research*, 1984, 11 (3): 353 – 374.

② Cave, J., et al., "Cultural Tourism Product: Pacific Island Migrant Perspectives in New Zealand," *Journal of Travel Research*, 2007, 45 (4): 435 – 443.

③ Soper A. K., "Developing Mauritianness: National Identity, Cultural Heritage Values and Tourism," *Journal of Heritage Tourism*, 2007, 2 (2): 94 – 109.

④ Grydehøj, A., "Negotiating Heritage and Tradition: Identity and Cultural Tourism in Ærø, Denmark," *Journal of Heritage Tourism*, 2012, 7 (2): 113 – 126.

⑤ Evans-Pritchard, D., "Ancient Art in Modern Context," *Annals of Tourism Research*, 1993, 20 (1): 9 – 31.

⑥ Chronis, A., "Coconstructing Heritage at the Gettysburg Storyscape," *Annals of Tourism Research*, 2005, 32 (2): 386 – 406.

⑦ Bandyopadhyay, R., Morais, D. B., and Chick, G., "Religion and Identity in India's Heritage Tourism," *Annals of Tourism Research*, 2008, 35 (3): 790 – 808.

⑧ Park, H. Y., "Shared National Memory as Intangible Heritage: Re-imagining Two Koreas as One Nation," *Annals of Tourism Research*, 2011, 38 (2): 520 – 539.

⑨ Van den Berghe, P., & Keyes, C., "Introduction: Tourism and Recreated Ethnicity," *Annals of Tourism Research*, 1984, 11 (4): 343 – 352.

⑩ Graburn, N. H. H., "The Evolution of Tourist Arts," *Annals of Tourism Research*, 1984, 11 (3): 393 – 419.

⑪ Esman, M. R., "Tourism as Ethnic Preservation: The Cajuns of Louisiana," *Annals of Tourism Research*, 1984, 11 (3): 451 – 467.

⑫ Evans-Pritchard, D., "Ancient Art in Modern Context," *Annals of Tourism Research*, 1993, 20 (1): 9 – 31.

份认同①②③。

第三，在个体身份认同层面上，文化旅游有利于重建社区居民新的个体身份④⑤，促进游客的自我认同⑥和社区居民认同感和自豪感⑦；文化旅游也有利于促进目的地社区对传统知识产权的保护⑧⑨，维护社区文化的核心价值观及其神圣结构⑩，等等。反过来，文化认同也能够为文化旅游产业提供丰富的文化资源和产业价值⑪。旅游活动中实现民族文化认同有其内在规律，即民族文化认同是在原生性与传统性、商品化与现代化的矛盾运动中实现的。因此，文化资源的摘取、景观的打造、旅游模式的选择、民众利益的诉求等，都是影响文化认同的重要因素⑫。文化旅游与文化认同的互动关系极为复杂，特别是文化认同对文化旅游的作用的研究还有待深入。

权力关系是旅游可持续发展的核心问题之一。虽然权力关系嵌入旅游实践，但权力影响无处不在。因此，权力视角是旅游研究，特别是文

① Martin, K., "Living Pasts: Contested Tourism Authenticities," *Annals of Tourism Research*, 2010, 37 (2): 537 - 554.

② 陈刚:《多民族地区旅游发展对当地族群关系的影响——以川滇泸沽湖地区为例》,《旅游学刊》2012 年第 5 期, 第 94—102 页。

③ 邢慧斌、王子新:《旅游业对旅游目的地社会文化影响研究》,《商业研究》2016 年第 14 期, 第 162—164 页。

④ De Azeredo Grünewald, R., "Tourism and Cultural Revival," *Annals of Tourism Research*, 2002, 29 (4): 1004 - 1021.

⑤ Cole, S., "Beyond Authenticity and Commodification," *Annals of Tourism Research*, 2007, 34 (4): 943 - 960.

⑥ Bond, N., & Falk, J., "Tourism and Identity-Related Motivations: Why am I Here (and Not There)?" *International Journal of Tourism Research*, 2013, 15 (5): 430 - 442.

⑦ Anglin, A. E., "Voices from Costa Rica: Exploring Youth Perceptions of Tourism and the Influence of Tourism on Identity Formation and Cultural Change," *Journal of Tourism and Cultural Change*, 2015, 13 (3): 191 - 207.

⑧ Simons, M. S., "Aboriginal Heritage Art and Moral Rights," *Annals of Tourism Research*, 2000, 27 (2): 412 - 431.

⑨ Blundell, V., "Aboriginal Empowerment and Souvenir Trade in Canada," *Annals of Tourism Research*, 1993, 20 (1): 64 - 87.

⑩ Suntikul, W., & Dorji, U., "Local Perspectives on the Impact of Tourism on Religious Festivals in Bhutan," *Asia Pacific Journal of Tourism Research*, 2016, 21 (7): 741 - 762.

⑪ 傅才武、钟晟:《文化认同体验视角下的区域文化旅游主题构建研究——以河西走廊为例》,《武汉大学学报》(哲学社会科学版) 2014 年第 1 期, 第 101—106 页。

⑫ 杨骏、马耀峰:《全球化场域的旅游与民族文化认同》,《甘肃社会科学》2017 年第 1 期, 第 223—228 页。

化旅游研究的一个重要维度。旅游权力研究理论来源于米歇尔·福柯（Michel Foucault）的医学凝视①概念。约翰·厄里将其应用到旅游实践之中，建构了"旅游凝视"（touristic gaze）理论②，体现了旅游实践中的一种微观权力不平等关系；强者对弱者的单向度的凝视，引发了学术界从凝视角度开展的权力关系大讨论，尤其是关于旅游场域中的男性对女性身体注视，甚至性骚扰的讨论。研究集中在凝视的各个方面③④⑤⑥。当然，权力是互动的，有凝视必然有反凝视⑦或相互凝视⑧。菲奥娜·乔丹和卡拉·艾奇森（Fiona Jordan & Cara Aitchison）在此基础上又提出一个"当地凝视"的概念⑨，以展示微观权力关系的互动模式。常素敏和马尔茨·米勒（So-Min Cheong & Marc L. Miller）认为，旅游凝视的主角是所谓的福柯式的旅游权力"代理人"，包括各种各样的经纪人，在与游客的直接互动中，福柯式代理人采用的策略包括教育、指导、说服、建议、解释、监视和强迫⑩。蒂姆·恩索（Tim Edensor）认为，在旅游飞地中，表演是通过监测和主导被认为是"适当的"话语来进行监视的。这些做法通常都是由自我监控和团队纪律的注视所决定的⑪。

---

① Foucault, M., *Discipline and Punish: The Birth of the Prison*, New York: Vintage Books, 1977.

② Urry, J., *The Tourist Gaze* (2nd ed.), London: Sage, 2002.

③ Hollinshead, K., "The Unconscious Realm of Tourism," *Annals of Tourism Research*, 1994, 21 (2): 387 – 391.

④ Labone, M., "The Roaring Silence in the Sociology of Leisure," *Social Alternatives*, 1996, 15: 30 – 32.

⑤ Rojek, C., "The Eye of Power: Moral Regulation and the Professionalization of Leisure Management from the 1830s to the 1950s," *Society and Leisure*, 1992, 15: 355 – 373.

⑥ Veijola, S., & Jokinen, E., "The Body in Tourism," *Theory, Culture and Society*, 1994, 11: 125 – 151.

⑦ Wearing, B., "Leisure and Resistance in an Aging Society," *Leisure Studies*, 1995, 14 (4): 263 – 279.

⑧ Maoz, D., "The Mutual Gaze," *Annals of Tourism Research*, 2006, 33 (1): 221 – 239.

⑨ Jordan, F., & Aitchison, C., "Tourism and the Sexualisation of the Gaze: Solo Female Tourists' Experiences of Gendered Power, Surveillance and Embodiment," *Leisure Studies*, 2008, 27 (3): 329 – 349.

⑩ Cheong, So-Min & Miller, M. L., "Power and Tourism: A Foucauldian Observation," *Annals of Tourism Research*, 2000, 27 (2): 371 – 390.

⑪ Edensor, T., "Staging Tourism: Tourists as Performers," *Annals of Tourism Research*, 2000, 27 (2): 322 – 344.

福柯认为在社会生活中，权力关系无处不在，旅游场域亦然。权力关系并不是一个简单的支配者和被支配者之间的二元结构。常素敏和马尔茨·米勒认为，"权力关系存在于游客和导游看似无关政治的业务和玩笑中，存在于道德规范的操作中，存在于指南的设计和使用中"①。虽然权力似乎无处不在，但福柯也强调，每一个权力的场所也是一个反抗的场所。旅游发展进程越来越多地受到从口头或书面到直接行动和身体暴力的各种形式的抵制②③④。旅游的日常体验和表演也可以被视为对国家、非政府组织、代理人和导游在不同规模下制定的权力—知识制度的微妙抵抗形式⑤。

其实，显性的权力关系也随处可见，旅游发展除了所谓的旅游"飞地"，大多依托于一个特定的社区或旅游地，但旅游开发和利益分配之权并不掌握在社区居民手里，而是存在于一个利益相关者多方博弈的权力关系之中。没有居民参与的旅游业很难持续，国内外案例研究表明，社区参与和社区赋权是解决旅游权力关系的关键所在。彼得·E. 墨菲（Peter E. Murphy）首次提出了一个解决旅游权力的"社区方法"⑥，其意义在于旅游发展需要考量社区利益，也就是要照顾到社区居民的权益。随后亦引发了大量研究，国内外研究成果均不约而同集中到社区参与和社区增权上来，雷吉纳·斯彻文思（Regina Scheyvens）进而提出经济、政治、社会和心理四个方面的赋权路径⑦。

唐纳德·V. L. 麦克劳德和詹姆斯·G. 凯瑞尔（Donald V. L. Macleod

---

① Cheong, So-Min & Miller, M. L., "Power and Tourism: A Foucauldian Observation," *Annals of Tourism Research*, 2000, 27 (2): 371－390.

② MacDonald, S., "A People's Story: Heritage, Identity and Authenticity," in *Touring Cultures*, edited by Rojek, C., and Urry, J., London and New York: Routledge, 1997: 155－175.

③ Mordue, T., "Heartbeat Country: Conflicting Values, Coinciding Visions," *Environment and Planning A*, 1999 (31): 629－646.

④ Oakes, T., "Eating the Food of the Ancestors: Place, Tradition and Tourism in a Chinese Frontier River Town," *Ecumene*, 1999, 6 (2): 123－145.

⑤ Edensor, T., "Performing Tourism, Staging Tourism: (Re) Producing Tourist Space and Practice," *Tourist Studies*, 2001, 1 (1): 59－81.

⑥ Murphy, P. E., *Tourism: A Community Approach*, New York: Methuen, 1985.

⑦ Scheyvens, R., "Ecotourism and the Impowerment of Local Communities," *Tourism Management*, 1999, 20 (2): 245－249.

& James G. Carrier）指出，文化和权力的主题是充分理解旅游发展的核心。他们认为权力和文化是旅游研究的中心[①]，如旅游与资源的权力斗争，旅游与文化的呈现、推广和形象的操纵，旅游目的地内部资源的争夺，即不同权力层次的群体对旅游发展的竞争[②]。国内文化旅游场域中的权力关系案例就诠释了上述论点，如资本与地方互动协商展现出地方节庆变迁背后的权力机制[③]；文化的权力生成主要采取三种策略：区别异己争夺大众、争夺资本获得霸权性和符号再生产追逐利益化[④]；文化旅游发展的困境在于多层权力与利益关系的相互交织[⑤]；地方旅游产品开发受经济资本和文化资本的文化权力影响[⑥]。

　　虽然旅游场域中的权力关系研究方兴未艾，但大多并不是针对文化旅游这一研究主题，文化旅游中的权力关系更为隐秘且突出，值得深加探讨。比如文化资源（资本）使用权归属，非遗旅游利用中的传承人知识产权被挪用，旅游演艺和旅游广告中的女性身体隐喻和被滥用，古村、古镇、古城、历史街区、遗产地等有形文化遗产旅游开发的利益分配和权力调控等，都是未来研究的主要议题。

（五）表演性与反身性

　　国内旅游学术界很少关注旅游的表演性问题，虽然有学者对文化旅游中的旅游演艺业态做了较早的探索[⑦]，但主要是从旅游体验角度研究

① Macleod, D. V. L., & Carrier, J. G., "Tourism, Power and Culture: Insights from Anthropology," in *Tourism*, *Power and Culture*: *An thropological Insights*, edited by Macleod, D. V. L., & Carrier, J. G., Bristol · Buffalo · Toronto: Channel View Publications, 2010: 3 - 20.

② Hall, C. M., "Power in Tourism: Tourism in Power," in *Tourism*, *Power and Culture*: *Anthropological Insights*, edited by Macleod, D. V. L., & Carrier, J. G., Bristol · Buffalo · Toronto: Channel View Publications, 2010: 199 - 211.

③ 刘俊、成天婵：《地方节庆变迁的权力机制研究——以广东巽寮妈祖文化旅游节为例》，《地理科学》2017 年第 8 期，第 1277—1287 页。

④ 光映炯、毛志睿：《旅游场域中文化权力的生成与表达》，《思想战线》2013 年第 1 期，第 123—128 页。

⑤ 陆大吉、李国鸿、叶黎明：《民族文化旅游中的权力与利益——基于广西靖西旧州绣球的田野考察》，《广西民族师范学院学报》2016 年第 6 期，第 37—41 页。

⑥ 刘建民：《文化权力视角下的中越边境旅游商品变迁——以广西东兴红木制品为例》，《云南民族大学学报》（哲学社会科学版）2012 年第 6 期，第 41—45 页。

⑦ 汪宇明、马木兰：《非物质文化遗产转型为旅游产品的路径研究——以大型天然溶洞实景舞台剧〈夷水丽川〉为例》，《旅游科学》2007 年第 4 期，第 31—35 页。

旅游演艺本体的游客和居民感知，比如地方性建构①，以及居民地方性感知②，这些并不是研究文化旅游中的表演性（performability）的隐喻以及旅游场域的表演空间属性。国际上的文化旅游表演性研究取向与此明显不同。最早公开将旅行视为一种表演艺术的是朱迪丝·阿德勒（Judith Adler）。③ 国外的文化旅游的表演性研究理论可以追溯到戈夫曼的拟剧理论，以及前述迪恩·麦康奈尔的"舞台真实"和艾瑞克·科恩的"舞台猜疑"概念④。旅游本身就是一种生活方式，旅游表演离不开日常生活。旅游不仅仅是一种"凝视"，还有其他感官的参与，凯文·米珊（Kevin Meethan）说，"我们不应该把表演看作与我们的日常生活分离的东西，而应该把表演看作一种具体的实践形式或一系列实践，这些实践涉及所有的感官，如视觉、触觉、听觉和嗅觉"⑤。国际上文化旅游表演性的研究大致分为三个方面。

首先，旅游设施类似表演剧本和道具。大卫·克劳奇、拉尔斯·阿龙松和拉赫·瓦尔斯特伦（David Crouch, Lars Aronsson, and Lage Wahlström）认为，"导游和指南书、小说、电视节目和电影，以及其他媒体和视觉文化形式，就像历史一样，为我们提供了一个现成的脚本或模板，我们可以将其应用到我们发现自我的情境和地点之中"⑥。肯尼斯·海德和卡琳·奥尔森（Kenneth Hyde & Karin Oleson）注意到，包装度假产品类似于为游客表演组装一个服装衣橱和道具。在这个意义上，

① 陈志钢：《文本再现、空间表演与旅游演艺生产者的地方性建构》，《思想战线》2018年第5期，第57—64页。

② 刘小同、刘人怀、文彤等：《认同与支持：居民对旅游演艺地方性感知的后效应》，《旅游学刊》2021年第5期，第42—54页。

③ Adler, J., "Travel as Performed Art," *American Journal of Sociology*, 1989, 94 (6): 1366–1391.

④ 艾瑞克·科恩提出的"旅游空间与舞台猜疑"（tourist space and staging suspicion）假说，阐述了舞台真实可能存在的四种情形，即"真实的旅游情形"、"舞台真实情形"、"真实否认"（"舞台猜疑"）和"开放的旅游空间"。参见 Cohen, E., "Rethinking the Sociology of Tourism," *Annals of Tourism Research*, 1979, 6 (1): 18–35。

⑤ Meethan, K., "Performing and Recording: Culture Reflexivity in Tourism Research," in *The Routledge Handbook of Cultural Tourism*, edited by Smith, M. K., and Richards, G., London and New York: Routledge, 2013: 157.

⑥ Crouch, D., Aronsson, L., and Wahlström, L., "Tourist Encounters," *Tourist Studies*, 2001, (3): 253–270.

表演是一种社会互动的形式，是一种我们在日常生活中协商自我和他人的方式。①

其次，游客类似演员。在某种程度上，游客被概念化为具身化的"演员"，他们在不同的舞台上以各种方式（和不同程度的能力）进行表演②。这些舞台受制于不同程度的社会、空间规范和管理，反过来也设计了游客表演行为。道具、舞台工作人员、舞台管理人员、导演构成了一个支持网络，根据规范惯例和行业要求，为游客表演提供便利、指导和组织。表演并不是固定不变的，而是一个互动和偶然的过程，它的成功取决于演员的技巧、表演的环境和观众解读它的方式③。因此，在不同旅游空间中，游客的表演差异性凸显。蒂姆·恩索（Tim Edensor）大致将其分为身份指向性表演、不墨守成规的旅游表演、抵制性表演、即兴表演以及无意识表演等表演类型。游客表演也并非随心所欲，也会受到旅游地固有文化框限（frame），他们是在想象中重构和再现了目的地的文化，如罗马尼亚吸血鬼德古拉（Dracula）的故乡特兰西瓦尼亚的神话再现④。但在这种二元逻辑中，"主人"和"客人"这两种界限分明的表演力量之间的对抗似乎是常态⑤。因而，文化旅游中的表演并非游客单方面的自娱自乐，而是游客与旅游地"主人"的共同表演。不过，旅游表演的反身性（或自反性）反过来促使旅游业进一步迎合旅游者表演性的需要。表演者调动的反身性意识的程度，他们的超然或参与的水平，影响演员的剧目范围和即兴发挥的空间。蒂姆·恩索指出，旅游让人有机会摘下日常佩戴的"面具"、探求临时的新角色和形象，这时我们不

①　Hyde, K., and Oleson, K., "Packing for Touristic Performances," *Annals of Tourism Research*, 2011, 38 (3): 900 – 919.

②　Edensor, T., *Tourists at the Taj: Performance and Meaning at a Symbolic Site*, London: Routledge, 1998. "Staging Tourism: Tourists as Performers," *Annals of Tourism Research*, 2000, 27 (2): 322 – 344. "Performing Tourism, Staging Tourism: (Re) Producing Tourist Spaceand Practice," *Tourist Studies*, 2001, 1 (1): 59 – 81.

③　Schieffelin, E., "Problematising Performance," in *Ritual, Performance, Media*, edited by Hughes-Freeland, F., London and New York: Routledge, 1998: 194 – 207.

④　Light, D., "Performing Transylvania: Tourism, Fantasy and Play in a Liminal Place," *Tourist Studies*, 2009, 9 (3): 240 – 258.

⑤　Giovanardi, M., Lucarelli, A., and Decosta, P. L., "Co-performing Tourism Places: The 'Pink Night' Festival," *Annals of Tourism Research*, 2014, 44 (1): 102 – 115.

仅不会遵循常规的习惯，甚至可能反其道而行之①。

最后，旅游地舞台化。旅游表演的一个重要维度是游客自身与他们表演的空间和场所之间的关系。这些空间被概念化为"剧院"或"舞台"，这构成了表演的框架和背景②。乔根·奥勒·贝伦霍尔特、迈克尔·哈德鲁普、乔纳斯·拉森和约翰·厄里（Jørgen Ole Bærenholdt, Michael Haldrup, Jonas Larsen and John Urry）认为，地方只有在以特殊的心态和表演将单调和普通转化为兴奋和非凡的地方时，才会成为旅游胜地。只有当这些地方成为家庭节日中更广泛的社会表演的一部分时，它们才有了自己的内涵。他们进而以海滩为例，讨论了海滩作为旅游表演舞台的文化和物质生产的隐喻。"海滩生活是一种完全有剧本、有舞台、有表演的实践。它在舞台上上演，包括大海的背景、灿烂的阳光、沙子的纹理，以及渔船、手机和汽车等布景和配件"，在这里，"游客不仅要扮演舞台工作人员，还要扮演表演者。这是一个由游客自己生产和再生产的舞台，由话语知识、实践具身规范和反身性知识进行指导"。③ 蒂姆·恩索重点分析了"飞地"空间和"异质性"空间的舞台化区别④。按照恩索的观点，飞地旅游空间是被严格限制和框定的，遵守规则和进行极权化监管占据主导地位，或者可以被归类为"单一用途空间"。相比之下，异质旅游空间"分类较弱"、边界模糊，是一类多用途的空间，广泛的活动和人共存。在某种程度上，异质旅游空间提供了过渡身份的舞台，可以与居民、路人和工作人员的日常活动一起进行。舞台可以不断变化，可以扩大和缩小⑤。旅游空间生产的悖论涉及设计和主题空间

---

① Edensor, T., "Performing Tourism, Staging Tourism：(Re) Producing Tourist Space and Practice," *Tourist Studies*, 2001, 1 (1)：59 – 81.

② Crouch, D., "Surrounded by Place, Embodied Encounters," in *Tourism：Between Place and Performance*, edited by Coleman, S., & Crang, M., Oxford：Berghahn Books, 2002：207 – 218.

③ Bærenholdt, J., Haldrup, M., Larsen, J., and Urry, J., *Performing Tourist Places*, London and New York：Routledge, 2017：4, 50, 53.

④ Edensor, T., *Tourists at the Taj：Performance and Meaning at a Symbolic Site*, London：Routledge, 1998. "Staging Tourism：Tourists as Performers," *Annals of Tourism Research*, 2000, 27 (2)：322 – 344.

⑤ Edensor, T., "Performing Tourism, Staging Tourism： (Re) Producing Tourist Space and Practice," *Tourist Studies*, 2001, 1 (1)：59 – 81.

的强化尝试，以及旅游日益混杂的性质。虽然西蒙·科尔曼和迈克·克朗（Simon Coleman & Mike Crang）认为，"戏剧隐喻暗示表演发生在一个地方，这个地方有可能沦为一个固定的环境容器"①。事实上，旅游舞台并不是固定不变的，换句话说，因旅游需要而建构的舞台只是暂时的，舞台化的旅游地是流动的，就像海滩沙堡一样。

国外旅游表演研究的案例地绝大部分都是文化旅游地或传统节事活动发生地，如印度的泰姬陵、罗马尼亚吸血鬼德古拉城堡、苏格兰圣殿骑士团的故乡斯特灵、洛杉矶环球影城、电影拍摄地如约克郡"心跳之乡"等，即使是人造舞台，也多是以神话或历史事件发生地为源头而搭建的，如英国的主题酒吧或咖啡吧、"城堡和庄园"的高端主题酒吧等。因此，文化是旅游表演的核心要素。

由此可见，将旅游地视为表演的舞台引发了人们对于旅游表演的广泛讨论，有利于旅游研究的理论化建设。迈克尔·哈尔德鲁普和乔纳斯·拉森（Michael Haldrup & Jonas Larsen）甚至认为这是一种旅游研究的表演转向（the performance turn）②。他们所著的《旅游、表演和日常生活：消费东方》是前述《表演旅游场所》一书的延伸，其中的观点可以追溯到20世纪90年代的旅游理论和研究的表演转向。但作者以为，国外文化旅游表演性研究过于注重其舞台化性质而忽略了对其旅游演艺本身的艺术性研究，在表演空间、表演主体、表演客体方面都有待进一步拓展，例如表演空间，室内空间与室外空间，老城区、古镇、古村落、民族社区、宗教旅游地等不同文化空间有何区别；舞台本身也有艺术性，对表演者（游客）的表演有何影响；等等。在我国山水实景舞台背景下，游客成为观众，居民成了表演者，这与蒂姆·恩索表述的旅游表演隐喻正好相反，呈现"主客换位"情形，超越了蒂姆·恩索的"飞地"空间和"异质性"空间的舞台范畴，其内涵有待深入挖掘。表演主体间性、反身性，以及拥有不同文化资本的表演主体差异性如何？可以借助

①　Coleman, S., & Crang, M., "Grounded Tourists, Travelling Theory," in *Tourism Between Place and Performance*, edited by Coleman, S., & Crang, M., Oxford：Berghahn Books, 2002：1-17.

②　Haldrup, M., & Larsen, J., *Tourism, Performance, and the Everyday：Consuming the Orient*, London and New York：Routledge, 2010：3.

布尔迪厄文化资本理论予以解释；表演客体——文化旅游演艺业态不断更新，其表演性和艺术性有待进行深入剖析，等等。

如果说旅游表演隐喻的研究是一种对游客外显的旅游行为的探索，那么旅游反身性的研究则是一种内向求索，亦即对旅游利益相关者内隐和内省的旅游理念和行为的反思，两者的研究取向相反相成。反身性（reflexivity），又译作"自反性""反思性""反射性"等。正如安东尼·吉登斯（Anthony Giddens）所言，"反身性是现代性区别于传统社会的一个特征……所有的社会形式和行为都受制于反身性。这意味着知识取代了传统，成为社会实践的指南。自我的反身性构成了一个重要的维度，其中自我同一性是由自我叙事的反身性排序构成的"①。就旅游反身性研究而言，迄今为止，国内学术界只有中山大学王宁教授对此稍有涉及，他提出一个"反身性旅游"（reflexive tourism）的概念，根据他的定义，"这种基于对自身旅游经营活动的后果的意识来调节自身旅游经营活动的过程，可以叫作反身性旅游发展模式"②。旅游研究中的反身性问题探索源于 21 世纪初的文化政治的"批评转向"，其原动力之一是解构占主导地位的实证主义话语中固有的假定的"价值自由"中立性。旅游反身性研究不同于旅游表演研究，它不仅涉及游客的反身性，也关注旅游媒介（如网站、导游、旅游公司等）和旅游研究者反身性问题。具体表现在如下三个方面。

首先，游客的反身性研究。众所周知，文化旅游是一种高质量的主客互动的综合性社会实践，它比一般自然观光旅游更需要旅游行为主体的自我反思，以免触碰异质文化的"耐受底线"，从而调节自己的行为和生活方式。有学者认为，旅游并非一个纯净的均值系统，而是一个"道德沦丧"的系统，在这个系统中，游客作为参与者和消费者，表现出自我反思的能力就显得非常重要。马克冉迪达·科诺（Muchazondida Mkono）就认为，现有的研究迄今未能从社会文化的意义上充分认识游客是一种反身性代理人。反身性游客表现出三种能力：质疑个人误解并

---

① Giddens, A., *Modernity and Self-Identity*, *Self and Society in the Late Modern Age*, Cambridge: Polity Press, 1991: 244.

② 王宁：《创业型舒适物移民、反身性旅游发展与乡村社会整合》，《旅游学刊》2021 年第 10 期，第 1—4 页。

允许自我转化；拥抱矛盾、复杂性和不确定性；批评自己和他人的旅游行为①。通过表现出对人类经验复杂性的理解，反身性游客表现出一种成熟的思维和生活经验，为整体旅游实践的改善创造了希望，并对主客相遇的道德—伦理维度表现特别敏感。

其次，社交媒体或旅游从业者的反身性研究。在信息化时代，虽然旅游社交媒体网站的核心功能是生成游客对产品和服务的评价，但矛盾的是，社交媒体也不自觉地充当了自我评论的渠道，因此，旅游社交媒体用户必须被视为具有共同创造力和批判性的代理人②。山本大作和艾莉森·M.吉尔（Daisaku Yamamoto & Alison M. Gill）以加拿大不列颠哥伦比亚省惠斯勒为例，认为日本旅游公司的扩张促进了全球旅游生产系统的功能整合，并表现出越来越强的反身性③。

最后，旅游研究者反身性研究。威廉·费格瑞（William Feighery）认为，在新兴的旅游研究领域，学者们在很大程度上回避了主观性的问题。反身性被认为是一种行为，人们使自己成为被观察的对象，试图将嵌入在我们对世界的看法和描述中的假设展现出来④。诚如艾琳娜·阿特利耶维奇等（Irena Ateljevic, et al.）所表述的那样，"自反意味着向内审视和反思作为研究者的我们自己，向外审视我们'研究'的对象。但是，反身性远不止'看'那么简单"，进而提出影响我们旅游研究的所谓"纠缠"的四个主题：支配和指导我们旅游研究成果的"意识形态和合法性"；"研究问责制"环境决定了什么是可接受的旅游研究；我们的"定位"体现为研究人员，他们的生活、经历和世界观影响着我们的研究；我们与"被研究对象"的"交叉性"体现为我们与自称研究对象的研究关系⑤。他们宣

①　Mkono, M., "The Reflexive Tourist," *Annals of Tourism Research*, 2016, 57 (2)：206 – 219.

②　Gyimóthy, S., "Symbolic Convergence and Tourism Social Media," in *Tourism Social Media：Transformations in Identity, Community and Culture*, edited by Munar, A. M., Gyimóthy, S., and Cai, L., Bradford：Emerald Group Publishing, 2013.

③　Yamamoto, D., & Gill, A. M., "Issues of Globalization and Reflexivity in the Japanese Tourism Production System：The Case of Whistler, British Columbia," *The Professional Geographer*, 2002, 54 (1)：83 – 93.

④　Feighery, W., "Reflexivity and Tourism Research：Telling an (other) Story," *Current Issues in Tourism*, 2006, 9 (3)：269 – 282.

⑤　Ateljevic, I., et al., "Getting 'Entangled'：Reflexivity and the 'Critical Turn' in Tourism Studies," *Tourism Recreation Research*, 2005, 30 (2)：9 – 21.

称，他们的研究标志着旅游研究的"反身性"和"新"旅游研究的"批判性转向"的到来。克里·卡顿（Kellee Caton）进一步探讨了旅游研究中的"道德转向"，他认为"道德维度是包括学术追求在内的所有人类活动不可避免的特征"①。旅游反身性研究大多采取民族志主位研究法，在大数据信息化时代，网络民族志也成为强有力的分析工具，但它渗透主观情感于旅游研究中，不可避免地受到"情感纠葛"②和"旅游情境"③等主观因素的影响。

虽然，国内外对旅游反身性尤其是文化旅游反身性研究成果并不多，大多是就旅游共性问题的理论探索，但旅游伦理转向或批评转向对于越来越繁荣的文化旅游发展具有重要的实践价值。作者相信，随着旅游研究的日益深入和应对旅游负面影响的意识觉醒，特别是其社会文化影响（如道德、伦理等），反身性研究确实是未来文化旅游研究的一个热点。

综上所述，文化旅游与生态旅游等自然旅游（tourism based on nature）不同，它是依托于文化或与文化融合发展的一种旅游形式，文化本身就具有多元内涵，不同文化形态与旅游的融合又会衍生出许多不同文化旅游形态。因此，文化的意义属性叠加旅游的经济属性、移动属性等，就会产生许多值得研究的问题或主题，且文化旅游主题的延伸是开放的，随着旅游内外部语境的改变，比如互联网、新媒体等外部动力的推动，文化旅游的衍生问题产生了。文化形态的去分化（de-differentiation）使得文化旅游的范围发生了巨大的扩张。文化旅游不再局限于经典的博物馆和名胜古迹，而是渗透到当代社会的每一个角落④。因此，国内外文化旅游研究主题当然并不局限于上述几对相互关联的论题，只不过上述论题是近30年来国内外学术界用力最勤、成果最丰、范围最广的主要问题。虽然文化旅游研究存在"碎片化"的问题，但相关研究还在持续推

① Caton, K., "Taking the Moral Turn in Tourism Studies," *Annals of Tourism Research*, 2012, 39 (4): 1906 – 1928.

② Pocock, N., "Emotional Entanglements in Tourism Research," *Annals of Tourism Research*, 2015, 53 (4): 31 – 45.

③ Westwood, S., et al., "Participation and Reflexivity in Tourism Research: Furthering Interpretive Approaches to Tourism Enquiry," *Tourism Recreation Research*, 2006, 31 (2): 33 – 41.

④ Smith, M., & Richards, G., eds., *The Routledge Handbook of Cultural Tourism*, London and New York: Routledge, 2013: 3.

进，比如文化旅游中的伦理、哲学、政治、社会模式、寻根与怀旧、游客体验机理、政策制定等宏观学理问题，也包括文化旅游的经济效应、城市更新与规划、游客管理、市场营销、区域合作、社区参与、景观与目的地营造、空间生产等微观实践问题。由此可见，文化旅游是一个涉及多学科的研究领域，其复杂程度不言而喻。蒂姆·科尔斯，迈克尔·霍尔和大卫·蒂莫西·杜瓦尔（Tim Coles，Michael Hall and David Timothy Duval）提倡通过一种跨学科的方法来超越"学科间限制性教条和狭隘性"[①]。正如基斯·霍林黑德和米尔卡·伊万诺娃（Keith Hollinshead & Milka Ivanova）所言，"传统上，文化旅游借鉴了许多学科，如人类学、社会学、地理学和经济学"。他们也承认文化旅游作为一个研究领域而不是一门学科的不稳定状态。他们探讨了文化旅游研究的多学科或复合学科（multi-or pluri-disciplinarity），以及跨学科和后学科（trans-and post-disciplinarity）的理念。"后者意味着旅游嵌入流动的空间和交叉点，而前者则潜在地包含了所有学科，以获得对旅游复杂本质的全面理解（不仅包括学术界，也包括产业部门和社会各界）。"[②]

第三节　问题凝练

自 20 世纪 90 年代以来，国内外学术界文化旅游研究的重点主要集中在真实性与商品化、全球化和在地化、文化变迁与文化适应、表演性与反身性、文化认同与权力关系等几个主要方面，但不同学科侧重点不同。进入 21 世纪以来，国际学术界旅游研究发生了三大"转向"，即文化转向[③]、空间转向[④]和情感转向[⑤]。作者本着这样的思路，结合文化旅

---

① Coles，T.，Hall，M.，and Duval，D. T.，"Tourism and Post-Disciplinary Enquiry，" *Current Issues in Tourism*，2006，9（4－5）：293－319.

② Smith，M.，& Richards，G.，eds.，*The Routledge Handbook of Cultural Tourism*，London and New York：Routledge，2013：8－10.

③ 张歆梅、陈赟、肖嘉颖：《旅游相遇：理论流变、启发与反思》，《旅游学刊》2020 年第 5 期，第 22—36 页。

④ 李立华、付涤非、刘睿：《旅游研究的空间转向——行动者网络理论视角的旅游研究述评》，《旅游学刊》2014 年第 3 期，第 107—115 页。

⑤ 朱竑、高权：《西方地理学"情感转向"与情感地理学研究述评》，《地理研究》2015 年第 7 期，第 1394—1406 页。

游研究母题中的新趋势、新动向，凝练如下分主题（问题）：跨区域合作、空间生产和冲突协调，具体阐述如下。

（一）文化旅游中的跨区域合作

旅游合作研究并不鲜见，国内外对此都有不少成果问世。国内这方面的研究多局限于宏观战略合作研究，比如长三角旅游一体化、泛珠三角 15＋1 合作战略、闽浙赣皖四省旅游合作框架，等等。无论是在学术上还是在实践中，旅游跨区域合作都不是新的话题[1][2][3]，且多为旅游经济合作。但以一种共同文化遗产为依托的文化旅游合作机制研究，尤其是跨越行政区划的文化线路遗产的旅游合作研究较为欠缺。就欧洲经验而言，文化线路遗产是文化旅游跨区域合作研究的最好载体。据作者调查，国内文化线路遗产"属地化排斥"现象较为严重，沿线地方政府往往缺乏整体观，多采取"断线取利"式保护与开发方式，这种局面不利于文化线路遗产的整体保护及其文化旅游利用，而且容易造成地区间矛盾和"空间壁垒"。

网络思维是国际文化线路遗产合作中的重要共识。文化线路具有复杂性和流动性的特点，它是一种集物质文化遗产和非物质文化遗产于一体的遗产综合体[4]。玛丽亚·沃尔科娃·谢希曼诺娃（Maria Valkova Shishmanova）认为，文化线路是文化旅游产品生产的核心，通过平行的和相互关联的文化旅游产品构成一个网络。不同层次（地方的、国家的、区域的、欧洲的、世界的）文化线路的整合，为"开放"的文化旅游创造了机会，能够覆盖所有层次的文化价值。在文化旅游产品整合的区域网络中进行协调的旅游管理，可以充分展示区域文化现象的丰富性，提高整个区域旅游市场的竞争力，避免主要文化景点客流量超载和文化旅

① 汪宇明、何小东：《回顾与展望：中国区域旅游合作的进展与空间格局》，《旅游论坛》2008 年第 1 期，第 73—80 页。

② 南宇、李兰军：《西北丝绸之路跨区域、无障碍、一体化旅游模式研究——基于丝路申遗的视角分析》，《新疆社会科学》2010 年第 4 期，第 35—39 页。

③ 张鑫：《中国—东盟次区域跨境旅游一体化合作研究》，《华北理工大学学报》（社会科学版）2019 年第 5 期，第 47—52 页。

④ Murray, M., & Graham, B., "Exploring the Dialectics of Route Based Tourism: The Camino de Santiago," *Tourism Management*, 1997, 18 (8): 513–524.

游市场的碎片化①。"文化线路"是在更概念性和一般意义上使用的，它表示共享主题的遗址或地理区域的网络；一个共同致力于地方发展和对话的国际网络；彼此之间的网络连接可以从对方的进步和项目中受益②。因此，建立跨越行政区域边界的遗产网络合作框架是促进文化价值认同和知识共享的重要渠道③。文化线路被视为复杂的文化产品，它可以赋予文化和地方以不同的价值，将一系列孤立的局部状况转变为资源网络，这样的线路有助于文化遗产的多方面的重新聚合和再语境化④。克劳德·穆兰和普里西拉·博尼费斯（Claude Moulin & Priscilla Boniface）认为，线路参与者之间的线性相互沟通，形成一个支持网络，这是一种理想的方式，旅游产业与传统产业之间需要进行更多的网络连接⑤。达伦·J. 蒂莫西和斯蒂芬·W. 博伊德（Dallen J. Timothy & Stephen W. Boyd）用网络概念来解释与线路相关的营销和管理动态："在一个更广泛的旅游系统中的协作关系、伙伴关系和相互依赖构成网络的概念。网络强调的是协作原则，如信任、合作、为更大的利益而努力、社会资本发展和社会支持。"⑥ 玛塔·赛韦罗（Marta Severo）认为行动者网络理论可以有效地被用于管理文化线路，因为文化线路可以解释为所有行动者（居民和游客，以及非人类行动者等）同等重要的动态关系系统，但赛韦罗并没有对此进行实证研究⑦。上述网络方法仍然局限于传统社会网络思维，强调人类对非人类文化资源的主导作用。本书第一章案例研究就是要尝试

① Shishmanova, M. V., "Cultural Tourism in Cultural Corridors, Itineraries, Areas and Cores Networked," *Procedia-Social and Behavioral Sciences*, 2015 (188): 246 – 254.

② Berti, E., "The Cultural Context: Fundamental Resolutions and Conventions at the European and International Level," in *Cultural Routes Management: From Theory to Practice*, edited by Council of Europe, Strasbourg: Council of Europe Publishing, 2015: 15 – 18.

③ Russo, A. P., & Romagosa, F., "The Network of Spanish Jewries: In Praise of Connecting and Sharing Heritage," *Journal of Heritage Tourism*, 2010, 5 (2): 141 – 156.

④ Tono, A., & Oliva, L., "Cultural Tourism and Historical Routes: The Way of St Peter from Jerusalem to Rome," *Methaodos, Revista De Ciencias Sociales*, 2017, 5 (1): 10 – 29.

⑤ Moulin, C., & Boniface, P., "Routeing Heritage for Tourism: Making Heritage and Cultural Tourism Networks for Socio-Economic Development," *International Journal of Heritage Studies*, 2001, 7 (3): 237 – 248.

⑥ Timothy, D. J., & Boyd, S. W., *Tourism and Trails: Cultural, Ecological and Management Issues*, Bristol·Buffalo·Toronto: Channel View Publications, 2015: 14.

⑦ Severo, M., "European Cultural Routes: Building a Multi-Actor Approach," *Museum International*, 2017, 69 (1 – 2): 136 – 145.

运用行动者网络理论构建历史上著名的闽浙仙霞古道跨区域保护和旅游开发的合作机制，将文化线路本体及其附属文化遗产、生态环境等视为非人类行动者，赋予其与人类行动者同等的地位。

文化外交是国家正式外交的一种有力补充，也是国家间文化合作模式之一。近年来又发展出一种遗产外交形式，使得原先文化外交更加"具体"化。比如我国之前的文化外交主要是文化演出、文化访问、孔子学院等；近年来文化（遗产）外交进一步推进，包括从互办文化旅游年、文化节、周年庆、跨国文物专题展、文化遗产保护援助（如中国援建柬埔寨吴哥窟等）到联合申报文化遗产，如我国与哈萨克斯坦、吉尔吉斯斯坦联合成功申报世界文化线路遗产古丝绸之路"长安—天山廊道路网"，分别与蒙古国和马来西亚联合成功申报世界非物质文化遗产蒙古族长调民歌和"送王船"项目等。历史上，随着移民、战争、经贸往来等活动而产生的文化"飞地"或"共享"文化遗产，成为文化遗产外交乃至文化旅游外交的新趋势。迄今为止，国际文化旅游合作还仅仅停留在合作协议的签署、旅游便利化措施的制定等宏观合作方面，依托于具有共同物质基础的文化遗产的文化旅游外交和合作机制的研究几乎是空白。"同源共享"文化遗产便是一个独特的视角。本书第二章即以中国—东盟"海丝"沿线"同源共享"文化遗产为中心，探讨其文化旅游外交机制建构及实现路径，这是一个新尝试。

（二）文化旅游中的空间生产

旅游的空间生产一直是旅游研究的焦点，人文地理学家段义孚的"恋地情结"（Topophilia）是开展旅游地空间生产的重要理论来源。随后，环境心理学家丹尼尔·R.威廉姆斯（Daniel R. Williams）在此基础上提出了"地方依恋"（place attachment）的概念，并开发出地方依恋测量量表。丹尼尔·R.威廉姆斯等（Daniel R. Williams, et al.）[①]及其追随者认为地方依恋和地方感（sense of place）是地方营造（place-making）的重要考量指标。其中地方依赖、地方依恋和地方认同是测量游客地方感的三个重要维度。我国文化地理学者也一直围绕旅游地空间生产

---

① Williams, D. R., et al., "Beyond the Commodity Metaphor: Examing Emotional and Symbolic Attachment to Place," *Leisure Science*, 1992, 14 (1): 29 – 46.

进行探索，强调"文脉"和"地格"（placeality）的重要性①，其目的也是突出旅游地的地方性或者地方特色。

维持旅游地，特别是文化旅游地的地方性或文化特色成为当下迫切需要应对的问题。我国文化旅游地经历了从之前外国人眼中的"东方情调"（异国情调）到国内大众游客眼中的民族风情，再到当下的商品化、同质化、标准化的"去地方性"乃至"无地方性"（placelessness）三个演化阶段。当然，旅游开发也具有彰显地方性的作用，把控得好，旅游开发反而可以丰富地方性，但如果呈上述过度商品化的状态，旅游开发往往会促使地方性变迁或再造，甚至导致"无地方性"②。文化知识影响社会空间的氛围，通过对社会秩序和关系的再生产来影响地方性，文化中的艺术扮演了营造氛围的重要角色，间接培育地方性③。景观（landscape）、地方（place）、空间（space）是三个不同尺度的旅游地空间形态。景观是构建地方的最小单元，正如托马斯·格雷德和洛林·加科维奇（Thomas Greider & Lorraine Garkovich）所指出的那样，"任何物理场所都有可能体现多种景观，每一种景观都植根于人们对该场所的文化定义"④，任何一个地方都可能会受到不同文化诠释的影响。文化旅游是一个完善的研究领域，但很少涉及景观。许多学者分别提到了文化和景观旅游，或旅游景观和文化地理⑤。在文化旅游语境下，理解地方意义的关键是地方（place）与空间（space）的区别，地方是独特的，空间可能是同质的，关键在于文化旅游空间生产不能局限于空间中的生产，而是要注重空间本身的生产。正如托马斯·F. 杰恩（Thomas F. Gieryn）所认为的那样，"如果我们把创造地方的价值、意义和物体的独特集合抽

---

①　邹统钎等：《旅游学术思想流派》（第二版），天津：南开大学出版社，2013，第2页。

②　唐文跃：《地方性与旅游开发的相互影响及其意义》，《旅游学刊》2013年第4期，第9—11页。

③　姜辽、苏勤：《旅游对古镇地方性的影响研究——基于周庄的多案例考察》，《地理科学》2016年第5期，第766—771页。

④　Greider, T., & Garkovich, L., "Landscapes: The Social Construction of Nature and the Environment," *Rural Sociology*, 1994, 59 (1): 1 – 24.

⑤　Buckley, R., Ollenburg, C., and Zhong, L. S., "Cultural Landscape in Mongolian Tourism," *Annals of Tourism Research*, 2008, 35 (1): 47 – 61.

走，地方就会恢复到空间"①。反之，当无差别的空间被我们赋予价值时就变成了地方②。但上述观点对于地方和空间关系的论断似乎有些绝对化。事实上，空间本身也并非均值的，换句话说，空间并非一个毫无意义的"空壳"。新马克思主义理论家亨利·列斐伏尔（Henri Lefebvre）、大卫·哈维（David Harvey）赋予空间以全新的解释。目前旅游研究的普遍共识是，空间是复合的、非均值的，它体现在第一层次的物理/客观环境，或者更广泛地说，是特定地方的物理属性；第二层次，地方所具有的社会或文化意义，亦即地方被赋予了文化含义；第三层次，归属于一个特定地点的重要性或意义，它取决于人们在过去或现在体验一个地方或与它互动的方式，强调人与地方的精神联系。但不同文化旅游地，由于资源禀赋的差异，可能会导致空间生产的尺度和路径的不同。比如多元叠加的复合型文化遗产的概念、主题定位、景观生产的路径是什么，历史街区的同质化和过度商业化所导致的无地方性（placelessness）困局如何破解，其空间建构或空间生产过程中如何处理好物质空间、社会文化空间和精神空间三者之间的关系，如何处理老城区或历史街区更新中的绅士化（gentrification）与空间正义（space justice）之间的关系。

本书针对前人较少探讨的"复合"型文化遗产旅游地的主题定位与景观生产，港口型老城区更新中的物质、文化与精神空间的三元辩证关系及其空间正义等进行探讨，以期丰富本主题的理论内涵和案例研究。

（三）文化旅游中的冲突协调

旅游中的冲突现象比比皆是。从主体角度看，东道主与游客、朝圣者与观光客、旅游开发商与当地居民、局内人与局外人之间都可能存在冲突；从旅游客体（或旅游吸引物）角度而言，也存在一系列冲突，如前述真实性与商品化、全球化与在地化、遗产保护与旅游开发、文化的解构与重构等。迈克·罗宾逊（Mike Robinson）专门讨论了旅游中的文化冲突，包括游客与东道主、旅游产业与东道主、文化商品化、旅游依

---

① Gieryn, T. F., "A Space for Place in Sociology," *Annual Review of Sociology*, 2000, 26 (1): 463－496.

② Tuan, Y., *Space and Place: The Perspective of Experience*, Minneapolis: University of Minnesota, 1977: 6.

赖、旅游与游客、东道主与东道主等所产生的冲突①。可见，旅游中的
文化冲突是非常复杂的，虽然罗宾逊是就整个旅游业而言的，但显然也
包括文化旅游中的冲突问题。

文化旅游发展中的冲突之源在于文化认同，文化认同是文化旅游发
展的基础，同时，文化旅游也是调节文化认同的载体或工具。历史上，
西方列强由于殖民扩张和武装侵略，在原殖民地和半殖民地的广大亚非
拉国家和地区留下许多异质文化遗存，如今随着殖民时代的终结，殖民
文化遗存与民族国家社会经济发展产生一定的冲突。此类案例在国际上
随处可见。这种异质文化遗存面临归属问题，也就是说，它是谁的遗产，
谁有权处置和利用。厌恶、恐惧、羡慕、认同等情感与记忆是研究此类
遗产的主要解释性话语②。依托于此类"冲突"型遗产而开展的文化旅
游活动能够化解冲突还是引起新的冲突，对此，学术界还存在较大争
议③④。在东亚的韩国，文化旅游在许多情况下成为后殖民时代调节这类
遗产冲突的一种有效方式⑤；而在加勒比海和南太平洋国家，在普通民
众看来，文化旅游有可能使殖民遗产复活而引起新的冲突。饱受殖民之
苦的东亚和东南亚国家，如韩国、新加坡以及其他东南亚国家对殖民遗
产的态度前后发生很大变化，"到1990年代末，大多数日本殖民时期的
建筑和构筑物从韩国土地景观中被拆除……以象征性地重新获得主权。
然而，2001年，韩国《文化财产保护法》的修正案和相关的社会运动戏
剧性地改变了原日本殖民建筑的待遇：不再是悲惨殖民时代的'渣滓'，

①　Robinson, M., "Cultural Conflicts in Tourism: Inevitability and Inequality," in *Tourism and Cultural Conflicts*, edited by Robinson, M., & Boniface, P., Wallingford and New York: CABI Publishing, 1999: 1 – 32.

②　Yankholmes, A., & McKercher, B., "Rethinking Slavery Heritage Tourism," *Journal of Heritage Tourism*, 2015, 10 (3): 233 – 247.

③　McDowell, S., "Selling Conflict Heritage Through Tourism in Peacetime Northern Ireland: Transforming Conflict or Exacerbating Difference?" *International Journal of Heritage Studies*, 2008, 14 (5): 405 – 421.

④　Cheer, J. M., & Reeves, K. J., "Colonial Heritage and Tourism: Ethnic Landscape Perspectives," *Journal of Heritage Tourism*, 2015, 10 (2): 151 – 166.

⑤　Park, H. Y., "Tourism as Reflexive Reconstructions of Colonial Past," *Annals of Tourism Research*, 2016, 58 (3): 114 – 127.

它们已经成为遗产和需要保护和利用的资源（如创建博物馆等）"①，新加坡前英殖民遗产莱佛士大酒店则保持原有功能继续使用②，即使已是遭受侵略的战争遗产，东南亚国家也对它加以旅游化利用③。晚清以来，我国饱受西方列强欺凌，沦为半殖民地半封建社会，其间也遗留大量类似文化遗存，在旅游发展语境下，这类异质文化遗产面临尴尬境地。是任其毁灭，还是变废为宝？笔者认为，"冲突"型遗产是垃圾还是值得珍视的文化遗产，也就是说文化旅游是否有利于调节"冲突"型遗产所引起的"冲突"，这取决于人们的认知和态度。用垃圾理论的创立者迈克尔·汤普森（Michael Thompson）的话说，这既取决于人们的"世界观"的转变，也取决于民族国家的复兴和"冲突"型遗产的"冲突"程度，这一观点还有待进一步验证。本书第五章试图通过文化旅游视角审视其冲突协调方式，冲突的程度有强弱，旅游利用方式就有差异。本书不是为了填补空白，而是为了挖掘案例的普遍价值，为实践提供一个基础。

旅游中的二元结构研究是欧洲旅游研究绕不开的话题，二元结构虽然不断受到质疑，但在旅游实践中毋庸置疑地存在，比如真实性与商品化、传统与现代、前台与后台、主人与客人，尤其是文化商品化与旅游真实性之间的冲突一直是文化旅游研究的主要议题（有关文献评述见前述）。但很少有人从文化旅游功能角度探讨其平衡机制的构建，也就是说文化旅游是否能够成为旅游真实性与文化商品化之间平衡机制的中介。换句话说，文化旅游能否在文化遗产保护与旅游开发之间起到调节作用，其机制是什么。本书第六章印度尼西亚巴厘岛案例拟尝试回答这一问题。

民族文化旅游发展中的冲突也是一个突出的社会文化现象，见前述"文化变迁与文化适应"的文献梳理。但现有研究大量集中在民族文化商品化、文化变迁、旅游真实性以及文化认同等方面。在文化旅游开发

---

① Hyeon-Jeong, K., "Making Korean Modern Museums Japanese Colonial Buildings as Heritage and Resource," *Acta Koreana*, 2014, 17 (2): 583 – 607.

② Henderson, J. C., "Conserving Colonial Heritage: Raffles Hotel in Singapore," *International Journal of Heritage Studies*, 2001, 7 (1): 7 – 24.

③ Lunn, K., "War Memorialisation and Public Heritage in Southeast Asia: Some Case Studies and Comparative Reflections," *International Journal of Heritage Studies*, 2007, 13 (1): 81 – 95.

语境下，民族文化的特质或民族性（ethnicity）、土著性（indigeneity）如何保持①是一个关键。多数研究者认为，保持民族文化、传统文化的根本出路在于精神传承和共同体的"文化自觉"②。但笔者认为，没有文化旅游所带来的经济支撑的传统文化保护和传承实际上是不现实的。民族文化保持与文化旅游发展是"一体两面"的问题。诚然，文化认同也是民族文化保护与传承的重要维度。笔者认为，文化认同是民族文化旅游可持续发展的基础，社区的文化特质决定了文化旅游发生的性质，因此，文化认同基于民族旅游地社区感（sense of community）的维护，亦即社区感是文化旅游发展与民族文化保护之间冲突的调节中介。本书第七章拟尝试从辗转于城乡二元语境中的女性个人生活史视角审视湘西土家族民族文化变迁及其旅游可持续发展问题。

第四节　本书框架

本书将以法国社会学家布尔迪厄的文化资本理论作为全书理论基础，这里引入文化资本理论有两层含义。第一层含义是，在国际上，特别是欧盟 ATLAS 项目关于文化旅游的研究结果表明，文化旅游勃兴的动力之源在于文化旅游者所拥有的文化资本逐渐增多。战后欧洲和平发展带来社会文明程度普遍提高，即民众受教育程度普遍提高，高等教育普及，这导致文化旅游者和潜在的文化旅游者的品位、惯习逐渐养成。西方历史经验说明，文化旅游已经成为欧洲民众的一种生活方式③。第二层含义是，有学者将文化资本概念从个体引申到群体，乃至一个旅游地、一个地区，甚至一个国家，这种逻辑延伸有其内在合理性。大卫·哈维认为文化资本也是一种地方属性。为了吸引资本投资和中产阶级消费，各地区通过展示象征资本的物质商品和服务的审美品质来区分自己④。莎

---

① Tomaselli, K. G. , ed. , *Cultural Tourism and Identity*：*Rethinking Indigeneity*, Leiden·Boston：Brill, 2012.

② 郭山：《旅游开发对民族传统文化的本质性影响》，《旅游学刊》2007 年第 4 期，第 30—35 页。

③ Richards, G. , ed. , *Cultural Tourism in Europe*, Wallingford：CABI, 1996：39 – 54.

④ Harvey, D. , *The Condition of Post-Modernity*：*An Enquiry into the Origins of Cultural Change*, Cambridge, MA & Oxford, UK：Blackwell Publishers, 1989.

伦·祖金进一步扩展了哈维的观点，认为文化"既是有文化的人的财产，也是一种普遍的生活方式"，"正如布尔迪厄所说，文化在前者的意义上是区隔的标志，而在后者的意义上，文化构成一个不可分割的地方的产物"。"地方的文化产品实际上是一种文化资本（真正的文化资本）的物质形式"，祖金认为这种物质形式与文化资本的象征形式同样重要①。欧洲"文化之都"案例表明，文化资本具有强烈的空间积聚性，"正如文化资本在个人之间的不均匀分布一样，'真正的文化资本'在空间上的分布也是不均匀的。'前工业化'遗址的重要优势在于沉淀了真正的文化资本。正是这种文化资本被'新的生产者'或'新的文化中介'所释放和利用。这个文化生产者和消费者的关键群体在老城中心有很强的代表性，靠近文化消费和真正的文化资本生产的地点"。格雷格·理查兹认为，哈维和祖金进一步发展了布尔迪厄的文化资本概念，他们提出的"真正的文化资本"观点对于文化旅游研究很重要。"真正的文化资本在布尔迪厄提出的文化消费解释和哈维指出的文化景点供应之间形成了至关重要的联系。"② 借鉴布尔迪厄、哈维、祖金等社会学家和文化地理学家关于文化资本及其空间属性的概念，本书各章深入挖掘案例地文化资源，分析其文化资本禀赋和价值，并基于不同文化资源，如文化线路型遗产、非物质文化遗产、复合型遗产、冲突型遗产、历史街区、民族文化等，根据文化旅游、文化旅游吸引物（文化旅游资源）等核心概念，围绕文化旅游中的跨区域合作、空间生产和冲突协调三个分主题，采用综合性、跨学科等多维研究视角构建全书框架。具体内容如下。

导论。辨析和界定了本书涉及的三个核心概念（文化旅游、文化旅游者和文化旅游吸引物或文化旅游资源），重点分析了文化旅游中的主要论题及其开放式主题的拓展可能性，围绕本书三个论题：跨区域合作、空间生产和冲突协调，构建全书框架。

第一部分 跨区域合作。本部分内容不同于以往旅游合作的行政区间旅游战略合作，以文化线路为载体，分别对应跨省区和跨国这样两个不同空间尺度的文化旅游合作机制构建，且通过深度挖掘文化线路遗产资

---

① Zukin, S., *Landscape of Power: From Detroit to Disney World*, Berkeley: University of California Press, 1991: 28.

② Richards, G., ed., *Cultural Tourism in Europe*, Wallingford: CABI, 1996: 41, 50.

源禀赋及内涵，突出其所跨区域的文化资本价值，并将其转化为经济资本和社会资本等，实现其价值转化，其中的关键在于合作机制建构与意义阐述。

第一章　文化线路型遗产作为世界文化遗产大家族中的新成员，目前已得到国际社会和各国政府的高度重视，也是地方政府发展文化旅游的重要资源。由于文化线路型遗产具有跨区域、跨国界等特征，因此，它是开展跨区域合作保护和文化旅游开发的重要载体。本章将基于历史地理学方法，详细梳理闽浙仙霞古道源流，对标世界文化线路遗产申报标准分析其资源价值，进一步运用行动者网络理论建构仙霞古道申报世界文化遗产和文化遗产旅游地的行动者网络模型，同时借鉴欧洲文化线路遗产旅游开发经验，探索仙霞古道对于闽浙赣三省毗邻区域社会经济发展的意义。

第二章　文化遗产外交已经成为国际社会建构国与国之间关系的一个重要维度。遗产外交以及基于遗产的文化旅游外交等非传统外交越来越重要。"同源共享"文化遗产是一个现实的存在，虽然一些国际组织提及这一概念，但大多是描述性的，未见学理性的界定。联合国教科文组织《保护非物质文化遗产公约》（2003）提到，跨国境不同族群或因跨境移民的相同族群可能共享相同或者相似的文化遗产。国际古迹遗址理事会（ICOMOS）下设的"共享的人工遗产委员会"（ISCBH）所推崇的共享的人工遗产（Shared Built Heritage）保护理念等都是这一概念的源头。学术界多用"相互的"（mutual）、"共享的"（shared）和"共同的"（common）等限定词来指称这类共同拥有的文化遗产，但尚未有一个明确的界定。"同源共享"非物质文化遗产这一术语则是原文化部在《"一带一路"文化发展行动计划（2016—2020 年）》中提出的概念。诚然，"同源共享"文化遗产虽以非遗形态居多，但也应包括有形的文化遗产。因此，笔者认为，在"一带一路"倡议大背景下，此类文化遗产恰恰是国际社会开展遗产外交和文化旅游外交的重要基础和"民心相通"的重要载体。本章将利用国内外研究文献，在充分辨析和界定"共享遗产"（shared heritage）和"同源共享"文化遗产、文化遗产旅游外交等概念及内涵基础上，深入挖掘和梳理中国与东南亚国家间"同源共享"文化遗产资源，基于遗产（旅游）外交和文化认同理念，探索双边或多边"海丝"文化旅游合作路径，以期助力我国与共建国家共建21世纪海上丝绸之路，为构建人类命运共同体提供智力支持。

第二部分 空间生产。这个分主题源于文化旅游地的景观生产、地方营造和空间功能定位等细分问题，不同尺度空间的生产可能对应不同的内在逻辑。但空间的生产不是空洞的生产，它是基于旅游地文化资源禀赋与文化资本特征而建构的，既有共性，又有个性。

第三章 单一文化遗产旅游地空间生产较为明晰，但"复合"型文化遗产地的景观生产较为复杂。对于同一空间中叠加多种文化遗存、具备多元价值和内涵的遗产类型如何界定，国际国内尚无定论。本章姑且称之为"复合"型文化遗产。笔者认为国内具备复合型文化遗产典型特征的是福建马尾船政文化。以它为案例，剖析复合型文化遗产的旅游景观生产具有典型意义。福建马尾船政文化是近代中国富国强兵、抵御外侮的历史条件下的产物，它包含工业遗产、军事遗产、教育遗产、海洋文化遗产、建筑遗产、战争遗产、异质文化遗存等多种遗产类型，其内涵极为深刻而复杂，很难用某种文化遗产加以概括。笔者将其界定为复合型文化遗产。对于这样的文化遗产解说和旅游开发，不能简单套用一般模式，应根据复合型文化遗产资源禀赋及特征而定。本章将运用文化景观理论和文化再生产理论，结合问卷调查、因子分析和参与观察等方法，从定性和定量两个方面分析作为复合型文化遗产的船政文化旅游产品开发的路径选择，这对于类似文化遗产的旅游开发具有一定的参考价值和实践意义。

第四章 历史街区往往是所在城市有形和无形文化遗产的富集区。随着城市文化旅游的快速发展和游客、城市居民旅游休闲需求的旺盛，国内老城区更新改造方兴未艾。国内学者，特别是地理学者往往借用西方游憩商业区（recrational business district）的概念进行历史街区空间规划研究，但游憩商业区的外延和内涵都无法涵盖传统历史街区。国际文化学界、遗产学界甚至文化旅游研究者很少用游憩商业区这个概念，一般以文化街区（cultural quaters）、历史城区、历史核心区、少数民族街区（ethnic quaters）以及近邻社区（neighbourhood）等来指称。本章运用历史地理学方法，以福州上下杭历史街区为案例，深入挖掘并分析其历史文化资源类型和禀赋，通过分析游客网络游记的文本，归纳游客旅游体验特征，并采取问卷调查方法来测度游客地方感的两个维度：地方依恋和地方认同。在此基础上，运用亨利·列斐伏尔"空间的生产概念三元组"及其后继者的空间关系再生产理论，探讨福州上下杭历史街区文化旅游空间重构的路径，审视其空间重构的效能及社会关系。

第三部分　冲突协调。本部分选取三个不同案例，分别对应三个子问题："冲突"型遗产的"冲突"描述、概念辨析及其冲突协调方式——文化旅游；基于非遗的文化旅游发展中的二元结构及其保护与利用的平衡机制构建；民族文化旅游发展过程中的城乡二元结构导致民族文化面临解构与重构双重演进的可能，其重要表征便是民族地区居民社区感的变迁。

第五章"冲突"型文化遗产在世界上随处可见，特别是在原殖民地、半殖民地的广大亚非拉地区。西方列强在占领这些地区后留下了大量的殖民遗存。国际遗产学术界对这种遗产类型的概念界定存在颇多争议、说法不一，如"不和谐遗产"（dissonant heritage）、"消极遗产"（negative heritage）、"有争议遗产"（contested heritage）、"冲突遗产"（conflicted heritage）和"棘手遗产"（difficult heritage）等，笔者将之统称为"冲突"型遗产。虽然这种遗产类型对于受害国民众而言是一段不愉快经历甚至痛苦记忆，但也是所在国或民族不可抹去的历史。进入 21 世纪以来，国际社会重新审视普遍存在的"冲突"型遗产的功能和价值。在民族意识觉醒和旅游发展语境下，国际上对"冲突"型遗产的态度发生转向，不再将其视为不可触碰的"禁区"，不少国家将其巧妙地转化为旅游吸引物和爱国主义教育基地。福州是我国近代最早开放的五大通商口岸之一，拥有丰富的外国领事馆、教堂、度假地等西方文化遗存，这些文化遗存有的受到很大破坏，有的正在消失，如何合理有效地保护和利用这些"冲突"型遗产成为地方政府、旅游业界和民众的当务之急。本章在阐述"冲突"型遗产概念及其研究状况的基础上，归纳分析了国际社会利用作为"冲突"型遗产的文化旅游消解"冲突"的若干模式，结合福州"冲突"型遗产资源赋存状况，运用迈克尔·汤普森的垃圾理论，辅之以深度访谈和参与观察等方法，分析以文化旅游为媒介的"冲突"型遗产价值转化路径，以期促使国内学界和业界辩证地看待"冲突"型遗产及其价值，研究结果对类似遗产的开发利用有所启发。

第六章 文化旅游中的二元结构是一个客观的存在，这是源自欧洲的普遍共识。但学术界对文化旅游结构是否仅仅局限于二元特征存在争议，有学者认为原始或土著民族文化旅游结构可能是多元的。但笔者认为，虽然民族文化旅游中存在多元结构，但这也非普遍现象。对文化旅游中二元结构进行分析，有助于我们认识文化旅游的舞台化和表演性特征，进而构建文化遗产的保护和利用的平衡机制。本章案例研究以印度尼西亚巴厘岛非物质文化遗产保护和文化旅游利用的经验为主题，分析其存在的"神圣与世俗""本真与流变""局内与局外""传统与现代"等诸多二元关系，其突出经验是，文化旅游是印度尼西亚巴厘岛非遗保护与利用的重要中介变量，笔者据此建构我国非遗保护与旅游利用的平衡机制模型。

第七章 社区感是衡量民族文化保持的一个重要维度，社区感的丧失，也就意味着民族文化的原生态语境的变异，进而可能影响民族文化的认同和文化再生产。旅游对民族地区的文化影响研究大多从旅游客体角度切入，很少从民族文化的承载者——少数民族个体进行分析。本章通过对旅游语境下国内外社区感研究的学术梳理，基于对土家族民族文化演化的历史溯源及其当代赋存状况，笔者对一位辗转于城乡二元结构社会的土家族女青年展开访谈，运用文化认同理论、大卫·麦克米伦和大卫·查维斯（David W. McMillan & David M. Chavis）的社区感四因素模型等深入分析在旅游发展过程中居民个体社区感动态演化过程，进而分析旅游发展对土家族社区感的可能影响及其应对策略。

结语部分总结本书的主要观点，以及三个分主题（跨区域合作、空间生产和冲突协调）研究的创新之处和不足，归纳分析了开展文化旅游研究的社会、经济和文化意义；高度概括了国际文化旅游研究的理论和方法，并对未来研究趋势加以展望。

跨区域合作

第一章　文化线路甄别及文化旅游跨区域合作机制研究

　　作为历史悠久的文明古国，我国拥有丰富的文化线路遗产资源。丁援、宋奕主编的《中国文化线路遗产》图文并茂地介绍了我国蜀道、丝绸之路、海上丝绸之路、西南丝绸之路、北京中轴线、大运河、茶马古道、川盐古道、武当神道、万里茶道十条中国文化线路①。按照国际古迹遗址理事会《文化线路宪章》的识别标准，这些文化线路具有历史悠久、尺度巨大、资源丰富、种类多样、功能持久、生命力强等鲜明特点。但是，随着城市化进程的加快，道路交通、市政管网、水利工程的建设，以及工业生产、农业灌溉、林木种植、矿业开采等，文化线路遗产的完整性往往会遭到破坏，其生存面临威胁，这给文化线路遗产保护带来了巨大挑战。同时，气候变化、环境污染等整体环境恶化，也会导致文化线路遗产面临生存困境，如文物本体不同程度地存在水患、风化、腐蚀等风险。习近平总书记强调，"文化是一个国家、一个民族的灵魂。文化兴国运兴，文化强民族强。没有高度的文化自信，没有文化的繁荣兴盛，就没有中华民族伟大复兴"。② 就目前我国文化线路遗产保护和旅游利用文献来看，这方面的研究才刚刚开始，还有大量的文化线路遗产资源亟待普查、识别、登记、保护和利用，特别是文化旅游利用。当前最为关键的是打破行政区划壁垒，构建合作机制，实施区域整合，才能有效保护和开发利用文化线路遗产资源。他山之石，可以攻玉，欧洲经验或许对我国文化线路申遗、保护及文化旅游利用具有重要参考价值。千百年来，跨越闽、浙两省的仙霞古道发挥了东部沿海沟通两大水系的作用，其遗产内涵和价值尚未引起足够的重视，它也未被列入上述所谓"中国

---

① 丁援、宋奕主编《中国文化线路遗产》，上海：东方出版中心，2015。
② 习近平：《论坚持全面深化改革》，北京：中央文献出版社，2018，第368页。

十大古道"之中。① 本章拟在借鉴国际文化线路遗产保护与开发的经验
基础上，从文化线路遗产的概念入手，以闽浙仙霞古道为案例，判别其
文化线路遗产属性，运用行动者网络理论探讨其多元价值及其保护、申
遗和利用的跨区域合作机制与路径，为加快两省及其毗邻的欠发达地区
社会经济一体化发展提供决策参考。

第一节　国际文化线路遗产概述

文化线路（cultural routes 或 cultural Itinerary）的概念出现于 1993
年，是在西班牙圣地亚哥·德·孔波斯特拉朝圣之路（Route of Santiago
de Compostela）预备列入世界遗产名录时提出的。线性文化遗产，是指
拥有特殊文化资源的线性或带状区域内的物质和非物质文化遗产族群，
往往出于人类的特定目的而形成一条重要的纽带，将一些原本不相关联
的城镇、村庄等串联起来，形成链状的文化遗存，真实再现了历史上人
类活动的移动，及物质和非物质文化的交流互动，并赋予人文意义和人
文内涵②。但这还不是文化线路遗产的标准界定。虽然联合国教科文组
织、国际古迹遗址理事会、欧洲理事会等国际组织对文化线路的定义各
有不同，但对文化线路类型遗产的共性特征还是存在较为一致的看法。
根据已有研究，笔者认为，"文化线路"大致兼具物质和非物质文化遗
产的双重性，主题化，与旅游具有天然的亲和力，跨国跨区域，线性延
伸或网状结构等几个共性特征。2008 年在加拿大魁北克市召开的国际古
迹遗址理事会大会上，其国际文化线路科技委员会通过了《文化线路宪
章》。宪章确立了文化线路的概念（后文将详细解析），根据它的定义和
方法，其目的是记录、保存和推广这些重要的遗产资源。在由联合国教
科文组织评选的"世界文化线路遗产"中，除上述西班牙的圣地亚哥·
德·孔波斯特拉朝圣之路最早入选之外，目前全世界还有多条文化线路

① 目前从文化线路遗产角度探讨仙霞古道保护和旅游开发的文献极为有限。仅见徐志忠
《从〈徐霞客游记〉看仙霞古道的旅游开发价值》一文对仙霞古道旅游价值的分析，
该文收录在石在、徐建春、陈良富主编的《徐霞客在浙江·续集——从海天佛国到四
省通衢》，北京：中国大地出版社，2002，第 263—273 页。

② 单霁翔：《大型线性文化遗产保护初论：突破与压力》，《南方文物》2006 年第 3 期，
第 2—5 页。

相继列入《世界文化线路遗产名录》。这些入选的文化线路包括：法国的米迪运河（Le Cannal du Midi）、阿根廷科布拉达·德·胡迈海卡山谷、阿曼的乳香之路、日本的纪伊山脉圣地和朝圣之路（Kii Mountain Range）、以色列内盖夫沙漠的香料之路、南美印加之路、中哈吉丝绸之路"长安—天山廊道路网"、中国大运河、墨西哥的皇家内陆大干线（El Camino de Tierra Adentro）等。

欧洲理事会是文化线路遗产保护的重要推手。截至2019年，欧洲理事会已确认38条文化线路。这些文化线路按照主题分类，大致有宗教朝圣、商业文化、历史人物、工业遗产、文化艺术、民族文化、饮食文化、历史城镇、史前遗迹、建筑遗产、战争遗产等。欧洲理事会认为，这些不同的主题展示了欧洲的记忆、历史和遗产，有助于解释当今欧洲的多样性。

第二节 国际文化线路的定义及遴选标准

对于文化线路遗产的定义和判别标准，不同国际组织的界定略有不同；有关文化线路遗产跨区域合作保护与旅游开发的研究，欧洲学术界关注较多，研究成果相对充分，对于文化线路的概念界定、判别标准及保护与旅游利用研究进行文献梳理是本选题立论的前提和基础。

对于"文化线路"，不同国际组织给出的定义虽有共同之处，但也有一些差异。"文化线路"于2005年被正式列为新的文化遗产类型。2008年国际古迹遗址理事会通过《文化线路宪章》，该宪章成为国际文化线路保护的基础性文件。不同国际组织对于文化线路都做出了学术性定义，如欧洲委员会给出的文化线路的定义是："一个文化、教育遗产和旅游合作项目，旨在开发和推广一个或一系列以历史线路、文化概念、人物或现象为基础的行程，对理解和尊重欧洲共同价值观具有跨国重要性和意义。"[①] 而国际古迹遗址理事会文化线路科技委员会对文化线路有如下表述：基于动态性特征和思想的交流，在时间和空间上具有一定的连续性，是一个整体性概念，它的整体价值远远大于线路所有遗产要素

---

① Berti，E.，"Defining the Cultural Routes of the Council of Europe," in *Cultural Routes Management：From Theory to Practice*，edited by Council of Europe，Strasbourg：Council of Europe Publishing，2015：15.

的相加，这种价值使它具有文化上的重要意义①。该定义强调国家或地区之间的交流与对话是多重维度的，在线路形成的最初目的——宗教、商贸、行政等之外，可能具有不同特征。

国际古迹遗址理事会在《文化线路宪章》中将文化线路定义为"陆路、水路或其他类型的交流线路，有明确的地理界线，为实现既定目标而拥有动态的特定历史功能，其形成源于人类的迁徙和与之相伴的民族、国家、地区或洲际间商品、思想、知识和价值观等多维度的持续交流，在特定的时空范围内促进了相关文化的相互滋养并通过物质和非物质文化遗产得以体现，文化线路把相关的历史联系和文化遗产整合为统一的动态系统"②。

1994 年的马德里会议形成的附加文件里讨论了文化线路作为世界文化遗产的判别标准，指出应强调文化线路使用所带来的文化上的反响和文明传播上的贡献，同时以下四点为基础③。

——空间特征：长度和空间上的多样性反映了文化线路所代表的交流是否广泛，其联结是否足够丰富多样。

——时间特征：只有达到一定使用时间，文化线路才可能对它所涉及的社区文化产生影响。

——文化特征：它是否包含跨文化因素或是否产生了跨文化影响，指它在联结不同文化人群方面的贡献。

——角色和目的：它的功能方面的事实，例如曾对文化宗教信念或贸易的交流起到作用，并影响特定社区的发展。

欧洲文化线路委员会则认为，要想达到文化线路的标准必须要有一个特定的主题，该主题须满足如下条件④：①主题必须体现欧洲多国共同的价值观；②主题必须由欧洲多地区不同领域专家共同研究确定，以确保活动和计划基于区域共识；③主题必须展示欧洲的记忆、历史、遗

① CIIC, ed., *The 3rd Draft Annotated Revised Operational Guidelines for the Implementation of the World Heritage Convention*, Madrid, Spain：CIIC, 2003.

② ICOMOS, ed., "The Charter on Cultural Routes," Quebec：ICOMOS 16th General, 2008.

③ CIIC, ed., *Reports of Experts*, Madrid, Spain：CIIC, 1994.

④ Council of Europe Cultural Routes, *Revising the Rules for the Award of the Cultural Route of the Council of Europe Certification*, Luxembourg：The 1187 bis Meeting of the Ministers' Deputies, 2013.

产，计划项目提出的概念框架必须至少涉及这三者之一，并且必须有助于阐释当今欧洲文化的多样性；④主题必须有助于年轻人在文化和教育领域的交流，从而符合欧洲委员会在相关领域的理念；⑤主题必须有助于在文化旅游和可持续文化发展领域开展示范性项目；⑥主题必须有助于与旅行社或其他旅游机构一同开发针对不同消费群体的旅游产品；⑦主题必须促进区域间长期、多边、多领域的合作，并通过欧洲委员会成员多领域的线路网络来贯彻实施。

郭璇、杨浩祥通过比较指出，"ICOMOS 和世界遗产委员会的定义，是以文化线路自身的'遗产属性'为出发点，进而详细界定文化线路的各项本质特性；而欧洲文化线路委员会则在近 30 年的研究与实践之后，逐渐重视遗产保护与社会发展的关系，其定义以文化线路的'社会属性'为出发点，强调文化线路对欧洲当代社会发展的意义"①。

笔者认为，欧洲委员会文化线路评判标准除了强调其"社会属性"，还有欧洲地缘政治因素、欧洲一体化进程的需要以及欧盟国家领土整合要求，其评判标准具有一定的局限性。如果按照这个标准，许多国家如中国、美国、俄罗斯、澳大利亚、巴西、印度等境内古道往往就会被排除出文化线路范畴，这既不利于所在国家线性遗产的保护，也不利于其申报世界文化遗产，更不利于所在国家区域间开展社会、经济、文化等方面的合作与资源共享。笔者以国际古迹遗址理事会文化线路科技委员会的四条判别标准为依据，采用文献归纳法深入分析闽浙仙霞古道的文化遗产类型及其性质。

第三节　文化线路成为文化旅游跨区域
合作的重要载体

欧盟最早重视文化线路遗产的区域合作价值。它将文化线路作为区域整合的工具②。欧洲理事会的"文化走廊"计划就是基于可持续、公

---

① 郭璇、杨浩祥：《文化线路的概念比较——UNESCO WHC、ICOMOS、EICR 相关理念的不同》，《西部人居环境学刊》2015 年第 2 期，第 44—48 页。

② Cassalia, G., Tramontana, C., and Claudia, V., "New Networking Perspective Towards Mediterranean Territorial Cohesion: The Multidimensional Approach of Cultural Routes," *Procedia-Social and Behavioral Sciences*, 2016 (223): 626 – 633.

平和包容的原则及广泛的利益相关者伙伴关系构建促进区域社会经济发展的坚实制度框架①；欧盟实施的 CERTESS 项目（Cultural European Routes：Transfer Experiences，Share Solutions）就突出强调文化线路是"共同遗产"和区域一体化平台，体现欧洲"共同价值观"②。文化线路是跨文化对话、激发主题性和参与性来提高社会凝聚力的一种工具③；玛丽亚·沃尔科娃·谢希曼诺娃（Maria Valkova Shishmanova）提出建立伙伴关系和合作机制，以促进区域的保护和可持续发展④。如西班牙—法国的"圣地亚哥朝圣之路"、罗马尼亚的"罗马皇帝之路"和"葡萄酒之路"、环地中海"腓尼基人之路"（汉尼拔之路）等。

　　文化旅游是文化线路跨区域、跨国合作的基础。依托文化线路的旅游开发是一种新的旅游发展源泉，它能够增强共同遗产意识、促进区域共同繁荣，文化线路不仅可以改善边缘地区或农村地区的经济条件，创造新的就业机会和公民的社会福利，为边远的农村地区和中小企业提供机会，而且能够增强旅游小微企业之间的竞争力以及旅游部门之间的合作⑤⑥。跨国主题旅游产品和文化线路具有巨大的潜力：跨国文化旅游线路的旅游增长，将促进地方投资、保护文化和环境资源、促进边缘地区和新兴旅游目的地的经济再生⑦。但要成功实施基于文化线路的可持续旅游形式，就必须考虑到广泛的利益相关者，因此，合作至关重要⑧，特别是在较不发达地区，活动和景点的聚集，能够刺激当地和邻近地区

---

① Majdoub, W., "Analyzing Cultural Routes From a Multidimensional Perspective," *Alma-Tourism*, 2010 (2)：29 - 37.

② Capp, S., "Cultural European Routes：Transfer Experiences, Share Solutions (CERTESS)," *Progress in Cultural Heritage Preservation-Euromed*, 2012：175 - 179.

③ Cojocari, S., "The Development of Cultural Routes：A Valuable Asset for Romania," *Procedia Economics and Finance*, 2015 (32)：959 - 967.

④ Shishmanova, M. V., "Cultural Tourism in Cultural Corridors, Itineraries, Areas and Cores Networked," *Procedia-Social and Behavioral Sciences*, 2015 (188)：246 - 254.

⑤ Weaver, D. B., "Alternative Tourism in Montserrat," *Tourism Management*, 1995, 16 (8)：593 - 604.

⑥ Khovanova-Rubicondo, K. M., "Cultural Routes as a Source for New Kind of Tourism Development：Evidence from the Council of Europe's Programme," *Progress in Cultural Heritage Preservation-EUROMED*, 2012：83 - 88.

⑦ Cojocariu, S., "Development Trends Analysis for the Cultural Routes at European Level and in Romania," *Quality management*, 2015, (144)：84 - 86.

⑧ Zabbini, E., "Cultural Routes and Intangible Heritage," *AlmaTourism*, 2012 (5)：59 - 66.

的社区合作。由于文化线路旅游具有分散性和多样性，合作可以帮助克服这种碎片化[①]。此外，文化线路可以作为边缘地区或农村地区的发展工具，因为它们有助于刺激经济活动和吸引游客进入这些地区[②]。研究表明，成功的文化线路进行旅游开发的核心要素是"在众多不同的旅游供应商之间建立合作网络"[③]。上述网络思维和合作理念的理论来源主要是系统方法和整体观点，它们是审视文化线路遗产保护、旅游开发、旅游营销和旅游管理的重要视角。如"文化消费的整体目的地方法"[④]、"一般系统方法"[⑤]、"综合方法"[⑥]，以及"系统—地理方法"[⑦] 等。

我国文化线路保护虽有整体性和合作倡议，如整体性保护[⑧][⑨]、综合性保护或保护网络[⑩]、"三位一体"保护[⑪]、动态性保护[⑫]、协同保护[⑬]、

---

① Briedenhann，J.，& Wickens，E.，"Tourism Routes as a Tool for the Economic Development of Rural Areas-Vibrant Hope or Impossible Dream?" *Tourism Management*，2004，25（1）：71 – 79.

② Weaver，D. B.，"Alternative Tourism in Montserrat，" *Tourism Management*，1995，16（8）：593 – 604.

③ Meyer，D.，"Routes and Gateways：Key Issues for the Development of Tourism Routes and Gateways and Their Potential for Pro-poor Tourism，" *AlmaTourism*，2010，（2）：29 – 37.

④ Murray，M.，and Graham，B.，"Exploring the dialectics of Route Based Tourism：The Camino de Santiago，" *Tourism Mamtgement*，1997，18（8）：513 – 524.

⑤ Majdoub，W.，"Analyzing Cultural Routes from a Multidimensional Perspective，" *AlmaTourism*，2010，（2）：29 – 37.

⑥ Oikonomopoulou，E.，Ekaterini，T.，et al.，"An Innovative Approach to the Protection of Cultural Heritage：The Case of Cultural Routes in Chios Island，Greece，" *Journal of Archaeological Science：Reports*，2017（14）：742 – 757.

⑦ Zabbini，E.，"Cultural Routes and Intangible Heritage，" *AlmaTourism*，2012，（5）：59 – 66.

⑧ 单霁翔：《大型线性文化遗产保护初论：突破与压力》，《南方文物》2006 年第 3 期，第 2—5 页。

⑨ 王丽萍：《文化线路与滇藏茶马古道文化遗产的整体保护》，《西南民族大学学报》（人文社会科学版）2010 年第 7 期，第 26—29 页。

⑩ 吕舟：《文化线路构建文化遗产保护网络》，《中国文物科学研究》2006 年第 1 期，第 59—63 页。

⑪ 刘蒋：《文化遗产保护的新思路——线性文化遗产的"三位一体"保护模式初探》，《东南文化》2011 年第 2 期，第 19—24 页；陈韵羽：《古蜀道基于线性文化遗产的"三位一体"保护模式再探——以剑门蜀道为中心》，《中华文化论坛》2014 年第 2 期，第 73—79 + 192 页。

⑫ 刘煜：《剑门蜀道的保护模式审视》，《中国文化遗产》2010 年第 6 期，第 72—81 页。

⑬ 邓军：《文化线路视阈下川黔古盐道遗产体系与协同保护》，《长江师范学院学报》2016 年第 6 期，第 19—25 页。

保护规划方法①等，但没有重视文化旅游在文化线路跨区域合作中的纽带作用。

综上所述，比较国内外文化线路的研究取向，结合欧洲经验可知：跨区域合作、利益相关者合作伙伴关系的建立、文化线路保护与旅游开发的网络思维是当下国际文化线路研究领域的主要着力点。国内几乎没有学者从网络视角分析古道或文化线路保护与开发问题，往往局限于行政区划（省域或市域）的案例研究，也很少探讨文化线路跨区域合作及合作网络的构建问题。

第四节　行动者网络理论与文化线路跨区域合作研究

行动者网络理论是最早由法国巴黎学派社会学家布鲁诺·拉图尔（Bruno Latour）、米歇尔·卡龙（Michel Callon）和约翰·劳（John Law）等人在批判爱丁堡学派的"强纲领"的不对称基础上于20世纪80年代中后期提出的一种科学知识社会学（Sociology of Scientific Knowledge，SSK）。行动者网络理论要点包括广义对称性原则（General Symmetry Principle，GSP）、行动者（actor）、异质性网络（heterogeneous network）和转译（translation）②。行动者既可以指人类（humans）也可以指非人类（non-humans）；任何行动者都是转译者而不是中介者，不同的行动者在利益取向、行为方式等方面是异质的；网络的稳定性取决于各个行动者利益的不断转译，网络内部也可能因异议而出现偏离网络的力量。行动者网络理论正是通过关注行动者和网络之间的并置和相互作用的过程，来揭示网络构建的动力与模式，分析网络的稳定性与可能的发展③④。

---

① 王景慧：《文化线路的保护规划方法》，《中国名城》2009 年第 7 期，第 10—13 页。

② Callon，M.，"The Sociology of an Actor-Network：The Case of the Electric Vehicle," in *Mapping the Dynamics of Science and Technology*，edited by Callon，M.，Law J.，and Rip，A.，London：Macmillan Press，1986：19 – 34.

③ Latour，B.，*Science in Action*：*How to Follow Engineers and Scientists Through Society*，Milton Keynes，UK：Open University Press，1987.

④ Law，J.，"Notes on the Theory of the Actor Network：Ordering，Strategy and Heterogeneity," *System Practice*，1992，5（4）：379 – 393.

转译过程是行动者网络理论的核心内容，包括"问题呈现"（problematisation）、"利益赋予"（interessment）、"征召"（enrolment）、"动员"（mobilization）及"排除异议"（dissidence）五个基本环节。"问题呈现"是指核心行动者通过指出其他行动者利益的实现途径，使不同行动者关注的对象问题化，从而结成网络联盟，同时使核心行动者的问题成为实现其他行动者目标的"强制通行点"（Obligatory Points of Passage，OPP）；"利益赋予"，即通过各种装置和策略强化问题呈现环节中对行动者角色的界定，其结果是行动者被"征召"而成为联盟成员；"动员"，即建议者上升为整个网络联盟的代言人（spokesman），并对其他联盟者行使权力，以维护网络的稳定运行，在此过程中可能出现需要克服的异议①。

行动者网络理论于旅游研究中的应用方法主要包括物质符号学制图法、参与观察法或行动者研究法、深度访谈法等②。对于将行动者网络理论运用于旅游研究，国际上已有不少研究案例，如范·德·杜伊姆（van der Duim）借助行动者网络理论异质性联结的思路提出了旅游景观概念（tourismscapes）③，贡纳尔·托尔·约汉内松（Gunnar Thór Jóhannesson）进行了关于旅游转译的探讨④，埃洛迪·佩吉特、弗莱姆·迪曼什和皮埃尔·莫内（Elodie Paget，Frédéric Dimanche，and Pierre Mounet）进行了关于一家法国旅游公司的滑雪场管理的研究⑤，等等。行动者网络理论的广义对称性原则强调研究者对人类和非人类行动者同等重视，这些行动者围绕强制通行点，通过转译（translation）联结各行动者，进而形成一个相对稳定的动态异质性行动者网络，而转译通常需要经历问题呈现、利益赋予、征召、动员及排除异议五个重要阶段。在某种程度上，转译也是围绕OPP这个阶段性总目标而进行的核心行动者

---

① 刘宣、王小依：《行动者网络理论在人文地理领域应用研究述评》，《地理科学进展》2013 年第 7 期，第 1139—1147 页。

② 李立华、付涤非、刘睿：《旅游研究的空间转向——行动者网络理论视角的旅游研究述评》，《旅游学刊》2014 年第 3 期，第 107—115 页。

③ Van der Duim，R.，"Tourismscapes：An Actor-Network Perspective," *Annals of Tourism Research*，2007，34（4）：961–976.

④ Jóhannesson，G. T.，"Tourism Translations：Actor-Network Theory and Tourism Research," *Tourist Studies*，2005，5（2）：133–150.

⑤ Paget，E.，Dimanche，F.，Mounet，J. P.，"A Tourism Innovation Case：An Actor-Network Approach," *Annals of Tourism Research*，2010，37（3）：828–847.

的权力轮替。因此，行动者网络理论常常也被国际旅游学界用来研究跨
部门旅游合作问题，例如米歇拉·阿纳博尔迪和尼古拉·斯皮勒（Mich-
ela Arnaboldi & Nicola Spiller）关于意大利北部山区莱科省的瓦尔萨西纳
（Valsassina）的一个文化区项目利益相关者合作的经典研究①，以及齐娜
伊达·法杰娃（Zinaida Fadeeva）对欧洲五国 8 个致力于旅游合作的社会
组织成功合作的案例研究②等，但尚且没有从文化线路角度进行的相关
研究。本章通过分析浙江省江山市从启动仙霞古道申报省级文保单位的
单向行动过程及问题诊断，到与福建方面合作申报世界文化遗产，再到
在合作构建世界遗产旅游目的地过程中行动者网络的建构与转换问题，
探讨文化线路遗产保护与旅游利用的跨区域合作机制及其社会经济意义。

第五节　案例研究

——闽浙仙霞古道跨区域合作机制构建

（一）仙霞古道的文化线路属性判别

仙霞古道，又称江（山）浦（城）驿道、浙闽官道、黄巢古道，始
建于唐朝，据载由黄巢起义军所开辟。它北起江山市大南门，经清湖、
石门、江郎、峡口、保安、廿八都等乡镇至福建省浦城县的九牧、渔梁、
仙阳、南浦镇，全程 120.5 公里，江山境内 75 公里，浦城境内 45.5 公
里。向南延伸至临江溪和南浦溪交汇处的观前村，连接闽江水系。（其间
跨越所谓"六岭六关"，被历代史家和文人墨客视为天险，堪比剑阁、
梅岭，因后文有详细阐述，此处从略。）仙霞古道无疑在历史上有着重要
的地位，是古代京福驿道的主要组成部分，史称"东南锁钥""入闽咽
喉"，是历代兵家必争之地，也是繁盛的商业运输之道，更是南北文化交
流的大通道，在某种程度上是"海上丝绸之路"重要陆上连接线。

有关仙霞古道保护及价值的研究，显然是受到新时期文化旅游发展

---

① Arnaboldi, M., & Spiller, N., "Actor-Network Theory and Stakeholder Collaboration: The Case of Cultural Districts," *Tourism Management*, 2011, 32 (3): 641 – 654.

② Fadeeva, Z., "Translation of Sustainability Ideas in Tourism Networks: Some Roles of Cross-Sectoral Networks in Change Towards Sustainable Development," *Journal of Cleaner Production*, 2005, 13 (2): 175 – 189.

的推动。随着我国"一带一路"倡议的提出，国内掀起了对丝绸之路、茶马古道、蜀道等线性文化遗产研究的热潮，在此背景下，仙霞古道的价值受到属地政府的高度重视。闽浙两地文史工作者为仙霞古道申遗和文旅产业的发展做出了许多有益的探索。浙江江山市文史专家侧重于仙霞古道徐霞客足迹申遗的研究①，而福建浦城县地方文史专家则重视境内历史文化资源的挖掘，兼及仙霞古道文化脉络的梳理②，福建省文史部门则对全省古道文化进行了系统阐述③。除此之外，学术界对仙霞古道的研究用力最勤的是清华大学建筑学院罗德胤，他从历史学和建筑学双重角度对仙霞古道进行了详细的现场踏勘和调查，出版了《浙闽通途：仙霞古道》及系列图书《清湖码头》《廿八都古镇》《峡口古镇》《观前码头》等，罗德胤的"知识考古"式探索虽然给我们还原了仙霞古道历史的本来面目或若干侧面，但上述研究都未能从国际视野认识仙霞古道的普遍价值及对区域社会经济发展的意义。就目前掌握的资料来看，仙霞古道的历史地位丝毫不亚于西南茶马古道、蜀道等区域性文化线路。那么，仙霞古道是否具备申报世界文化遗产的潜质，申报何种世界文化遗产，如何判别，有何标准，这是我们首先要探讨的问题。笔者拟根据国际古迹遗址理事会文化线路科技委员会的马德里会议文件关于文化线路的四条判别标准，逐一进行论证，以便确认仙霞古道的文化线路遗产属性，从而为下节研究提供逻辑前提。

1. 仙霞古道的空间特征

《史记·东越列传》记载：汉"元鼎六年秋，余善闻楼船（将军）请诛之，汉兵临境，且往，乃遂反，发兵距汉道。号将军驺力等为'吞汉将军'，入白沙、武林、梅岭，杀汉三校尉。……天子遣横海将军韩说出句章，浮海从东方往。楼船将军杨仆出武林，中尉王温舒出梅岭，越侯为戈船、下濑将军，出若邪、白沙"④。闽越王余善则分别由若邪（今

---

① 石在、徐建春、陈良富主编《徐霞客在浙江·续集——从海天佛国到四省通衢》，北京：中国大地出版社，2002。
② 《梦笔浦城》编委会编《梦笔浦城：中国闽北千年古县浦城历史文化》，福州：海峡文艺出版社，2008。
③ 福建古建筑丛书编委会编《古道桥亭》，福州：福建教育出版社，2020。
④ （汉）司马迁撰《史记》，《东越列传》第五十四，北京：中华书局，2006，第2982—2983页。

绍兴南）和白沙出兵，溯曹娥江和匝江在丽水会合后，再顺流至龙泉，越柘岭至浦城。从这场战争可以看出，西汉时期，浙西南、闽西北的道路开发就已经开始，至今在浦城县境内还有越王台古迹，"越台晚照"被列为浦城八景之一。清光绪《续修浦城县志》载："仙霞未开以前，浙江入闽大路皆自处州龙泉逾柘岭，达登俊、官田里以至于浦城。"①

晚明众多日用类书所载之往返闽浙至中原的旅行线路，大多以两京为出发地。范金民先生根据日用类书等资料，详细地考辨了从江南到全国各地的商路走向②。根据明人赵植吾编《新刻四民便览万书萃锦》所列路程，"自南京至常山县皆水，自常山至水口驿，水马并应。上杭埠过仙霞岭至蒲（浦）城县"，③ 经建宁府、延平府到福州府。程春宇《士商类要》则更为详细地列举了从杭州到福州的驿站里程④。具体行程如下。

　　杭州江口，搭船，九十里至富阳县。会江驿。九十里桐庐县。桐江驿。八十里东馆。富春驿。进横港，一百里至兰溪县。瀫水驿。九十里龙游县。亭步驿。八十里衢州府。上杭埠驿。九十里至江山县。二十里清湖。起旱。五里竹桥店。十里石门街（今石门镇）。十五里江郎山。其山甚秀。十五里峡口。过渡。十里三溪口。有观音阁。二十里保安桥。五里仙霞岭。巡检司。十里杨姑岭。十里龙溪口。十里下溪口。十里南楼。浙、直分界处。五里至大枫岭。十里九牧铺。二十里渔梁街。十里仙阳街。三十里浦城县。雇清流船，水路竟到省城。四十里观前。

其中从浙江江山县的清湖镇至福建浦城县南段的观前村就是仙霞古道所在。据清顾祖禹《读史方舆纪要》记载："凡自浙入闽者，由清湖渡舍舟登陆。清湖渡，在江山县南十五里。连延曲折，逾岭而南，至浦

①　（清）光绪《续修浦城县志》卷14《兵制》，《中国地方志集成》本，上海：上海书店出版社，2000。

②　范金民：《明清江南商业的发展》，南京：南京大学出版社，1998。

③　（明）赵植吾编《新刻四民便览万书萃锦》卷2《舆地门》，由日本山口大学图书馆"栖息堂文库"所藏。

④　（明）程春宇辑《士商类要》卷1《杭州由江山县至福建省路》，杨正泰点校，南京：南京出版社，2019，第21—22页。

城县城西，复舍陆登舟，以达于闽海，中间二百余里，皆谓之仙霞岭路，诚两浙之衿束，八闽之咽喉也。"[1]　这条路逐渐形成经建瓯、浦城，逾仙霞岭北上中原的"官马大道"，进京文士、客商多喜欢走此"进京官路"。而驿站和急递铺大多设在仙霞古道上的繁华村镇里，这说明驿道是基于古道而设立的。

在明代的基础上，清代约康熙年间，仙霞岭路上已形成完整的驿站系统。康熙《衢州府志》卷2载："（江山）县治南六十步为县前铺……南门一十五里为清湖铺，又十五里为昭明铺，又十五里为江郎铺，又二十里为峡口铺，又十五里为三卿口铺，又十五里为保安桥铺，又二十五里为龙溪铺，又二十里为廿八都铺，又十五里为枫岭铺，即浦城。"[2]

然而，仙霞古道并非单一线路。从宏观上说，它南向连接福延古道，北向连接钱塘江，进而远接京杭大运河；从微观上看，其中间还衍生出多条通往浙江龙泉、江西广信的所谓"间道"，形成以仙霞古道为中心的古道网，即顾祖禹《读史方舆纪要》所称的"六岭六关"。这"六岭六关"关岭相接，关关相通。他说，大竿岭，"有道西达广信"，"大竿岭南七里曰廿八都，最为平旷，民居甚众。有歧径可达衢（州）、处（州）诸郡"。小竿岭"盘纡最远，北趋婺州，西达信州，皆可以取途云"。梨岭"高峰连云，前横大壑，傍岩飞阁，大类仙霞"（图1-1为梨岭关残存旧址）。"盖梨岭、枫岭，由七闽而言，又为仙霞之内险也。……盖六大岭之险，在七十余里之中，故皆可以仙霞目之也。"

所谓"六关"亦然。安民关在"仙霞东南三十五里，路通处州府遂昌县。关属江山界"。二渡关在"仙霞西南八十里，路通江西上饶永丰县。关在浦城县西北一百十五里"。木城关在"仙霞西南六十里，关在二渡关东北，其地亦居浦城"。黄坞关在"仙霞西南五十里，路皆通永丰，关属江山县界"。六石关在"仙霞西南三十五里……路通江山县及广信府之玉山县"。"此皆江（西）浙（江）往来之间道，与仙霞共为六关，土人有'仙霞六关'之称。然六关之中，唯二渡关山溪环匝，路容

①　（清）顾祖禹撰《读史方舆纪要》卷89《浙江一·仙霞关》，贺次君、施和金点校，北京：中华书局，2005，第4114—4115页。

②　（清）康熙《衢州府志》卷2《疆理》，清康熙五十年（1711）修，清光绪八年（1882）重刻本，第20—21页。

图 1 - 1　仙霞古道浦城段上的梨岭关残存旧址（杨秀成摄，2021）

单骑。从江右广信入闽，可以取径于此。"① 简言之，顾祖禹所说的"六岭六关"是指仙霞岭、窑岭、茶岭、小竿岭、大竿岭和梨岭等"六岭"，以及仙霞关、安民关、二渡关、木城关、黄坞关和六石关等"六关"。

今人罗德胤在其所著的《浙闽通途——仙霞古道》一书中说，"仙霞岭的周边，又分布着另外六道关隘，分别是通往邻县的重要关口。东南面，有安民关通往浙江遂昌县。西南面，有二渡关、六石关和黄坞关通往江西广丰县，木城关和茅檐岭关则通往福建浦城县。南面，枫岭关亦通往福建浦城县"。② 庄晓敏、董建文详细调查了连接仙霞古道的另外几条支道，如忠信古道（自廿八都溪口村至浦城）、泉山（苏州岭）古道（北自浙江江山市双溪口龙井坑村翻越苏州岭南入浦城境）、刘田村古道（刘田村途经木城关至江西）等③。

由此可见，仙霞古道显然符合国际古迹遗址理事会"文化线路在长度和空间上的多样性，反映文化线路所代表的交流广泛性，连接的丰富

---

① （清）顾祖禹撰《读史方舆纪要》卷 89《浙江一·重险仙霞》，贺次君、施和金点校，北京：中华书局，2005，第 4115—4116 页。

② 罗德胤：《浙闽通途——仙霞古道》，北京：商务印书馆，2016，第 22 页。

③ 庄晓敏、董建文：《"文化线路遗产"视域下的福建北部古道修复探索》，《广东园林》2017 年第 1 期，第 9—15 页。

多样性"的标准。

2. 仙霞古道的时间特征

因为自然地理条件的限制，早期的陆路交通发展缓慢。有关仙霞古道的开辟，学术界普遍认为是唐末黄巢义军所为，但也有学者认为是汉武帝发兵攻打闽越王余善所凿。但考之文献，多语焉不详。《新唐书》载：黄巢"转寇浙东，执观察使崔璆。于是高骈遣将张潾、梁缵攻贼，破之。贼收众逾江西，破虔、吉、饶、信等州，因刊山开道七百里，直趋建州"。① 司马光《资治通鉴》亦云："黄巢寇宣州，宣歙观察使王凝拒之，败于南陵。巢攻宣州不克，乃引兵攻浙东，开山路七百里，攻剽福建诸州。元胡三省注曰：'按《九域志》：自婺州至衢州界首一百九十里，衢州治所至建州七百里，此路岂黄巢始开之邪？'"② 显然，胡三省也不能确定这就是黄巢起义军所为。但黄巢起义军入闽，从衢州趋建州，行程七百里，为了便于通车马、载辎重，因而修整拓宽了途中山路是可信的。

自宋代以来，仙霞古道经历代地方官和民间捐资修建，基础设施日益完善。官方最早对仙霞古道大规模修建的举措始于南宋保宁军节度使史浩。史书记载："闽由浦城往浙必度仙霞岭，高三百六十级，凡二十八曲，长二十里，宋史浩帅闽过此，始募甃石，路行者便之。"③ 现有仙霞关残存南宋石碑可以为证："福建路建宁府都运判府□详侍郎姚□□□资□砌此路。"显然，这次主持修建仙霞关的是福建建宁府主官姚某，宋代实行路、府、州、军、监等地方行政组织（如图 1 - 2）。

此后，无论是官方还是民间都积极对仙霞古道及其关隘进行了多次整修和建设，使得仙霞古道的交通设施日益完备。明洪武元年（1368）浦城知县张鹏举在仙霞古道浦城段的梨岭关建设华表，题匾为"梨关"。"正统七年浦城知县孙懋重立。关门上有五显庙，俗因沿称为'五显岭'……国朝嘉庆十五年知县黄恬重建，颜其南曰：'全闽锁钥'；颜其

---

① （宋）欧阳修、宋祁撰《新唐书》卷 225 下《列传》第 150 下《逆臣下·黄巢》，北京：中华书局，1975，第 6454 页。

② （宋）司马光编著《资治通鉴》卷 253《唐纪》69《僖宗惠圣恭定孝皇帝上之下》，（元）胡三省音注，北京：中华书局，2013，第 6860 页。

③ （清）陈云程著《闽中摭闻》卷 6《建宁府下》，清乾隆晋江陈氏刊本。

图 1 - 2　位于浙江省江山市境内的仙霞古道上的仙霞关
（杨秀成摄，2021）

北曰：'越闽砥柱'。"①

　　康熙年间，为防范盘踞福建的靖南王耿精忠叛乱，开国功臣范文程之子范达礼在"镇浙"期间对仙霞岭路又加以修整和拓宽。自称"野史氏落帽生"的许旭以幕友身份随福建总督范承谟（范达礼之弟）入闽时做了如下记载："仙霞岭乃由浙入闽之第一险处……自制府长兄固山名达礼镇浙时，辟阔一二丈，甃以砖石，今始稍宽。然骑者至此，悉牵马下；上若守以百人，虽万夫莫能逾也。"② 清代同治年间浦城商人祝国光鉴于仙霞岭"往来徒步者固进次且（趑趄），而肩舆负担者尤难于逾越"的状况，倡议募捐 2000 余两白银，此为民间对仙霞岭大规模捐资修建的一次重大举措。"平基址，度高卑，去迫狭，坦步履。行道之人如康庄亨衢，莫不欢声载道。"③

　　仙霞古道上的桥梁也多为官民所建，如江山市境内的仙霞古道北段

---

① （清）光绪《续修浦城县志》卷3《山川·梨岭》，《中国地方志集成》本，上海：上海书店出版社，2000，第62页。

② （清）许旭著《闽中纪略》，《台湾文献丛刊》第6辑，台北：大通书局，1987，第19页。

③ （清）陈元机《重修仙霞岭记》，（清）光绪《续修浦城县志》卷35，《中国地方志集成》本，上海：上海书店出版社，2000，第768页。

的清湖镇清湖渡。"官置浮梁，以济行旅。"[1] 所谓"浮梁"，就是指"浮桥"。这个浮桥又被称为"九清浮桥"，最初为万历二十二年（1594）江山知县蒋光彦倡建。对于"九清浮桥"的名称来历，后任知县郑怀魁所写的《九清桥碑记》中有明确说明，倡修浮桥的前任知县蒋光彦是福建温陵（今泉州）人，其别号为"九觐"，建桥之地叫"清湖"，故名之"九清"。康熙中叶，闽浙总督郭世隆在九清浮桥旧址置浮桥船二十只、铁索两条，至康熙五十年（1711），知县汪浩又捐造浮桥船二十二只、外渡船两只；知县刘守成、宋成绥又分别于乾隆十三年（1748）、三十七年（1772）、四十一年（1776）多次捐资重建。同治五年（1866）当地人毛丰、陈旭等募捐重建。前后相继，从未间断[2]。

仙霞古道南端浦城县界的南浦溪上曾建有一座桥梁，自宋代以来，官民相继对其进行了无数次重修。南浦桥起先是石桥，清代咸丰年间，石桥上的建筑被太平天国起义军付之一炬，至此，这座桥经历了明代五修清代七修，屡修屡废。到了同治初年，管正望等人在原桥墩上"架木为桥"，但桥又被光绪四年夏天的一场大水冲毁，城中著姓望族"出资于石桥西首十丈外改造浮梁，联舟十有余（只），翼以扶阑（栏），缒以铁索，大水则解而避之。为长六十四丈有奇，广二丈许"[3]。改造后的浮桥成为南浦溪[4]上的一道亮丽的风景（见图1-3）。

近代以来，传统的驿站制度被废弃，取而代之的是公路、铁路等现代交通。特别是1931年蒋介石为镇压"福建事变"，命何应钦限期修建从江山至浦城的公路，导致仙霞古道的结构受到很大破坏。但传统古驿道仍然多为今天国道、铁路建设的基础。仙霞古道被从山海关至广州的205国道所取代。

从唐末黄巢起义军"刊山开道"至当代被废弃，这个时间跨度长达

---

[1] （清）顾祖禹撰《读史方舆纪要》卷93《浙江五·清湖渡》，贺次君、施和金点校，北京：中华书局，2005，第4316页。

[2] （清）同治《江山县志》卷1下《舆地志四·关津》，据清同治十二年（1873）刊本影印，台北：成文出版社有限公司，1970，第199—200页。

[3] （清）应星奎《南浦浮梁记》，清光绪《续修浦城县志》卷36《艺文四》，《中国地方志集成》本，上海：上海书店出版社，2000，第745页。

[4] 仙霞古道最南端的南浦溪，东向直通闽江下游出海口福州，北向连接仙霞古道，沟通大运河，是连接海上丝绸之路的重要节点，"南浦绿波"也是清代浦城八景之一。

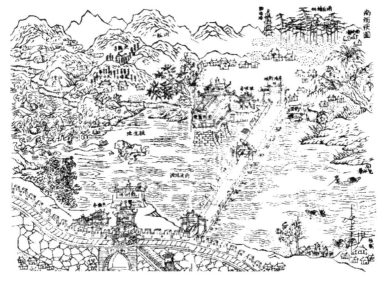

图 1 - 3   南浦溪上的南浦桥

资料来源:(清)光绪《续修浦城县志》,《中国地方志集成》本,上海:上海书店出版社,2000。

千年,仙霞古道终于退出历史舞台。古道作为交通载体的历史虽然终结,但在新形势下,其部分交通功能仍在发挥作用,尤其是古道上的文化遗产和良好的生态环境成为今天社会经济发展、文化传承的重要资源,亟待加以保护和利用。国际古迹遗址理事会于 1991 年在马德里会议文件中规定"只有使用达到一定时间,文化线路才可能对它所涉及的社区文化产生影响",文化线路只有具有这样的"时间特征",才可以被确定为文化线路遗产,由此可见,仙霞古道作为文化线路遗产当之无愧。

3. 仙霞古道的文化特征

仙霞古道自唐末黄巢开辟以来,大大促进了吴越文化区与闽越文化区的文化交流、民族融合和中国东南沿海的社会经济发展。

闽浙间跨文化影响早在先秦时代就已开始,但多以战争始,以移民终。闽越王无诸及东海王摇都是越王勾践后裔。"秦已并天下,皆废为君长,以其地为闽中郡。"楚汉战争中,无诸助刘邦打败项羽。"汉五年,复立无诸为闽越王,王闽中故地,都东冶。"[1] 最早开始大规模移民是在汉武帝平定东越王余善的反叛后,汉武帝鉴于"东越狭多阻,闽越悍,

_____

① (汉)司马迁撰《史记》,《东越列传》第五十四,北京:中华书局,2006,第2979页。

数反覆"，"诏军吏皆将其民徙处江淮间。东越地遂虚"。① 元马端临认为，"闽、浙之盛，自唐而始，且独为东南之望"②。从唐朝至南宋的几百年间，全国的经济重心逐渐转移至江南地区，东南一带的文化也渐趋发达。宋室南渡，朝廷迁至临安，大批士族随之南下，更使江、浙、闽、赣成为人文荟萃之地。正如朱熹所言："靖康之乱，中原涂炭；衣冠人物萃于东南。"③

仙霞古道成为中原文化、吴越文化与闽越文化融合的一个交汇之地。宗教和民间信仰最能显示跨文化影响的程度。仙霞古道随着移民的汇入，沿线形成多元化的宗教信仰体系，如佛教信仰、道教关帝信仰以及妈祖信仰、五显信仰等民间信仰。据清同治《江山县志》引杭世骏《榕城诗话》："过窑岭以往，一岭一庙皆祠关帝，独显岭祠五显。"④ 同书引《仙霞岭志》曰："仙霞岭关帝庙，康熙十六年（1677）毁，十七年总督李之芳重建。"⑤ 关帝庙原名"天雨庵"，初建于宋。天雨庵所供奉的是佛教偶像。李之芳还专门刻碑以记其事⑥。

> 仙霞，浙闽之冲，连峰叠嶂，不可纪极。岭之巅有关，关下则天雨庵在焉。前数年寇氛滋蔓，设伏捣巢，歼厥巨魁，严斥堠，置戍守。俯瞰天雨庵，表里若唇齿，迄今门庭晏如。四方至者，必停车庵下，礼佛而去。岁丁巳，不戒于火，僧正龙巫以兴复为请。越明年，余捐资为倡，于是藩司、守令各输金以济其役，而浙闽士庶资助恐后，鸠工庀材，葺而新之，规模宏敞，落成请记于余。……从此为良民善士，沐浴教化，以歌诵太平，其亦可矣，是为记。

① （汉）司马迁撰《史记》，《东越列传》第五十四，北京：中华书局，2006，第2984页。
② （元）马端临撰《文献通考》卷11《户口考二》，北京：中华书局，2011，第311页。
③ （宋）朱熹撰《晦庵集》卷83《跋吕仁甫诸公帖》，《文渊阁四库全书》本，台北：台湾商务印书馆，第1145册，1986，第741页。
④ （清）同治《江山县志》卷1《舆地志三·山川》，据清同治十二年（1873）刊本影印，台北：成文出版社有限公司，1970，第159页。
⑤ （清）同治《江山县志》卷5《秩祀·坛庙》，据清同治十二年（1873）刊本影印，台北：成文出版社有限公司，1970，第537页。
⑥ （清）李之芳《天雨庵碑记》，（清）同治《江山县志》卷5《秩祀志》，据清同治十二年（1873）刊本影印，台北：成文出版社有限公司，1970，第589页。

　　作为封疆大吏的李之芳工作繁忙，他之所以捐资修复天雨庵，其目的主要是劝民为善，使其"沐浴教化"。而清光绪《续修浦城县志》所记载的浦城地方民间信仰还有妈祖信仰和东越王信仰等①。仙霞古道上仅廿八都一镇，就留存所谓"二阁、三宫、六寺、八庙"，它们分别是文昌阁、观音阁（二阁）；文昌宫、东岳宫、万寿宫（三宫）；相亭寺、保华寺、叠石寺、里山寺、法云寺、梓山寺（六寺）；水星庙（又称真武庙）、土地庙、西岳庙、关王庙、关帝庙、雷神庙、上凉亭武庙、地母庙（八庙）。还有数量众多的宗族祠堂等，廿八都古镇聚合儒、佛、道三教，兼及众多的民间信仰②，充分体现了边关险隘多元融合的文化特征。

　　跨文化交流的另一个重要表现形式是方言的多样化。随着古道的兴起，驻军、商人、手工业者、外来移民不断迁入沿途村镇，诞生了一批如观前、渔梁驿、廿八都古镇、清湖镇、清漾村、峡口镇、和睦彩陶村、三卿口等富有特色的村落、集镇和码头。位于仙霞古道最南端的浦城县，"土音与正音相近，虽妇孺亦多能操正音，实较胜于他邑。至邑中土音与他邑不同，且城与乡异，此乡与彼乡亦异。约计阖邑语音不下十余种，实全闽所罕见……其余一村一族之另操一音者更难悉数，其先多从他处迁来。谚所谓'离乡不离腔'是也"。③浦城北接仙霞古道，东连福延古道，西通江西铅山，东接浙江龙泉，"五方杂处，向来本多客民。自遭兵燹后（指太平天国起义），死亡转徙，土著愈稀，客籍愈众。城乡市镇，列肆坐廛，客民十居八九，而以江右人（指江西人）为最夥。负贩食力之流又大半皆浙江人……客民党类既繁，权势遂重，渐有喧宾夺主之嫌"。④位于仙霞古道最北端的江山县亦如此，清同治《江山县志》引谷应泰《形势论》中的一段话，也印证了同样的情况。"大约流移杂处，闽人居其三，而江右之人居其七，日引月长，炭炭乎有反客为主之势。""江邑（江山）南通闽，东近处（处州），西连豫章（南昌），而北又捍

①　（清）光绪《续修浦城县志》卷13《坛庙·祠祀》，《中国地方志集成》本，上海：上海书店出版社，2000，第207—208页。
②　朱屹：《浙西廿八都聚落形态与文化特征研究》，浙江农林大学硕士学位论文，2015。
③　（清）光绪《续修浦城县志》卷6《风俗》，《中国地方志集成》本，上海：上海书店出版社，2000，第100—101页。
④　（清）光绪《续修浦城县志》卷6《风俗》，《中国地方志集成》本，上海：上海书店出版社，2000，第98页。

衢城（衢州），实全浙咽喉也。"① 位于闽浙交界的廿八都古镇，自南宋建镇以来，一直以军事重镇闻名，其居民大多为全国各地的驻军及商旅后裔。现有 3000 余户人家，有 142 种姓氏、13 种语言，有"百姓古镇""方言王国"之称②。国际古迹遗址理事会马德里会议文件界定的文化线路遗产的文化特征是，看它"是否包含跨文化因素或是否产生了跨文化影响，指它在连接不同文化人群方面的贡献"。上述史实无疑提供了强有力的佐证。

4. 仙霞古道的角色和目的（功能）

根据国际古迹遗址理事会的文化线路概念及其内涵界定，"文化线路，曾对文化、宗教或贸易的交流产生了积极影响，并促进特定社区的形成和发展"。仙霞古道连接闽越文化区与吴越文化区，与闽浙赣多条跨区域的文化线路相互交织。仙霞古道自古至今发挥多种功能，扮演多重角色。概言之，仙霞古道主要有军事镇守功能、商贸交流功能、文化传播功能、旅行交通功能、使节往返功能等。

（1）商贸交流功能

仙霞古道因战事而起，因商贸而兴。由唐末黄巢义军开辟，宋室南渡，迁都临安（今杭州）后，出于保护首都的需要，南宋朝廷区别对待浙江和沿海的开放政策，从而刺激了内陆交通运输业的发展。浙江到福建的物资便要经过仙霞古道转运。运输量之大，以至于诞生了闻名天下的"江山船帮""挑浦城担"两大商业群体。③ 在仙霞古道南端南浦镇里形成了颇具地域色彩的"江山街"。④ 明清海禁，越发使得仙霞古道成为浙闽乃至中国南北大宗物资出口的重要陆上大动脉，仙霞古道也是通往古代"海上丝绸之路"的重要通道。元朝大力发展海外贸易，泉州成为"海上丝绸之路"的世界第一大港，江浙不少货物通过泉州运往世界各地。丝绸作为当时最重要的出口物资之一，通常经钱塘江水系再走仙霞古道这一"海上丝绸之路"陆上运输线，沿闽江水系，最后运至海港。

---

① （清）同治《江山县志》卷 1《舆地志二·疆里》，据清同治十二年（1873）刊本影印，台北：成文出版社有限公司，1970，第 119 页。
② 吴越：《廿八都——深山里的"百姓古镇"》，《中外建筑》2013 年第 6 期，第 22—26 页。
③ 参见罗德胤《浙闽通途——仙霞古道》，北京：商务印书馆，2016，第 201—238 页。
④ 罗德胤：《观前码头》，上海：上海三联书店，2013，第 18 页。

仙霞古道构筑了穿越浙闽的大陆桥，促进了商品物资交流，也成为"海上丝绸之路"陆上运输线中最重要的路线之一①。明清以来，江南的丝绸、瓷器、茶叶之类大宗出口物资通过京杭大运河，溯钱塘江而上到江山清湖码头，经由仙霞古道运至福建闽江，再经福州、泉州等港口远输国外；而福建的土特产以及经福建转运的香料、象牙、犀牛角等舶来品，也须经由仙霞古道这条内陆通道运送到浙江乃至北方。清同治《江山县志》引蒋光彦在明万历二十二年（1594）撰写的《九清桥碑记》称：清湖"负郭可十五里，而近当孔道之冲。闽以南大江以西，估客行商转毂入越，系此地上下。闽荐绅大夫宦游他郡国及四方之宦闽者，或不道信州（指江西广信），间道梨关，水税舟而陆税车，清湖亦一要会也"②。这反映了清湖码头商贸往来之繁忙景象。仙霞古道北段重镇、号称"清湖锁钥"的清湖镇及其码头就担当了这样的历史重任（见图1-4）。

图1-4　素有"清湖锁钥"之称的清湖码头牌楼（杨秀成摄，2021）

自明清海禁以来，仙霞古道作为海上丝绸之路陆上最繁忙的运输线，其交通地位日益凸显，比如仙霞古道南端的浦城县南浦镇，"邑当闽浙要

---

① 郑积亮、余静轲：《仙霞古道：探寻千年古道的历史印记》，《衢州日报》2015年1月19日。

② （清）蒋光彦《九清桥碑记》，清同治《江山县志》卷1下《舆地志四·桥渡》，据清同治十二年（1873）刊本影印，台北：成文出版社有限公司，1970，第200—201页。

冲，官商往来，络绎辐辏，承平日久，繁盛殷富，俗尚奢华，故谚有'小苏州'之号……浦城地当孔道，海禁未开之日尤觉冲繁"①。明清海禁虽然限制了福建沿海海上贸易的发展，但是客观上促进了以仙霞古道为中心的仙霞山区社会经济的发展。明宣德八年"严通番之禁"后，西北上四府建宁、延平、邵武、汀州的土特产不再由闽江转福州输出。沿海下四府福州、兴化、泉州、漳州的不少商品也溯闽江而上，弃水就陆，改由崇安分水关及浦城小关输出。明中叶以后，福建商人异军突起，成为当时中国十大商帮之一。明王世懋所著的《闽部疏》载："凡福之绸丝，漳之纱绢，泉之蓝，福、延之铁，福、漳之桔，福、兴之荔枝，泉、漳之糖，顺昌之纸，无日不走分水岭及浦城小关，下吴越如流水。"② 分水关在福建崇安县（今武夷山市）附近，浦城县为浙江衢州府与福建建宁府之间的通道，是江南与福建商道的必经之地。其南段的南浦溪便是沟通闽江水系和仙霞古道的一个重要枢纽。罗德胤认为，浦城小关指的是位于福建浦城北部庙湾乡的一座关隘。走浦城小关，就是走仙霞古道。福建土特产不仅输往江南，也输往北方。

（2）军事镇守功能

仙霞古道无疑也是一条重要军事要道，向来为兵家必争之地。自南宋"浙东保宁军节度使"史浩招募民夫"以石甃路"以来，经历代修葺，仙霞关成为"东南锁钥""入闽咽喉"。清顾祖禹《读史方舆纪要》详细考证了仙霞古道上的所谓"六岭六关"（见前述）。他对仙霞关的描述给人"步步皆惊"的感觉。他说，"行近仙霞，则高峰插天，旁临绝涧，沿坡并堑，鸟道萦纡，隘处仅容一马。至关岭益陡峻，拾级而升，驾阁凌虚，登临奇旷，蹊径回曲，步步皆险。函关、剑阁，仿佛可拟，诚天设之雄关也"③。清沈德潜在《仙霞关图说》中称"语险绝者，必以仙霞为冠。浙之有仙霞，犹蜀之有剑阁也"④。《四库全书》收录的清雍

①　（清）光绪《续修浦城县志》卷6《风俗》，《中国地方志集成》本，上海：上海书店出版社，2000，第97—98页。

②　（明）王世懋著《闽部疏》，据明宝颜堂订正刊本影印，第47页。

③　（清）顾祖禹撰《读史方舆纪要》卷89《浙江一》，贺次君、施和金点校，北京：中华书局，2005，第4114—4117页。

④　（清）沈德潜《仙霞关图说》，同治《江山县志》卷1下《舆地志四·关津》，据清同治十二年（1873）刊本影印，台北：成文出版社有限公司，1970，第190页。

正《浙江通志》，为凸显仙霞岭的艰险，特为之绘制插图（见图1-5），而光绪《续修浦城县志》也谓："仙霞岭在浙江江山县之南百里，而《福建通志》载及之，盖关之有仙霞犹粤之有梅岭也。"① 正因为仙霞岭、仙霞关军事地位如此重要，自南宋以来，烽烟迭起，史不绝书。现择其要者述之。

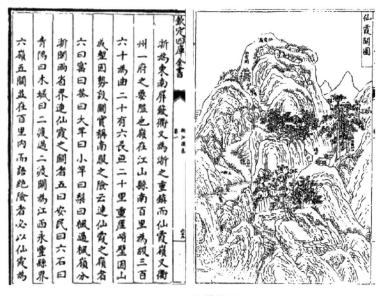

图1-5　仙霞关图

资料来源：（清）雍正《浙江通志》卷1，文渊阁四库全书本，台北：台湾商务印书馆，1986。

"靖康之变"后，宋高宗赵构亡命海上，导致"苗刘兵变"和"范汝为起义"。《宋史》记载，建炎三年（1129），宋御营扈从统制、武当军节度使苗傅、刘正彦反叛，因对代理枢密使王渊和太监康履等人不满，发动兵变，杀王渊与康履，逼迫高宗退位。苏州、江宁（今南京）等地的将领张浚、吕颐浩、张俊、韩世忠、刘光世等统兵勤王，大败苗、刘军队。高宗复位，苗、刘二人逃出临安，流窜到仙霞岭一带山区②。与"苗刘兵变"几乎同时，仙霞岭南面的闽北地区，又因饥荒爆发了范汝

①　（清）光绪《续修浦城县志》卷14《兵制·防守》，《中国地方志集成》本，上海：上海书店出版社，2000，第225页。

②　（元）脱脱等撰《宋史》卷475《列传》第234《叛臣上·苗傅传》（刘正彦附），北京：中华书局，1977，第13802—13809页。

为起义。绍兴元年（1131），宋高宗赵构调名将韩世忠率大军入闽征剿。范汝为兵败身亡，其部下范忠在仙霞岭一带流窜，终被镇压。清同治《江山县志》引《大清一统志》说："宋建炎、绍兴诸将削平江、闽群贼，往往转战于仙霞南北。"[1] 令明代统治者最为头疼的是闽浙山区的蓬民、矿徒起义，最烈者如横行闽北浙南的邓茂七、叶宗留所部。正统十三年（1448），闽北爆发邓茂七起义，叶宗留与之配合，阻官军于广信（今江西上饶）、铅山等地。叶宗留战死后，其子叶希八继之，次年起义军被明军镇压。晚明，仙霞山区的种靛贫民又爆发起义。清同治《江山县志》载，明崇祯十五年（1642），"廿七都闽人种靛者揭竿起，屠戮张村、石门、清湖等处"[2]。清代康熙初年，盘踞闽地的三藩之一的耿精忠与广东尚可喜、云南吴三桂连兵叛乱，史称"三藩之乱"。闽浙交界的仙霞岭再次成为战场，不过时间短暂。浙江总督李之芳"置兵险隘，断其仙霞出路，旋就歼灭"[3]。咸丰兵燹，仙霞岭成为太平军与清军拉锯的战场，仙霞古道沿线城市乡村生灵涂炭。清咸丰八年（1858）和同治元年（1862），太平天国翼王石达开、侍王李世贤两次围攻江山县城，并沿仙霞古道驻扎于清湖、石门、江郎、风林一带，在峡口击溃福建总兵曾元福部，直指仙霞要塞。此后，仙霞古道沿线发生多次军事事件，如1933年11月21日，蒋介石急电何应钦调集浙、闽、赣数十万名民工修建江（山）浦（城）公路，以打通仙霞天险；1935年至1937年中国工农红军挺进师在粟裕、刘英的领导下，在仙霞岭山区建立了游击根据地，开展敌后斗争。详见姜江来《从江山到浦城的仙霞古道》一文[4]，此处不一一赘述。

　　正因为仙霞岭为军事要塞，才有上述千百年来不间断的军事征伐和镇守。因此，仙霞古道也是一条"雄关漫道"，处处设防。清顾祖禹在《读史方舆纪要》一书中说，"仙霞关，在仙霞岭上，有巡司戍守。旧名

---

① （清）同治《江山县志》卷1《舆地志二·疆里》，据清同治十二年（1873）刊本影印，台北：成文出版社有限公司，1970，第116页。

② （清）同治《江山县志》卷12《拾遗志三·祥异》，据清同治十二年（1873）刊本影印，台北：成文出版社有限公司，1970，第1657页。

③ （清）光绪《续修浦城县志》卷14《兵制·防守》，《中国地方志集成》本，上海：上海书店出版社，2000，第225页。

④ 姜江来：《从江山到浦城的仙霞古道》，《东方博物》2005年第3期，第52—61页。

东山巡司，初置岭下。成化间徙于岭上。又有小竿寨，在县南百三十里
小竿岭上，旧有小竿巡司"①。由此可见，仙霞岭驻兵据守早已存在。清
康熙《浙江通志》记载，南宋保宁军节度使史浩在修仙霞岭路时已"据
巅为关"了。清雍正《浙江通志》引明弘治《衢州府志》说，元代的江
山军营就设于仙霞关②。这是目前发现的关于仙霞岭上有常驻兵的最早
记载。成书于明天顺五年（1461）的《明一统志》载：仙霞关，"在江
山县南一百里，抵福建界，为入闽咽喉之地，今置巡检司"③。清同治
《江山县志》载，仙霞关东山巡检司，"县南一百二十里，初设于岭下，
明成化移于岭上"④。巡检司的职责是保障行人的安全和缉拿盗匪，巡检
司还不具有完全的军事功能。

　　清初发生耿精忠叛乱，仙霞岭的军事地位陡增。顺治十一年（1654），
浙江总督刘清泰奏设浙闽枫岭营，营署设于浙江省江山县的廿八都，分
防浙闽。设游击 1 员、千总 1 员、把总 2 员，兵丁 500 人。清康熙九年
（1670）将浙兵 500 名划拨给福建，枫岭营官兵不再属于浙江管辖⑤。康
熙十三年（1674）福建耿精忠叛乱，导致仙霞关为耿所夺。康熙二十年
（1681），总督李之芳为此特上《请复枫岭营浙闽分辖旧制疏》，建议枫
岭营仍然在闽浙分设，分为左右两营，官兵若干。从后来的建制看，朝
廷应该采纳了李之芳的建议。

　　清雍正《浙江通志》载，雍正年间的浙闽枫岭营，由浙江方面出游
击 1 名（驻江山廿八都）、千总 1 名、把总 2 名，福建方面出守备 1 名
（驻浦城渔梁驿）、千总 1 名、把总 2 名，其兵额 500。其中，驻扎廿八
都兼辖溪口汛游击 1 员、马步战守兵丁共 169 名；分防仙霞关兼辖龙溪、

---

①　（清）顾祖禹撰《读史方舆纪要》卷 93《浙江五·仙霞关》，贺次君、施和金点校，北
　　京：中华书局，2005，第 4316 页。

②　（清）雍正《浙江通志》卷 48《古迹十》，《文渊阁四库全书》本，台北：台湾商务印
　　书馆，第 520 册，1986，第 326 页。

③　（明）李贤等撰《明一统志》卷 43《衢州府》，《文渊阁四库全书》本，台北：台湾商
　　务印书馆，第 472 册，1986，第 1039 页。

④　（清）同治《江山县志》卷 2《沿革志三·公署》，据清同治十二年（1873）刊本影
　　印，台北：成文出版社有限公司，1970，第 306—307 页。

⑤　（清）李之芳：《请复枫岭营浙闽分辖旧制疏》，（清）同治《江山县志》卷 2《沿革志
　　四·兵防》，据清同治十二年（1873）刊本影印，台北：成文出版社有限公司，1970，
　　第 319—321 页。

保安、广渡汛把总 1 员、马步战守兵丁共 118 名；分防峡口兼辖三卿口、江郎汛千总 1 员、马步战守兵丁共 102 名；分防清湖，兼辖石门、长台、礼贤、张村汛把总 1 员、马步战守兵丁共 88 名[①]。清同治《江山县志》载：从乾隆年间到同治年间，总体情况是不断裁减兵员，从原来的额设 500 名，到同治年间的马步战守兵丁 276 名，直到咸丰年间浙闽枫岭营被太平天国义军摧毁[②]，历时 200 余年的浙闽枫岭营从此退出历史舞台。仙霞古道上的雄关险隘从此不守，仙霞古道不再有往日的烽烟。

（3）使节往返功能

历史上与仙霞古道结下不解之缘的出使盛事，莫过于追随日本遣唐使赴唐长安学习的空海和尚、明清琉球册封使往返之旅。因此，有人将仙霞古道称为"使节往返之路"。

唐德宗贞元二十年（804），日本文字的创造者、日本佛教最大宗派密宗的缔造者、日本历史上最伟大的艺术家、中日文化交流的友好使者——31 岁的空海和尚随日本遣唐使藤原葛野麻吕及留学生桔逸势等来唐学习，遇台风在海上漂流 34 天后在福州长溪县（今霞浦县）赤岸登陆。他们休整 41 天后，经福州溯闽江经南平、建阳、浦城、建康（今南京）赴长安。日本高野山大学静慈园等数十位教授、原在浙江省旅游局工作的何思源先生、日本鸟取观音寺住持中原良辩等研究者，经数年考察确认，当年空海一行是由福建经仙霞古道北上长安的[③]。无意中，仙霞古道迎来了日本遣唐使和空海和尚。浙江江山县地方文史工作者称之为"空海之路"，但这未免有点言过其实，即使空海和尚确实踏足过仙霞古道，他也只是日本遣唐使的随行人员，且其入唐并非全为弘法，而是学习中国先进文化。

明清两代的琉球使团和出使琉球的册封使皆往返于京福驿道，仙霞古道是其中的关键一程。据《福建省志·外事志》归纳分析的结论，明清两代琉球使团进京路线为福州三山驿—竹崎所—水口驿—清风岭—延

---

① （清）雍正《浙江通志》卷 93《兵制四》，《文渊阁四库全书》本，台北：台湾商务印书馆，第 521 册，1986，第 423 页。

② （清）同治《江山县志》卷 2《沿革志四·兵防》，据清同治十二年（1873）刊本影印，台北：成文出版社有限公司，1970，第 317—318 页。

③ 许彤：《穿越仙霞古道——写在仙霞古道申报世界自然和文化双遗产之际》，《绿色中国》2005 年第 2 期，第 57—60 页。

平府（今南平市）—太平驿—叶坊驿—建阳县建溪驿—营头驿—石陂塘—浦城县—渔梁驿—廿八都—峡口—清湖—杭州，最后该使团沿运河直达北京。清承明制，规定琉球使团从福州到北京的路线不得更改。显然，仙霞古道为琉球使团必经之地。据统计，从明洪武五年（1372）到清光绪五年（1879），琉球来华使团达 884 批次之多，其中明代 537 次，清代 347 次。与此同时，明清两代朝廷派出的琉球册封使从明永乐二年（1404）到清同治五年（1866）共 23 批次出使琉球，正副使共 43 名，其中明代 15 次 27 人，清代 8 次 16 人。明清两代派遣册封使远赴太平洋岛国琉球册封国王，已经形成一种固定的政治制度①。琉球册封使所走的回程路线也是原路线，这从许多使臣写的行程记、游记、诗歌②等中就可以反映出来。由此可见，仙霞古道在其中扮演了一个非常重要的角色。

（4）文化传播功能

有人称仙霞古道为"宋诗之路"，但笔者发现仙霞古道上经过的文人墨客难以计数，唐、宋、元、明、清各代皆有，各种体裁的文艺作品争奇斗艳，诗、词、歌、赋、碑刻、游记等对此均有体现。仙霞古道沿线景观的雄、奇、险、秀、幽、旷等各种审美形态无一不激发出宦游文人的文艺创作热情，涌现一批辉映千秋的名篇杰作，称之为"宋诗之路"显然降低了仙霞古道的"规格"。唐代的白居易、欧阳詹、韩偓；宋代的陆游、辛弃疾、朱熹、蔡襄、刘克庄、杨万里；元代的萨都剌、贡师泰；明代的刘伯温、宋濂、罗洪先、徐渭、董其昌；清代的朱彝尊、赵翼、王鸣盛、袁枚、周亮工等一大批赫赫有名的人物都留下了名篇佳作。清同治《江山县志》和光绪《续修浦城县志》两部方志的统计显示（见表 1-1），有关仙霞古道的文学体裁是多样的，即使是诗歌体裁也有五言古诗、七言古诗、五言律诗、七言律诗、五言排律、五言绝句、七言绝句等之分，其时间分布也以明清两代占绝大多数，特别是清代。需

---

① 福建省地方志编纂委员会编《福建省志·外事志》，北京：方志出版社，2004，第 50—54 页。

② 张杭认为，清朝八次遣使册封琉球，出使的时间和线路高度重合。使臣在夏初由仙霞古道进入闽北，经过建宁、延平二府四县，到福州登舟渡海。参见张杭《清代册封琉球使臣入闽诗歌内容浅析》，《武夷学院学报》2019 年第 7 期，第 64—69 页。

要说明的是，有关仙霞古道中部仙霞六岭的诗歌，两部方志均有收录，有少量重复。当然仅以两部方志统计很难做到全面，肯定有不少遗漏。如果仔细翻阅唐、宋、元、明、清各代的文人文集、地方文献等，可能还会发现众多散佚的文艺作品。但表1-1总体上仍能反映仙霞古道文学作品创作数量的时代分布特征。

表1-1 仙霞古道各代文学作品数量统计

单位：篇

路段	描绘对象（景观）		体裁	唐	宋	元	明	清	文献出处
江山段	江山道（须江道）		诗		3	1	1	1	(清)同治《江山县志》卷1《舆地志3·山川》；卷11下《艺文志5·诗赋》
	江山驿		诗		2			2	
	清湖镇	清湖（镇）	词					2	
			赋					1	
			诗			1	6	3	
		清湖渡	诗		1	1	2	4	
		九清浮桥	碑记				2		
		小江郎山	诗				1	5	
	礼贤镇	萃贤亭	诗		3				
	峡口渡		诗				2	3	
	仙霞岭（关）	仙霞岭	诗		5	1	6	17	
			词					3	
		仙霞关	诗			2	6	19	
		仙霞道	诗		1			1	
	江郎山		诗	2	6	1	8	22	
			赋					1	
	枫岭		诗					4	
	梨岭		诗	1	1		1	3	
	茶岭		诗					1	
	浮盖山		诗		1		1		
			游记				1		
	合计			3	23	7	37	92	

续表

路段	描绘对象（景观）		体裁	唐	宋	元	明	清	文献出处
浦城段	仙霞岭（关）	仙霞岭	诗		1	1	6	36	（清）光绪《续修浦城县志》（卷35、36、38、39、40、41）
		仙霞岭	碑记					2	
		仙霞关	诗				5	8	
		仙霞道	诗				2	4	
		仙霞道	词					2	
	浮盖山		游记				1	1	
			诗		6		1	2	
	枫岭（关）		诗				1	9	
	梨岭（五显岭）		诗	1	1		2	7	
	大竿岭		诗					4	
	小竿岭		诗					2	
	渔梁岭（驿）	渔梁驿	赋		1				
		渔梁驿	诗		5		2	6	
		渔梁岭	诗				2	5	
		渔梁道	诗		1		1	11	
	观前（小武当山）	小武当山	游记					1	
			诗		1		2	3	
	南浦镇	南浦溪	诗	1	3	1	3	3	
			赋	1					
		南浦桥	碑记				3	3	
			诗					7	
		南浦书院	碑记					2	
			诗					4	
			赋	1				1	
		绿波亭	诗		3			3	
	合计			4	22	2	31	126	

　　资料来源：根据（清）同治《江山县志》和（清）光绪《续修浦城县志》有关文献整理而得。

　　"读万卷书，行万里路"，这是我国古代士人所标榜的求学之道。仙霞古道也是封建士人和旅行家往来的通道。福建在两宋时代迎来了文化上的繁盛局面，"惟昔匝越险远之地，为今东南全盛之邦"，许多学子和宦游文人通过仙霞古道往来于闽越之间。如白居易在《江郎山》一诗中感叹："安得此身生羽翼，与君来往醉烟霞。"陆游曾在《宿仙霞岭下》一诗中惆怅地吟道："吾生真是一枯蓬，行遍人间路未穷。暂听朝鸡双阙下，又骑羸马万山中。重裘不敌晨霜力，老木争号夜谷风。切勿重寻散关梦，朱颜改尽壮图空。"朱熹在《仙霞岭》诗中曰："道出夷山乡思生，霞峰重叠面前迎。岭头云散丹梯耸，步到天衢眼更明。"伟大旅行家徐霞客于明泰昌元年（1620）至崇祯三年（1630）先后共三次从仙霞古道入闽，游览过仙霞古道沿途许多景观，如清湖、江郎山、仙霞岭、廿八都、浮盖山、金鸡山、仙阳岭、观前等，特别是对江郎山情有独钟，他说，"与江郎为面，如故人再晤"。这些记载见《游九鲤湖日记》、《闽游日记》（前）、《闽游日记》（后）三篇游记中。综观徐霞客闽游经历，基本上都是从新安江水行，至江山县舍舟登陆，越仙霞岭至浦城入闽①。可见，仙霞古道这条"官马大路"成为徐霞客等旅行家往来必经之地。浙江地方文史工作者和地方政府文旅部门欲将仙霞古道包装成所谓的"霞客游线"，这显然是没有深入挖掘其深厚的人文内涵所致，若仅仅以《徐霞客游记》记载过仙霞古道上的旅游名胜，便称之为"霞客古道"，未免低估了仙霞古道的人文价值，更何况徐霞客从仙霞入闽，其目的并非浙游也，而是志在闽游，这从其游记篇名即可看出。

综上所述，仙霞古道在空间、时间、文化、功能四个方面都符合国际古迹遗址理事会在马德里会议附加文件中规定的文化路线遗产属性判别标准。因此，它是一条典型的文化线路遗产。通过对历史文献简要梳理，我们可以发现，仙霞古道自古以来就是连接我国东南沿海、朝鲜、日本以及海上丝绸之路共建国家的一条国际商贸和文化交流的大通道。它理应是与西部陆上丝绸之路、北方草原丝绸之路、南方丝绸之路相并列的"东方丝绸之路"。因为仙霞古道沟通闽江水系和钱塘江水系，促进吴越和闽越两大文化区的文化交流和融合，进而连接东南海上丝绸之路和大运河这样贯通我国东部南北的大动脉。在当代，它既可以独立申

---

① （明）徐弘祖著，朱惠荣校注《徐霞客游记校注》（上），昆明：云南人民出版社，1985，第44、74—76、84—87页。

报世界文化遗产，也可以捆绑海上丝绸之路申报文化线路遗产。若申遗成功，仙霞古道既可以成为带动社会经济文化相对落后的闽浙赣三省毗邻区域的社会经济文化发展的重要抓手，同时可以再次担当和平友善使者，为中国与"一带一路"共建国家建设人类命运共同体助力。

（二）仙霞古道文化资源禀赋概述

文化线路的价值构成是多元的、多层次的，既有作为线路整体的文化价值，又有承载该线路自然本底的生态价值，不仅包括分布在其内部的建筑和其他单体遗产自身的价值，也包括非物质文化遗产所蕴含的文化价值。仙霞古道是我国东南沿海北通中原，东通日本、朝鲜，东南连接我国台湾，南通东南亚国家的一条或多条陆上或海上通道，对接海上丝绸之路。笔者认为，它与陆上丝绸之路、南方丝绸之路、北方草原丝绸之路、京杭大运河、茶马古道、蜀道等重要的文化线路一样，具备典型的文化线路遗产特质，具有极高的文化、科学和艺术价值，具备申报世界文化线路遗产的潜质，同时具有旅游开发的经济价值。

仙霞古道全长 120.5 公里，其中江山段原长 75 公里，浦城段 45.5 公里。江山段保存完好路段约有 35 公里。其中最长无损的是保安乡至仙霞岭越小竿岭一段，约 12 公里。其余部分由于公路的修筑，被截为数段。现存古道在平原、丘陵地区破坏较为严重，但山区大部分还保留着原貌，破坏较轻。仙霞古道资源禀赋优异，文化资源底蕴深厚，生态资源丰富，古道、古镇、雄关、古桥、古塔、古建筑、古码头、古遗址、古窑址等于古道沿线及周围星罗棋布（见表 1-2）。诚如郁达夫在《仙霞纪险》一文中所说，"五步一转弯，三步一上岭"，"转一个弯，变一番景色，上一个岭，辟一个天地"。

表 1-2　仙霞古道上的代表性资源

资源类别	资源名称	主要景点	保存状况	备注
人文资源	古关隘	仙霞关、枫岭关、安民关、二渡关、木城关、黄坞关、六石关等保存完好，梨岭关等 3 关尚存石筑残垣	保存较好	

续表

资源类别	资源名称	主要景点	保存状况	备注
人文资源	古村镇	清湖镇、货村、石门清漾村、江郎泉井村、峡口旧街、三卿口古窑村、保安村、廿八都镇（以上位于江山段）；仙阳、渔梁街、九牧、南浦镇、江山街、观前村（以上位于浦城段）。其中最具有代表性的当属廿八都镇。现存清代及民国早期民居36幢，其中文昌阁、大王庙、万寿宫及浙闽枫岭营署破损严重	保存较好；部分损毁	廿八都现为国家级历史文化名镇
	古驿站	清湖、清漾、保安、三卿口、峡口、廿八都（以上位于江山段）；以渔梁驿为代表的古驿站（位于浦城段）	改为民宅	
	古寺庙	观音寺、保乡寺、古宏寺、宝华寺、仙居寺、城隍庙、关帝庙、廿八都文昌宫、忠义祠（以上位于江山段）；五显庙、妈祖庙	保存较好	
	古桥梁	清湖的观音桥、贺村的新桥、石门的延龄桥（残损）、凤林的云津桥、峡口的万年桥、三卿口的文昌桥、保安的慕仙桥、小竿岭的"福京桥"（残损）、廿八都的水安桥（以上位于江山段）；枫溪桥、南浦浮桥（新修，位于浦城段）	保存完好	
	古塔	百祜塔、凝秀塔、凤林塔、清漾塔、山吾峰塔、窑弄墓塔、峡山殿石塔（以上位于江山段），多数都是唐宋时始建，明清时重建	保存较好	
	古路亭	孟岭路亭、上姜村路亭、詹家村路亭、上坂路亭保存尚好，官岭跨路路亭、岭山路亭、龙井路亭、龙溪村路亭、上凉亭村路亭（以上位于江山段）；上三桥村路亭	部分损毁	

续表

资源类别	资源名称	主要景点	保存状况	备注
人文资源	古碑刻	筑路碑（南宋）、禁赌碑（清代）、茶会碑（清代）、"东南锁钥"碑（清代）、福院碑、岳王庙碑、能仁寺碑、山吾峰凌霄塔碑、观音殿碑、沙孟海书黄巢菊花诗碑，等等（以上位于江山段）	保存一般	
	古码头	清湖码头、江山溪码头、贺村码头、淤头码头、峡口码头（以上位于江山段）；南浦码头、观前码头（以上位于浦城段）	尚存遗迹	
	古牌坊	以节孝坊和功名坊为主。进士坊（明代，在和睦）、节孝坊（清代，在和睦）、贞孝坊（清代，在广渡，2座）、节孝坊（清代，在峡口）、"百世流芳"石牌坊（清代，在青石）、进士坊（明代，在凤林）	保存较好	
	古窑址	达河窑址群、瓶坞弄瓷窑址、应家山瓷窑址、下后周古窑址、三卿口古窑址制瓷作坊。三卿口古窑址制瓷作坊为清代遗留下来的唯一完整的传统制瓷作坊	大部分毁损	三卿口古窑址现为国家级重点文物保护单位
	非物质文化遗产	廿八都木偶戏、廿八都山歌、三卿口传统制瓷工艺、西砚制作技艺、手狮、坐唱班、婺剧变脸耍牙、断头龙、老佛节、廿八都古民居建筑艺术（以上属江山段）；浦城剪纸、浦城闽派古琴、提线木偶戏、丹桂茶制作技艺（以上属浦城段）	保存较好	浦城剪纸技艺、闽派古琴制作技艺、廿八都木偶戏等为国家级非遗项目
自然资源	江郎山	江郎山古称金纯山、玉郎山、须郎山，俗称三爿石。海拔824米，以三块巨大的石峰为中心，周围十余里，共有景物30余处。共分前山、中心、塔山、两峰和后山五个景区。著名景点有江郎书院、吐月山庄、钟鼓洞、烟霞亭、郎峰桥、灵石回风等	保存完好	国家重点风景名胜区、世界自然遗产

续表

资源类别	资源名称	主要景点	保存状况	备注
自然资源	浮盖山	又称盖仙山。山顶由巨石累叠而成，如盘如盖，故名浮盖山。山上有石仙坛、石莲池、仙人峰、棋盘石、始祖石、龙洞等景观。"似盖之浮动""大石磊落，怪石拿云，飞霞削翠""嫩绿浮烟，娟然可爱"	保护完好	与福建浦城交界，属仙霞岭余脉
	仙霞岭	仙霞岭古称泉岭山、古泉山，以其山势险峻，为历史上军事要塞。窑岭、茶岭、小竿岭、大竿岭、梨岭，连同仙霞岭合为"仙霞六岭"。"盖六大岭之险，止在七十余里之中，故皆可以仙霞目之也"（顾祖禹语）	保护完好	国家重点风景名胜区，浙江省自然保护区

资料来源：主要根据姜江来的《从江山到浦城的仙霞古道》一文和罗德胤的《浙闽通途——仙霞古道》一书及笔者现场考察所获资料整理。

（三）仙霞古道跨区域合作保护与文化旅游开发的动力机制构建

仙霞古道之前的功能已逐渐淡化，但它作为文化遗产以及沿线的生态资源成为其网络覆盖区域的重要资本，对其合理保护与利用可以促进沿线地区社会经济的发展，将文化资本转化为经济资本和社会资本，成为各地区共同走向富裕的重要途径。浙江省江山市早在2004年就致力于将仙霞古道申报世界自然和文化遗产，多年来不断努力，已经取得可喜成绩，但文化线路遗产毕竟是跨区域、跨行政区乃至跨国境的一种遗产类型，没有沿途地方政府和社区的共同参与，很难取得实质性效果。目前仙霞古道江山段的保护和旅游开发初见成效，但仅限于古道若干节点，浦城段仅渔梁驿、观前等古街古村落的保护和旅游开发较好。总体而言，仙霞古道所在的江、浦两县（市）的双向互动、整体联动、设施共享、价值共创、资源互补以及产业发展、遗产保护等合作均未开展，大大限制了仙霞古道功能的发挥和文化旅游品牌的推广。它是闽浙两省共有的文化遗产，自古以来，仙霞古道沿线许多历史遗迹都被冠以"闽浙"二字，如浙闽枫岭营，当地民众也一向将仙霞六岭、六关（跨越闽浙两省）统称为仙霞岭（关）。清光绪《续修浦城县志》作者甚至认为仙霞岭（关）对于福建的意义较浙江更大，"盖此地实闽浙咽喉，宜其修入闽志也"。① 对于仙霞关没有进入福建方志修撰者的视野表示质疑，是有一定道理的。前述清康熙年间浙江总督李之芳在《请复枫岭营浙闽分辖旧制疏》中同样表达了仙霞岭乃闽浙咽喉的观点。历史上，仙霞古道能够发挥多种功能，是海上丝绸之路的陆上连接线，若是没有福建沿海的港口海外贸易的推动，它也不可能如此辉煌。因此，仙霞古道的保护、申遗乃至旅游利用，都必须在江山、浦城两县（市）属地基础上进一步提升到省级乃至国家层面，其中必然涉及众多利益相关者，这些利益相关者如何合作，建构怎样的合作机制才能达成这一目标，是一个需要探索的系统工程。

　　进入 21 世纪以来，旅游研究中游客、旅游工作者与旅游地之间的二分法越来越受到质疑，贡纳尔·托尔·约汉内松（Gunnar Thór Jóhannesson）认为，旅游被看作一种空间实践，它涉及发生在不同网络中的多种活动形式，因此取决于不同的空间性②。而行动者网络理论是一种社会哲学方法，它旨在关注作为联系的关系要素来解释复杂的社会情境③④，它对人类和非人类行动者以及社会和技术要素对称处理的特性日益受到重视，在行动者网络视域下这些异质元素被认为是同等重要的，被看作动态的和不确定的网络的一部分。布鲁诺·拉图尔（Bruno Latour）在其所著的《阿拉米斯或对技术的热爱》一书的前言中表达了这一思想，他说："我一直在寻求人文主义者对一项技术的详细分析，这项技术足够宏伟而高尚，以此说服他们，他们周围的机器是值得他们关注和尊重的文化对象。……社会学不仅仅是研究人类的科学，它可以张开双臂欢迎非人类的群体，就像它欢迎 19 世纪的劳动群众一样。"⑤ 旅游现象恰恰是一种复杂的社会实践活动。约翰·特赖布（John Tribe）就将

① 参见（清）光绪《续修浦城县志》卷 14《兵制·防守》，《中国地方志集成》本，上海：上海书店出版社，2000，第 225 页。

② Jóhannesson, G. T., "Tourism Translations：Actor-Network Theory and Tourism Research," *Tourist Studies*, 2005, 5 (2)：133 – 150.

③ Law, J., "Notes on the Theory of the Actor Network：Ordering, Strategy and Heterogeneity," *Systems Practice*, 1992, 5 (4)：379 – 393.

④ Latour, B., *Reassembling the Social：An Introduction to Actor-Network Theory*, Oxford：Oxford University Press, 2005.

⑤ Latour, B., *Aramis or the Love of Technology*, Translated by Porter, C., Massachusetts：Harvard University Press, 1996.

旅游研究解释为由行动者（研究者）交织而成的不断重叠与变迁——循环、改变、消解、合并、解散的网络①。目前在仙霞古道的保护和旅游开发的实践中存在单一行动者单方面行动，没有调动其他利益相关者积极性的情况，因而，尚未形成一个有效的功能自足的动态网络。笔者研究团队于 2021 年 5 月 3~6 日赴仙霞古道属地浙江省江山市和福建省浦城县两地进行了为期 4 天的现场调研、参与观察，与有关单位召开了三场座谈会，访谈两市县文旅部门的相关领导，获取许多第一手资料。在此基础上，笔者借助行动者网络理论及其方法对仙霞古道从被列为省文保单位到预备申遗，再到建构世界文化遗产旅游地过程中利益相关者的合作机制进行探讨，以期为闽浙两省及地方政府乃至其他利益相关者共同参与仙霞古道保护和开发的实践提供决策参考。

1. 仙霞古道跨区域合作保护和开发的行动者网络框架

根据行动者网络理论，研究者首先要识别不同阶段"强制通行点"以及行动者。笔者通过走访、参与观察、数据搜集、文献阅读等前期案头工作，判定闽浙两省围绕仙霞古道保护与旅游开发的动态变化过程大致可以分为三个阶段：初始阶段为仙霞古道的发现、识别、概念命名、资源调查以及申报省级文物保护单位的动态过程，此阶段的核心行动者为浙江省江山市人民政府；第二阶段为合作申遗阶段，即闽浙两省政府作为核心行动者围绕共同目标，即仙霞古道申报世界文化线路遗产这个"强制通行点"而结成利益相关者网络，进而不断征召其他异质行动者共同构建行动者网络的动态过程；第三阶段为构建文化遗产旅游地的不同利益相关者合作机制的动态过程。在此基础上分析其三个行动者网络不断排除异议的动力机制及演化趋势（见图 1-6）。

2. 从省"文保"到世遗申报的行动者网络构建

仙霞古道作为一个专有名词进入人们视野，是由于旅游业发展的推动，目前所能检索到的有关"仙霞古道"的文献是 2001 年原在浙江省江山市旅游局工作的徐志忠先生撰写的《从〈徐霞客游记〉看仙霞古道的旅游价值》一文，这是该文作者在参加 2001 年于舟山举办的徐霞客旅游

---

① Tribe，J.，"Tribes，Territories and Networks in the Tourism Academy，"*Annals of Tourism Research*，2010，37（1）：7-33.

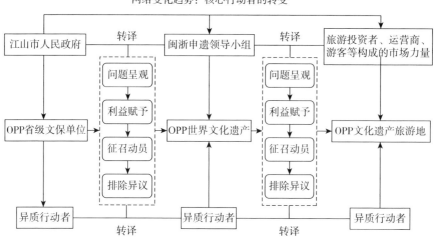

图 1-6　仙霞古道行动者网络建构过程的理论框架

资料来源：本研究框架是在陈培培、张敏的《从美丽乡村到都市居民消费空间——
行动者网络理论与大世凹村的社会空间重构》。

文化研讨会暨浙江省徐霞客研究会第二届会员代表大会时提交的会议论文。该文后被收录在《徐霞客在浙江》（续集）中。2004 年 8 月下旬，江山市启动了仙霞古道申报世界自然和文化双遗产工作，并将申请上报至浙江省建设厅，省建设厅又将江山市仙霞古道申遗转报国家建设部，同时展开了一系列前期准备工作。此后，一些文史工作者开始搜集仙霞古道文献资料，一些驴友日记逐渐出现于网络，加之古道网站不断推动，新闻媒体不断跟踪披露，仙霞古道逐渐成为旅游界、文史界关注的焦点。

　　参与推动仙霞古道申请浙江省重点文物保护单位的包括江山市委市政府、市政协、市旅游局、市博物馆、新闻媒体、专家学者等人类行动者，以及仙霞古道文献资料、自然生态资源、文化遗产资源、交通、文物保护政策等非人类行动者。这一行动者网络的核心行动者是江山市人民政府，但具体负责牵头的是市旅游局，在某种程度上，市旅游局才是实际的核心行动者。发展旅游业成为江山市的共识。江山自然资源和人文资源丰富，这是江山市发展旅游经济的最好抓手。因此，整个行动者网络的"问题呈现""利益赋予"是非常明确的。市旅游局"征召动员"没有遇到什么障碍，也无须"排除异议"。申报省级文物保护单位这个强制通行点是上述网络中人类行动者的共识，且没有行政属地障碍，因此，2011 年，仙霞古道与原省"文保"单位——仙霞岭黄巢起义遗址一起顺利被列入浙江省重点文物保护单位名录。仙霞古道初始阶段的行动者网络的强制通行点已经顺利"通过"，网络运行平稳，无须再征召、再动员。

当初始阶段的目标完成后，作为第一阶段行动者网络的核心行动者，江山市人民政府再次提出了新的目标，即仙霞古道申报世界自然和文化双遗产这个新的强制通行点，但从 2005 年启动申遗动议开始，迄今为止，新的行动者网络始终难以建立。通过多种材料的研判，笔者认为其主要障碍是"问题呈现"的混乱和模糊，行动者（利益相关者）征召不到位，"利益赋予"存在本位主义，相关者无法结成利益联盟。

第一，仙霞古道申遗的行动者网络的核心行动者没有转译（translation），县级江山市充当核心行动者显然难以胜任。一是行政级别较低，难以"征召"上级甚至同级的行政单位参与建构；二是仙霞古道横跨两省两市两县，涉及属地管理问题，行政归属不同。在访谈中，两地文旅部门的主要领导都一再强调申遗对两地社会经济文化事业大有好处，乐见其成，但都表达同样的诉求，申遗是"一把手"工程，单靠文旅部门牵头是难以完成的，因为要耗费大量的人力、物力和财力。事实上，早在 2006 年，浙江江山市就已经意识到这一点，同年的《江山市年终工作总结和新的一年计划》中提出在古道申遗方面要加强与福建浦城的沟通。2008 年江山县委宣传部提出江（山）、浦（城）两县联合申遗的倡议①。因此，在构建仙霞古道申遗行动者网络时，识别核心行动者就显得非常关键。

第二，江山市人民政府有关仙霞古道申遗的理念始终摇摆不定、概念模糊不清。第二阶段行动者网络的"强制通行点"定位为仙霞古道申遗，这没有问题，关键是仙霞古道申报何种类型的世界遗产尚无定论。2004 年江山市在启动申遗的时候，将仙霞古道定位为文化和自然双重遗产，但多次协商无果。2014 年 11 月 25 日，由中华文化促进会、人民政协报社、浙江省宁海县人民政府主办的中国徐霞客游线标志地认证活动

---

① 温端贵等：《衢州：大道通衢融海西》，《福建日报》2008 年 7 月 12 日，第 1 版。

在全国政协礼堂金厅启动。会议提出，据《徐霞客游记》或其他资料可考的游线节点所在地的市、县级政府均可提出相关申请。江山市文旅局向江山市委市政府提出了关于仙霞古道申遗的可行性分析及推进徐霞客游线申遗的建议，这一建议立即得到市委书记、市长的重要批示，于是江山市提出"徐霞客游线（仙霞古道）"申遗的申请①。江山市文广旅局林科长回顾了江山市进行仙霞古道申遗的过程。

> 以前提过仙霞古道申遗，但做的工作只是申遗前期基础性工作，由全国政协，尤其是宁海发起的徐霞客游线标志地认证活动，江山是首批加入的县市之一，有五个点被录入。申遗属于建设厅负责，与当时领导沟通觉得这件事还是很有意义的。徐霞客不仅仅在浙江江山和福建浦城，还在浙江以及中国很多地方都留有足迹。这项捆绑申遗觉得还是很可行的，当时做了前期工作，包括好几批标志地认证、征文、专家考察等，后续不知什么原因暂时停止了。

最近几年，有学者动议捆绑海上丝绸之路申遗，江山市人民政府再次转移了申遗的主题。这表明充当核心行动者的江山市人民政府没有将"问题"呈现清楚，利益赋予欠缺，因而，征召和动员必然乏力。

第三，江山市人民政府作为核心行动者，试图建构仙霞古道申遗的行动者网络，其征召的行动者（包括人类行动者和非人类行动者）也不具备强有力的参与能力。比如一些民间协会、松散的专家群体、地方新闻媒体等人类行动者，忽视了核心利益相关者的征召，如福建省浦城县。浦城县文体旅局周书记回忆说：

> 仙霞古道拥有丰富的历史文化，浦城也早已注意到，但一直没有找到很好的抓手，浙江在古道这块的动作比浦城早很多。江山市于1994年就已经提出仙霞古道申遗的课题，由当时的江山市副市长作为组长来组织申遗活动；同时，两县市也进行过交流沟通，包括

---

① 周星宇、周元强：《江山旅游人不懈努力终获突破：江山仙霞古道（徐霞客游线）申遗取得实质性进展》，《衢州日报》2015年8月26日，专版。

沿仙霞古道各种资料的收集、采访、线路的勘探等，浦城这边也组织人过去，相互交换资料、开座谈会，在浙江部分以浙江为主进行申报，据说当时还是排在靠前位置，但是经过几十年的努力，可能也都在做，申报世遗也不是一蹴而就的，也一直在努力。

在非人类行动者识别中，在最初将仙霞古道定位为双重遗产的时候，相关市县就将仙霞岭申报省级自然保护区，这多少冲淡了仙霞古道文化遗产属性，因而最终难以结成利益联盟，行动者网络建构步履维艰。

基于上述分析和仙霞古道的历史地位，笔者认为，要建构科学高效的仙霞古道申遗行动者网络，首先应按照文化线路遗产属性识别其核心行动者。为此，笔者建议设立三级合作机制。在宏观层面，由国家住建部或文旅部牵头，整合两省住建厅和文旅厅人力资源设立仙霞古道申遗联络办公室，两省分管文物保护工作的副省级领导作为轮流召集人，成立闽浙仙霞古道申报世界文化线路遗产领导小组（简称"闽浙申遗领导小组"），由该小组具体负责仙霞古道的文化遗产申报的制度设计，比如出台保护政策，制定相关法规，上引下联，牵头进行世界遗产申报的前期准备工作，如协调、沟通、组织、申报等宏观事务；在中观层面，由浙江省衢州市和福建省南平市联合成立仙霞古道文化遗产资源调查委员会（简称"资源调查委"），该委员会整合相关部门力量，聘请专家学者，负责资源调查、登录、规划和保护等中观事务；在微观层面，由衢州江山市和南平浦城县成立文旅联合开发办公室（简称"江浦开发办"），该办公室招商引资或委托第三方旅游运营商负责旅游规划、旅游线路设计、旅游产品开发、市场营销等微观事务。在此基础上，行动者网络建构才可能识别出其核心行动者——闽浙申遗领导小组，它能够发挥"问题呈现"、"利益赋予"、"征召"和"动员"以及"排除异议"等功能，调动人类行动者和非人类行动者等各方资源，最终达成利益联盟，成功实现申遗。笔者根据行动者网络理论的广义对称性原理，构建了仙霞古道申报世界文化线路遗产的行动者网络动态模型（见图1-7）。

3. 从古道申遗到遗产保护与旅游利用的行动者网络构建及转译

无论申遗是否成功，我们都必须明白，申遗只是手段，保护和利用才是目的。也就是说，申遗行动者网络的建构仅仅是阶段性的，常态化

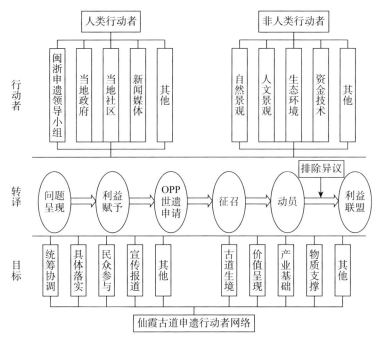

图 1-7　仙霞古道申报世界文化线路遗产的行动者网络动态模型

的保护与旅游利用才是仙霞古道行动者网络建构的总目标，也就是行动者网络理论所谓的"强制通行点"，我们可以将其视为第三个阶段。正如前述，仙霞古道保护和旅游利用一直在进行，江山市政协提出的加强仙霞古道保护与利用的建议得到市委市政府的采纳并付诸实施，但尚未构成利益相关者共享网络。

在古道保护方面，2016 年江山市已完成了《国家级风景名胜区仙霞岭景区详细规划》编制工作，启动实施了仙霞古道整治提升工程和全国重点文物保护单位"三卿口制瓷作坊"抢救性修缮工程，制定了《三卿口制瓷作坊保护规划》等。相继对中国历史文化名镇廿八都、省历史文化村清漾村内的文物保护单位及历史建筑进行抢救性维修。"仙霞古道原来是一条线路，现在被破坏切割变成一个一个的点，在物质的外观上面这条古道已经变得支离破碎，但就因为一个一个点的存在，其文化内涵也就存在。"江山市旅游发展有限公司（以下简称"江山旅发公司"）曹总说。

在古道旅游利用方面，江山市也投入巨大精力和资金，取得了显著社会效益和经济效益。曹总说：

> 仙霞古道（江山段）沿线的几个古村镇，如清湖、石门、保安、廿八都以及三卿口古村落现在在游客的心中已经建立起了旅游形象和品牌，我们发现从武夷山、浦城方向好多散客慕名到廿八都来，说明廿八都古镇在福建的影响力很大。因此，一条完整的线路是两个省共有的资产，把它作为旅游吸引物打造旅游品牌，对于两个省、两个属地来说都有好处。

据了解，该公司旗下的景区每年都有八九千万元收入，该公司还有景区附带的经营资产，完全可以解决古道旅游投融资问题，现在古道遗产保护与旅游发展已初步实现良性循环。曹总说：

> 旗下的五大国有景区江郎山、浮盖山、廿八都、清漾、仙霞关，每个景区特色都不一样，江郎山、浮盖山相对比较雷同，都属于山岳型景区，以爬山和徒步探险为主；清漾是毛氏文化，以耕读为题材，以红色清廉为主题；仙霞关以军事、战地、帐篷篝火、休闲生态探险游等为主。公司对每一个景区都有明确的定位，对于哪些景点必须要引流、哪些景点必须要获利都有明确的规划。

江山市先后投资 8000 万元用于江郎山、仙霞关、廿八都古镇等游线项目，江郎山·廿八都风景区创 5A 后续提升工程，仙霞关景区游客中心及停车场建设工程。江山市建设了古道十景大型浮雕墙、须江游览桥、和睦彩陶文化村、清漾毛氏文化村等一批项目，并将古道文化和江郎山文化符号导入城市形象设计系统，形成以"千年古道·锦绣江山"为内容的城市形象标识系统。仙霞古道成为旅行社创新推荐江山旅游线路的重要参考。江山多条主推旅游线路，都以徐霞客三走"江郎山—仙霞关—廿八都—浮盖山"这条游线作为参考。仙霞关景区年接待人数和旅游收入近年来都有显著增长（2018 年以后实行免费游政策，旅游收入有所下降，但综合效益逐年递增）。具体见表 1-3。

表 1-3　2014~2019 年仙霞古道仙霞关景区接待人数和旅游收入

年份（年）	接待人数（人次）	收入（元）
2014	86640	4130288
2015	106580	3833736
2016	150167	4045206
2017	275594	3865120
2018	358522	1956494
2019	538422	2513110

数据来源：浙江省江山市旅游发展有限公司，2019。

　　与此同时，福建浦城文旅部门、地方文史工作者对仙霞古道浦城段的遗产保护和旅游开发也一直表现出高度的热情，虽然浦城段资源禀赋不如江山段，但浦城古道遗产资源比江山市似乎更为丰富。近年来，浦城县对整个县域古道资源进行了深入调查和摸底，规划绘制了福建省浦城县古驿道及地质遗迹调查线路图，除了摸清仙霞古道相关节点如二渡关古道、木城关古道和枫岭关古道等资源赋存和保护状况，还组织力量委托旅游规划部门对县域范围通往邻省邻县市的主要古道进行了资源调查，如毕岭关古道、牛岭古道、夕阳岭古道、松溪古道等，福建省文化和旅游厅也高度重视闽西北古道资源的保护与开发工作，并给予相应指导和帮助。笔者研究团队在浦城文体旅局及地方文史专家陪同下考察了浦城段的浮盖山、枫岭关、梨岭关、浦城小关、九牧镇、渔梁村、观前村等仙霞古道遗址遗迹。总体来看，枫岭关、梨岭关只剩下残垣断壁，处于原生态保护状态，当地政府在一些重要节点重建了路亭和标识标牌，它们初步具备旅游导览功能；开发最好的是古代渔梁驿所在地渔梁村，标志性建筑渔梁驿四角亭保存完好。渔梁驿为福建前往/进入中原的第一驿，著名诗人蔡襄、陆游、袁枚都路过此地，并留有诗作。因此，旅游开发商据此建有"渔梁古韵"、"陆游遗墨"诗歌碑廊和"陆游诗词广场"碑刻，整个景区散发着浓郁的文化气息。其次是观前旅游区。观前村旧时是浦城县最重要的水运码头，是商贾仕宦北上中原、南下福州的必经之地。这里溪山相映、风光秀丽，曾经酒肆歌楼、客舍货栈密布，沿溪街市甚为繁荣。目前观前村旅游基础设施逐渐完备，当地政府和村民对发展旅游业充满信心，有志于恢复当地往日的繁华。

从资源禀赋而言，仙霞古道江山段占主导地位，江山市人民政府及江山各界对仙霞古道的保护、申遗和旅游利用投入巨大热情，精神可嘉。但江、浦两县市文旅部门缺少协调，所有前期保护和利用都受到行政属地的局限。有学者将文化线路遗产称为"遗产综合体"①，这说明合作伙伴关系的建构是文化线路遗产保护和文化旅游开发的关键②。文化线路沿线的所有利益相关者都应成为"命运共同体"，应"鼓励必要的参与者和利益攸关方之间的合作和充分沟通"③，正如历史上的仙霞古道对于闽浙两省的意义那样。文化线路遗产属性决定了其整体性和系统性保护的方式，其旅游利用当然也是多元主体的利益共享。

江山旅发公司的曹总也认为：

> 江山有仙霞六关，浦城还有几关（此说法有误），如果不是闽、浙、赣三省来做统一的以仙霞岭为中心的跨区域总体规划、上升为国家战略的话，它的发展始终是有限的，如果三省意识到这一点并上升为国家战略，它又是海上丝绸之路陆上的起点，其发展是无量的。

具备世界文化遗产禀赋的地区一定可以打造具有广泛影响力的文化遗产旅游目的地。仙霞古道申遗行动者网络可以转化为文化遗产旅游地的行动者网络，只不过文化遗产的管理权和经营权是分离的，要构建仙霞古道文化遗产旅游地行动者网络，其关键是核心行动者的识别，核心行动者不可能由图1-7中的闽浙申遗领导小组充当，这就需要进行实质性的机构建设。这一点可以参照横跨安徽、江西两省的徽州文化生态保

---

① Murray, M., & Graham, B., "Exploring the Dialectics of Route Based Tourism: The Camino de Santiago," *Tourism Management*, 1997, 18 (8): 513 – 524.

② Khovanova-Rubicondo, K. M., "Cultural Routes as a Source for New Kind of Tourism Development: Evidence from the Council of Europe's Programme," *Progress in Cultural Heritage Preservation-EUROMED*, 2012: 83 – 88.

③ Moulin, C., & Boniface, P., "Routeing Heritage for Tourism: Making Heritage and Cultural Tourism Networks for Socio-Economic Development," *International Journal of Heritage Studies*, 2001, 7 (3): 237 – 248.

护试验区的管理办法，申请闽浙仙霞山区文化生态保护试验区或仙霞古道文化遗产保护区，由闽浙两省住建厅或文旅厅联合林业厅等部门筹建两省共管的管理委员会。强制通行点是由仙霞古道文化遗产旅游地构建的，管委会充当核心行动者，由其进行问题呈现、利益赋予、征召和动员，尤其是征召旅游投资商、运营商等市场主体，通过行动者网络的转译机制，实现行动者网络的转变，进而构建闽浙仙霞古道文化遗产旅游地行动者网络。但文化遗产地以保护为主、利用为辅，如果旅游运营商、游客等人类行动者破坏古道遗产的完整性和真实性，那么，核心行动者还可以再征召和再动员，排除异议，直至达成利益共享联盟，最终建构一个功能稳定的行动者网络。显然这是一个动态的行动者网络，这有利于核心行动者对仙霞古道实施有效管理，维持其文化遗产和生态环境的保护和旅游利用的平衡（见图 1 - 8）。

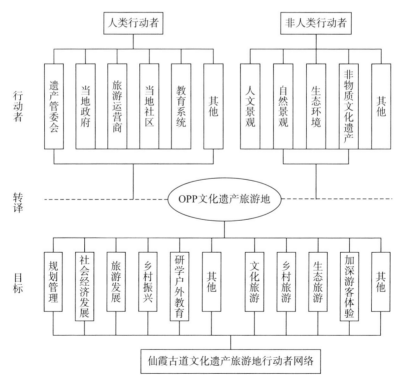

图 1 - 8　仙霞古道文化遗产旅游地行动者网络模型

(四) 仙霞古道保护与旅游开发的跨区域合作意义

文化线路遗产因其线性和跨区域特征，以及生态环境脆弱等因素，其完整性很容易受到破坏。因此，像仙霞古道这样高品质的文化线路遗产应由国家有关部门出面主持编制其保护和利用规划，将文化线路遗产的重要性灌输给当地政府和公众，以便为地方政府制定城乡发展规划、全域旅游规划、文化遗产保护规划等提供依据和指导原则，以全产业链理念经营仙霞古道，助力沿线城镇产业发展、乡村振兴和区域协同发展。虽然仙霞古道主体在闽浙两省境内，但与其相通的有多条"间道"。根据国际经验，文化线路遗产并非都是线状结构的，也有网状结构，这能够发挥其最大效益。从这个意义上而言，仙霞古道对于闽浙赣交界区域的社会经济发展都具有重要意义。

1. 仙霞古道保护和利用是区域整合的重要抓手和品牌塑造的宝藏

欧洲理事会将文化走廊定义为"以文化和创意为基础的相互作用和经济交流网络……以广泛的利益攸关方伙伴关系为基础，这些法律关系植根于促进区域社会经济发展的坚实制度框架中"[1]，其目的是将文化线路遗产当作欧洲一体化的重要工具。仙霞古道是闽浙赣三省交界区域的一条重要的文化走廊。历史上连接仙霞古道的还有广丰古道、忠信古道、泉山古道、夕阳岭古道等，形成四通八达的古道网。前述仙霞古道在某种程度上是与北方草原丝绸之路、南方丝绸之路、陆上丝绸之路和海上丝绸之路并驾齐驱的"东方丝绸之路"。闽、浙、赣三省应着力将仙霞古道打造成"东方丝绸之路"。这样，仙霞古道的旅游品牌效应将具有不可复制性，具有巨大的国际旅游市场潜力，对国内外游客都有很大的吸引力。以仙霞古道的保护和旅游开发为抓手，建立区域合作机制可以有效促进三省落后地区的整合开发，塑造仙霞古道文化IP，提高整个区域市场的竞争力，从而实现区域一体化发展。

2. 仙霞古道是文化旅游发展的重要载体和旅游业态创新的动力源泉

随着后现代社会的来临，旅游市场发生了深刻变革，游客更加注重

---

[1] Council of Europe, "Strategy for Identifying, Preserving, Sustainably Using and Promoting Cultural Corridors of South East Europe," edited by Zabbini, E., "Cultural Rowtes and Intangible Heritage," *AlmaTourism*, 2012, (5): 59–66.

情感体验，而文化线路是一种"新的发现空间、关系空间和情感空间"，是一种创新工具，有助于为游客提供一种更深的"地方感和社区感"①。欧洲经验表明，文化线路是文化旅游产品的核心，它很好地体现了文化旅游的动态角色，它不遵守边界，永远指向各种有吸引力的目标②。由表1-2可知，仙霞古道沿途古镇、古村落、古遗址、古驿站、古桥梁、古码头、古关隘等文化元素所叠加的文化氛围，对于发展特色文化旅游非常有利，比如依托清湖镇、三卿口、廿八都、九牧镇、渔梁驿、仙阳镇、观前等发展古镇游；依托古关隘、古驿站、古路亭，可以设计军事探险旅游；依托古码头、古桥梁、古遗址等发展乡村特色文化旅游；依托沿途非物质文化遗产和民俗风情发展民俗旅游等。仙霞古道途经区域还有名山胜水等自然资源，北段有江郎山世界自然遗产、仙霞岭自然生态保护区，南段有浮盖山、风景名胜区和南浦溪风景区等，可以发展生态旅游等环保型、资源节约型的绿色经济，如慢旅游、自然旅游和康养旅游等，充分发挥仙霞古道价值，从而造福各方利益主体。

3. 仙霞古道保护和旅游开发为地方小微企业提供新动能

仙霞古道的保护和旅游开发可以为沿途传统手工业、乡村农产品加工业、小微企业、旅游企业（如酒店、旅行社、民宿、小吃店、餐饮店）等提供市场和就业机会。1987年欧洲理事会实施"文化线路计划"的目的就是要使文化线路成为创新、创业、小型企业创生和文化旅游产品和服务发展的源泉③。穿越法国和西班牙北部的世界上第一条文化线路遗产——圣地亚哥朝圣之路（也称"詹姆斯之路"）就是一个典型的例子。它为沿途的小酒店、葡萄酒庄、汽车旅馆等小微企业发展繁荣做出贡献，也为扇贝雕等文创产品生产提供了机会④。仙霞古道深厚的文

① Majdoub, W., "Analyzing Cultural Routes from a Multidimensional Perspective," *AlmaTourism*, 2010 (2): 29 – 37.

② Shishmanova, M. V., "Cultural Tourism in Cultural Corridors, Itineraries, Areas and Cores Networked," *Procedia-Social and Behavioral Sciences*, 2015 (188): 246 – 254.

③ Khovanova-Rubicondo, K. M., "Cultural Routes as a Source for New Kind of Tourism Development: Evidence from the Council of Europe's Programme," *Progress in Cultural Heritage Preservation-EUROMED*, 2012: 83 – 88.

④ Lopez, I. G., et al., "The Challenges of the First European Cultural Itinerary: The Way to St. James," *AlmaTourism*, 2017 (6): 1 – 19.

化底蕴是文化创意产业发展的源泉，沿途传统手工技艺等非物质文化遗产，比如竹编、靛青、白蜡、造纸、烧窑、采矿、建筑、陶瓷、酱油、纺织品、剪纸等可以有机地融入文化旅游线路。发展替代型旅游，可以促进当地社会和经济繁荣，创造新的就业机会。

4. 仙霞古道合作保护和开发利用助力闽浙赣接壤区域乡村振兴

文化线路所经区域往往社会经济比较落后，发达区域文化线路也不可能被保存下来，欧洲的文化线路90%经过区域都是农村地区。有学者认为，文化线路可以作为边缘地区或农村地区的发展工具，有助于刺激经济活动和吸引游客。文化线路不仅能够通过为当地社区创造收入的方式改善偏远地区的经济条件，而且能直接提高当地社区的竞争力、创造新的就业机会和提高公民的社会福利[1]。事实表明，文化线路主题旅游产品具有巨大的潜力，可以促进地方投资，保护文化和环境资源，促进边缘地区和新兴旅游目的地的经济再生[2]。随着我国全域旅游理念和文旅融合国家战略的推动，仙霞古道沿线区域可以因地制宜地开发文化旅游、探险旅游、民俗旅游、乡村旅游、研学旅行、康养旅游、休闲度假游、生态旅游等多种"仙霞古道"牌系列旅游产品（见表1-4），促进闽浙赣落后地区农村产业结构调整和产业转型升级，充分发挥仙霞古道遗产旅游在乡村振兴中的积极作用。

5. 仙霞古道是践行生态文明建设和文明互鉴的重要实践基地

闽浙赣三省应充分利用仙霞岭良好的生态环境和自然资源，开展审美教育、研学旅行、户外教育、文明观察等活动，从而给仙霞古道利益相关者带来多元复合价值。历史上，仙霞古道就是一条诗歌之路、文创之路、商贸交流之路、使节往返之路，文人墨客留下了大量脍炙人口的文学名篇。闽浙赣三省应利用好古道及现代口岸和历史上的商贸、民族联系、文化交流甚至宗教、艺术交流等资源，结合全面对外开放和"一带一路"倡议，强化仙霞古道文化交流传统，促进人类命运共同体建设，充分发挥其旅游先行先导作用。

---

① Weaver, D. B., "Alternative Tourism in Montserrat," *Tourism Management*, 1995, 16 (8): 593 – 604.

② Cojocari, S., "The Development of Cultural Routes: A Valuable Asset for Romania," *Procedia Economics and Finance*, 2015 (32): 959 – 967.

表 1 - 4　仙霞古道旅游类型选择与可预期的价值

行动者	生态旅游	文化旅游	探险旅游	乡村旅游	民俗旅游
当地社区	振兴本地生产行业	当地旅游业发展	重建和活化本地的旅游设施（如关隘、路亭等）	提供餐饮、康养休闲产品、旅游服务	振兴传统手工艺
	保护生态环境	保存古代传统	保存古代传统	保存乡土文化	保存非物质文化遗产
当地政府	振兴本地生产行业	振兴本地生产行业	增加额外收入来源	振兴本地生产行业，促进产业转型	繁荣所在地文化生活和公共文化服务体系
	价值链整合（纵向和横向）	价值链整合（纵向和横向）	价值链整合（纵向和横向）	价值链整合（纵向和横向）	价值链整合（纵向和横向）
当地企业	打造优质品牌	打造优质品牌	提炼地域文化符号，打造地域产品品牌	促进传统农业转型，带动休闲农业发展	恢复传统工艺品生产
	激发产品设计创意	产品可追溯性	户外体育运动产品生产的动力	休闲农业发展的外部动力	创意设计的源泉
	加强对地方产业的保护	加强对当地传统产业的保护	有利于保存当地传统文化	增加就业机会	增加就业机会
	价值链整合（纵向和横向），与当地其他生产者和旅游业行动者合作	价值链整合（纵向和横向），与当地其他生产者和旅游业行动者合作	价值链整合（纵向和横向），与当地其他户外休闲装备制造业生产者合作	价值链整合（纵向和横向），与当地其他生产者和旅游业行动者合作	价值链整合（纵向和横向），与文创、餐饮、旅游纪念品生产等行业合作
旅游企业	增加了旅游产品的吸引力	增加了旅游产品的吸引力	增加了旅游产品的吸引力	增加了旅游产品的吸引力	增加了旅游产品的吸引力
教育系统	改善了文化遗产的可接近性	改善了文化遗产的可接近性	改善了文化遗产的可接近性	有机农产品生产教育研讨会	手工技艺工作坊、非遗进校园
	户外游憩教育	古镇研学	军事探险教育	农事体验	手工制作
外来游客	改善了文化遗产的可接近性	改善了文化遗产的可接近性	改善了文化遗产的可接近性；加强采用安全措施	农事体验	加深旅游体验

续表

行动者	生态旅游	文化旅游	探险旅游	乡村旅游	民俗旅游
生态环境	重建和活化本地的便利设施，增加建筑物和古迹的安全干预措施	为恢复古镇古村活力和发展文旅产业保护其传统格局	重建和活化所在地的便利设施。增加安全措施，允许参观关隘、路亭等古迹	为发展古道沿线乡村旅游而保护原生态环境，营造乡土气息	提供源源不断的工艺品生产材料、加强旅游演艺的氛围

资料来源：本表参考了米歇拉·阿纳博尔迪和尼古拉·斯皮勒（Michela Arnaboldi and Nicola Spiller）的《行动者网络理论和利益相关者协作：文化区案例》一文中有关图表，并结合仙霞古道资源禀赋特征修改补充而成。

第六节　结论与讨论

在乡村振兴和文旅融合的时代背景下，文化遗产保护和旅游利用日益受到地方政府和所在社区的高度重视。文化线路遗产所经区域往往是社会经济相对落后的农村地区和偏远地区，对于资源相对匮乏的落后地区而言，文化遗产资源就显得弥足珍贵。位于闽浙赣三省交界区域的仙霞古道历史悠久、文化底蕴深厚、生态环境优良，具有多元价值，能够带动沿线城市乡村发展文化旅游、生态旅游、休闲度假旅游等多种新业态，是高品质的地域文化符号，有利于塑造具有国际影响力的文化品牌，但尚未引起国家和所在省份的足够重视，没有将其与丝绸之路、茶马古道、蜀道等一起上升为国家战略。根据国际经验，对于文化线路遗产的申遗、保护和开发，沿线地方政府、非政府组织、东道社区等利益相关者应结成利益共同体，加强区域协作和整合，这对于发挥文化线路遗产的价值极为关键。

本章的创新之处在于以下方面。第一，提出了仙霞古道为文化线路遗产的概念并对标加以论证，仙霞古道符合国际古迹遗址理事会文化线路科技委员会有关文化线路遗产申报标准，即时间、空间、文化、功能四个特征，具备申报文化线路遗产的潜质。由于文化线路往往具有跨区域、跨国界的特征，任何局限于属地管理的保护和开发思路都是不全面的。第二，行动者网络理论的运用。从欧盟文化线路遗产保护和文旅产业发展研究成果看，学者们提出的社会网络思维仍然没有突破欧洲人本主义思想的局限，而行动者网络理论则视人类和非人类为同样重要的行动者，即文化线路遗产本身及所处的环境皆为值得珍视的"行动者"，体现了文化生态学理念。国内外运用行动者网络理论研究旅游问题的成果并不多见，且多以一个旅游区为案例地，笔者认为以跨越行政区的文化线路为案例探讨区域合作机制更有价值。本章构建了仙霞古道申报世界文化线路遗产和文化遗产旅游地行动者网络模型，阐述了仙霞古道人类行动者合作机制以及人类行动者和非人类行动者的互动关系。研究结果对于仙霞古道合作保护和文化旅游产业发展都具有一定的实践价值和现实意义。

第二章 "同源共享"文化遗产的文化旅游外交机制构建及实现路径

历史经验证明，古代海上丝绸之路是由我国人民和共建国家人民共同缔造的，构建21世纪海上丝绸之路同样需要中国人民与共建国家人民的"共同创造"。近年来不少国家以"共同"遗产（shared heritage）为基础，合作开展文化遗产保护及文化旅游开发，助力构建新型国家关系。在此背景下，寻找我国与海上丝绸之路共建国家（特别是东盟国家）共同利益为战略抓手，就显得极为重要。而"同源共享"文化遗产保护和旅游开发的跨国合作无疑是最佳选择。历史上，中国与东南亚有着特殊的历史渊源，两者拥有许多"同源共享"的文化遗产①，非物质文化遗产如妈祖文化、郑和文化、手工技艺、建筑艺术、表演艺术、万里茶道、民间信仰、铜鼓艺术、天琴文化等；物质文化遗产如海底沉船和沉船遗址、唐人街、郑和史迹、移民聚落、大型宫庙建筑、滇越铁路等。同样，发源于海上丝绸之路共建国家的物质和非物质文化遗产在我国"海丝"沿海省份也有广泛积淀，比如宗教寺庙、建筑文化以及奢侈品，如香料、珠宝文化等，这种类型的文化遗产保护与开发是双方或多方共同的利益焦点，因此，"同源共享"文化遗产极具合作保护和开发的多元价值。

本章基于蒂姆·温特（Tim Winter）等遗产外交及遗产旅游外交框架，探讨我国与东盟国家以"同源共享"文化遗产为基础的遗产旅游外交的实现路径（根据本书导论中的文化旅游概念界定，本章文化遗产旅游外交与基于遗产的文化旅游外交意义相同），助力我国公共外交目标的实现，增进我国与东盟国家的相互理解和信任以及"民心相通"，面对世界共同打造"海丝"文化旅游品牌，共建共享"21世纪海上丝绸之路"，以期造福"海丝"共建国家和人民，实现互利共赢。

---

① "同源共享"非物质文化遗产概念最先出现于原文化部《"一带一路"文化发展行动计划（2016—2020年）》中，但还没有专门的学理性界定，笔者查阅不少外文文献，也未发现明确概念，但有相似表述。

第一节　遗产或遗产旅游外交已经成为一种
国家间合作战略

在后现代语境下，世界大国纷纷借助其所谓的"共享"遗产，尤其是在东南亚地区试图构建新型伙伴关系，其主要手段有资金援助、技术支持、旅游合作开发等。

澳大利亚将澳新军团湾（位于土耳其）和科科达小道（位于巴布亚新几内亚）等地点列入澳大利亚国家遗产名录，澳大利亚政府还向土耳其、法国和比利时提供了数百万美元的赠款，用于修复和保护现有遗产、建设新的博物馆和游步道等解说性特色设施[1]。澳大利亚在东南亚地区主要通过资助巴布亚新几内亚共同保护二战盟军科科达小道（Kokoda Track），并借此开发文化遗产旅游、发展地方经济[2]。

荷兰文化遗产局制定《共享文化遗产计划》（*Shared Cultural Heritage Programme*）。这个计划由荷兰文化遗产局、国家档案馆、荷兰驻伙伴国家大使馆共同执行。计划资助范围仅限于十个所谓伙伴国家，即澳大利亚、巴西、印度、印度尼西亚、日本、俄罗斯、南非、斯里兰卡、苏里南和美国。荷兰文化遗产机构通过促进知识交流和能力建设来支持伙伴国家的当地专家对其"共享"遗产进行保护和再利用。遗产局使用的工具是培训、咨询和知识产品，例如《荷兰—日本遗产清单》。其合作内容包括海洋考古、海上"共享"遗产保护，如日本和荷兰共享的文化遗产（1600 年搁浅在日本海岸的列夫德号大帆船）、17 世纪在巴西萨尔瓦多湾沉没的荷兰海军部的乌得勒支沉船（De Utrecht）等[3]。

苏格兰政府与印度西孟加拉邦签订保护殖民时代遗产的合作协议，建立所谓"共享"遗产保护合作伙伴关系。这些项目包括加尔各答苏格兰公墓等殖民遗存，以及印度教阶梯井（Rani Ki Vav），并为印度地方政

---

[1]　Clarke, A., "Heritage diplomacy," in *The Handbook of Cultural Security*, edited by Watanabe, Y., Massachusetts: Edward Elgar Publishing, Inc., 2018: 417–436.

[2]　Beaumont, J., "The Diplomacy of Extra-Territorial Heritage: The Kokoda Track, Papua New Guinea," *International Journal of Heritage Studies*, 2016, 22 (5): 355–367.

[3]　参见荷兰教育、文化和科学部文化遗产局官网，https://english.cultureelerfgoed.nl /topics/ shared-cultural-heritage /shared-cultural-heritage-programme，最后访问日期：2023 年 7 月 1 日。

府保护印度遗产提供资金支持，围绕"共享"遗产发展文化旅游①。

印度利用佛祖释迦牟尼与印度的特殊关系和丰富的佛教历史文化资源，与南亚的斯里兰卡、不丹、尼泊尔，东南亚的缅甸、泰国、老挝、柬埔寨、越南、菲律宾、印度尼西亚以及东亚的日本、韩国和蒙古国等亚洲国家开展全方位的共享的佛教遗产外交②。印度的佛教遗产外交助推了其国内经济发展，佛教文化资源成为其旅游产业发展的新增长点。佛教遗产外交将有利于提升印度在全球的吸引力，带动其国内旅游、文化、影视等相关产业的发展，并为塑造印度国家"品牌"服务③。

另外，"民心相通"是我国与东盟共建"21世纪海上丝绸之路"的关键，"同源共享"文化遗产旅游外交是服务我国"一带一路"倡议的重要抓手。我国传统的文化外交，如双向文化年活动、文物专题展、文艺院团出访以及孔子学院共建等，虽然取得了辉煌成就，但这些传统文化外交存在一定的局限性，比如过于依靠单方面输出，过于强调精英、依赖政府，以及文化资源的开发与保护力度不足等④。因此，我国亟须调整文化外交思路，积极开展遗产外交，特别是基于"共享"文化遗产的遗产旅游外交尤其重要。习近平总书记在2017年"一带一路"国际合作高峰论坛开幕式上发表的《携手推进"一带一路"建设》中表示，"要用好历史文化遗产，联合打造具有丝绸之路特色的旅游产品和遗产保护"。⑤同时在《"一带一路"国际合作高峰论坛圆桌峰会联合公报》中再次强调，"鼓励不同文明间对话和文化交流，促进旅游业发展，保护世界文化和自然遗产"。⑥2015年国家发展和改革委员会、外交部、商务部联合制定《推动共建丝绸之路经济带和21世纪海上丝绸之路的愿景与行动》，以政策沟通、设施联通、贸易畅通、资金融通、民心相通为主要内

① Clarke, A., "Scotland's Heritage Investments in India: Acts of Cultural Diplomacy and Identity Building," *Scottish Affairs*, 2014, 23 (2): 234 – 249.

② Bhanu, P., "India's Diplomacy," *International Journal of Arts, Humanities and Management Studies*, 2015, 3 (2): 55 – 65.

③ 邹应猛：《印度的佛教外交：动因、态势与前景》，《世界宗教文化》2019年第3期，第37—44页。

④ 曾祥明：《中国文化外交的现实困境、战略机遇及其思考》，《南方论刊》2015年第9期，第8—11页。

⑤ 习近平：《习近平外交演讲集》（第二卷），北京：中央文献出版社，2022，第37页。

⑥ 《"一带一路"国际合作高峰论坛重要文辑》，北京：人民出版社，2017。

容，联合共建国家共商、共建、共享，构建人类命运共同体。澳大利亚蒂姆·温特教授认为，丝绸之路为开辟新的合作领域提供了独特而宝贵的平台，进一步展现了一个促进东西方国际和平与对话的国家形象。

综上所述，推动"21世纪海上丝绸之路"建设多边化，拓展中国—东盟合作发展空间，以提升"21世纪海上丝绸之路"建设的开放性和"共商、共建、共享"原则，开展遗产外交和遗产旅游外交，加强中国与东盟国家的人文交流和文旅产业合作符合时代潮流。

第二节　遗产外交研究的文化旅游转向

进入21世纪以来，随着经济全球化的日益加深，时空压缩所导致的全球各民族交往互动日益频繁，从之前的以经济援助为主要形式的文化外交，到资助其原殖民地国家和地区保护文化遗产的遗产外交，进而不断向基于遗产资源的文旅产业领域演进，遗产和遗产旅游外交已成为国际文化旅游学术界的一个新兴研究领域，国外学术界对此有较为深入的研究。

（一）遗产外交研究的学术演进

笔者用关键词"遗产外交"在中国知网检索发现，国内遗产外交研究几乎是空白，遗产旅游外交更是较少涉猎。随着文化全球化和文化遗产保护的国际化，近年来国外遗产外交研究迅速兴起，最著名的研究者为澳大利亚墨尔本迪肯大学阿尔弗雷德·迪肯公民身份与全球化研究所的蒂姆·温特教授。他发表了一系列关于遗产外交的论文。其研究主题包括全球文化遗产外交的历史回顾、遗产外交的概念、遗产外交与外交遗产的区别、国家遗产外交中的物质纠葛，特别是他对我国"一带一路"倡议和遗产外交的研究值得关注①。

---

① Winter, T., "Heritage diplomacy," *International Journal of Heritage Studies*, 2015, 21 (10): 997 – 1015. "Heritage Diplomacy: Entangled Materialities of International Relations," *Future Anterior*, 2016, 13 (1): 16 – 34. "Heritage Diplomacy along the One Belt One Road," *The Newsletter*, 2016, (74): 8 – 10. "Silk Road Diplomacy: Geopoliticsand Histories of Connectivity," *International Journal of Cultural Policy*, 2020, 26 (7): 898 – 912. "The Geocultural Heritage of the Silk Roads," *International Journal of Heritage Studies*, 2020, 27 (2): 1 – 20.

所谓"共享"遗产外交的研究对于跨国文化线路遗产外交以及围绕"共享"遗产所展开的合作保护、开发研究等问题着墨较多。如澳大利亚利用二战期间在巴布亚新几内亚境内的科科达小道的战地遗址开展的遗产外交援助[①]、荷兰围绕其所谓的海外殖民遗产(包括水下沉船)与10个国家开展的遗产保护合作[②]、苏格兰公墓等"共享"遗产开展的外交合作[③]、西印度洋海洋文化遗产对于促进印度洋共同文化实践和传统知识体系,以及与其他印度洋沿岸国家建立了桥梁和合作网络的研究[④]、专业技术人员在国际遗产外交中的象征价值等[⑤]。目前关于跨国"共享"遗产外交的研究成果并不多,有关遗产外交的合作机制、合作申遗、合作保护、旅游开发等方面的研究还有值得探索的空间。随着文化和经济全球化日益加深,"共享"文化遗产(包括非物质文化遗产)的外交功能,特别是其保护和合作开发的研究有着巨大的学术潜力。

(二)文化(遗产)旅游外交研究的学术转向

国内有关旅游外交的研究成果相对较多,中国知网中相关成果约20篇。研究主题大致包括我国旅游外交的历史演变、内涵、层次、属性以及功能、旅游外交与国家形象建构等。围绕"一带一路"倡议的旅游外交主题多集中在"心理认同"[⑥]、"战略思想和路径选择"[⑦]、"历史基础和动力因素"[⑧],

---

① Beaumont, J., "The Diplomacy of Extra-Territorial Heritage: The Kokoda Track, Papua New Guinea," *International Journal of Heritage Studies*, 2016, 22 (5): 355 – 367.

② Yapp, L., "Define Mutual Heritage Diplomacy in the Postcolonial Netherlands," *Future Anterior*, 2016, 13 (1): 66 – 81.

③ Clarke, A., "Scotland in Kolkata: Transnational Heritage, Cultural Diplomacy and City Image," *Historic Environment*, 2014, 26 (3): 86 – 97.

④ Ray, H. P., "Culture and Diplomacy: Maritime Cultural Heritage of the Western Indian Ocean," *India Quarterly*, 2020, 76 (3): 375 – 391.

⑤ James, L., "The Symbolic Value of Expertise in International Heritage Diplomacy," *Future Anterior*, 2016, 13 (1): 82 – 96.

⑥ 胡敏、曹兹纲、王杰:《以旅游外交助力中巴经济走廊的心理认同》,《新疆社会科学》2016年第6期,第79—82页。

⑦ 张瑛、刘建峰:《中国开展吉尔吉斯斯坦旅游外交的战略思想及路径选择》,《中央民族大学学报》(哲学社会科学版)2018年第4期,第54—61页。

⑧ 王桂玉:《中国与太平洋岛国旅游外交:历史基础、现实动力与路径选择》,《太平洋学报》2021年第2期,第83—94页。

以及"面临挑战与应对策略"① 等上，但基于文化遗产旅游外交，特别
是"共享" 文化遗产的文化旅游外交研究成果极少。

国外遗产旅游外交研究也刚刚起步，相关成果积累不多。荷兰采取
建筑改造、档案数字化、从业人员培训和文化旅游景点设计等方式展开
遗产旅游外交②；澳大利亚将科科达小道这样的"共享" 遗产保护与旅
游发展联系起来，实现其利益融合和互利互惠③；印度尼西亚利用艺术、
建筑、戏剧和通俗文学，以及在印度教社区、殖民斗争历史、烹饪艺术
等方面的相似之处开展与印度的文化旅游外交，使用社交媒体和相似的
方法，如印度教追随者的方法，吸引游客来印度尼西亚参观历史遗产，
特别是巴厘岛印度教文化遗产④；法比奥·卡伯恩（Fabio Carbone）则较
为详细地考察了文化遗产通过旅游而实现其外交功能的路径，并基于公
众参与的文化遗产管理政策促进文化间对话⑤。

综上所述，国内外学术界对于中国与"一带一路"共建国家，特别
是东盟国家的旅游外交、遗产旅游外交，尤其是基于"同源共享" 文化
遗产的旅游外交与国际合作的研究等均为有待于被填补的学术空白。

第三节　相关概念辨析

本章探讨的关键问题"同源共享" 文化遗产、遗产外交等涉及相关
母概念和子概念，如"共享遗产""遗产旅游外交" 等，这是开展研究
的前提和基础。

---

① 吴丽云、张一帆等：《中国"一带一路"旅游外交的挑战与应对策略》，《旅游导刊》
2018 年第 5 期，第 85—89 页。

② Yapp, L., "Define Mutual Heritage Diplomacy in the Postcolonial Netherlands," *Future
Anterior*, 2016, 13 (1): 66 – 81.

③ Beaumont, J., "The Diplomacy of Extra-territorial Heritage: The Kokoda Track, Papua New
Guinea," *International Journal of Heritage Studies*, 2016, 22 (5): 355 – 367.

④ Minardi, A., et al., "Indonesian Tourism Diplomacy to India," *Indonesian Journal of
Tourism and Leisure*, 2020, 1 (1): 1 – 13.

⑤ Carbone, F., "International Tourism and Cultural Diplomacy: A New Conceptual Approach
Towards Global Mutual Undersanding and Peace Through Tourism," *Tourism Review*, 2017,
65 (1): 61 – 74.

（一）"共享"遗产

"共享非遗"的概念源于联合国教科文组织于 2003 年通过的《保护非物质文化遗产公约》，该公约提到，生活在国界两边的不同族群可能共享相同或者相似的文化遗产，或者，同一个民族的人被划定为不同国家的居民，历史上或者晚近发生的移民现象，使得两个或者两个以上的人类群体共享相同或相似的文化遗产，这是国际组织第一次对该遗产类型的描述。国际古迹遗址理事会专门成立一个"共享的人工遗产委员会"（ISCBH），该机构致力于保护共享的人工遗产（Shared Built Heritage）。由此，国际学术界渐渐关注此类遗产的物质形态和非物质形态。国际社会多用"相互的"（mutual）、"共享的"（shared）和"共同的"（common）等限定词来界定这类共同拥有的文化遗产①。

伊丽莎白·雅瑞（Elizabeth Ya'ari）认为，"共享"遗产旨在提高有战争冲突的国家对遗产的尊重，同时将遗产地视作文化的调解手段与多种有效叙事并存的场所，"共享"遗产能够丰富各民族的文化特征，强调遗产地的历史经验和集体主题②。以色列贝扎雷艺术与设计学院教授迈克尔·特纳（Michael Turner）认为，"共享"遗产旨在寻找一个公共平台，运用现代科技创造共有空间，强调共有特性，以缓和不稳定的局势③。

（二）"同源共享"文化遗产

"同源共享"文化遗产的概念仅见于我国官方的文件中。原文化部在《"一带一路"文化发展行动计划（2016—2020 年）》中强调："积极探索与'一带一路'共建国家和地区开展同源共享的非物质文化遗产的联合保护、研究、人员培训、项目交流和联合申报。"高轩、冯泽华就"同源共享"非物质文化遗产给出一个技术性定义，他们认为中国与东南亚共享非物质文化遗产（以下简称"共享非遗"）是指，被中国和东

---

① Yapp, L., "Define Mutual Heritage Diplomacy in the Postcolonial Netherlands," *Future Anterior*, 2016, 13 (1): 66 – 81.

② Ya'ari, E., "Promoting Understanding of Shared Heritage," *Museum International*, 2010, 62 (1 – 2): 9 – 13.

③ 〔以色列〕迈克尔·特纳：《"PUSH"，推动"共享遗产"理念的传播》，《世界遗产》2014 年第 5 期，第 28 页。

南亚各国的各群体、团体、个人视为其共同文化遗产的，能被两地各群体、团体和个人共同尊重，并顺应可持续发展的各种实践、表演、表现形式、知识和技能及其有关的工具、实物、工艺品和文化场所的遗产①。他们虽然就中国与东南亚之间共享非遗作出界定，但似乎将其作为一个普适性的概念。然而，就"同源共享"文化遗产的概念而言，学术界尚未对其进行学理性的界定和探讨。笔者认为，"共享"遗产虽然更多表现为无形文化，但也有不少表现为物质形态的有形文化。因此，综合学者们的集体思考，笔者尝试给出一个学术性定义：所谓"同源共享"文化遗产，是指历史上由于政治、经济、军事、文化等活动，被移民群体或重要事件带入异地异国继续发展和传承下来的物质和非物质文化遗存及其表现形态，虽同出一源，但被原生地和迁徙地民众共同拥有和享用的文化遗产。

（三）遗产外交

要界定遗产外交概念，必然关联到文化外交概念，两者多有交集，有些学者常常混用。蒂姆·温特认为，文化外交通常把投射或输出特定的文化形式作为软实力机制的中心。电影、名人、体育或时尚是经常被引用的文化输出的例子，这些例子帮助国家在自己的国界之外建立影响力。他说，遗产外交外延更为广泛，它不仅包含了一种特定文化形式的输出或投射，而且关注了双向和多方位的文化流动和交流。因此，遗产外交可以被广义地定义为一系列进程，在这些进程中，国家和国家之间共享的文化和自然历史成为交流、协作和合作治理形式的主体。至关重要的是，将遗产视为一种空间和社会治理的形式，意味着它也包含了硬实力②。国内学术界尚未就遗产外交进行学术性定义，笔者认同蒂姆·温特的遗产外交概念。

（四）文化（遗产）旅游外交

科林·迈克尔·霍尔（Colin Michael Hall）认为，旅游是外交、贸

---

① 高轩、冯泽华：《中国与东南亚共享非物质文化遗产保护制度研究——以"一带一路"战略为制度构建机遇》，《东南亚研究》2015年第4期，第46—53页。

② Winter, T., "Heritage Diplomacy," *International Journal of Heritage*, 2015, 21 (10): 997–1015.

易、对外政策的一部分，是取得国际合法性、尊重威权制度的工具，是满足领土要求的手段以及实现和平的动力①。就旅游外交而言，国外尚没有明确界定，多从权力角度阐述旅游的外交功能。我国学界提出了独立的旅游外交的概念，而且大致存在两种侧重点不同的提法。一种是从外交等同于"谈判""和平"的传统视角，把旅游外交界定为国家为维护自身的旅游权益，用和平方式处理"涉旅"事务的外交行为。郑岩认为，旅游外交"旨在通过促进国家间游客的往来、保护本国游客在他国的合法权益不受损害"②。另一种则基于功能主义的界定，突出旅游影响外交政策、促进和平的作用。金涛认为，旅游外交是国家在旅游中产生的行为，包括加入国际旅游组织和参加会议、互设旅游办事处或进行旅游合作交流③。王鹏飞和魏翔认为，旅游外交是指一国为了加强相互交流合作、促进人类文明传播、保护本国游客在境外权益不受伤害而在国际旅游合作中的国家行为④。项文惠则认为，旅游外交是服务于国家利益以及国际关系且在传统外交之外的相关行为体围绕旅游权益维护、旅游作用发挥，运用多种形式或构建多种机制，从事"涉旅"政治、经济、社会、文化等外交活动的总和⑤。

综上所述，作者综合借鉴蒂姆·温特的遗产外交和项文惠等的旅游外交概念，将文化遗产旅游外交界定为在传统外交之外，国与国之间以"共享"文化遗产为载体开展双边或多边旅游合作和旅游产业共建共享，相关行为体围绕遗产旅游权益维护、功能发挥等，运用多种形式或构建多种机制，间接服务于国家公共外交的一种准官方外交形式。本章所提出的"同源共享"文化遗产源于海上丝绸之路的双向文化传播，中国和东盟都积淀了许多类似遗产，因此，以其为案例探讨文化遗产旅游外交的典型意义不言而喻。

---

① Hall, C. M., *Tourism and Politics: Policy, Power and Place*, New York: John Wiley & Sons, 1994: 62.

② 郑岩：《旅游外交：国家外交新领域新亮点》，《学习时报》2015年7月23日，第8版。

③ 金涛：《旅游外交的概念、作用及重点工作》，《中国旅游报》2017年5月16日，第3版。

④ 王鹏飞、魏翔：《旅游外交与构建我国新型国家关系问题探析》，《现代管理科学》2017年第12期，第109—111页。

⑤ 项文惠：《旅游外交的形成、内涵和变化》，《国际展望》2020年第5期，第102—118页。

第四节　案例研究

——中国—东盟文化遗产旅游外交新路径

历时 2000 余年的古代海上丝绸之路既是一条商贸之路，也是一条文化交流之路。我国沿海的闽、粤、琼、桂、滇等省份与东南亚国家的文化交往源远流长，积淀了许多"你中有我，我中有你"的被共同接受和享有的物质文化遗产和非物质文化遗产。这里需要强调的是，文化交流可能促进文化认同，但也可能产生文化冲突或排斥。斯图亚特·霍尔（Stuart Hall）认为，对"文化认同"的阐释至少有两种不同的思维方式。一是把"文化认同"定义为一种共有的文化，集体的"一个真正的自我"，藏身于许多其他的、更加肤浅的或是强加的"自我"之中。二是把"文化认同"看成一些深刻和重要的差异点，它们构成了"真正的现在的我们"，这种文化认同既是"存在"的又是"变化"的，它属于过去也属于未来①。按照霍尔的观点，"共有的文化"、"存在"和"变化"都是文化认同的核心要素，换句话说，能够引起文化认同的文化才是共有的文化。只有客源地移民和目的地本土民众或国家共同接受的文化才是"同源共享"的文化（遗产），这是双边或多边开展文化遗产旅游外交的基础资源。

（一）中国—东盟"同源共享"文化遗产的历史积淀与互动

有关中国—东盟"同源共享"文化遗产（有学者称之为"跨国共享文化遗产"）已有不少论述。黄玲认为，中国与东盟国家边境地区的民间社会广泛活态传承着岁时节庆、仪式信仰、口头传统、手工技艺、民族语言、典籍文字、建筑服饰、歌舞音乐等共享的非物质文化遗产，耳熟能详的就有春节节庆、妈祖信俗、花婆崇拜、铜鼓崇拜、南音文化空间、木偶戏等②。高轩、冯泽华认为，华语戏曲、贝叶文化、南传佛教

---

① Hall, S., "Cultural Identity and Diaspora," in *Colonial Discourse and Post-Colonial Theory*: *A Reader*, edited by Williams, P., and Chrisman, L., London: Harvester Wheatsheaf, 1993: 394.

② 黄玲：《中国—东盟跨国共享非物质文化遗产的交流互动与创新传承——中国—东盟跨国共享非物质文化遗产保护与传承研究之一》，《百色学院学报》2020 年第 6 期，第 74—81 页。

音乐、缅甸"胞波"（意为"同胞兄弟"）的传说、东南亚菜系以及被我国列入非遗名录的独弦琴艺术（被越南人视为"国乐"）等都是中国—东盟共享非物质文化遗产①。现为世界非物质文化遗产，曾流行于越南黎朝至阮朝宫廷中的多种风格的音乐和舞蹈结合的越南宫廷"雅乐"（Nha Nhac）也是来源于中国明朝宫廷，并受当地华人、占婆人文化以及佛教、儒教和道教的影响②。在中国的 56 个民族中，有 12 个民族跨中越边境而居；在越南的 54 个民族中，有 26 个民族跨越中边境居住，如我国三岛京族与越南茶古坊京族是同源民族。茶古坊京族的哈节、独弦琴艺术与三岛京族相似③。随着南传上座部佛教传入中国云南傣族地区，印度史诗《罗摩衍那》对我国云南傣族学产生了重大影响。我国云南傣族民间故事《召树屯》同样在东南亚泰国、缅甸、老挝等国广为流传④。此外，中国的武术文化、茶文化、语言文化等在东南亚经过本土化改造后成为所在国家的民俗文化。一些学者给我们梳理了这些文化源流，如泰拳与壮拳的渊源关系⑤、壮侗语系⑥、中国茶道与东南亚本土化改造所形成的独特的茶俗⑦等。有些"同源共享"文化遗产集有形与无形于一体，如郑和文化、妈祖文化、唐人街文化以及众多民间信仰等，类似例子不胜枚举。因此，本章根据上述"同源共享"文化遗产概念，选择以海外移民为典型特征的福建和以沿边民族融合为特色的广西两个双边或多边"同源共享"文化遗产省份为重点。现择其要加以简要概述，以期作为中国—东盟遗产旅游外交的资源基础。

---

① 高轩、冯泽华：《中国与东南亚共享非物质文化遗产保护制度研究——以"一带一路"战略为制度构建机遇》，《东南亚研究》2015 年第 4 期，第 46—53 页。

② 史阳：《保护东南亚的文化多样性：东南亚的人类口头非物质遗产》，《南洋问题研究》2008 年第 2 期，第 81—88 页。

③ 覃圣云：《从京族哈节变迁看跨境民族民间信仰的重构》，《世界宗教文化》2020 年第 3 期，第 93—99 页。

④ 杨学政：《南传上座部佛教在中国与南亚、东南亚各国文化经济交流中的作用》，《云南社会科学》1994 年第 2 期，第 53—56 页。

⑤ 唐明欢、李乃琼、尹继林：《中国—东盟武术：壮拳与泰拳的历史渊源及文化比较研究》，《四川体育科学》2019 年第 6 期，第 93—96 页。

⑥ 郑超雄：《壮族与东南亚文化渊源关系的考古学分析》，载《壮学首届国际学术研讨会论文集》，覃乃昌、岑贤安主编，南宁：广西人民出版社，2004。

⑦ 冼剑民、王雪萍：《中国同东南亚的茶叶贸易与茶文化交流》，《饮食文化研究》2006 年第 2 期，第 50—54 页。

1. 妈祖文化

据不完全统计，目前全世界有上万座妈祖宫庙、约 3 亿名妈祖信众，分布在 40 多个国家和地区。2009 年 9 月 30 日，联合国教科文组织将妈祖文化的重要组成部分"妈祖信俗"列入濒危非遗名录，标志着妈祖文化已经成为全人类共同的文化遗产和精神财富。

明清以来，随着闽粤移民"下南洋"，特别是郑和下西洋和闽粤海商的推动，妈祖信仰沿海上丝绸之路迅速传播开来，东南亚是妈祖信仰传播的重要区域。据王福梅的研究，马来西亚以妈祖为正祀和副祀的会馆、宗祠与庙宇不少于 200 座，其中，建于清康熙十二年（1673）的马六甲青云亭，是目前所知的马来西亚最早供奉妈祖的庙宇。新加坡现有 50 多座妈祖宫庙，其中天福宫是东南亚地区规模最大、声誉最著的一座妈祖庙。印度尼西亚有 40 多座供奉妈祖的神庙，建于 1650 年的雅加达金德院是最早的妈祖庙之一；菲律宾有 100 多座妈祖庙，始建于 1572 年的南吕宋描东牙示省达亚社妈祖庙是东南亚最早的一座妈祖庙。越南会安古城和胡志明市拥有许多妈祖庙，如会安中华会馆、广肇会馆、福建会馆、生胎娘娘庙、潮州会馆、凉府会馆、边和七府古庙、堤岸中华理事总会、三山会馆、义安会馆、琼府会馆、温陵会馆、霞漳会馆，以及胡志明市的穗城会馆、五帮共同会馆，永隆市的天后庙、沙沥天后庙，茶荣省小芹县天后宫等。泰国、缅甸、柬埔寨、文莱等国也有许多妈祖宫庙①。

妈祖文化是以崇奉和颂扬妈祖的立德、行善精神为核心，以妈祖宫庙为主要活动场所，以庙会、习俗和传说等为表现形式的中国传统民俗文化②。妈祖乐善好施、扶危济困、惩恶扬善、护国庇民、忠义孝悌等精神品质充分体现了中华民族优秀传统美德，妈祖文化不仅得到华人华侨的普遍认同，也得到东南亚国家人民的接受和认可。马来西亚学者王琛发认为，妈祖尊神的信仰曾经作为国朝祭祀，现早已是跨民族的、深入各国民间、超越国界的国际信仰。各地陆续出现信仰的本土演变，其

① 王福梅：《妈祖文化在东南亚华人中的文化认同价值与路径研究》，《妈祖文化研究》2021 年第 1 期，第 56—61 页。
② 陈祖英：《以妈祖文化促进"一带一路"沿线国民心相通》，《福建社会主义学院学报》2019 年第 2 期，第 40—46 页。

实揭示妈祖信仰的国际化正建立在各地妈祖祭祀趋地方色彩、迈向多元文化的基础上①。越南范怀风、段玉钟两位学者通过实地调查和文献求证的方式，探讨了越南南部妈祖信仰的本土化改造和多元文化融合的地域特征。在越南南部，妈祖信仰除了受到佛教影响之外，还受到越南和柬埔寨文化的影响，体现在崇拜主题、配祀形式、建筑风格以及崇拜形式等各个方面②。在东南亚许多国家这种情况均常见。从这个角度上说，妈祖信仰文化已经超越了华族族群的边界，成为东南亚民众信仰文化的一部分，蔡尚伟、娄孝钦由此提出构建"南海妈祖文化圈"的设想。因为妈祖身上所体现出来的"美德文化"、"寻根文化"、"和平文化"和"海洋文化"与当地社会文化，特别是当地民间信仰文化融合在一起，在地理空间上形成了具有共同妈祖文化精神信仰的文化圈③。

妈祖文化不是抽象的，它有许多物质文化表现形式，既有具有中国特色的宫庙、匾额、楹联、碑刻、壁画、雕刻等物质文化遗产，也有内容丰富、形式多样的妈祖信俗类非物质文化遗产，如祭祀仪式、节事活动及美食、戏曲、舞龙、踩高跷、杂耍等娱乐活动。因此，妈祖文化具有多元价值：精神上的文化认同价值，行为上的审美价值、教育价值、外交价值，物质上的经济价值、旅游开发价值。因为民间信仰文化的这种平和的天然本性在丝绸之路上往往以包容的正能量形象出现，甚至在某种程度上起到了化解各方面矛盾的"文化挡板"作用，它不仅能够缓冲族群内部矛盾，也可以发挥缓冲区域冲突和文化隔阂的作用④。

2. 郑和文化

郑和（1371—1433）是我国明代伟大的航海家，也是世界史上最伟大的航海家之一。从明永乐三年（1405）到明宣德八年（1433）历时28年，郑和及其船队"云帆高张，昼夜星驰"，"维艄挂席，际天而行"，

---

① 〔马来西亚〕王琛发：《元代以来妈祖信仰在东南亚的形成与演变——从历史的丝路香火到多元的本土祭祀》，《妈祖文化研究》2017年第1期，第43—55页。

② 〔越南〕范怀风、段玉钟：《越南南部女神信仰背景下的妈祖信仰探索》，《妈祖文化研究》2020年第2期，第37—46页。

③ 蔡尚伟、娄孝钦：《南海妈祖文化圈建设与我国南海文化发展战略》，《莆田学院学报》2014年第4期，第1—7页。

④ 蔡明宏：《宗教外交中的中国图像与建设——以福建民间信仰与东南亚国家的文化互动为例》，《南洋问题研究》2018年第3期，第86—96页。

"鲸舟吼浪，远涉洪涛"，七下西洋。他们到达了亚洲、非洲的30多个国家和地区。东南亚是郑和前3次航海的主要目的地和后4次航海往返的必经之地。郑和船队所历东南亚诸国有占城、真腊和暹罗；满刺加、彭亨和吉兰丹；旧港、苏门答腊、阿鲁、南渤利、黎代、那孤儿、爪哇、渤泥14个国家。东南亚是郑和船队逗留时间最长、活动最多的一个区域。

郑和七下西洋在我国福建和东南亚等地都留下了丰富的文化遗产。明朝郑和下西洋时，多在福建长乐港候风，福建长乐作为其重要的活动地点，至今仍然保留着郑和相关的一些习俗和传说，并且出土了与郑和相关的碑刻等。东南亚国家中马来西亚的马六甲、吉隆坡、槟榔屿、沙捞越、丁加奴，印度尼西亚的苏门答腊岛、邦加岛、爪哇岛，菲律宾的苏禄群岛，泰国的曼谷、大城，以及柬埔寨、文莱等都兴建有三宝庙、三宝宫、三宝禅寺、三宝塔等。如马来西亚马六甲的三宝山、三宝井；印度尼西亚爪哇省省会三宝垄及其附近的三宝港、三宝洞与三宝墩；泰国境内的三宝港、三宝塔等①。郑和文化是我国和东南亚国家人民共有遗产。

郑和下西洋是文明之旅、和谐之旅，促进了中华民族与周边国家的民族交往和睦邻友好关系，是世界多元文明和谐交流的历史典范。郑和尊重各国的主权与当地风俗，公平地进行经济贸易，传播中国先进的生产技术、医药方法，传播友谊，积德积善，深受南洋诸国人民敬佩。"大抵凡事物之不明其理者，不曰三保公所教，则称三保公所为，敬信之深，于此可见矣。此种信心，牢不可破。甚有谓三保公圣口者，好害凭其所言。"② 正如北京大学教授孔远志所言，"郑和崇拜"并非形成于中国本土，这里的"郑和"是由包括华人在内的东南亚各族群共同造就出来的神明，已发展成为东南亚文化的特色③。"郑和崇拜"所衍生出来的文化遗产资源非常丰富，除上述遗存的寺庙建筑之外，还有许多祭祀仪式、优美传说、节事活动，如印度尼西亚爪哇祭祀郑和的迎神出巡庆祝活动，

① 施雪琴：《郑和形象建构与中国—东南亚国家关系发展》，《海南师范大学学报》（社会科学版）2011年第5期，第46—52页。
② 杨文瑛著《暹罗杂记》，上海：商务印书馆，1937，第69页。
③ 孔远志：《"郑和崇拜"在东南亚》，《海南档案》2005年第3期，第17页。

马来西亚丁加奴纪念郑和的诞辰活动，以及三指鱼的传说、暹罗北大年卧佛的传说、豆芽变巫文的传说、印度尼西亚邦加岛脚印的传说、马来虎叫声的传说、大鲸鱼迎宝船的传说、榴莲果的传说等，以及记载郑和护送明朝汉丽宝公主远嫁马六甲国王故事的马来历史名著《马来纪年》，以及民俗习惯与禁忌，如水浴（牛尿）治病、禁食节、烧稻草作肥料、火葬等①。

综上所述，郑和文化已经超越了民间信仰的层面，奠定了中国与东南亚国家关系的文化基础。如印度尼西亚三宝垄的三宝庙，可以说是中国文化和印度尼西亚文化相互交融的历史产物。长期以来三宝庙香火极盛，前往祭拜的善男信女络绎不绝，既有华人，也有原住民，据说原住民的数量更多。三宝垄的三宝庙可以说是中国与印度尼西亚文化交流和华人、原住民亲密相处的历史见证②。1986 年，马来西亚马六甲州政府宣布将三宝山列为历史文化区，同时兴建亚洲缩影村，以发展新的旅游业③。

3. 南音文化空间

泉州南音，古称"弦管"，亦称"南管""南乐""郎君乐"等，流行于我国的泉州、厦门、漳州、香港、澳门、台湾等地以及新加坡、菲律宾、印度尼西亚、马来西亚等东南亚国家。南音因为集萃了唐以来中原雅乐之遗韵，又吸收了宋词元曲、昆腔、弋阳腔、潮腔、佛曲之精华，被专家们认为是"中国音乐历史的活化石"。2009 年 9 月 30 日，南音被联合国教科文组织正式列入"人类非物质文化遗产代表作名录"。南音伴随闽南人下南洋脚步，沿着海上丝绸之路从福建泉州传播到东南亚诸国，在东南亚的菲律宾、新加坡、马来西亚、印度尼西亚、文莱、缅甸等国家较为盛行，并且借助同乡会、华侨联谊会等华人组织建立了大批南音乐团。从 1820 年菲律宾马尼拉长和郎君社的诞生，到 1987 年缅甸的晋江公会的成立，历时一个半世纪先后在菲律宾、新加坡、马来西亚、

---

① 施雪琴：《东南亚华人民间信仰中的"郑和崇拜"》，《八桂侨刊》2006 年第 1 期，第 45—49 页。

② 梁立基：《郑和下西洋与明朝对东南亚的睦邻安邻政策》，《郑和研究》2000 年第 1—2 期（合刊），第 34—42 页。

③ 孔远志：《印度尼西亚马来西亚文化探析》，香港：南岛出版社，2000，第 378—380 页。

印度尼西亚、文莱和缅甸共计成立了 27 个南音社团①。陈敏红认为，特定的地理环境和特殊的人文环境不仅促进了泉州南音在海外的流播，也促进了本土南音乐社与海外南音乐社畅通而频繁的交流，从而以乐种、乐人、乐社、乐事为整体空间，各个要素紧密结合、相互作用和制约，形成了一个有机的南音文化综合体②。郑长铃考察了东南亚南音华人社团的"泛家族式"传承，这不但可以增加华人群体对宗主国祖籍地文化的认同，更是当今时代促进中国同东南亚各国进行多边交流的"催化剂"③。王州认为，东南亚南音社团采取的是扎根式传播和传承方式，与此同时，东盟国家之间、中国—东盟南音社团之间的文化交流已成为常态，东盟国家之间经常举办"东南亚南乐大会奏"，中国与东盟之间则定期举办"南音大会唱"④，以及郎君祭仪、拜馆（也叫拜社、拜阁）、座谈会、研讨会等活动，促进了全球"南音文化圈"的形成。彭兆荣、葛荣玲认为，以泉州为核心地区，集中于福建省闽南泉、漳、厦以及闽中三明等地，涉及我国台湾、香港、澳门等地，东南亚菲律宾、马来西亚、印度尼西亚、新加坡、缅甸、泰国、越南等闽南方言华人社区，形成了一个影响约 5000 万人的"南音文化圈"⑤。

中国政府和民众对此的保护行动赢得了海外华人的积极响应，持续的南音演出和交流活动，使南音这一杰出艺术的文化空间得到了拓展。南音文化对东南亚当地民族音乐文化也产生了广泛的影响，如马来民谣。音乐是无国界的，通过这一古老的音乐"活化石"，开展中国—东盟双向文化交流活动和遗产旅游外交具有广阔的空间。

4. 天琴文化空间

天琴是壮族的一种弹拨乐器，又名"鼎叮"，由琴杆、琴筒、弦轴、琴马、琴弦组成。天琴产生于中越边境金龙镇的布傣族群，以天琴为符

---

① 罗天全：《南音在海外的传播与发展》，《音乐研究》2007 年第 2 期，第 29—35 页。
② 陈敏红：《印尼东方音乐基金会南音传播现状调查研究》，《中国音乐》2014 年第 4 期，第 252—256 页。
③ 郑长铃：《中华文化海外"泛家族"式传承传播初探——以马来西亚适耕庄福建会馆南音复兴为例》，《交响（西安音乐学院学报）》2019 年第 4 期，第 42—46 页。
④ 王州：《泉州南音在海上丝绸之路交通中的国际传播样式探究》，《音乐研究》2016 年第 4 期，第 40—52 页。
⑤ 彭兆荣、葛荣玲：《南音与文化空间》，《民族艺术》2007 年第 4 期，第 64—69 页。

号的天琴文化可以追溯到距今两千多年的战国至汉代的骆越人，天琴文化在宋至清代流传至凭祥、宁明、防城等地，中法战争后流传到与广西相邻的越南地区①。我国广西龙州、凭祥、宁明、防城等地的壮族布偏支系村落与越南北部边境地区下琅等岱族村落都流传着天琴文化。中国壮族与越南、老挝、泰国等周边国家民族跨境共享的天琴文化，是由边境族群的生产生活与跨境互动所构建的文化②。可见，天琴文化是跨越我国广西和越南的典型的"同源共享"文化遗产。

天琴作为象征符号，最能体现布偏人的文化特色。天琴是布偏人的族群标识，天琴得到了布偏人的普遍认同③。天琴被广西金龙当地及与其相邻的越南一些地方当成"法器"，是其"天"信仰的一个有机组成部分。"弹天"、"唱天"和"跳天"是其主要内容，有着较强的神圣性和仪式性④。

天琴文化包括三个层次：物质文化层，其要素包括天琴体、琴弦、铜铃、铜串环等配套乐器及经书、乐曲、唱词等，天琴弹唱活动使用的法器以及相关的祭器和礼器等；行为文化层，其要素包括天琴乐器的制作工艺和工艺传承、天琴神话及天琴信仰传承及天琴崇拜仪式、天琴弹唱使用的经书的构思与创作、喃唱曲调的编排和语言的组织及其口传文化、天琴弹唱行为、天琴舞蹈的创作与展演、天琴弹唱的教授与传习方式等；观念文化层，包括天琴文化的创造和发展过程中产生的各种思想观念，包括自然观念、价值观念、宗教观念、民俗观念、审美观念以及人生观、文化心理等⑤。天琴文化的上述三个层次和各要素都是高品质的文化旅游资源，具有品牌效应。2007年1月，天琴艺术被列入广西第一批非物质文化遗产保护名录。同年12月，广西龙州县被中国民间文艺

① 李妍：《壮族天琴源流探微——壮族天琴文化研究之二》，《广西民族研究》2012年第2期，第95—105页。
② 黄玲：《器以藏礼 跨境共生：壮族天琴文化的创新传承——基于中越边境龙州金龙村落的考察》，《广西民族研究》2020年第1期，第150—155页。
③ 秦红增、毛淑章、秦琴：《中越边境布偏天琴文化变迁：喻天、娱人与族群标识》，《民族研究》2008年第1期，第39—47页。
④ 秦红增、宋秀波：《民族文化的地方传播与区域空间——基于中越边境布偏天琴文化的研究》，《中央民族大学学报》（哲学社会科学版）2013年第2期，第56—62页。
⑤ 李妍：《世俗神器的艺术灵光——壮族天琴文化研究之一》，《广西民族研究》2010年第4期，第102—108页。

家协会命名为"中国天琴艺术之乡"。2003 年以来，基于"天琴文化"的品牌效应，天琴被更多的群体消费，形成了以金龙、龙州为中心，辐射到我国广西崇左、广东、香港、澳门等地及越南、泰国、日本、德国等国家的有着全球性影响力的天琴市场消费区域。

目前天琴文化的主要旅游开发形式包括：天琴国际文化艺术节、旅游纪念品、音乐文化展演等。因其具有可展演性、利益性和商演价值，有关利益主体对这种族群标识进行掠夺或垄断。天琴文化遗产申遗、保护和旅游开发的跨界合作也是如此。目前天琴文化的传承与保护主要依赖天琴世家、民间艺人、社会团体、学校以及政府组织等，这些群体对天琴文化的保护、传承与发展确实发挥了举足轻重的作用。天琴文化传承模式有三个：一是亲缘传承——"天琴世家"；二是业缘传承——收徒授艺；三是全民参与建构天琴文化乡土传承场域。全民参与节日盛典是对文化场域最好的诠释，例如一月的"侬侗节"、三月的"歌圩节"①。就我国而言，天琴文化的保护还存在诸多问题：群众保护意识比较淡薄；传承面较窄，流传范围受限；专业的天琴词曲创作人才奇缺；天琴表演艺术和制作工艺的原生态特色正逐步消失等。②

2021 年 5 月 24 日，广西崇左天琴艺术被列入第五批国家级非物质文化遗产代表性项目名录。天琴文化对于我国与东南亚越南、老挝、泰国等国开展遗产外交或遗产旅游外交具有重要的资源价值，特别是在联合申遗和遗产旅游开发方面具有广阔的空间。

5. 铜鼓文化空间

铜鼓制作技艺是最具代表性的"同源共享"文化遗产。安布拉·卡洛（Ambra Calò）根据装饰艺术和形状，将金属时代晚期至史前时代的铜鼓艺术分为四个具体的区域集群：红河河谷铜鼓、滇鼓、东印尼铜鼓和广西铜鼓。他认为铜鼓制作技艺起源于越南北部，遍及中国西南部、老挝、泰国、缅甸、马来西亚、柬埔寨和印度尼西亚。铜鼓文化的交流奠定了早期各铜鼓制作中心之间繁荣其他商品贸易的联盟关系，由此识

---

① 秦红增、宋秀波：《由外源及内发：民族传统文化重构反观——以金龙布傣天琴文化的发展为例》，《吉首大学学报》（社会科学版）2012 年第 1 期，第 19—23 页。
② 李妍：《壮族天琴文化传承与保护现状调查——广西壮族天琴文化研究之三》，《广西民族研究》2012 年第 3 期，第 98—105 页。

别出早期文化圈,这些文化圈为历史时期国家的形成提供了舞台①。但考古学和民族学研究证明,铜鼓艺术起源于中国,然后随着民族迁徙逐渐传播至今东南亚中南半岛和印度尼西亚群岛。有的学者甚至追溯到"南岛语族文化"阶段。这无疑构成一个"中国—东南亚铜鼓文化圈"。如越南东山铜鼓来源于云南万家坝型铜鼓②;印度尼西亚铜鼓源于贸易、交换或赠予,本土化仿制越南东山铜鼓,形成了类型繁多的铜鼓③;缅甸铜鼓受到滇越人及其后裔南下迁徙的持续文化影响④;老挝铜鼓的保存和使用民族包括傣族、苗族和瑶族等⑤。民族融合是铜鼓技艺传播的重要源头。"中国—东南亚铜鼓文化圈"中的各国铜鼓功能基本一致,包括祭祀礼器、节事活动使用的乐器、作为财富和权力象征的重器⑥以及衍生文化,如神话传说、铜鼓信俗、铜鼓舞蹈、铜鼓音乐、装饰艺术等,它们具有极高的科学价值、历史价值和艺术价值。我国已经将广西河池铜鼓制作技艺列入首批国家级非物质文化遗产名录,但中国与东盟国家联合保护、传承和开发铜鼓文化的合作尚未展开,仅仅停留在松散的联合研究阶段,有的国家铜鼓技艺面临消亡的危险。铜鼓文化无疑成为所在地区或国家的特殊文化符号和重要的文化旅游资源。

6. 双向互动的民居营造技艺

闽南民居营造技艺现已被列入世界非物质文化遗产名录,这一建筑技艺在东南亚落地生根,与当地建筑艺术相融合,产生许多新的建筑样式。以新加坡和马来西亚为例,闽南民居营造技艺对马来西亚建筑的影

---

① Calò, A., *The Distribution of Bronze Drums in Early Southeast Asia:Trade Routes and Cultural Spheres*, Oxford:BAR International Series 1913, 2009:1.

② 李昆声:《越南东山铜鼓类型、年代与渊源述略》,《广西民族大学学报》(哲学社会科学版) 2020 年第 5 期, 第 11—18 页。

③ 李富强、覃芳、〔印度尼西亚〕唐根基 (Herman):《印度尼西亚铜鼓类型与源流考辨》,《广西民族大学学报》(哲学社会科学版) 2020 年第 5 期, 第 2—10 页。

④ 欧江玲、王海玲、〔缅甸〕杜瓦底丁 (Daw Waddy Thwin):《缅甸铜鼓类型、源流族属与文化传承》,《广西民族大学学报》(哲学社会科学版) 2020 年第 5 期, 第 19—25 页。

⑤ 卫彦雄、李富强、欧江玲:《老挝铜鼓文化调查与研究》,《东南亚纵横》2020 年第 4 期, 第 97—103 页。

⑥ 《隋书》卷 31 云:俚人"并铸铜为大鼓,初成,悬于庭中,置酒以招同类。来者有豪富子女, 则以金银为大钗, 执以扣鼓, 竟乃留遗主人, 名为铜鼓钗。俗好相杀, 多构仇怨, 欲相攻则鸣此鼓, 到者如云。有鼓者号为'都老', 群情推服"。参见(唐)魏征等撰《隋书》卷 31《志》26《地理下》, 北京:中华书局, 1973, 第 888 页。

响体现在具有儒家思想的合院式住宅，如佛教庙宇、祠堂和商铺等上。如马来西亚吉隆坡唐人街上的威镇宫观音寺，其建筑整体体现闽南传统建筑风情，在装饰和建筑形制上又带有马来西亚本土及欧洲建筑文化的特色，是一座多元文化融合的百年古刹。其牌坊装饰带有马来西亚本土地域特征，但大殿正脊则采用闽南传统建筑最具代表性的燕尾脊①。受到闽商建筑文化影响的另一个典型是店屋，又称店厝，它是因应海上丝路福建移民的商贸活动而兴建的兼具商业店铺与住宅功能于一体的联排骑楼式建筑，是闽南建筑与当地建筑相互融合的产物，称之为"海峡折中主义"风格。在许多繁荣的临海地区如河内、曼谷、乔治市、马六甲等，大规模的店屋在华人社区非常普遍。在东南亚，店屋以新加坡、马来西亚地区最为集中，其中世界文化遗产地乔治市的店屋建筑最具代表性②。

在闽南地区，也有受到南洋建筑风格影响的所谓"番仔楼"。这是一种集传统古民居与南洋建筑的特色于一体的民居，因为它的建筑样式中西合璧，风格与闽南传统古民居不同，且建筑材料多由南洋直接运输而来，故这种民居被称为"番仔楼"。现存的番仔楼绝大部分是清末到新中国成立前后所建，依据材质和建造工艺可以分为两大类：一类是按照传统的闽南民居木结构营造技艺建成；另一类是使用钢筋混凝土建成，融入了现代工艺及建筑手段③。这种建筑遍布于闽南厦、漳、泉三地，著名者有泉州晋江10幢番仔楼、11幢洋楼以及58幢闽南明清官式大厝的梧林古村落，梧林古村落被列入第四批"中国传统村落名录"。此外，漳州的曾氏楼，位于漳州台商投资区东美村墩上社，创建人是新加坡侨商曾振源；石狮市永宁镇的后杆柄村"六也亭"由菲律宾富商杨邦俊出资修建，因内设房间过百，俗称"九十九间"，是民国时期闽南华侨建筑的典范。此外，融合闽南、西洋和南洋建筑风格于一体的所谓"洋楼"比比皆是，著名的"洋楼"如厦门集美学村以及厦门大学芙蓉湖畔的"嘉庚建筑群"。

---

① 况源、王晓冬、袁媛：《从吉隆坡宗教建筑看马来西亚多元文化的交融与共生》，《中外建筑》2017年第9期，第44—48页。
② 赵龙：《马来西亚槟榔屿乔治市华人店屋建筑演变研究（18世纪末—20世纪末）》，《吉林建筑大学学报》2018年第4期，第58—66页。
③ 《番仔楼：中西合璧的闽南民居建筑》，《科学中国人》2018年第22期，第76—77页。

7. 香料文化

香料是海上丝绸之路大宗贸易商品，香料贸易是海上诸国向中国朝贡贸易的重要组成部分。泉州是海上香料贸易的重要港口和集散地。早在隋唐五代时期，很多进口香料成为闽国统治者王审知、留从效和陈洪进供奉中原王朝的重要贡品。宋元时代是福建进口香料的重要时期，三佛齐是东南亚香料出口中国的主要中转港，因其"据诸蕃来往之要津，遂截断诸国之物聚于其国，以竢蕃舶贸易耳"。泉州成为进口香料的主要港口城市。宋代进口的香料主要来自大食、渤泥、三佛齐、阇婆、真腊、占城等国家或地区。据赵汝适《诸蕃志》卷下记载：占城出沉香、速暂香、黄熟香、麝香木等；真腊出金颜香、笃褥香、沉香、速暂香、黄熟香、麝香木、白豆蔻、黄腊等；阇婆出沉香、速暂香、黄熟香、檀香、丁香、降真香、白豆蔻、胡椒等；渤泥出脑子、黄熟香等；三佛齐出安息香、沉香、黄熟香、檀香、降真香、黄腊等；大食出乳香、没乐（药）、血碣、金颜香、苏合香油、栀子花、蔷薇水、黄熟香、丁香、木香、龙涎等。[①]

香料是中南半岛上占城国（今越南中南部）出口中国的重要贸易商品之一，其输出香料主要有速暂香、乌里香、生香、亚湿香、除佛手香、麝香木等。中南半岛的另一个国家真腊（今柬埔寨）也是久负盛名的香料生产地，其盛产的香料主要有沉水香、黄熟香、速暂香、沉香、生香、安息香、除脂佛手香、麝香木、金颜香、笃褥香[②]。位于马来半岛的佛罗安、登流眉、单马令等地也与福建有着密切的海上贸易往来。佛罗安出产速暂香、降真香、檀香等；登流眉出产白豆蔻、笺香、沉香等；单马令出产降真香、速暂香、黄熟香等；彭坑出产黄熟香、沉香、打白香、粗降香等；凌牙门、丁家庐出口降真香等；吉兰丹出产沉熟香、粗降香[③]。两宋时，阿拉伯的大食国将上等香料运往三佛齐，三佛齐再将这些香料销往中国。阇婆是东南亚最强盛的国家，出产的香料有檀香、茴香、丁香、降真香、胡椒、肉豆蔻等。除三佛齐、阇婆外，须文达刺的

---

① （宋）赵汝适：《诸蕃志》卷下《志物》，上海：商务印书馆，1937，第29—40页。
② （宋）洪迈：《夷坚三志巳》卷9，《婆律山美女》，涵芬楼本影印，上海：上海书店出版社，1990。
③ 廖大珂：《福建海外交通史》，福州：福建人民出版社，2002，第107—109页。

粗降真、蔷薇水，渤泥的降真香、玳瑁香、沉水香、龙脑香、速暂香、蕃沉香，文老古的丁香等香料都是与福建进行贸易的商品①。

明朝郑和下西洋所奉行的"厚往薄来"和友好往来的朝贡贸易政策，大大提高了东南亚诸国进贡香料的数量。许多国家和地区的国王或首领率团来访，如渤泥、爪哇、暹罗、旧港等都将香料作为主要的进贡品，福建沿海口岸是其重要的登陆地。郑和船队所访问之地多为香料产地，香料品种之多、数量之大实属罕见。马欢的《瀛涯胜览》、费信的《星槎胜览》和巩珍的《西洋番国志》等书都有关于郑和船队在东西洋各国开展朝贡贸易、公平买卖的详细记载，其中香料贸易占大宗。明中期正德年间，黄省曾"撷拾译人之言，若《星槎》《瀛涯》《针位》诸编，一约之要典，文之法言，征之父老，稽之宝训"②，汇集成《西洋朝贡典录》，该书全面描述了西洋诸国朝贡贸易中各国所进香料情况（见表2－1）。

表 2 – 1　西洋诸国或地区与郑和船队贸易的香料品种

国家或地区	（朝贡）贸易香料种类	国家或地区	（朝贡）贸易香料种类
占城国	橘皮抹身香、龙脑、熏衣香、金银香、奇南香、土降香、檀香、烧辟香、乌木、花藤香	暹罗国	片脑、米脑、糠脑、脑油、脑柴、檀香、速香、安息香、黄熟香、降真香、罗斛香、乳香、树香、木香、丁香、阿魏、蔷薇水、藤竭、没药、肉豆蔻、胡椒、白豆蔻、荜拨、苏木
真腊国	苏木、胡椒、土降香	阿鲁国	熟脑
爪哇国	胡椒、荜拨、苏木、蔷薇露、奇南香、檀香、麻藤香、速香、降香、木香、乳香、龙脑、血碣、肉豆蔻、白豆蔻、藤竭、没药、阿魏、乌香	苏门答剌国	龙涎香、木香、丁香、降真香、沉速香、胡椒、苏木
三佛齐国	诸香、乌椒、肉豆蔻、番油子、米脑	南浡里国	莲花降香
满剌加国	片脑、栀子花、蔷薇露、沉香、乳香、黄速香、金银香、降真香、紫檀香、丁香、乌木	溜山国	龙涎香
渤泥国	龙脑、牛脑、梅花脑、降香、沉速香、檀香、丁香、肉豆蔻	锡兰山国	龙涎香、乳香

---

① 李玉昆：《宋元时期泉州的香料贸易》，《海交史研究》1998年第1期，第58—67页。
② （明）黄省曾著，谢方校注《西洋朝贡典录校注》，北京：中华书局，2000，第8页。

续表

国家或地区	（朝贡）贸易香料种类	国家或地区	（朝贡）贸易香料种类
苏禄国	梅花脑、降香、苏木、胡椒、荜拨	榜葛剌国	乳香、粗黄熟香、乌香、麻藤香、藤竭、乌木、胡椒
彭亨国	檀香、乳香、速香、片脑、胡椒	古里国	龙涎香、栀子花、木香、乳香、檀香、胡椒
小葛兰国	苏木、胡椒	祖法儿国	血碣、没药、乳香、安息香
柯枝国	胡椒	天方国	蔷薇露、俺八儿香

资料来源：据黄省曾《西洋朝贡典录》一书整理。参见（明）黄省曾著，谢方校注《西洋朝贡典录校注》，北京：中华书局，2000。

由此可见，海上丝绸之路在某种程度上就是香料之路。舶来品香药对当时我国社会经济和人民生活也产生深远的影响。香料主要是用来净化环境、宗教祭祀、医药熏香、饮食调味等。宋元以来统治者和普通百姓都形成了用香的生活习惯，这大大推动了我国人民的生活文明进程。宋元时代的福建泉州有着众多香料贸易海商集团，甚至外国番商、贡使、将军等也从事香料贸易。在泉州有专门供外国商人居住的"蕃人巷"。著名的阿拉伯蕃商蒲寿庚家族世代以经营香料为业，担当宋元时代泉州市舶司数代之久。由于朝代更迭，他们被迫迁出泉州，有的甚至改名换姓，避居永春、德化、漳浦、诏安等地。他们世代从事香料制作和经营至今。永春五里街"蒲庆兰香室"就是有名的制香手工作坊和店铺，是蒲氏十三世世茂从泉州迁至永春时开始经营的，至今已八九世。德化县城关蒲姓"玉兰堂香室"也存在至今[1]。因此，海丝共建国家的香料文化扎根福建并得以发展，成为中国与东南亚、南亚和西亚等国家的共同文化遗产。

8. 唐人街文化

因为我国唐代声名远播，世界各国称中国人为"唐人"。《明史·外国真腊传》载："唐人者，诸番呼华人之称也，凡海外诸国尽然。"[2] 因此，海外华侨聚居区通常被称作"唐人街"。唐人街又叫中国城（China

---

[1] 李玉昆：《宋元时期泉州的香料贸易》，《海交史研究》1998年第1期，第58—67页。

[2] （清）张廷玉等撰《明史》卷324《列传》第212《外国五》，北京：中华书局，1974，第8395页。

Town)、华人区或华埠等，是集华侨华人生产（商业活动）、生活和社交于一体的社区中心。

所谓"唐人街文化"既包括物质文化，如寺庙、民居建筑、会馆、商店、酒楼、茶馆等，也包括非物质文化，内容以中国民俗文化为重点，具体体现在节令、饮食、婚嫁、服饰、丧葬等方面。唐人街是具有浓郁中国风情的文化街，石狮牌楼、民居建筑、行业经营、商店装潢、店招广告都极具民族特色。如许多商店多用书法、绘画、十二生肖图案以及瓷器文物等汉文化元素加以装饰。饮食文化也是唐人街文化的不可或缺的组成部分，饮食如饺子、汤圆、中国家乡菜等。

郑和下西洋提高了海外唐人街中国货的影响力，为东南亚众多国家的唐人街的形成奠定了坚实的物质基础。比较著名的有印度尼西亚泗水、棉兰、坤甸、雅加达、三宝垄、山口洋等地的唐人街；马来西亚的槟城、怡保、古晋、亚庇、罗士打、吉隆坡、瓜拉登嘉楼、马六甲等地的唐人街；新加坡的牛车水唐人街；泰国的曼谷、清迈和普吉等地的唐人街；柬埔寨的金边、三州府、大金欧等地的唐人街；菲律宾的马尼拉、达沃等地的唐人街；越南的会安、胡志明市等地的唐人街；缅甸的仰光唐人街；老挝的万象、琅勃拉邦唐人街等。

唐人街在某种程度上是海外中国的缩影，是一种文化"飞地"。唐人街文化遗存能否得到保护和发展，取决于所在国与中国的关系好坏，以及其文化认同程度高低。有的繁荣发展，有的面临衰败。东南亚唐人街存在如下三种情形。一是作为所在国重要文化遗产加以保护的唐人街。如越南胡志明市唐人街和会安唐人街，以及泰国曼谷唐人街等。胡志明市唐人街已被列入越南省级历史保护区，其中各级文物保护单位有 8 处之多[①]；会安唐人街及其古城已被列为世界文化遗产。曼谷唐人街一直受到泰国政府的高度重视。自开辟以来，泰国国王和王室成员拉玛五世王朱拉隆功、拉玛八世王阿南塔·玛希敦、诗琳通公主曾先后三次巡视唐人街[②]。圣寿牌坊上镶嵌诗琳通公主亲笔题写的"圣寿无疆"四个大字，牌坊两面文字分别用中泰文书写，成为中泰友谊的象征。二是作为

---

① 〔越南〕泰安庆：《越南胡志明市唐人街的城市遗产保护》，《四川建筑》2010 年第 5 期，第 35—37 页。

② 沈立新：《曼谷唐人街与唐人街文化》，《八桂侨史》1990 年第 2 期，第 34—39 页。

国际旅游目的地加以开发的唐人街。如新加坡牛车水唐人街、菲律宾马尼拉王彬街、马来西亚吉隆坡茨厂街、马六甲唐人街、槟榔屿乔治城唐人街等。新加坡市政局为保留牛车水唐人街的古朴风貌，整修了该街的古建筑，使之成为表现新加坡早期城市风采的著名旅游区；菲律宾马尼拉市政府和菲律宾华商联合会制定协议重建和美化了马尼拉唐人街，不但重建了古老的马尼拉王城内的八连门，而且建设了一些标志性建筑如"中菲友谊门""亲善门""团结门""王彬南桥""王彬北桥"等，经过整修的王彬街，面貌焕然一新，置身其中恍如闽南侨乡，成为马尼拉市十景之一和国内外游客必到之地①。马来西亚吉隆坡茨厂街和槟榔屿乔治城唐人街成为马来西亚多元文化的一部分和国际游客了解中华灿烂传统文化的一个窗口和著名的旅游目的地。三是对华态度时好时坏的国家或战乱频仍的国家唐人街。如印度尼西亚、柬埔寨、老挝、缅甸等国。这些国家的唐人街规模较小，动乱等因素导致这些国家唐人街面临衰败的不利形势，有的被改造成为当下中国市场或货栈所在地，如老挝万象唐人街。

随着各国城市化的推进，唐人街面临转型的危机，以唐人街为桥梁，借助文化旅游平台让中国文化"走出去"，同时以开放的姿态融入所在国文化，使之成为国际旅游目的地，成为当下东南亚海丝共建国家的当务之急。

综上所述，中国—东盟"同源共享"文化遗产资源远不只是上述几类，但"窥一斑而见全豹"，如此多的高品质文化遗产资源，是遗产保护和旅游合作的重要载体。正如塞缪尔·亨廷顿所言，"文化共性促进人们之间的合作和凝聚，而文化的差异却加剧分裂和冲突"。"文化的共性已成为有意义的经济一体化的前提。"② 中国应当利用与东盟的"同源共享"文化遗产资源，开展遗产旅游外交，共同打造"海丝文化旅游"品牌，加强与东盟的文化遗产保护和文化旅游开发合作，从而实现互利共赢。

---

① 沈立新：《马尼拉唐人街的历史变迁》，《史林》1992 年第 3 期，第 81—88 页。
② 〔美〕塞缪尔·亨廷顿：《文明的冲突与世界秩序的重建》（修订版），周琪等译，北京：新华出版社，2010，第 108、113 页。

（二）中国—东盟"同源共享"文化遗产旅游外交的现实条件分析

借鉴荷兰、印度、印度尼西亚、澳大利亚等国家"共享"遗产外交的经验，开展中国—东盟"同源共享"文化遗产及其文化旅游外交，具有更加得天独厚的资源优势，这既有前述的历史基础，也有当下的现实条件。

1. 产业动力：中国与东盟稳定的双向旅游流

本研究选取 2016 年与 2019 年两个年份客流量数据，分析中国与东盟游客流量规模及增长率情况（见表 2 - 2），以期探讨区域间旅游流量特征。从东盟出境中国游客数据来看，首先，马来西亚、菲律宾、越南在所考察的两个年份中出境中国游客均达百万人次，且越南出境人数最多，2019 年高达 794.87 万人次，其年均增长率亦达 48.45%；其次，老挝与缅甸出境中国游客人数呈爆炸性增长，年均增长率均超过 100%，其中缅甸高达 328.57%；最后，印度尼西亚、新加坡、泰国呈平稳型态势，增长较为缓慢。从中国出境东盟游客数据来看，年均增长率均在 7% 到 43%，总体呈平稳较快型增长态势。其中，印度尼西亚、马来西亚、新加坡、泰国、越南在所考察年份均接待中国游客百万人次以上，且泰国于 2019 年接待中国游客达千万人次。另外，柬埔寨与缅甸年均增长率均在 40% 以上，2019 年接待中国游客数量分别为 236.18 万人次和 145.3 万人次，表明这两个国家成为中国游客新兴出游打卡地。

表 2 - 2　中国与东盟相互间游客流量规模及增长率

国家	东盟出境中国游客数量与年均增长率			中国出境东盟游客数量与年均增长率		
	2016 年（万人次）	2019 年（万人次）	年均增长率（%）	2016 年（万人次）	2019 年（万人次）	年均增长率（%）
柬埔寨	5	10.93	29.78	83	236.18	41.71
印度尼西亚	63.37	72.48	4.58	142.9	200	11.86
老挝	3.4	27.85	101.58	54.55	100	22.39
马来西亚	116.54	138.35	5.89	212	294	11.52
缅甸	15.78	1242.18	328.57	49.87	145.3	42.83
菲律宾	113.51	117.77	1.24	67.57	174	37.07
新加坡	92.46	100.85	2.94	286.4	360	7.92

国家	东盟出境中国游客数量与年均增长率			中国出境东盟游客数量与年均增长率		
	2016 年（万人次）	2019 年（万人次）	年均增长率（%）	2016 年（万人次）	2019 年（万人次）	年均增长率（%）
泰国	75. 35	87. 05	4. 93	877	1098	7. 78
越南	242. 97	794. 87	48. 45	270	580	29. 03

数据来源：2016 年和 2019 年东盟出境中国的游客数据源于《中国贸易外经统计年鉴》（2017）、《中国文化文物和旅游统计年鉴》（2020）；中国出境东盟游客数据源于东盟国家相关统计网站资料。

2. 市场基础：中国与东盟旅游市场偏好稳步增强

本研究从隐性与显性两个角度全面分析中国与东盟旅游市场关系。第一，从出游目的地视角分析中国对东盟的出游偏好所形成的旅游市场关系特征，是对区域间内在隐性旅游市场关系的阐述。第二，从游客客源地视角分析中国游客在东盟旅游市场中所占份额而形成的旅游市场关系特征，是对区域间外在显性旅游市场关系的反映。

第一，中国与东盟旅游偏好率分析。本研究使用旅游偏好率指标对旅游偏好特征进行测定，旅游偏好率 $P = X/OT \times 100\%$，其中 X 是某区域出游到另一区域游客数，OT 是某区域全年出游游客总数。由于旅游偏好率高低是客源地出游某目的地人数在客源地出境总人数中的比重大小反映，可从游客出游选择角度反映客源地游客对目的地市场的喜好程度。因此，借鉴孙根年等的研究[①]，将旅游偏好划分为强偏好（$P \geqslant 20\%$）、高偏好（$10\% \leqslant P < 20\%$）、中偏好（$3\% \leqslant P < 10\%$）和低偏好（$P < 3\%$）4 个等级，以此观察中国与东盟相互间两个年份的旅游偏好关系（见表 2 - 3）。

表 2 - 3　中国与东盟相互间旅游偏好关系

国家	中国对东盟偏好（%）			东盟对中国偏好（%）		
	2016 年	2019 年	旅游偏好特征	2016 年	2019 年	旅游偏好特征
柬埔寨	0. 68	1. 53	低/低	3. 49	5. 36	中/中

① 孙根年、周功梅、李红：《中美入境旅游，谁的市场更大——基于多样性、重要性、旅游偏好及市场吨位的比较》，《旅游科学》2015 年第 3 期，第 15—26 页。

续表

国家	中国对东盟偏好（%）			东盟对中国偏好（%）		
	2016 年	2019 年	旅游偏好特征	2016 年	2019 年	旅游偏好特征
印度尼西亚	1.17	1.29	低/低	7.60	6.20	中/中
老挝	0.45	0.65	低/低	1.11	10.35	低/高
马来西亚	1.74	1.90	低/低	9.79	9.83	中/中
缅甸	0.41	0.94	低/低	14.93	—	高
菲律宾	0.55	1.13	低/低	19.90	19.10	高/高
新加坡	2.35	2.33	低/低	9.76	9.42	中/中
泰国	7.19	7.10	中/中	9.18	8.33	中/中
越南	2.21	3.75	低/中	35.92	88.62	强/强

数据来源：2016 年和 2019 年东盟出境中国游客数据源于《中国贸易外经统计年鉴》（2017）、《中国文化文物和旅游统计年鉴》（2020）；中国出境东盟游客数据源于东盟国家相关统计网站资料。

由表 2 - 3 可知，2016 年，中国对印度尼西亚、马来西亚、新加坡、泰国、越南的旅游偏好均超过 1%，其中，对泰国偏好率最高，达 7.19%。2019 年，中国除了对上述五国依旧延续较高的偏好之外，对柬埔寨与菲律宾的偏好率亦超过 1%，表明这两国亦成为中国游客向往的旅游目的地。从这两个年份旅游偏好关系变化及特征来看，中国游客对东盟的旅游偏好特征总体呈上升态势，但其总体旅游偏好特征呈中低水平，而东盟对中国旅游偏好特征总体呈中高水平。其中，越南对中国始终呈强旅游偏好，甚至 2019 年偏好率达 88.62%。2019 年缅甸出境中国游客数据因一些原因尚未公布，故在旅游偏好分析方面，仅得出 2016 年缅甸对中国呈高旅游偏好。同时，老挝对中国旅游偏好由低变高。另外，菲律宾对中国依旧保持高偏好，一些国家始终保持中等偏好。中国—东盟双向旅游偏好表现出不对称性，似乎中国游客对东南亚旅游偏好较低，这是因为新时期以来，中国经济飞速发展，中国游客出游能力显著提高，因而目的地选择呈现多元化趋势，西方发达国家也成为中国游客的旅游目的地，这就分散了中国游客赴东南亚旅游的比重。

第二，中国与东盟旅游市场占有率分析。本研究使用市场占有率指标测定客源地旅游市场所占份额，市场占有率 I = Y/DT × 100%，其中

Y 是某区域出游到另一区域游客数,DT 是另一区域全年接待游客总数。市场占有率大小表明客源地所占旅游目的地市场份额的重要程度,根据孙根年等研究结果①,将客源地分为一级市场(P≥7%)、二级市场(3%≤P<7%)、三级市场(1%≤P<3%)、四级市场(P<1%),以此观察 2016 年和 2019 年两个年份的市场份额(见表 2-4)。

表 2-4 中国与东盟彼此占有对方旅游市场份额

国家	东盟在中国市场占有率(%)			中国在东盟市场占有率(%)		
	2016 年	2019 年	客源市场等级	2016 年	2019 年	客源市场等级
柬埔寨	0.04	0.08	四/四	16.56	35.73	一/一
印度尼西亚	0.46	0.50	四/四	12.41	12.42	一/一
老挝	0.02	0.19	四/四	12.87	20.87	一/一
马来西亚	0.84	0.95	四/四	7.92	11.26	一/一
缅甸	0.11	8.55	四/一	17.16	33.30	一/一
菲律宾	0.82	0.81	四/四	11.32	21.06	一/一
新加坡	0.67	0.69	四/四	17.46	18.83	一/一
泰国	0.54	0.60	四/四	26.96	27.51	一/一
越南	1.76	5.47	三/二	26.96	32.21	一/一

数据来源:2016 年和 2019 年东盟占有中国旅游市场数据源于《中国贸易外经统计年鉴》(2017)和《中国文化文物和旅游统计年鉴》(2020);中国占有东盟旅游市场数据源于东盟国家相关统计网站资料。

从东盟在中国旅游市场占有率来看,2016 年仅越南市场占有率超过 1%,成为中国三级市场,其他均为四级市场。2019 年,缅甸、越南市场占有率超过 3%,成为中国一级、二级市场。总体而言,多数东盟国家占中国市场份额呈上升趋势,且缅甸、越南客源市场等级明显提升,其中缅甸由四级市场转变为一级市场,等级变化最为显著。从中国在东盟市场占有率来看,所考察年份中国的市场占有率均超过 7%,始终为一级市场。同时,除马来西亚外,2016 年中国均占其他东盟国家市场的 10% 以上。而 2019 年中国占东盟市场的比例均超过 10%,且在柬埔寨、

① 孙根年、周功梅、李红:《中美入境旅游,谁的市场更大——基于多样性、重要性、旅游偏好及市场吨位的比较》,《旅游科学》2015 年第 3 期,第 15—26 页。

缅甸、越南的市场占有率高达 30% 以上，故中国成为东盟重要的旅游客源地之一。

由此可见，东盟主要国家的游客对我国的旅游偏好率普遍提高，市场份额也较大幅度增加，这为我国开展与东盟双向互动的遗产旅游外交奠定坚实的市场基础。

3. 内生动力：国家战略的推动

2013 年，习近平主席在哈萨克斯坦和印度尼西亚出访时相继提出了共建"丝绸之路经济带"和"21 世纪海上丝绸之路"的倡议。"海丝"倡议自提出以来，得到了共建各国的积极响应，国家各部门纷纷出台相关政策和措施。

原文化部《"一带一路"文化发展行动计划（2016—2020 年）》强调，"充分考虑和包含以妈祖文化为代表的海洋文化，构建 21 世纪海上丝绸之路文化纽带"，"推动与共建国家和地区建立非物质文化遗产交流与合作机制"，"积极探索与'一带一路'共建国家和地区开展同源共享的非物质文化遗产的联合保护、研究、人员培训、项目交流和联合申报"。加大"一带一路"文化遗产保护力度。联合共建国家和地区共同开发丝绸之路文化旅游精品线路及相关文创产品。以文化旅游、演艺娱乐、工艺美术、创意设计、数字文化为重点领域，支持"一带一路"共建国家和地区根据地域特色和民族特点实施特色文化产业项目[①]。

与此同时，国家各部门也在大力推进中国—东盟文化交流与合作。2014 年，中国举办"中国—东盟文化交流年"活动，同年举行第二届中国—东盟文化部长会议，双方签署了《中国—东盟文化合作行动计划》。2015 年，原国家旅游局在《全国旅游工作会议报告》中首次提出了"旅游外交"的概念，号召开展旅游外交，旅游行业要在国家开放新格局中主动作为，主动发声，服务国家整体外交。2016 年，中国发表《关于加强东盟文化遗产合作的万象宣言》，提出加强与东南亚非物质文化遗产合作。合作内容包括：确定与东南亚非物质文化遗产有关的合作领域，并将其作为传递东盟价值观和推动本地区各国人民团结一致的手段；定期

---

① 《"一带一路"文化发展行动计划（2016—2020 年）》，新华网，2017 年 1 月 6 日，http://www.xinhuanet.com/culture/2017-01/06/c_1120256880.htm。

举办非物质文化遗产领域的交流活动，特别是针对青年和艺术家群体的交流活动；突出东盟丰富的传统、共同的价值观及多元的文化表现形式，展现东盟相关领域的工匠和青年学徒的创造力和创新精神；鼓励开展关于东盟侨民之间文化关系纽带的学术研究，支持对非物质文化遗产和生活习俗进行记录与传播[1]等。

上述文件和行动为加强中国与东盟国家和人民的相互理解和文化认同，促进"一带一路"民心相通和中国—东盟的区域合作营造了良好的文化氛围，为我国与东盟国家开展"同源共享"文化遗产旅游外交注入强大的内生动力。

4. 外缘力量：强大的华人社团

闽、粤、琼、桂诸省历来是我国著名的侨乡，不仅移居海外的华侨华人人数多，而且移居历史悠久，其中有很大一部分定居在东南亚地区。根据美国兰德公司的调查报告《"一带一路"的黎明：发展中世界的中国》，截止到2012年，东南亚地区的华侨华人数量约为2900万，约占全球华侨华人总数的69%[2]。他们主要集中在菲律宾、马来西亚、印度尼西亚、泰国和新加坡等国，并成立了众多闽籍、粤籍海外华人社团等，涌现一批影响力巨大的侨领和闽商、粤商，前者如陈嘉庚等，后者如菲律宾首富施至诚、印度尼西亚首富黄惠忠、马来西亚首富郭鹤年等，他们在侨居国均具有一定的影响力。除此之外，东盟华侨华人也积极加入华人社团，包括各种宗教团体、乡亲会、宗亲会、校友会、文化及慈善团体等多种组织，参与所在国的政治、经济、文化和社会等方面的活动。我国沿海各省份华侨华人将中国文化带入东盟国家，华人社团的强烈民族文化认同感促进了我国传统文化在东盟国家的繁荣与发展。东盟华侨华人极为关注祖籍地发展，不仅积极支持祖籍地各省份的经济和文化建设，也借自身社会影响力，通过参与有组织的国际性聚会，协调中国与东盟各国的关系，为国际范围内的交流和合作建立了广泛而深厚的基础[3]。这是中

---

① 刘志强主编《东盟文化发展报告（2019）》，北京：社会科学文献出版社，2019，第232页。

② Scobell, A., et al., "At the Dawn of Belt and Road: China in the Developing World," New York: RAND Corporation, 2018: 54.

③ 康晓丽：《"一带一路"建设中提高福建对外开放水平研究——以福建海丝核心区建设与东南亚闽籍华人社团合作为例》，《厦门特区党校学报》2017年第2期，第57—65页。

国—东盟开展遗产（旅游）外交的强大外部力量。

（三）中国—东盟"同源共享"文化遗产旅游外交实现路径

遗产旅游外交无疑是建立在遗产外交基础上的，因此，本节将遗产旅游外交和遗产外交作为一个事物的"一体两面"加以分析，不做细分。为阐述中国—东盟"同源共享"文化遗产旅游外交路径，笔者借鉴前人研究成果构建本研究框架，具体内容如下。

1. 模型建构

本研究将整合蒂姆·温特遗产外交框架、法比奥·卡伯恩（Fabio Carbone）文化外交与国际旅游关系框架以及我国学者李飞的"旅游外交多层次传导模型"等，构建本章"同源共享"文化遗产旅游外交研究框架或模型。

蒂姆·温特对于遗产外交主要是从场所（venues）、合作（cooperation）和边界（borders）三个维度进行研究的，每一个要素都有其特定内涵，但他未构建遗产外交理论，也未构建遗产外交研究模型，只能说构建了一个遗产外交研究框架①。蒂姆·温特认为，遗产外交不同于传统的文化外交，首先物质性是遗产外交的一个特点，也就是说，遗产外交必须围绕一定空间范围内的遗产或遗产地进行，即遗产外交需要一定的场所。其次，合作也要围绕遗产来进行，早先的遗产外交多是围绕物质文化遗产进行的，如中国政府柬埔寨吴哥保护工作队（CSA）对吴哥古窟周萨神庙在技术、资金和人员上的援助等（见图2-1）。最后，遗产外交涉及跨国界问题，在蒂姆·温特看来，边界是指遗产边界，存在领土争议是开展遗产外交的重要障碍。

法比奥·卡伯恩在《国际旅游与文化外交：通过旅游实现全球相互理解与和平的新概念方法》一文中提出了国际旅游和文化外交实践关系四要素，即代理人（agent）、议程（agenda）、载体（vehicle）和目标受众（target audience）。他认为以国际旅游为载体的文化外交需要具备上述四个关键要素②。实际上，法比奥·卡伯恩在该文中探讨的不是文化

---

① Winter, T., "Heritage Diplomacy: Entangled Materialities of International Relations," *Future Anterior*, 2016, 13（1）: 16-34.

② Carbone, F., "International Tourism and Cultural Diplomacy: A New Conceptual Approach Towards Global Mutual Undersanding and Peace Through Tourism," *Tourism Review*, 2017, 65（1）: 61-74.

图 2 - 1 吴哥古窟周萨神庙中国保护工作队维修现场（笔者摄，2007）

外交问题（即便是，也是以遗产为载体的遗产外交），而是借助文化（遗产）外交研究文化旅游外交问题。在法比奥·卡伯恩看来，开展文化旅游外交首先必须要有外交活动的主体，即文化外交行动的推动者。文化外交的代理人可以是政府组织，也可以是非政府组织、公司或非营利组织等，如"法兰西联盟"、"多伊奇·威勒"、"英国文化协会"、"歌德学院"和"日本基金会"等；其次要有议程，文化外交代理人的议程代表了其外交"使命"，是其倡议的目的；再次要有载体，媒介传播是一个国家进行文化表达或传达价值观的手段，是文化外交的"载体"。他认为，旅游也是文化外交的一种重要载体；最后，文化外交中所采取的举措通常针对公民社会中的各个部门或特定的精英，如学者、记者和政治家，可以代表目标受众。与目标受众建立联系的能力本身不可被低估。法比奥·卡伯恩虽然提出文化外交的四要素，但也并未将其系统化、理论化、模型化，笔者将其转换成可视化的模型，如图 2 - 2 所示。

埃米尔（Amir, Y.）认为，通过合作的、亲密的、无偏见的旅游接触加深双方（主客）之间的文化联系，可以"促进宽容与理解，缓和负面情绪，消除不良印象"。这就是所谓的"接触假设"（contact hypothesis）

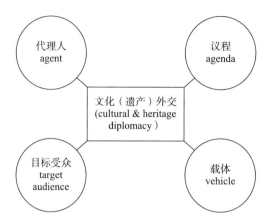

图 2 - 2　法比奥・卡伯恩的文化外交四要素可视化模型

理论①。这一假设有其局限性，因为其将旅游外交仅仅局限于民间层面。邹统钎等认为，旅游外交既包括官方机构交往，也包括游客、旅游企业、行业组织与智力机构交往；既包括文化交流，也包括旅游经营、服务和投资等经济交流②。因此，李飞认为，旅游外交是"多轨"并存、多管齐下的外交方式和手段，进而构建了"旅游外交多层次传导模型"（见图 2 - 3）。李飞进一步指出，接触假设理论将视角仅局限于"第三轨道"，即纯民间的公共外交领域，这是其失灵的症结。为此，旅游外交可将视野扩展至"第一轨道"和"第二轨道"，充分考虑旅游外交的多层次性，即官方、半官方、民间多层次接触。由于政府（领导人）和旅游部门的介入，国家旅游外交在官方层面得到强有力推进；政府引导下的旅游企业和相关团体的参与，使得旅游外交在半官方层面得以开展，通过对政府部门和决策者中等强度的影响进而影响国家旅游外交政策；旅游组织、团队和个人的影响力与原始模型相似，影响力较弱。在旅游客源国和旅游目的地国官方、半官方、民间彼此联系的网络关系下，旅游外交多层次传导使国家间的旅游外交政策更加鲜明。③ 这一旅游外交的多层次传导模型为本章中国—东盟"同源共享"文化遗产旅游外交路径

---

① Amir, Y., "Contact Hypothesis in Ethnic Relations," *Psychological Bulletin*, 1969, 71: 319 - 342.

② 邹统钎、胡莹：《旅游外交与国家形象传播》，《对外传播》2016 年第 5 期，第 22—24 页。

③ 李飞：《论旅游外交：层次、属性和功能》，《旅游学刊》2019 年第 3 期，第 113—124 页。

分析提供了产业层面的理论支撑。

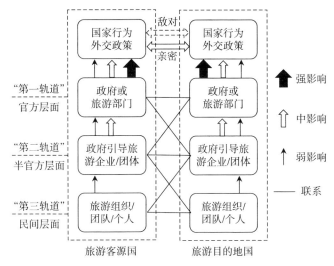

图 2-3 李飞的旅游外交多层次传导模型

上述几位学者关于遗产外交、文化外交以及旅游外交的关键维度及互动关系的阐述，对于笔者构建相关文化遗产旅游外交模型有着重要的启示。笔者认为蒂姆·温特提出的遗产外交的场所、合作和边界三要素在本研究中都具有参考价值，遗产外交或遗产旅游外交需要"场所"。"合作"主要是指文化旅游产业合作和文化事业合作，这一点蒂姆·温特并没有阐述清楚。"边界"所涉及的遗产冲突在本研究中可作为选择战略支点国家或地区的一个维度，因此予以保留。法比奥·卡伯恩的文化外交四要素中的"代理人"是本研究选择遗产旅游外交行动者的依据，代理人包括中央政府及其委托机构、地方政府、跨国文旅集团、行业组织、智力机构等；"目标受众"在本研究中与"代理人"部分重叠，因为遗产旅游外交的行动者如地方政府、跨国旅游企业、旅游行业组织或个人也是遗产外交的目标受众和受益者，当然行动者还包括游客和当地居民，这一点与文化外交不同；"议程"无须单列，因为本章探讨的"同源共享"文化遗产旅游外交就是一个议程；其"载体"是中国—东盟"同源共享"文化遗产，结合李飞的"旅游外交多层次传导模型"，笔者构建了中国—东盟"同源共享"文化遗产旅游外交的六要素模型，如图 2-4 所示。

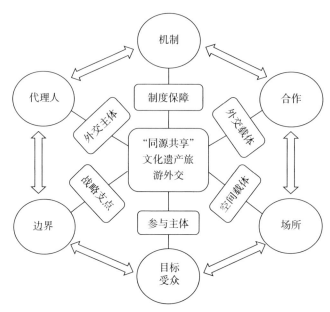

图 2 - 4　中国—东盟"同源共享"文化遗产旅游外交模型

2. 实现路径

笔者根据蒂姆·温特遗产外交的三要素、法比奥·卡伯恩文化外交的四要素和李飞的旅游外交多层次传导模型所构建的中国—东盟"同源共享"文化遗产旅游外交模型，是笔者探讨中国与东盟国家间双边或多边遗产外交和遗产旅游外交实现路径的理论依据，研究结果有望为我国与东盟共建"21世纪海上丝绸之路"的国家公共外交战略提供借鉴。具体实现路径如下。

（1）机制："同源共享"文化遗产旅游外交的顶层设计与制度安排。遗产旅游外交具有官方特征，是国家意志的产物，遗产旅游外交应主动服务于国家公共外交大局。因此，顶层设计是我国开展遗产旅游外交的制度保障。可采取如下措施。①领袖互访。利用领袖人物的"克里斯马"效应，加强双边或多边国家元首互访，尤其是访问"同源共享"文化遗产标志地或标志性项目，比如多国共享的"铜鼓文化区"、"南音文化区"、郑和文化史迹等，以引起双方或多方关注，围绕"同源共享"文化遗产的保护、申遗和旅游开发达成合作协议。②建立"同源共享"文化遗产保护和开发合作伙伴关系。中国应发挥"同源共享"文化遗产旅游外交的主导作用，在共建 "21 世纪海上丝绸之路" 倡议下推动编制《中国—东盟 "同源共享" 文化遗产保护和旅游开发战略合作规划》，推动与共建国家和地区建立文化遗产保护和旅游开发合作伙伴关系，包括建立非遗在内的文化旅游交流与合作机制，形成文化遗产联合保护、世界遗产联合申报和文化旅游发展经验推广的联动和互补平台。③互办中国—东盟 "同源共享" 文化遗产主题旅游年。④成立专项基金。中国可以牵头构建中国—东盟 "同源共享" 文化遗产保护和旅游开发的投融资机制，成立中国—东盟海上合作基金、"同源共享" 文化遗产合作基金等。⑤合作举办 "海丝" 共建国家高级别文化旅游部长会议，以及双边或多边不定期举办地方政府间 "同源共享" 非物质文化遗产保护与旅游利用国际学术论坛。⑥能力建设。中国可以发挥非物质文化遗产亚太培训中心的优势，定期举办 "海丝" 非遗保护与开发培训班，为东南亚国家培训 "海丝" 文旅高端人才。要充分发挥我国驻外使领馆、海外中国文化交流机构以及双边或多边合作机构的作用。⑦实施通关便利化和入境游客积分奖励制度。简化通关手续，实施互免签证等，建立跨国跨境旅游权益保障机制及相应机构，如互设旅游办事机构、合作修订旅游管理标准与规范、制定入境积分奖励制度等。

（2）代理人："同源共享" 文化遗产或遗产旅游外交的行为主体和参与者。借鉴法比奥·卡伯恩的文化外交 "代理人" 概念，参考李飞 "旅游外交多层次传导模型"。笔者认为，中国—东盟 "同源共享" 文化遗产旅游外交代理人应包括遗产旅游外交的行为主体和参与主体两大群体。前者指具有外交主权的中央政府，后者指地方政府、旅游企业、组织和个人（企业家、社区居民和游客）等，他们在遗产旅游外交中扮演不同的角色。

第一，中央政府或经其授权的中央政府所属机构是遗产旅游外交的行为主体。遗产旅游外交涉及一国主权问题，只有双方中央政府才有外交决策权，或经其授权的附属机构或有关文旅部门①比如我国的国务院、国家文旅部、中国旅游协会、中国旅游集团有限公司等才有开展 "共

---

① 张瑛、刘建峰：《新时代大国特色外交视野下旅游外交研究》，《思想战线》2018 年第 4 期，第 156—164 页。

享"遗产旅游外交的合法身份和代表能力。因此，国家作为最高层次的行为主体，其重要职能是制定遗产外交或遗产旅游外交政策，建立双边或多边外交机制，签署双边或多边遗产旅游合作文件，牵头制定"同源共享"文化遗产保护和旅游开发规划，协助解决"同源共享"文化遗产保护和旅游合作开发的投融资等顶层设计问题，比如签订中国—东盟自由贸易区协定、中国—东盟旅游合作备忘录，成立中国—东盟海上合作基金、亚洲基础设施投资银行、丝路基金等。

第二，地方政府是遗产旅游外交和相关合作机制的具体执行者、实践者，是遗产旅游外交的主要参与者。在中央政府遗产旅游外交的制度框架下，以省级政府为主体，与"同源共享"文化遗产富集区或战略支点国家共建跨境"同源共享"文化遗产保护与旅游开发合作试验区，比如中、越、老、柬、泰、印度尼西亚等国的"铜鼓文化遗产保护和旅游合作区"；中、越、老、泰"天琴文化"遗产保护区，或利用双边或多边"同源共享"文化遗产共建离岸文化创意产业园区，比如中国福建省与马来西亚、印度尼西亚共建郑和文化创意产业园区，共同开展"同源共享"文化遗产的申遗、保护和旅游开发；共同开放旅游投资市场，合作培育大型旅游跨国企业；使我国"海丝"沿线省份主要节点城市，如福建的福州、泉州，广东的广州、汕头、潮州，海南的海口、三亚，广西的南宁、钦州、防城港以及云南的西双版纳等，联合共建国家和地区的节点城市组建"海上丝路驿站联盟"。开展旅游市场监管及消费者权益维护方面的合作；联合组建中国—东盟国家内省域、市域自检的跨境电商合作平台等。

第三，政府引导下的跨国文旅企业、机构（行业协会）和个人（企业家）是"同源共享"文化遗产旅游外交的重要参与者。就中国—东盟"同源共享"文化遗产旅游外交而言，参与开发的行动者主要是跨境旅游集团、旅游组织或企业家个人。这里要特别强调民间组织在遗产外交中的特殊作用。它们可以发挥更加亲民的柔性外交作用。比如美国很多民间基金会参与了国际文化援助项目，它们都为美国在20世纪下半叶提高全球影响力、促进良好的外交关系和提高公众吸引力做出了贡献[1]。

---

① Winter, T., "Heritage Diplomacy: Entangled Materialities of International Relations," *Future Anterior*, 2016, 13 (1): 16 - 34.

"同源共享" 文化遗产本身就是中国—东盟双边或多边的利益焦点所在，又是共建 "21 世纪海上丝绸之路" 的重要载体，且其资源禀赋优良、内涵深刻、符号价值明显、利益共享色彩浓厚，具有开展双边或多边遗产旅游外交的潜质。因此，在从事 "同源共享" 文化遗产保护和文化旅游合作开发过程中，投资主体应吸引闽商、粤商和海外华侨、华商及所在国旅行商投资 "同源共享" 文化遗产旅游项目，互利互惠、合作双赢。在这个 "同源共享" 文化遗产的焦点上找到利益共享的焦点。因此，在中国—东盟双边或多边已有框架下，应加快构建多层次旅游合作平台，如招商引资、项目推介、旅游目的地营销等平台。积极实施大型旅游企业 "走出去" 战略，让中国成熟的文旅开发和管理模式 "走出去"，比如大型山水实景演出、节事活动的策划等；鼓励我国旅游龙头企业，如腾讯、华为、携程、中旅等，围绕 "同源共享" 文化遗产旅游开发，将5G 移动通信技术、云计算、大数据、人工智能、AR、VR 虚拟仿真技术等先进技术对接到东南亚技术相对落后的国家，如老挝、柬埔寨、缅甸、菲律宾、印度尼西亚等国。可对接技术如手机软件（App）营销、预约、购票、支付、人流追踪、景区智慧导览、客流监控，以及数字博物馆等，开展在线培训和洽谈交流，促进具体项目投资建设，提高这些国家的旅游业运营、服务和管理水平，提高其旅游业竞争力。在管理模式上，共同筹集发展基金，采取股份制或承包制等合作方式，联合打造 "同源共享" 文化遗产旅游产业联盟；合作构建旅游行业协会和旅游企业联盟，如旅游业务代理（营销代理、授权经营、特许经营）等。

第四，社区居民和游客也是遗产旅游外交的实际参与者。探索跨国、跨境 "同源共享" 文化遗产保护和旅游开发的社区参与机制，包括对于 "同源共享" 文化遗产，社区居民可参与决策、参与共建、参与利益分配等。由表 2 - 3 可知，2019 年东南亚国家游客对我国旅游偏好度都是中等以上，这说明围绕 "同源共享" 文化遗产的民间外交的潜力是巨大的，可以为双方游客提供体验和消费 "同源共享" 文化遗产旅游产品的良好条件，特别是中国游客，要对东南亚国家的文化、习俗等加以尊重，注意自己的旅游文明行为，做宣传 "同源共享" 文化遗产的文明使者，树立中国游客良好的外部形象，主动服务于国家遗产旅游外交大局。

（3）合作："同源共享" 文化遗产旅游外交的产业平台。本章的

"合作"主要指遗产旅游产业合作，当然也包括部分遗产事业合作，如合作保护、合作申遗等，但开展遗产旅游外交合作，既是新时代文化外交功能的延伸，也是突破传统文化外交瓶颈的新方向。因为遗产外交如果仅仅停留在领导人互访、签订协议、高层论坛、部长会议等层面，与传统文化外交没有什么区别。在经济全球化的大背景下，摆在各国政府及地方政府首位的是经济发展，如果将遗产外交转化为遗产旅游外交，就可能解决相对落后国家所关切的民生问题，从而起到公共外交所不能起到的作用。鉴于上述我国与东南亚国家"同源共享"文化遗产资源的丰富性、广泛性和高品质性，且没有遗产"边界"冲突，同时东南亚国家游客对中国的偏好度普遍较高，双方市场占有率绝大多数持续攀升，中国—东盟双边旅游流充沛，互为对方重要的国际旅游市场，但东南亚国家游客到访我国的人数还远远不够。因此，围绕上述"同源共享"文化遗产资源打造多类型、多层次的旅游产品体系，是开展遗产旅游外交的重要物质基础。

主题产品。郑和文化遗产在马来西亚、印度尼西亚等国家相当丰富。郑和崇拜在"海丝"沿线区域广泛存在，并由此形成区域性文化认同。福建也是郑和文化的富集区域，可与东南亚郑和文化遗产富集国家或地区联合进行资源调查和研究，陶瓷、茶业、造船、航海等"海丝"遗产资源为福建与"海丝"共建国家建设郑和博物馆、文化馆、纪念馆等打下坚实物质基础。借助数字技术和声光化电等高科技手段，在福建福州、马来西亚马六甲、印度尼西亚苏门答腊等地共同打造以郑和下西洋为依托的主题度假休闲设施、郑和文化旅游主题小镇和郑和文化主题街区，如在马六甲兴建多功能郑和文化旅游城，以此带动当地经济发展并为中国旅游企业寻求新的发展机遇。

演艺产品。以"同源共享"非遗资源，比如铜鼓文化、天琴文化、妈祖文化、南音文化等为依托，借鉴我国成熟的山水实景演出模式，以"海丝"为背景，创作旅游演艺产品。采用双语或多语种，通过声光化电等现代高科技手段，以舞蹈、音乐等艺术形式，使中国先民的开拓进取精神，以及"海丝"沿线省份、东南亚共同文化遗存"活化"，从而"海丝"共建国家和人民能够聚集成共同体。

研学产品。以环南海区域海底沉船及岸基遗址为纽带，联合打造环南海外销瓷考古遗址研学旅游基地。现已发现环南海"丝路"航线上的多处沉船和遗址，如福建平潭"碗礁1号"、晋江深沪湾海底沉船遗址，广东"南海1号"，海南西沙群岛"华光礁1号"，越南金瓯角外海90海里的"金瓯号"，新加坡附近海域的"南京号"，马来西亚丁加奴州东岸6英里处的"万历号"，西沙群岛印度尼西亚附近海域的"泰兴号"等。中国本着遗产外交理念，选择东盟若干支点国家共同打造南海"海丝"水下博物馆或考古遗址公园，让"海丝"共建国家和地区游客体验水下考古的魅力，使其成为中国—东南亚国家研学旅行的重要组成部分，促进共建国家和地区文博事业和文旅产业的发展。

专题博物馆。以中国—东盟"同源共享"文化遗产富集城市为节点，建设"海丝"活态历史博物馆和文化旅游驿站产业联盟。利用东盟"10+3"机制，我国发起倡议，联合福建、广东、海南、广西、云南等"海丝"沿线各省份与东盟国家"同源共享"文化遗产富集城市群打造各具风格的文化遗产旅游体验中心，即活态历史博物馆；或中国倡议建立海上丝路驿站体系，在中国、东盟"海丝"共建国家基于"同源共享"文化遗产分别打造集吃、住、行、游、娱、购等于一体的文化旅游综合体。例如，以福建泉州永春杉达香企为基地，将香文化与旅游产业融合开发，打造"中国香都""海丝"文化产业园和中国香道博物馆，突出"海丝"文化主题，追溯福建与"海丝"共建国家香料贸易史，展示种香、产香、用香等的历史过程。

节事产品。利用某些具有标志性符号的"同源共享"文化遗产资源，联合开展主题节事活动。如泉州的德化、永春等县至今仍是"海丝"共建国家香料文化遗产的传承基地，因此可以联合打造中国—东盟香道文化旅游节；以我国广西龙州县与越南下琅县天琴文化集中区域为中心，联合打造中越国际天琴文化旅游节，吸引老挝和泰国天琴文化波及区域一同参加；凭借中国与马来西亚成功联合申报的世界非物质文化遗产"送王船"仪式，联合开发中国—马来西亚国际"送王船"民俗文化旅游节，中国、越南、老挝、泰国、柬埔寨、印度尼西亚等国轮流联合举办中国—东盟国际铜鼓文化旅游节等。

线路产品。以游轮为载体，形成以"同源共享"文化遗产为主题的文化旅游专线，比如妈祖文化之路、万里茶道、外销瓷之路、郑和文化之路、铜鼓文化之路等。双边或多边联合打造邮轮旅游线路，比如从福州到泉州、厦门、广州、钦州，再到三亚、合浦、越南的岘港，一直到马六甲，这是环南中国海而形成的一条"海丝"文化旅游线路；还可以通过马六甲，形成印度洋的另一条海上邮轮旅游线路，可以开发海上邮轮、海上休闲游乐产品；也可以联合推出多国共同认同的名人文化旅游专线，经过整理挖掘后，可将之转化成极富特色的海上体验旅游产品。如以郑和文化为主题，开辟"泉州—长乐—占婆（越南）—大城府（泰国）—马六甲—巨港（印度尼西亚）—加勒（斯里兰卡）—科钦港和古里（印度）—霍尔木兹—大马士革和亚丁—吉达—摩加迪沙—布拉瓦—马林迪—拉姆"等文化旅游专线。

（4）场所："同源共享"文化遗产或文化遗产旅游外交的空间载体。首先，跨境"同源共享"文化遗产旅游合作区，是服务国家"一带一路"倡议的主要遗产外交场所。跨境旅游合作区是以旅游服务为主导功能、旅游产业要素可以自由流动、跨越两个或两个以上国界的特殊区域①。2016 年 7 月，原国家旅游局会同八部委制定了《关于加快推动跨境旅游合作区工作的通知》和《跨境旅游合作区建设指南》，启动了跨境旅游合作区建设。推动跨境旅游合作区建设是顺应"一带一路"倡议的重要举措，是推动内陆沿边开放的创新之举，也是推动我国与共建国家共同发展的实际需要。本着"互利互惠、道路共建、资源共享"理念，可共建一些跨国、跨区域边境口岸旅游合作区，如中越"东兴—芒街跨境旅游合作区"，中国—东盟"铜鼓文化跨境旅游合作区"、中越"广西—高平天琴文化旅游合作区"等。共同完善跨境旅游基础设施和服务体系，注重合作区规划与旅游规划的功能耦合的命运共同体；跨境旅游合作区建设应注重双边或多边历史文化、民族风情和地方特色的呈现以及文创产品的开发，"同源共享"文化遗产是其中最重要的内容，能够满足境内外游客深度体验异国情调的消费需求。

其次，离岸"共享"文化产业园区是"同源共享"文化遗产旅游外交的重要场所。针对跨洋离岸的我国"海丝"沿线省份，如闽、粤、琼三省，可以选择在所在省份华侨华人在东南亚的富集区，以"同源共

---

① 李庆雷、杨路佳：《对跨境旅游合作区建设的思考》，《中国旅游报》2015 年 12 月 14 日，第 C02 版。

享"文化遗产富集区为节点,与相关国家或地区共同开发建设离岸的文化旅游产业园区、文化旅游驿站产业联盟;以环南海区域海底沉船遗址为纽带,联合打造以环南海外销瓷考古遗址为主题的研学旅行基地;在福建福州、马来西亚马六甲、印度尼西亚苏门答腊等地共同打造以郑和史迹为载体的文旅产业园区;依托具有闽商文化渊源的传统建筑文化主题历史街区等进行遗产外交。

再次,博物馆是遗产外交和遗产旅游外交的微观场所。如利用世界文化遗产"泉州:宋元中国世界商贸中心"、"海丝"起点和"同源共享"文化遗产赋存丰富的资源,建设"海丝"缘(源)文化博物馆或"海丝"缘(源)文化主题公园、海丝活态历史博物馆。例如,墨西哥和秘鲁等国在通过世界主要城市的博物馆展示其文化历史方面投入了大量资金。策展人员通过博物馆使人工制品跨越边界,而在不可移动的遗产中,其他要素如资金、专业知识、技术或制度化的治理实践可以发生流动①就是明证。

最后,文化空间是中国—东盟"同源共享"文化遗产外交或遗产旅游外交的原生态场所。诚如上述妈祖文化、"送王船"等民间信仰、铜鼓文化、天琴文化、南音文化、香道文化、建筑艺术等,按照联合国教科文组织于2003年通过的《保护非物质文化遗产公约》中的"文化空间"类非遗定义,上述"同源共享"非遗其实都是颇具特色的人类学意义上的文化空间。这也是中国与东南亚一国或多国共享的文化空间,因其具有浓厚的文化氛围,非常适合成为开展文化旅游产业和文化遗产事业合作的重要场所,如天琴文化空间,现在已经成为中越两国省域甚至县域开展天琴文化传承、保护和旅游推介的重要平台。

此外,东南亚各国唐人街也是一种独具特色的文化空间,同时是所在国家和城市的重要旅游吸引物,其本身就是文化遗产外交的产物。在共建"21世纪海上丝绸之路"倡议下,有关跨国文旅集团或所在城市政府可以利用前述遗产外交平台和合作机制,采取"文化+"战略,联合打造中国—东盟"同源共享"文化遗产旅游新业态,开设"集锦式"非

---

① Winter, T., "Heritage Diplomacy: Entangled Materialities of International Relations," *Future Anterior*, 2016, 13 (1): 16 – 34.

遗展示馆，为双方非遗传承人联合带徒授艺、开办非遗"传习馆"、"工作坊"等创造条件；展示"同源共享"非物质文化遗产，提炼此类遗产中的神话传说、人物故事、历史事件等文化要素，联合打造实景舞台演艺产品；联合东盟国家将唐人街及其所属历史街区纳入其城市规划建设之中，将所在国非物质文化遗产，特别是渊源于中国文化的非遗资源融入唐人街文化展示，将唐人街打造成展示"海丝"历史文化主题街区或"海丝"文化旅游主题小镇等。

（5）目标受众："同源共享"文化遗产旅游外交的参与者和受益者

中国与东盟国家的遗产旅游外交的目标受众和受益者主要是当地政府、文旅企业、社区居民和游客。地方政府围绕"同源共享"文化遗产这个共同"议题"可以开展双向或多向遗产保护、申遗和旅游开发合作，促进双边地区社会经济文化的发展，同时以此为纽带建立省际或城市间友好关系。跨国旅游企业集团或旅游组织、企业家通过上述的文化旅游产业合作，实现双向或多向互利互惠和"双赢""多赢"。社区居民则可以从中获得合作所带来的经济效益和社会效益，如提高遗产外交能力、增加就业机会等。普通游客则可从中享受良好的旅游体验，满足其多元文化产品的消费需求。

（6）边界："同源共享"文化遗产或文化遗产旅游外交的战略支点

蒂姆·温特的"边界"概念在遗产外交的实践中确实存在。彭兆荣认为，在当今世界文化遗产运动中，遗产认同与民族国家紧密相连。"但从遗产目前所确认的范围来说，遗产认同包含了国际、洲际、国家、区域、地方、临界（与边界相关——不仅包括领土边界，还有族群边界、文化边界）、家族—家庭以及个人等诸种状况。"[①] 这涉及两种情况：一是跨境文化遗产的主权争议；二是离岸文化源头的非遗知识产权争议。因此，在开展"共享"遗产旅游外交活动过程中，其边界的把握就显得非常重要。外交双方尽量不要触及各自的核心利益，尽量强调共同利益和合作双赢，否则遗产外交活动就不可能顺利进行，进而影响遗产保护、联合申遗和遗产旅游开发等。在国际上，遗产外交双方往往求同存异，

---

① 彭兆荣：《生生遗续　代代相承——中国非物质文化遗产体系研究》，北京：北京大学出版社，2018，第19页。

即强调遗产的"共享"性。如苏格兰政府和遗产管理机构在印度参与了多个旨在保护殖民时代遗产的合作项目，如苏格兰公墓、达芙学院（苏格兰传教士亚历山大·达芙的建筑）、加尔各答植物园［苏格兰植物学家威廉·罗克斯伯格（William Roxburgh）建造的］、圣安德鲁斯教堂等，以及印度本土遗产——Rani Ki Vav（台阶井，印度教遗址）。苏格兰与印度西孟加拉邦签订了合作议定书，建立所谓的文化遗产伙伴关系。苏格兰大量投资这些所谓"共同"遗产发展遗产旅游[1]。澳大利亚资助并与巴布亚新几内亚共建、共享二战盟军科达小道文化遗产，据此帮助巴布亚新几内亚利益相关者发展文化遗产旅游和地方经济，澳大利亚本着"共享"遗产理念，试图共享海外共同文化遗产的所有权[2]。

选择战略支点国家，如马来西亚、新加坡、泰国、菲律宾、老挝、柬埔寨、印度尼西亚等，优先开展遗产及遗产旅游外交是可行的。陈晓律等认为，泰国和马来西亚由于历史、文化与地理的因素，应成为我国海上驿站建设的重点。应以经济发展为主轴，以和平的方式形成地区互利共赢的态势[3]。正如前述，中国与马来西亚、新加坡、泰国有许多"同源共享"文化遗产，"送王船"即一例。该遗产项目已于2020年被列入世界非物质文化遗产名录，是中国与马来西亚共同申报和"同源共享"的文化遗产，也是一个成功的遗产外交范例。泰国北部、缅甸与我国云南西双版纳等地接壤，历史上民族融合、语言相通，民间具有高度的亲和性，拥有许多共同文化遗产，如小乘佛教、铜鼓艺术、天琴文化等。此外，两国社会具有较高的包容性和适应性，泰国经济与中国存在较强的互补性等[4]。因此，泰国可作为我国与东盟国家开展"同源共享"文化遗产旅游合作的战略支点之一。中国与印度尼西亚率先倡议共建"21世纪海上丝绸之路"，除经贸互补之外，文化相通是一个重要维度。

---

[1] Clarke, A., "Scotland's Heritage Investments in India: Acts of Cultural Diplomacy and Identity Building," *Scottish Affairs*, 2014, 23（2）: 234–249.

[2] Beaumont, J., "The Diplomacy of Extra-Territorial Heritage: The Kokoda Track, Papua New Guinea," *International Journal of Heritage Studies*, 2016, 22（5）: 355–367.

[3] 陈晓律、叶璐:《中国构建海上丝绸之路的两个节点:马来西亚与泰国》,《南京政治学院学报》2015年第1期，第73—78页。

[4] 周方冶:《中泰关系东盟合作中的战略支点作用——基于21世纪海上丝绸之路的分析视角》,《南洋问题研究》2014年第3期，第17—22页。

郑和文化等"同源共享"文化遗产都是重要抓手。印度尼西亚无疑也是中国—东盟"同源共享"文化遗产外交的战略支点。老挝和柬埔寨与中国一向是友好邻邦，铜鼓文化、天琴文化、佛教文化等都有许多共通之处。综上，新加坡①、马来西亚、泰国是我国开展"同源共享"文化遗产旅游外交的战略支点，有其历史逻辑。

中、越陆壤相接、民族融合、文化相通，我国广西和越南北部历史上同属于骆越文化区，民间文化交流一直连绵不断，因此彼此拥有许多共同文化遗产，如前述的天琴文化、铜鼓文化、独弦琴文化、贝叶文化等。中国广西地方政府与越南高平、凉山等地方政府可以先行围绕"同源共享"的天琴文化、铜鼓文化等开展遗产旅游合作，此外，中国还可与越南、泰国、老挝、柬埔寨、印度尼西亚等铜鼓文化圈国家联合开展铜鼓文化遗产和非物质文化遗产的保护、申遗和旅游合作开发，开展多边遗产或遗产旅游外交，在原铜鼓文化圈基础上叠加文化旅游圈这样的衍生功能。

综上所述，本章探讨的"同源共享"文化遗产旅游外交所涉及的"机制"、"合作"、"代理人"、"场所"、"目标受众"和"边界""六要素"并不是孤立的。"机制"建构是一种制度支撑；"合作"主要侧重于旅游产业合作，是遗产旅游外交的重要载体；"代理人"是遗产旅游外交的行为主体；"目标受众"是遗产旅游外交的参与主体，也是受益人；"场所"是遗产旅游外交的产业平台；"边界"是遗产旅游外交的空间选择依据。它们是一个相互促进、相互制约、相互关联的自组织系统，缺一不可。

第五节　结论

人类历史上存在广泛的"同源共享"文化遗产，这种遗产不仅是简单的双向或多向文化交流的结果，而且是一种文化涵化的产物。中国与东南亚国家之间存在广泛的长期文化交流，"海上丝绸之路"既是一条

---

①　覃辉银：《新加坡：建设 21 世纪海上丝绸之路的重要支点》，《东南亚纵横》2016 年第 2 期，第 66—72 页。

商贸之路,更是一条文化之路。在我国倡议与"海丝"共建国家共建"21世纪海上丝绸之路"的背景下,开展"同源共享"文化遗产旅游外交,及促进沿线"民心相通",都具有重要的战略意义。

本章在详细辨析"共享"遗产、"同源共享"文化遗产、旅游外交、遗产旅游外交等概念基础上,深入挖掘中国—东盟"同源共享"文化遗产资源赋存及深刻内涵,比较分析了中国与东盟开展遗产外交和遗产旅游外交的优势,借鉴国内外学者的遗产外交和旅游外交研究框架,构建了"同源共享"文化遗产旅游外交模型。笔者从机制、代理人、合作、场所、目标受众、边界六个要素探索中国—东盟基于"同源共享"文化遗产开展的遗产旅游外交和文化旅游合作的机制和路径,研究结果有助于我国"一带一路"倡议的推动和国家公共外交的开展,为我国与共建国家一道构建人类命运共同体提供智力支持。

空间生产

第三章 "复合"型文化遗产地旅游景观生产及路径选择

　　旅游景观是旅游地理学研究的核心问题之一，受社会价值观、态度和意识形态的影响，随着时间和空间的推移，旅游景观会收缩、扩张、恶化和改善①。因此，旅游景观是传递地方意义的重要媒介，因为它关注一个地方的可见结构，是表达其居民和游客的情感依恋的方式，以及它是被想象、产生、争夺和实施的手段②③④。可见，景观与地方之间的关系是一种动态的、不断建构的关系。景观反映地方的意义，地方反过来也为景观提供一个物理空间。肉眼可见的景观反映了居民和观众的人类价值观和意识形态，是个人和社会群体对特定场所和地点的地方依恋的复写。⑤⑥⑦ 游客阅读景观的过程是一个文化塑造过程，它依赖于一系列元素塑造主题，这些元素都是解读景观要素及其相互关系的基础。埃莉奥诺拉·贝尔蒂（Eleonora Berti）进一步阐述了景观与旅游之间的关系⑧。

① Baker, A., and Biger, G., *Ideology and Landscapes in Historical Perspective: Essays on the Meanings of Some Places in the Past*, Cambridge: Cambridge University Press, 1992.

② Eckbo, G., "Qualitative Values in the landscape," in *Landscape Assessment: Values, Perceptions and Resources*, edited by Zube, E., Brush, R., and Fabos, J. G., Stroudsburg, PA: Dowden, Hutchinson and Ross, 1975: 31 – 37.

③ Lowenthal, D., "Past Time, Present Place: Landscape and Memory," *The Geographical Review*, 1975, 65: 1 – 36.

④ Gupta, A., and Ferguson, J., "Beyond 'Culture': Space, Identity, and the Politics of Difference," *Cultural Anthropology*, 1992, 7 (1): 6 – 23.

⑤ Foucault, M., *Order of Things: An Archaeology of the Human Sciences*, New York: Random House, 1973.

⑥ Relph, E., *Place and Placelessness*, London: Pion Ltd, 1976.

⑦ Jackson, J. B., "Discovering the Vernacular Landscape," New Haven, CT: Yale University Press, 1984.

⑧ Council of Europe, *Cultural Routes Management: From Theory to Practice*, Strasbourg: Council of Europe Publishing, 2015: 44, 47, 49.

景观天然地是旅行的一部分。它是我们在旅行中所经历的物理和空间维度：景观是我们的眼睛所感知和探索的，是我们的心灵所综合、阐述、描绘和抽象的。

在景观中旅行可以揭示其地标和区域结构。景观是一种由符号构成的超文本（hypertext），我们对其进行解读并赋予一定的价值。这些符号有时在整个欧洲都是相同的，但它们有时会有所不同，并与创造它们的社区密切相关。

然而，当下的旅游景观塑造不尽如人意。许多学者批评当今文化旅游景观生产的"迪士尼化"和标准化而导致无地方感。尼古拉斯·恩特里金（J. Nicholas Entrikin）将这种"无地方性"描述为"标准化景观的创造，这样的景观减少了地方之间的差异"①，因此，旅游景观塑造对于旅游目的地至关重要。

此外，遗产景观解说也是文化旅游研究的重要课题。国际遗产解说机构召开了多次国际学术讨论会②，如 1998 年 8 月土耳其会议即以"遗产，多元文化吸引物和旅游"为主题，强调遗产景观解说的多元化③。然而，在文化旅游实践中，遗产景观解说经常会遇到许多学术盲区，比如这种在同一空间层累地叠加多种文化遗产而给遗产保护和文化旅游开发实践带来诸多困难的情况，如景观生产、地方营造（place-making）、主题凝练、功能分区（zoning）等，尤其因其在同一空间中叠加多种"异质"文化遗存而引发强烈的文化冲突，甚至战争。笔者将此类遗产概念化为"复合"型遗产及遗产地，国内外学术界对此类遗产及遗产地旅游的研究成果不多。本章基于复合型遗产的资源特征，借助本土案例，针对其景观生产及其附属文化旅游产品生产与解说等进行研究，以期为此种类型的遗产和遗产地旅游发展提供借鉴。

---

① Entrikin, J. N., *The Betweenness of Place: Towards a Geography of Modernity*, Basingstoke: Macmillan, 1991: 57.

② Hollinshead, K., "Heritage Interpretation," *Annals of Tourism Research*, 1994, 21 (1): 183 – 185.

③ Var, T., Korzay, M., "Heritage Multicultural Attractions," *Annals of Tourism Research*, 2000, 27 (2): 534 – 535.

第一节 "复合"型文化遗产的表征

"复合"型文化遗产不同于联合国教科文组织命名的自然和文化双重遗产，它是指随着历史的演进，多种文化在同一地点长期叠加积淀形成的多种遗产的集合。如耶路撒冷就是世界三大宗教——基督教、伊斯兰教和犹太教共处的一个宗教遗产地，三种异质文化叠加在同一空间，赋予这一空间多元意涵。类似的例子还有土耳其的圣索菲亚大教堂，它最初是东正教拜占庭的主教堂，在13世纪十字军东征期间短暂地作为罗马天主教教堂，在奥斯曼时代被征用为清真寺。该遗址融合了拜占庭、奥斯曼帝国和其他更现代的特征，旨在揭示随时间的演进各种宗教和文化传统的相互作用。① 不过，"复合"型文化遗产更多是以非冲突或微冲突的形式存在。这些遗产地是历史上移民或商贸活动而导致的文化迁移形成的。这些遗产的叠加累积类似于我国古史辨派所谓的"层累地缔造历史"的概念，如柬埔寨吴哥古窟，它最初是作为毗湿奴的印度教寺庙而建造的，但30年后被皈依者贾雅梵七世（Jayavarman Ⅶ）改造为佛教寺庙。国际上，最为典型的"复合"型遗产地是摩洛哥吉马·埃尔-弗纳广场（Jemaa el Fna Square），这里是摩洛哥马拉喀什老城一个传统文化集聚区，容纳了24个撒哈拉以南非洲地区的神圣和世俗事物、口头文学、戏剧、喜剧、舞蹈和音乐、韵律和歌曲、成文的和自发的表演、旧传统和新形式，以及传统城市和农村文化元素。这种类型遗产地甄别和归类极为困难，联合国教科文组织在长期讨论后第一次将其命名为"文化空间"。类似的例子还有韩国的江陵端午祭等。

国内学术界基于文化遗产的文化旅游研究多集中在世界遗产方面②，对于复合型遗产的研究已有个别学者予以关注，如向玉成将峨眉山—乐山大佛、青城山—都江堰这样捆绑申报成功的世界遗产称为复合型世界

---

① Olsen, D. H., & Emmett, C. F., "Contesting Religious Heritage in the Middle East," in *Cultural and Heritage Tourism in the Middle East and North Africa: Complexities, Management and Practices*, edited by Hall, C. M., & Seyfi, S., London and New York: Routledge, 2021: 54–71.

② 杨丽霞、喻学才:《中国文化遗产保护利用研究综述》，《旅游学刊》2004年第4期，第85—91页。

遗产。他认为，复合型世界遗产是指由两处或两处以上著名资源"联合"（资源无主次之分）、"捆绑"（资源有主次之分）或"拓展"（资源申报有时间先后之分）申报的一项世界遗产①。彭兆荣等认为，马尾遗产群是一个非常独特的历史存在和表述范式，很难被完整、准确地界定②，上述诸位学者的研究成果给予笔者进一步思考的空间。笔者认为前文界定的复合型世界遗产可被称为世界遗产集群或捆绑组合型世界遗产，因为其所列举的这些世界遗产并非在同一个时空中形成的，而是人为地将其"捆绑"在一起以提高世界遗产的"体量"，目的是提高申遗成功率，同时这样的遗产群既包括文化遗产，也包含自然遗产，实际上是一种自然和文化双重世界遗产的结合。本章所要探讨的"马尾遗产群"才是真正的"复合"型文化遗产。笔者认为，"复合"型文化遗产并非异地空间内两处或两处以上遗产的简单"捆绑"、"联合"或"拓展"，而是指在同一时空中以某种文化遗产为主体，因其功能外溢而衍生的若干文化遗产相互叠加而形成的遗产综合体。但对于具有多元文化意涵和类型的复合型文化遗产景观生产和旅游利用等问题尚须进行深入的研究。

第二节　文化再生产理论与文化旅游景观生产

文化再生产理论是法国著名社会学家皮埃尔·布尔迪厄在 20 世纪 70 年代初创立的一种社会学理论。布尔迪厄认为，社会文化是动态性的，文化经过不断再生产才能进行传承和延续。文化要维持和更新，不能以复制的形式存在，只能以再生产方式进行。从这个意义上讲，文化再生产是一个动态的发展过程。布尔迪厄在阐述文化再生产理论时，发明了"资本"、"生存心态"（或译"惯习"）和"场域"等几个核心概念。"资本"在布尔迪厄的理论语境中有点类似于能力或权力。他把社会空间中的"资本"划分为经济资本、文化资本、社会资本和象征资本四种不同类型③，它

---

① 向玉成：《复合型世界遗产及其资源基础和文化内涵——以"峨眉山—乐山大佛"与"青城山—都江堰"为例》，《旅游学刊》2005 年第 2 期，第 25—29 页。
② 彭兆荣、李春霞：《马尾：中国近代遗产群的一个范式表述》，《文化遗产》2008 年第 3 期，第 113—120 页。
③ 高宣扬：《当代社会理论》（下），北京：中国人民大学出版社，2010，第 821—823 页。

们相互作用、相互转化，其中文化资本是其阐述的核心概念。文化资本具有文化能力、文化产品和文化制度三种存在形式①。生存心态是指"在特定的历史条件下，在个人意识中内化了的社会行为的影响总结果"。它是一种长期反复的个人和群体特定行为方式，是已经构成内在心态结构的生存经验，是构成思维和行为模式的具有持久效用的秉性系统②。场域主要是指"在某一个社会空间中，由特定的行动者相互关系网络所表现的各种社会力量和因素的综合体"。场域是力量间紧张关系网络。简言之，场域是各种行动者所结成的权力关系网络。这个网络是由靠行动者不同的社会地位、握有的资本和权力范围、各种精神状态和精神力量、各种象征性符号系统所表现出来的文化因素，以及靠行动者所接受的历史条件和未来发展趋势的因素组成的。"场域的一个重要特征是，它为各种资本提供相互竞争、比较和转换的必要的场所。"③

布尔迪厄的文化再生产理论是他的"实践"理论在社会文化研究领域中的应用。旅游活动本身就是一种文化实践活动。笔者以为，文化本身并不能自行转化或变迁，而是场域中的各种行动者凭借其自身所拥有的资本总量以及后天习得的"生存心态"（"惯习"）而进行的权力博弈，这种权力斗争共同作用于文化，从而形成文化再生产的动力学机制。任何行动者都不能单独确定社会行动者网络关系，旅游场域可以被视为各种行动者权力角逐的社会关系网络。

国内已有不少学者将文化再生产理论运用到旅游研究领域，试图在布尔迪厄文化再生产理论框架内考虑人们的旅游活动，如宗晓莲对旅游开发背景下民族文化变迁的研究④；张晓萍等对民族文化旅游商品化的研究⑤；

---

① 〔法〕布尔迪厄：《文化资本与社会资本》，包亚明译，上海：复旦大学出版社，2000，第189—196页。

② 高宣扬：《当代社会理论》（下），北京：中国人民大学出版社，2010，第833页。

③ 高宣扬：《当代社会理论》（下），北京：中国人民大学出版社，2010，第845、846、848页。

④ 宗晓莲：《布迪厄文化再生产理论对文化变迁研究的意义——以旅游开发背景下的民族文化变迁研究为例》，《广西民族学院学报》（哲学社会科学版）2002年第2期，第22—25页。

⑤ 张晓萍等：《从经济资本到文化资本和社会资本——对民族旅游文化商品化的再认识》，《旅游研究》2009年第1期，第13—19页。

王进、廖玲对民族文化旅游中的非物质文化遗产传承人毕摩的研究①；王林对民族村寨的分析；② 等等。文化旅游地，特别是文化遗产地，往往是文化资源富集区，将之作为文化再生产研究案例最为典型。根据文化再生产理论，场域是各种行动者社会关系网络。因此，旅游场域中的行动者一般包括政府、旅游投资商和运营商、专家学者、社区居民、游客等。政府拥有社会资本（包括政治资本），旅游投资商和运营商握有经济资本，专家学者掌握象征资本，社区居民（包括非物质文化遗产传承人）在某种程度上是文化资本的载体，游客代表一种市场力量。这些行动者在旅游场域中通过权力博弈推动旅游目的地文化生产和再生产。文化再生产理论将最大化带动传承地方文化资本，是旅游地文化景观生产的有效理论支撑。

笔者认为，福建马尾船政文化遗产是战争遗产、教育遗产、建筑遗产、工业遗产、名人文化遗产等诸多类型的叠加，可被称为"复合"型文化遗产。在某种程度上，它是多种文化景观的叠加，以往学者多将其视为单一的工业遗产加以旅游利用③，这可能忽略了马尾船政文化遗产的多元内涵。在当代文化旅游语境下，马尾船政文化及其相关遗产理应具有国际性影响，但由于没有根据"复合"型文化遗产的资源禀赋及特征加以开发利用，其多元文化价值没有充分彰显，影响了马尾船政文化遗产旅游吸引力的提升④。景观研究已经接受了文化在景观塑造中的作用。本章以马尾船政文化遗产为案例，运用布尔迪厄文化再生产理论和文化地理学中的文化景观理论，结合问卷调查、因子分析和参与观察等方法，分析马尾船政文化遗产旅游景观生产和旅游开发路径，揭示其普遍意义。

---

① 王进、廖玲：《毕摩文化再生产论——布迪厄理论在毕摩研究中的运用》，《云南社会科学》2010 年第 6 期，第 133—137 页。

② 王林：《民族村寨旅游场域中的文化再生产与重构研究——以贵州省西江千户苗寨为例》，《贵州师范大学学报》（社会科学版）2013 年第 5 期，第 72—78 页。

③ 谢红彬、高玲：《国外工业遗产再利用对福州马尾区工业旅游开发的启示》，《人文地理》2005 年第 6 期，第 52—55 页。

④ 业界一般将以马尾造船厂、昭忠祠等为核心的原福州船政局遗址区统称为马尾船政文化，笔者认为，这样的界定未免忽略了马尾船政文化大量物质遗存的事实，其实未被指定的文化遗存也应是文化遗产。因此，本文中的"马尾船政文化"与"马尾船政文化遗产"是同一个概念。

第三节　案例研究

——马尾船政文化遗产旅游景观再生产

对于一个旅游地、一条线路、一片历史街区的研究都是建立在旅游地文化资本集聚和禀赋的基础上的，福州马尾船政文化在近代世界历史进程中有其特殊性和独特价值。在某种程度上，文化旅游地的景观生产是旅游开发商依托其文化资本禀赋特征与游客对景观阅读的价值共创的双向互动的结果。因此，对马尾船政文化遗产生成、演化、空间集聚和禀赋等的归纳分析是其文化旅游景观生产的逻辑前提。

（一）马尾船政文化简史

鸦片战争之后，一些有识之士主张开眼看世界。左宗棠深受林则徐、魏源等"师夷长技以制夷"的思想影响。他认为，"欲海防之害而收其利，非整理水师不可；欲整理水师，非设局监造轮船不可"①。1866年6月，时任闽浙总督的左宗棠在上奏清廷《试造轮船先陈大概情形折》中建议在闽设局造船办学。同年7月14日，同治皇帝准奏，以"实系当今应办急务"令其办理。后左宗棠奏请在家丁忧的前江西巡抚沈葆桢总理船政。福州船政局正式创办于福州马尾。清政府选择马尾作为船政局建设基地有其地理区位优势考量，"知马尾一区，上抵省垣南台，水程四十里，下抵五虎门海口，水程八十里有奇……自闽安而上，洋屿、罗星塔、乌龙江、林浦皆形势之区，而罗星塔为最要。马尾地隶闽县，距罗星塔之上游，三江交汇，中间港汉旁通长乐、福清、连江等县，重山环抱，层层锁钥"②。

福州船政局建有船政衙门、办公楼、正副监督洋房、中外工匠宿舍、前后学堂、艺圃、学生宿舍、东西考工所、健丁营等办公场所。左宗棠及其继任者沈葆桢聘请法国人日意格、德克碑为船厂正、副监督，用两年时间筹备完成了马尾造船厂。船厂下设锻造车间（捶铁厂）、轧材车

---

① （清）左宗棠撰《左文襄公全集》，《奏稿》卷18，光绪十六年（1890）至二十三年（1897）刊本。

② （清）福州船政局编《船政奏议汇编》卷3，光绪二十四年（1898）刊本。

间（拉铁厂）、锅炉车间（水缸、铸铜厂）、装配车间（轮机厂）、安装车间（合拢厂）、翻砂车间（铸铁厂）、经纬车间（钟表厂）、小锻造车间（打铁厂）、机械锯木厂（转锯厂）、造船厂（由 3 个船台组成）、船槽（又称浮船坞）等①。

福州船政局所创办的船政学堂是近代中国海军人才的摇篮。左宗棠、沈葆桢创办船政，目的在于富国强兵，而西方列强既想从中渔利，又不希望中国真正强大，因此，独立自主地培养自己的海军人才是根本。左宗棠在筹建船厂的时候，就已提出必须设立艺局以培养生童，并认为"艺局为造就人材之地"②。他的继任者沈葆桢忠实继承了林则徐、左宗棠等的"中学为体，西学为用"的思想，强调"船政根本在于学堂"③。于是，1867 年 1 月在福州城内定光寺（又称白塔寺）开办学校，初名"求是堂艺局"。同年 6 月，求是堂艺局迁至马尾新校舍，分为前、后学堂，12 月设立绘事院（又称绘画学堂）。前学堂培养制造与驾驶人才，后学堂培养测绘人才。1868 年 2 月又创办管轮学堂（后并入后学堂，称驾驶管轮学堂）和艺圃（又称艺徒学堂，后分为艺徒学堂和匠首学堂）。"求是堂艺局"改名为"船政学堂"。

马尾船政学堂引进的是西方教育模式。前学堂主要聘请法国教师，学生习法文、学制造，前学堂设船体制造、轮机制造 2 个专业，故又被称为法语学校或制造学堂；后学堂以英国教师为主，学生习英文、学驾驶，后学堂设驾驶、管轮 2 个专业，故又被称为英语学校或驾驶学堂。"艺圃"则专门培养技术骨干，并为船政学堂输送后备人才，用法语教学。学堂采取教学与实践相结合的教授方法。这种课程体系打破了封建教育的传统模式，开创了近代教育的先河。由于沈葆桢对学校教育十分重视，学生刻苦努力，办学效果颇为显著。从同治八年（1869）到光绪二十年（1894），马尾造船厂共制造各种轮船 34 艘，创造了多个"第一"：第一艘千吨级舰船"万年清"号、第一艘巡洋舰"扬武"号、第一艘铁胁木壳船"威远"号、第一艘铁甲舰"龙威"号、第一艘水上飞

---

① 徐晓望主编《福建通史》（近代卷），福州：福建人民出版社，2006，第 174 页。
② （清）左宗棠撰《左文襄公全集》，《奏稿》卷 20，清光绪十六年（1890）至二十三年（1897）刊本。
③ （清）沈葆桢撰《沈文肃公政书》卷 4，清光绪六年（1880）刊本。

艇、第一艘钢甲鱼雷舰、第一艘猎雷舰、第一艘折叠式水上飞艇以及第一次用于作战的中国飞机等。

马尾船政学堂除自主培养学生外，还多次派遣学生赴英法学习先进科学技术，涌现一大批杰出人物。1875 年 10 月沈葆桢调任两江总督、南洋通商大臣，他仍关心派遣留学生事宜。1877 年 1 月 13 日，他联合李鸿章向清廷上奏《闽厂学生出洋学习折》，获得批准。从 1877 年至 1897 年，马尾船政学堂前后四批共 107 人出国留学，如魏瀚、陈兆翱、陈季同、刘步蟾、林泰曾、蒋超英、方伯谦、严复、李鼎新、陈才端、郑清濂、罗臻禄、李寿田、吴德章、罗丰禄、马建忠、刘冠雄、黄鸣球、林振峰等①，分布在英、法、德等 8 个国家，专业涵盖了自然科学、社会科学等 20 个学科。"深知自强之计，舍此无他可求，各怀奋发有为，期于穷求洋人秘奥，冀为国家将来驱策。"② 马尾船政学堂开启了中国近代教育史上选派留学生出国深造的先河，造就了中国第一批多学科的优秀人才，推动了近代中国科学技术、经济的进步和社会的发展，体现了强烈的时代精神。

福州船政局从创办到关停历时 42 年，它无法成为中国近代造船工业主干的原因在于封建性的经营体制造成船政局经费紧张，使得企业缺乏生机与活力；封建衙门式的管理体制，致使船政局冗员增多，营私舞弊等腐败现象严重；缺乏工业基础，难以顺利发展等③。但这座近代船厂的建立在福建乃至全国具有重要意义。

马尾船政学堂涌现一大批杰出的海军人才，成为近现代中国的海军摇篮。如早期管带（舰长）以上的将领就有吕翰、许寿山、陈英、林森林、叶琛、邓世昌、林永升、刘步蟾、林泰曾、林履中、黄建勋、方伯谦、叶祖珪、萨镇冰等人。在 1884 年爆发的中法马江海战中，马尾船政学堂学生参战 25 人，其中英勇捐躯 18 人，他们以"青山处处埋忠骨，何必马革裹尸还"的英勇无畏气魄，与法国侵略者浴血奋战。1894 年中日甲午海战，马尾船政学堂学生再次谱写了一曲可歌可泣的悲壮篇章。以邓世昌、刘步蟾、林永升等为代表的管带带领广大官兵浴血奋战，为捍卫民族尊严献出了宝贵的生命，在中华民族抵御外侮的历史上留下了

---

① 徐晓望主编《福建通史》（近代卷），福州：福建人民出版社，2006，第 182—183 页。
② （清）福州船政局编《船政奏议汇编》卷 3，清光绪二十四年（1898）刊本。
③ 徐晓望主编《福建通史》（近代卷），福州：福建人民出版社，2006，第 192—202 页。

极其光辉的一页。马尾船政学堂的影响远及民国，如担任过民国海军总长的萨镇冰、刘冠雄、蓝建枢、李鼎新等都是马尾船政学堂的学生。

另外，福州船政局在近代中国的经济、科技、军事、教育、文化、外交等领域都产生了广泛的影响。经济上，福州船政局创办了近代工业企业，代替了传统手工业生产，体现了近代机器大工业的巨大生产力优势；科技上，马尾船政学堂最早引进西方先进科学技术，培养了第一批新式人才；军事上，创办近代海军第一所军事院校；教育上，采用西方办学模式和留学生制度，大胆挑战"私塾、官学、国学"等旧学教育和科举制度重义理、轻技艺的教育模式；文化上，马尾船政学堂发出开启民智、解放思想的先声，严复翻译《天演论》，系统地介绍西方民主和科学，宣传维新变法思想，严复是清末极具影响力的资产阶级启蒙思想家，是中国近代史上向西方国家寻找真理的"先进的中国人"之一；外交上，培养了一批开眼看世界的外交人才，其杰出代表是马建忠，马建忠在欧洲从事外交工作多年，精通英文、法文、希腊文、拉丁文，是晚清为数不多的为中国富强向西方寻求真理的先进人物和受过国际公法和近代外交专业培训的人才之一。

文化遗产是一个民族集体记忆的物质载体和文化符号，素有"中国海军摇篮"之称的马尾船政学堂是近代中国人民自立自强、抵御外侮的历史见证。1884 年的中法马江海战则是影响近代中国历史走向的一场震惊中外的侵略与反侵略战争，也是中国一段屈辱的历史。福州船政局及其所属的马尾船政学堂所创造的物质文化、行为文化、制度文化和精神文化等的内涵极为深刻而丰富，它独立自主、励志进取、虚心好学、博采众长、勇于创新、忠心报国等，给后人留下了丰富的文化遗产，我们可将之称为"船政文化"或"船政文化遗产"。加强对船政文化遗产的挖掘、整理、研究和利用，提高船政文化的社会效益和经济效益，具有深远的意义。

（二）马尾船政文化遗产旅游景观生产的理论分析

据笔者观察访谈得知，马尾船政文化遗产旅游产品单一，景观分布零散，没有固定主题和形象，文化内涵缺失，尚未形成规模效应。因此，笔者基于文化景观理论和布尔迪厄的文化再生产理论对其旅游利用潜力加以分析，以使我们更加清晰地明了其旅游产品开发指向。

1. 船政文化遗产的景观构成

早在 20 世纪 30 年代，卡尔·奥尔特温·索尔（Carl Ortwin Sauer）就在其《景观的形态学》（*The Morphology of Landscape*）一文中指出，"文化景观是由一个文化群体从自然景观中塑造出来的。文化是动因，自然区域是中介，文化景观是结果"①。世界遗产委员会也认为，文化景观包含了自然和人类相互作用的极其丰富的内涵，是世界遗产类型之一。可以说，任何一处文化景观都融入了自然与文化双重元素，船政文化遗产也不例外。它是在晚清洋务运动的背景下中国人民救亡图存的历史见证，留下了大量的物质遗存，且具有多种遗产类型，它们既相互交织，又各自独立（见表 3-1）。与此同时，船政文化遗产地位于闽江下游出海口，兼具河流和海洋等自然景观基底。在传统观光型旅游方式逐渐向文化体验型转变的过程中，文化景观日益受到游客的青睐。虽然游客感兴趣的文化景观是其中的文化因子，亦即其内含的文化价值，但根据文化景观理论，文化景观是文化要素与自然要素相互融合的结果，因此，仅仅依靠单一要素是无法使游客保持高度和长久的兴趣的。所以，船政文化旅游开发不能忽视自然景观的衬托作用。马尾船政文化遗产旅游景观生产应融自然与文化元素于一体，才能反映该地域文化风貌，使目前单薄的船政景观要素丰满起来。

表 3-1 马尾船政文化遗产主要类型及文化内涵

遗产名称		遗产类型	遗产内容
马尾造船厂	船政绘事院	教育遗产 海洋文化遗产 工业遗产	是船厂设计船体和船机的工作场所，也是培育造船技术人才的教育机构；全国重点文物保护单位
	轮机厂	工业遗产 军事遗产	中国土地上最古老的厂房，由法国工程师设计，建成于 1867 年，1871 年制造出中国第一台蒸汽机；南侧厂房毁于日军枪炮
	钟楼	工业遗产	福州船政局为号令全厂作息而按法国图式设计，建于民国十五年（1926）

---

① Sauer, C. O., "The Morphology of Landscape," in *Land and Life：A Selection from the Writings of Carl Ortwin Sauer*, edited by Leighly, J., Berkeley：University of California Press, 1925：46.

遗产名称	遗产类型	遗产内容
中坡炮台	战争遗产	始建于 1868 年，在中法马江海战中阻击法军登陆，后遭毁。战后船政大臣裴荫森主持重建，1888 年建成，安放 210 毫米克房伯后膛炮 1 尊和 120 毫米克房伯大炮（当时德国产的最先进大炮）2 尊。经过百余年的风雨侵蚀和人为破坏，前坡、后坡炮台均已毁弃。中坡炮台曾变成一片废墟，1991 年被修复，1996 年被列为全国重点文物保护单位
亭江北岸炮台	战争遗产	亭江炮台，也称北岸炮台、南般炮台，位于今福建省福州市马尾区亭江镇南般村。始建于清顺治十四年（1657），清道光、光绪年间多次被重修。光绪十年（1884）中法马江海战中被法军炸毁，次年，福建总督杨昌浚、署理船政大臣裴荫森奏准重建。抗战时期，该炮台遭受日军飞机多次轰炸，毁坏后再获重修。现存有山顶主炮台、前沿炮台、临岸炮台、弹药库、隧道等设施。是全国重点文物保护单位
马限山摩崖石刻	军事遗产 海洋文化遗产	1922 年海军总长李鼎新视察马尾，题刻"铁石同心"四个字来歌颂海战将士的意志坚定、同心协力、宁死不屈的精神
罗星塔	军事遗产 海洋文化遗产 建筑遗产	相传建于南宋，明朝初年绘入《郑和航海图》，逐渐成为国际公认的重要航标之一，被称为"中国塔"。过去百余年中，从世界各地寄到马尾的信函，只要写上"中国塔"字样就可寄达。在古代福州水路上，罗星塔为必经之地，也是历代兵家必争之地。南宋张世杰、文天祥水师，明朝郑和下西洋船队，明末鲁王朱以海及郑成功抗清义师都以此为基地，清朝也曾在此建城，分兵驻守；在 1884 年马江海战中，中法海军在此激战
昭忠祠 海战烈士碑亭	战争遗产 海洋文化遗产 教育遗产	纪念中法马江海战死难烈士的祠宇；在马江海战结束后，死难烈士尸体被捞回，能够辨认的由亲人认回安葬，无法辨认与无人认领的就掩埋在马限村外，前立"忠冢"石碑。1920 年重修昭忠祠时，原来九冢以及马尾船厂船坞旁的一批烈士墓迁入这个陵园，建一大墓，尸骸成行排列，上覆水泥。墓前有一碑亭，由舰板焊成。亭中立石碑，上刻"光绪十年七月初三马江诸战士埋骨之处"。1984 年昭忠祠再次整修

续表

遗产名称	遗产类型	遗产内容
一号船坞	工业遗产 军事遗产 海洋文化遗产	世界首创花岗石船坞，曾为世界第二大石砌船坞，长128米、宽33.5米、深9.3米。1886年船政大臣裴荫森奏准朝廷，选择在罗星塔东侧的青洲修建一座大型船坞，用于修理军舰巨轮，延至1893年完工。一号船坞开坞后，迎来大量中外舰船入坞维修。1941年日军入侵马尾，撤退时炸毁船闸，船坞由此报废。是全国重点文物保护单位
英国领事分馆	异质文化遗存	在五口通商后，英国人在福州仓山设有英国领事馆，后来随着福州船政局逐步扩大规模，英国人在马限山上建起几座豪华建筑来作为英国殖民者及其海员的俱乐部，挂牌"英国领事分馆"。英国人在此尽情享乐，还就近监视福州船政局的动态和搜集情报。时任船政大臣的沈葆桢为捍卫国家利益，于1874年不惜重金买回了领事分馆产权及周围土地
圣教医院 院长官邸	异质文化遗存	由英国教会基督教圣公会创办。在鸦片战争后，根据中英《南京条约》，福州被迫开放为五个通商口岸之一，许多外国商船进出马尾港。由于医疗条件不足，病人无法得到及时医治，英国教会便在马尾设立医院，专为外轮船员看病兼管外轮检疫。抗战时遭日军破坏
梅园监狱	异质文化遗存	英国人在中国土地上关押中国人的地方。鸦片战争后，英国贩运鸦片的船只停在罗星塔水域，以捕海盗为名，滥抓无辜中国船民，勒索所谓"护航费"，并自设监狱。自监狱设立至民国初，惨死在狱中的中国人不计其数

注：本表在彭兆荣、李春霞的《马尾：中国近代遗产群的一个范式表达》一文原表基础上删节、修改、补充而成，除上述船政文化主要景观外，其外围尚有千年闽安古镇、郑成功抗清古堡等物质遗存。此外，该处还有马江海战、船政人物事迹等非物质文化遗产。

2. 船政文化遗产的景观文化

文化与景观之间的关系是互动的，文化可以影响景观，景观也可以体现文化。景观之中隐藏着深厚的文化内涵。胡海胜、唐代剑认为，景观文化由景观的"形"、"意"、背景文化（社会文化）和阅读文化四部分组成[1]，它

---

① 胡海胜、唐代剑：《文化景观研究回顾与展望》，《地理与地理信息科学》2006年第5期，第95—100页。

不仅包括文化的表层，更涵盖文化的深层，不仅具有审美、鉴赏、参观、愉悦等功能，还可以包容义理、哲学、思辨、价值、世界观等概念，是可以言尽意而又言无尽意的一种文化形态，也可以说是一种文化系统，这便是文化景观的景观文化，体现了景观和文化之间的互补关系。因此，就需要利用多学科知识来解读景观文化，这对于文化景观的旅游开发具有重要的借鉴意义。

随着时间的推移，遗产景观的文化价值还可以被不断"复制"和"再创造"。对于大众旅游者来说，这种隐藏在景观中的隐在的文化内涵被解读起来较为困难，而内涵丰富、价值多元的复合型文化遗产景观解读尤其如此。因此，这就需要经营管理者进行科学展示、塑造、解说和传播。目前船政文化遗产旅游产品只是以"形"的姿态出现，侧重于原物品或复制品的展示，其深刻的文化内涵尚未被有效地表达出来，也没有关注游客对遗产或景观"阅读"的方式。一般而言，对于同样的遗产、景观或物品，不同的游客既有不同的阅读方式和理解，也有不同的关注点即"凝视"重点，比如马江海战的失败根源和战争场面的复原，船政文化遗产所涉及的船政人物及其与近代中国海军创建、甲午海战与国家民族命运沉浮的关系等。所有这些才是船政文化无尽的"意"及"背景文化"，是游客最为感兴趣的部分，也是船政文化遗产景观中真正具有旅游开发价值和符号传播价值的部分以及提升吸引力的要素。因此，船政文化遗产景观中隐藏的"意"如果得不到很好的挖掘，其旅游吸引力就难以提高。

3. 船政文化遗产的景观解说

如前所述，文化景观的形成是人类与自然环境共同作用的结果，但文化景观形成以后并不是固定不变的，文化景观的变化同样是人类活动所致。人类的思想和价值观，特别是占支配地位的利益集团的意愿会对文化景观的变迁和演化产生重要影响。

对于船政文化遗产来说，其文化再生产亦即旅游语境下的适应性再利用需要依托该遗产景观来进行。因此，应深入挖掘船政景观文化，按照规划者和管理者的经营理念对其加以规划塑造或景观更新，生产符合文化旅游者心理需求和时代主流意识的旅游产品，以满足游客的多元诉求。为此，对文化景观或旅游产品的解说就显得十分重要。目前，船政文化遗产旅游产品解说偏重于进行爱国主义教育，有意回避积贫积弱的晚清的屈辱历史，也忽视了船政文化遗产的多元价值，不符合近代中国既有众多仁人志士爱国图存的努力，也有腐败的晚清政府卖国求安、苟且偷生的历史事实。也就是说，船政文化解说还停留在静态的、单向的、浅表的解说阶段。弗兰斯·斯豪滕（Frans F. J. Schouten）认为，游客寻求的是一种体验，而不是一种历史真实性的生硬事实，这种体验的追寻可以通过解说来提供，"解说是使历史'真实'化的一门艺术"[①]。不同的游客因受其兴趣偏好、文化水平、职业特点、性别年龄等多个变量的影响，对于同一文化景观的理解可能存在很大差异，而复合型文化遗产景观因为具有多义性和不确定性尤其需要创新解说理念和手段，这是提升游客对船政文化遗产旅游产品体验的重要途径。

4. 船政文化遗产景观的再生产

从文化再生产理论角度来说，以船政文化遗产景观文化为基础来生产旅游产品具有广阔的空间。皮埃尔·布尔迪厄将文化资本划分为三种形态：具体形态、客观形态和体制形态。其中客观形态以文化商品的形式存在。从这个意义上来说，文化旅游产品自然是一个文化旅游地文化资本的物质性呈现。景区经营者和管理者是这种景区文化资本的代理人，游客则是这种以文化商品为表征的文化资本的实际消费者。文化商品在旅游场域中就具有了"象征性"意义。用布尔迪厄的话说，"文化商品则预先假定了文化资本。因此，生产手段的占有者必须找到一种方式去显现具体化的资本"。由此可见，景区文化再生产过程实际上是经营者、管理者和消费者（游客）相互"斗争"（或博弈）的过程。"这些斗争在文化产品市场（艺术场、科学场等）和社会阶级场中绵延不绝。行动者正是在这些斗争中施展他们的力量来获取他们的利润。"[②] 布尔迪厄的文化再生产理论主要是通过实践来体现的，与之相关的几个核心概念分别是：场域（field）、生存心态或惯习（habitus）、资本（capital）和行动者（agent）。

社会文化作为一个动态过程，其存在就像生态系统一样，有些"不

---

① Schouten, F. F. J., "Heritage as Historical Reality," in *Heritage*, *Tourism and Society*, edited by Herbert D. T., London: Mansell Publishing, 1995: 21–31.

② 包亚明主编《布尔迪厄访谈录：文化资本与社会炼金术》，包亚明译，上海：上海人民出版社，1997，第198—200页。

合时宜"的部分不断消失，那些满足社会需要的部分又在不断生成，新旧的相互抵消维持了文化系统的自身平衡。换句话说，只有反映经营者、旅游者或主流社会意识的旅游产品才可能被生产出来；一个场域"可以被定义为在各种位置之间存在的客观关系的一个网络（network），或是一个构型（configuration）"①。以文化遗产旅游产品经营者和消费者为代表的各利益相关者即行动者以元场域为基础，在旅游场域这个特定空间中开展各种形式的竞争。理论上，由于各方所占有的资源（资本）的差异，经营者或所有者拥有设计、选择、修改、生产旅游产品的权利，他们依据在实践中形成的惯习，在社会固有结构的影响下发挥个人能动性和创造性，船政文化遗产的旅游再生产亦是如此。游客以其长期的旅游实践对现有船政文化旅游产品进行解读，游客会有不同的诉求。这种不同诉求恰恰是船政文化再生产的积极动力。简言之，处于船政文化旅游地这个特定"场域"中的行动者，如当地政府、旅游投资商和运营商、社区居民、游客等，运用自己的"生存心态"（或惯习）和所掌握的"资本"进行权力博弈，共同对船政文化遗产变迁的方向产生影响。研究表明，遗产的内涵越丰富，其吸引力就越高。因此，作为复合型文化遗产的船政文化为旅游产品生产提供了广阔的创造空间。

　　王宁等认为，旅游客体的符号化过程是"意义的双重迁移"过程。第一重迁移是通过社会构建使吸引物成为承载某种神圣价值与理想（意义）的符号与象征；第二重迁移是消费者在体验吸引物过程中将旅游吸引物所代表的神圣价值与理想（意义）转移到消费者自己身上②。空间不再被认为是静止的，而是充满了能量和流动。景观部分既由生产和呈现它们的机构塑造，也由消费它们的游客塑造，他们的活动和精力影响着它们的性质和氛围③。因此，对于船政文化旅游产品开发来说，经营者首先将赋予某种社会价值与意义的旅游产品生产出来供游客欣赏与"阅读"，游客在持续消费的过程中不断地将自己的理解添加到吸引物之

①　〔法〕皮埃尔·布迪厄、〔美〕华康德：《实践与反思——反思社会学导引》，李猛、李康译，北京：中央编译出版社，1998，第133—134页。

②　王宁等编著《旅游社会学》，天津：南开大学出版社，2008，第167—168页。

③　Smith, M., and Richards, G., eds., *The Routledge Handbook of Cultural Tourism*, London and New York：Routledge, 2013：244.

上，反过来在随后的旅游产品生产中对经营者施加某种影响，从而丰富吸引物的内涵与意义。基于上述思路，笔者设计了船政文化遗产旅游吸引物社会价值建构及意义转移循环模型（见图 3 - 1）。

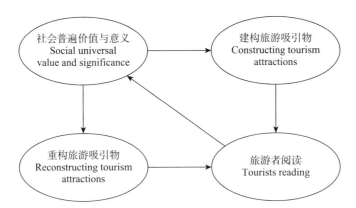

图 3 - 1　旅游吸引物社会价值建构及意义转移循环模型

在当前的文化遗产旅游产品开发过程中，过度现代化、商品化的倾向日益严重。特别是景观营造的现代化及过度商品化，削弱了景观的地方性，进而影响游客体验的地方感，也因此导致文化景观真实性的丧失和游客体验质量的下降。多数景区一味地从供给侧角度进行产品生产，而没有从需求侧角度考量产品供给和景观营造，换句话说，就是没有对游客诉求给予应有的人文关怀。更重要的是，景区经营主体没有意识到景观价值实现其实是主客共创的结果。因此，旅游吸引物（景观）社会价值建构应考虑到游客的创造性贡献，这是船政文化遗产旅游产品再生产需要重视的问题。

（三）实证分析

1. 马尾船政文化遗产旅游景观生产的游客意向调查

诚如上述，一直以来，高品质的马尾船政文化遗产并未生产出高附加值、高吸引力的文化旅游产品，景区发展不尽如人意。为准确了解游客对于马尾船政文化遗产旅游产品开发的预期，提炼出需要解决的宏观定位、中观规划和微观产品开发等方面的关键问题，笔者于 2021 年 4 月 4～5 日对在马尾船政文化遗产地旅游的游客等的意向进行实地调查。调查问卷主要在罗星塔公园、昭忠祠、中国船政文化博物馆、船政文化广场、船政格致园、马尾造船厂等处进行发放，被调查对象主要为船政景区的游客，也包括本地休闲与游憩者。调查以问卷为主，辅之访谈与观察。本次问卷共计300份，收回问卷287份，剔除连续规律作答及答案缺失问卷24份，实际有效问卷263份，有效率为91.64%。

（1）游客社会人口学特征分析

经描述性统计分析，样本人口学特征如表3－2所示，受访者男女性别比例基本平衡，并以福建省内游客为主，占比65.4%；以21～29岁年龄段青年群体为主，占比41.8%，40～49岁、30～39岁年龄段次之，分别占比18%左右；受访者的文化程度集中在本科层次，占比42.6%；受访者以学生、企事业单位管理人员、专业技术人员、职员或工人为主，共占比68.4%；在月收入水平调查中，3000元及以下和5001～8000元两个水平段的人居多；在了解景区的途径调查中，以亲朋好友介绍、当地政府旅游推介、网络、新媒体等为主，共占比86.6%，这表明游客自发宣传、政府官方推介与网络等线上宣传对于景区的推广具有重要意义，广播电视、旅游小册子、旅行社等传统宣传手段的作用明显下降；休闲度假、文化体验、增长知识成为受访者最重要的旅游动机，分别占比51.0%、53.6%、44.1%。

表3－2　马尾船政文化景区游客社会人口统计学特征

项目	选项	样本数（个）	有效百分比（%）
性别	男	133	50.6
	女	130	49.4
客源地	福州本市	91	34.6
	福建本省（非福州本市）	81	30.8
	其他省份	90	34.2
	境外	1	0.4
年龄	20岁及以下	31	11.8
	21～29岁	110	41.8
	30～39岁	48	18.3
	40～49岁	49	18.6
	50～59岁	15	5.7
	60岁及以上	10	3.8

续表

项目	选项	样本数（个）	有效百分比（%）
职业	公务员	9	3.4
	企事业单位管理人员	40	15.2
	专业技术人员	36	13.7
	教育工作者	27	10.3
	职员或工人	34	12.9
	离退休人员	6	2.3
	个体经营者	17	6.5
	学生	70	26.6
	其他	24	9.1
月收入水平	3000 元及以下	77	29.3
	3001～5000 元	42	16.0
	5001～8000 元	94	35.7
	8000 元以上	50	19.0
文化程度	高中、中专及以下	54	20.5
	大专	53	20.2
	本科	112	42.6
	研究生	44	16.7
了解景区途径	当地政府旅游推介	39	14.8
	亲朋好友介绍	91	34.6
	广播电视	8	3.0
	旅游小册子	6	2.3
	旅行社	1	0.4
	网络	69	26.2
	报纸杂志	5	1.9
	快手、抖音等新媒体	29	11.1
	其他	15	5.7
旅游动机（多选）	休闲度假	134	51.0
	探亲访友	25	9.5
	商务、公务活动	13	4.9
	文化体验	141	53.6
	怀旧	29	11.0
	好奇	27	10.3
	增长知识	116	44.1

（2）游客意向的因子分析

通过对数据的信度和效度检验，变量的信度检测 Cronbach's Alpha 值为 0.780，表明具有很好的可信度；对其效度的检测主要依据变量的 KMO 检测以及变量共同度、累计贡献率、因子负荷等要素来确定。本节采取主成分分析法来提取公共因子，使用最大方差法得出旋转矩阵，进行因子分析。经检测可知，其 KMO 值为 0.681，显著性为 0.000，适合作因子分析。

针对选取的 5 个变量采用主成分分析法提取公因子发现，因子 1 解释了 44.330% 的方差，因子 2 解释了 30.470% 的方差，他们共可解释原始变量 74.800% 的方差，且特征根都大于 1，因此提取相应的 2 个公因子（见表 3 - 3）。

表 3 - 3　总方差分解

单位：%

成分	初始特征值			提取载荷平方和			旋转载荷平方和		
	总计	方差百分比	累积百分比	总计	方差百分比	累积百分比	总计	方差百分比	累积百分比
1	2.703	54.067	54.067	2.703	54.067	54.067	2.217	44.330	44.330
2	1.037	20.733	74.800	1.037	20.733	74.800	1.524	30.470	74.800
3	0.633	12.662	87.462						
4	0.377	7.543	95.005						
5	0.250	4.995	100.000						

经过方差最大正交旋转后（见表 3 - 4）可知，按载荷高于 0.7 标准提取，第一个公因子主要由"主题与形象""产品开发与空间布局""展示与解说"三个变量决定，这些变量在第一个公因子提取中具有较高的载荷，也就是说保留了较高的信息量，如第一个公因子分别包含了上述三个变量的 80.9%、88.1%、84.9% 的信息，可见游客对马尾船政文化遗产旅游产品开发预期的感知是很强烈的。根据这些变量的特点，笔者将第一个公因子命名为"感知因素"。

第二个公因子主要由"总体印象""服务与管理"两个变量决定，他们在第二个公因子中具有较高载荷，分别保留了 83.3% 与 84.2% 的变量信息，可见，游客对马尾船政文化旅游体验的期望值很高。因此，笔者将第二个公因子命名为"体验因素"。

表 3 - 4　旋转后的因子载荷矩阵

	因子	
	1	2
总体印象	0.221	0.833
主题与形象	0.809	0.282
产品开发与空间布局	0.881	0.174
展示与解说	0.849	0.099
服务与管理	0.128	0.842

（3）游客意向的统计分析

调查表明（见表 3 - 5），虽然马尾船政文化旅游景区管委会对于这样具有国际影响力的资源禀赋认识是清晰的，但目前旅游开发缺乏宏观和系统的设计，主题定位不明，文化旅游产业发展处于初级阶段。总体而言，在船政文化遗产已开发的旅游产品中，"中国船政博物馆""昭忠祠（马江海战纪念馆）""罗星塔公园"，分别有 75.7%、67.3% 与 56.3% 的游客认为开发比较成功；对于船政文化遗产旅游开发目前存在的主要问题，58.2% 的游客认为旅游产品不够丰富，认为文化内涵挖掘不足与文化创意水平低的游客分别占比 49.0% 和 42.6%。

关于船政文化遗产旅游产品开发的重点，73.4% 的游客选择文化旅游；选择文化创意与研学旅行的游客分别有 39.5% 与 42.6%，总之，广义的文化旅游最受游客欢迎。

关于主题定位，游客普遍认为马尾船政文化旅游景区主题应该设定为马江海战主题与船政教育主题，其占比分别高达 70.3% 和 80.6%；另外分别有 36.1% 与 31.6% 的受访者认为也可将景区定义为海洋文化主题与工业遗产主题。

关于节事活动，有高达 98.8% 的游客认为在景区内有必要举行一些活动以进一步吸引游客，在船政文化演艺、船政知识竞赛、船模创意比赛、海洋非遗展演选项上的游客意向均在 44% 以上；此外，游客希望在马尾船政文化旅游景区举办中国海军节的意向高达 30.8%。总之，游客对在景区举办活动、节事等的期望值较高，故开展节事活动应该成为景区下一阶段吸引游客的重点发展方向，从而避免遗产静态展示带来的审美疲劳。

关于船政文化遗产旅游产品类型的重点开发方向，游客更倾向于军事遗产类与教育遗产类，占比分别高达62.0%和52.1%。同时，工业遗产类、海洋文化遗产类与战争遗产类亦占比40%左右，这说明游客对其也表现出浓厚的兴趣与期望，所以旅游产品类型的重点开发应向遗产多元化、复合型等方向发展，这与本章"复合"型文化遗产的定位相一致。40.7%的游客认为文化创意产业园是船政文化遗产旅游开发的理想形式。

在船政文化遗产旅游展示与解说方面，竟有高达74.9%的游客认为参与性、体验性不足，认为形式单调与高科技手段欠缺的游客分别占比45.2%和47.9%。由此可见，遗产的创新性展示和解说成为未来马尾船政文化遗产再生产的重要方向。

分别有77.2%和72.6%的游客认为，"历史悠久，知名度高"与"海军摇篮，特色鲜明"是船政文化遗产旅游发展的优势，该遗产地游客的推荐意愿高达91.3%，重游意愿为84.0%，表明游客对该遗产地在总体上满意度较高，但仍存在客观因素不足等问题。

表 3-5　马尾船政文化遗产旅游开发的游客意向调查（多选）

项目	选项	有效百分比（%）
您认为马尾船政文化旅游景区主题应该怎样设定？	工业遗产主题	31.6
	马江海战主题	70.3
	海洋文化主题	36.1
	殖民通商主题	11.0
	船政教育主题	80.6
您认为马尾船政文化旅游景区有必要举行哪些活动以吸引游客？	有必要举行活动	98.8
	船政文化演艺	65.8
	海洋非遗展演	44.1
	船模创意比赛	44.9
	船政知识竞赛	47.1
	中国海军节	30.8
	游艇比赛	18.6

续表

项目	选项	有效百分比（%）
您认为目前哪些马尾船政文化遗产景点开发比较成功？	中国船政博物馆	75.7
	昭忠祠（马江海战纪念馆）	67.3
	罗星塔公园	56.3
	马限山公园	18.3
	马尾造船厂	25.9
您认为目前哪些马尾船政文化遗产景点开发比较成功？	船政天后宫	8.7
	一号船坞	3.4
	英领事分馆、梅园监狱	13.3
	中国近代海军博物馆	21.7
	船政精英馆	7.6
您认为马尾船政文化遗产旅游产品开发的重点应该放在哪些方面？	观光旅游	39.9
	文化旅游	73.4
	研学旅行	42.6
	文化创意	39.5
	节事活动	12.5
	旅游演艺	19.8
	休闲度假	23.6
您认为下列哪些马尾船政文化遗产旅游产品类型需要重点开发？	军事遗产类	62.0
	工业遗产类	41.4
	建筑遗产类	31.9
	教育遗产类	52.1
	海洋文化遗产类	38.4
	异质文化类	10.6
	战争遗产类	41.8
您认为马尾船政文化遗产旅游开发的理想形式应该是什么？	生态博物馆	28.9
	研学基地	33.8
	文化创意产业园	40.7
	主题公园	31.2

项目	选项	有效百分比（%）
您认为马尾船政文化遗产旅游展示与解说还存在哪些不足？	形式单调	45.2
	内涵不足	15.2
	历史感不强	24.3
	高科技手段欠缺	47.9
	参与性、体验性不足	74.9
您认为马尾船政文化遗产旅游开发目前存在的主要问题有哪些？	旅游景区规模小	30.0
	旅游产品不够丰富	58.2
	文化创意水平低	42.6
	文化内涵挖掘不足	49.0
您认为船政文化遗产旅游发展的优势在哪个方面？	历史悠久，知名度高	77.2
	海军摇篮，特色鲜明	72.6
	遗产多元，内涵丰富	35.7
	交通便利，区位优越	15.2
您会向其他人推荐马尾船政文化遗产旅游景区吗？	会	91.3
	不会	8.7
您会重游马尾船政文化遗产旅游景区吗？	会	84.0
	不会	16.0

2. 马尾船政文化遗产旅游景观生产及产品开发的路径选择

如前所述，"复合"型文化遗产是多种遗产类型的叠加，具有多元文化价值。船政文化遗产是一种典型的"复合"型文化遗产，本章以它为案例具有一定的普适性。因此，通过上述的理论分析，结合调查结果，笔者认为，马尾船政文化遗产旅游产品开发应遵循如下路径。

（1）马尾船政文化旅游景区主题定位需要明确，目的地形象有待凸显。如前所述，马尾船政文化遗产属于一种罕见的叠加多种类型的复合型文化遗产，它不像单一遗产景区确定主题和形象那么容易。表3-4因子分析结果显示，游客对于马尾船政景区的主题与形象特别关注，结合表3-5的游客意向调查结果，说明马尾船政文化旅游景区的主题定位不明、旅游形象不够凸显。有70.3%和80.6%的游客认为马尾船政景区主题应该定为"马江海战"和"船政教育"。这个调查结果与前述马尾船政文化遗产内涵非常契合。福州船政局的创办，是洋务派寻求"富国强兵"的历史产物，但一场震惊中外的马江海战彻底暴露了晚清政府的腐败无能，也展示了爱国将士不怕牺牲、团结御侮的爱国精神。马尾船政学堂培养了我国第一批海军精英和近代中国科技人才，因此，"军事"和"教育"作为马尾船政文化旅游景区的主题定位是有其历史依据的。景区管委会和有关开发商应该注意提炼马尾船政文化遗产核心文化符号，提高军事遗产和教育遗产的旅游含量，在景区标识标牌、游步道、大型雕塑作品、实物陈设等实体景观设计上着力凸显上述主题。历史人物是马尾船政文化遗产的灵魂，因此，景区应以左宗棠、沈葆桢、严复、萨镇冰、刘步蟾等马尾船政学堂著名人物为核心，用"软"和"硬"两种手段凸显马尾船政学堂"中国海军摇篮"这样的主题形象。所谓"软"，就是运用山水实景演艺产品、节事产品、文化创意产品、研学旅行产品等来展示上述船政精英的历史事迹和爱国情怀；所谓"硬"，就是要避免将英雄人物的感人事迹和富国强兵的人生追求表达简单化、扁平化和静态化，而是要立体化、雕塑化和鲜活化。将马尾船政文化遗产的上述主题物质外化，让游客对其产生深刻的印象。

（2）马尾船政文化旅游景观生产须组合化和国际化。根据表3-3和表3-4结果，游客对船政文化旅游的产品开发与空间布局期望值较高。也就是说，游客认为马尾船政旅游景区规模小，旅游产品不够丰富，占比分别为30.0%和58.2%。目前，船政文化旅游景点比较分散，且遗产核心区域与生产生活区、商业区交错混杂，没有形成功能完整的旅游区，既影响了船政文化旅游景观形象的清晰度，也不便于游客参观游览，降低了旅游体验质量。

首先，在景观组合上，应注意核心景区与外围景区的文化旅游景观的整合，以实现其规模效应。表3-5调查显示，游客认为中国船政博物馆、昭忠祠（马江海战纪念馆）和罗星塔公园三处景观是开发比较成熟的景点，游客占比分别是75.7%、67.3%和56.3%，其余景点占比均不超过26%，这说明船政文化旅游景区旧观并没有发生改变。鲍勃·迈克彻等认为，国际上文化遗产旅游开发一般采取产品组合化、开辟旅游区、开发线形游览线路以及举办节事活动等手段[1]。因此，要开发成功能完

---

① 〔加〕Bob McKercher、〔澳〕Hilary du Cros：《文化旅游与文化遗产管理》，朱路平译，天津：南开大学出版社，2006，第118—121页。

整的旅游区和线路清晰的游览线路，就必须加大遗产资产整合力度。比如，可以以船政文化遗产景区为核心，将千年闽安古镇、亭江北岸炮台、郑成功抗清古堡等文化景观整合到核心景区内，辅之以民俗文化等民俗风情类旅游产品，如建设以闽安古镇为中心的"马尾民俗文化风情园"等，从而实现核心景区与外围景区的合理布局和空间的规模效应，丰富游客旅游体验，延长其停留时间。

其次，在景观结构上，组合化和系列化的产品开发与设计，有助于形成文化旅游景观的集聚效应。表3-5调查结果表明，很多游客认为船政文化遗产资源禀赋优良，分别有77.2%、72.6%的游客认为其具有"历史悠久，知名度高""海军摇篮，特色鲜明"的资源优势。这一点从游客的推荐意愿（91.3%）和重游意愿（84.0%）上也能够看出来。但游客普遍认为目前船政文化遗产旅游产品存在品种单调、无主线、上下游产品链缺乏等不足，换句话说，船政文化遗产旅游区没有为游客提供完整的系列产品，游客难以留下深刻完整的印象和获得充分的认知体验。"复合"型文化遗产景观多样、内涵丰富、价值高，只有组合化、成系列的旅游产品才能充分反映其深刻的文化内涵和多元价值。从表3-5中可以看出，游客希望马尾船政景区旅游产品开发的重点应该放在文化旅游（73.4%）、研学旅行（42.6%）、观光旅游（39.9%）、文化创意（39.5%）四个方面。在产品组合上，首先突出军事遗产类（62.0%）、教育遗产类（52.1%），其次是战争遗产类（41.8%）和工业遗产类（41.4%），再次是海洋文化遗产类（38.4%）和建筑遗产类（31.9%），以此丰富船政文化旅游产品类型、扩大旅游产品规模。此外，除了满足文化水平较高的仿古怀旧型游客参观学习、自我陶冶、怀古幽思等需要外，还要考虑到中小学生研学旅行、文化创意的需要。调查显示：98.8%的游客认为景区有必要举行节事活动，希望举办"船政文化演艺"（65.8%）、"船政知识竞赛"（47.1%）、"船模创意比赛"（44.9%）、"海洋非遗展演"（44.1%）和"中国海军节"（30.8%）等活动。为此，船政文化景区应依托船政学堂开展工业遗产旅游、军舰制造研学旅行；依托闽江入海口的自然资源优势开展大型水上节事和游憩活动，比如龙舟竞渡、游船巡航等；依托海滨地理位置和闽安古镇开展"渔家乐"、马尾民间民俗节事和庙会等；依托罗星塔、天后宫等开展名胜古迹观光游；

依托异质文化遗存梅园监狱和英国领事分馆开展爱国主义教育旅游；依托马江海战遗迹、中坡炮台和亭江北岸炮台等开展战地旅游等，以满足不同旅游者的需要。正如华人地理学家段义孚先生所言"景观并不是一个简单质朴的对象，只是简单地向凝视它的人传达一个固定的含义。相反，游客和当地人都是意义的创造的积极参与者"①。

最后，就船政文化个案而言，因其与英法等国的天然联系，其景观生产和产品开发还应体现国际化和全球化因素，以延伸其价值链。西雅娜·特肯里（Theano S. Terkenli）就认为，"旅游景观从本质上和功能上都成了这种新的全球空间文化经济的雄辩的地理媒介和表达方式，承载、促进和展示比过去更加流动的、复杂的、超现实的和地理化的新型空间体验"②。马尾船政学堂的学员大多留学英法，其教习也多聘自英法，且留下大量文献资料和历史遗存。从这个意义上说，船政文化旅游资源及文化景观本身就具备较强的国际化色彩，这对于吸引国际游客具有天然优势。研究表明，在全球化时代，本土文化只有通过全球化这个棱镜才能折射出其民族性和本土化，船政文化旅游景观生产也不例外。

（3）遗产解说的创新是彰显船政文化遗产景观多元文化内涵的重要手段。"复合"型文化遗产因其内涵深刻、价值多元、类型多样，给一般大众游客的"阅读"带来不小的困难，而传统的自导式和向导式的静态解说方式已不能满足文化体验型游客的心理预期。表3-3和表3-4显示，游客对船政文化遗产景观及其旅游产品的"感知价值"充满期待。若要充分彰显船政文化遗产旅游产品的多元内涵、满足游客高质量体验需要，就必须创新遗产解说的理念和手段。

表3-5中游客意向调查结果显示，马尾船政文化遗产旅游产品的展示和解说与主观要求还存在一定差距。绝大多数游客认为船政文化遗产旅游产品缺乏参与性、体验性不足（74.9%）；其次是文化内涵挖掘不足（49.0%）、缺乏高科技手段（47.9%）、形式单调（45.2%）和文化

---

① Tuan, Y. F., "Space and place: Humanisitic Perspective," *Progress in Human Geography* 6, 1974: 233 - 246.

② Terkenli, T. S., "Landscapes of Tourism: Towards a Global Cultural Economy of Space?" *Tourism Geographies*, 2002, 4 (3): 227 - 254.

创意水平低（42.6%）等。遗产解说的理念创新就是要突破单纯传播历史事实的思想。弗里曼·蒂尔登（Freeman Tilden）认为，遗产解说的主要目的不是介绍而是激发①。大卫·乌泽欧（David Uzzell）更强调："解说是有趣的、迷人的（engaging）、令人享受的（enjoyable）、信息丰富的（informative）和使人愉快的（entertaining）……并提供一种宣泄的体验。"② 因此，船政文化遗产旅游解说应借鉴国际先进理念，变传统的静态解说为动态解说。马江海战、船政人物、船政教育等无形文化为遗产旅游解说提供了非常生动而丰富的素材。除左宗棠、沈葆桢等创办者外，马尾船政学堂还培养了一大批海军人才，他们在中国近代史上具有举足轻重的地位，如严复、萨镇冰、刘步蟾、林永升、邓世昌、詹天佑等，他们是近代中国海军的脊梁和铁路建设的开拓者。在甲午海战、辛亥革命、抗日战争甚至解放战争中都留下了他们及其子孙后代的身影，对于这部分历史事实的生动解说，可以激发游客的爱国热情，加大其旅游体验深度。

"景观的视觉/材料、体验/功能和符号/认知，可以被理论解释为形式、功能和意义，它们高度相关和相互作用。"③ 遗产解说的技术创新主要是运用声、光、电、3D 多媒体、VR、AR 虚拟影像等现代高新技术，使之与遗产资产融合，通过舞台化的展演，再现马江海战场面和相关历史场景，将游客带回晚清，特别是 1884 年的历史氛围中，使游客获得现场感和体验感。此外，影视作品对于文化遗产的展示、解说和传播具有强大功能。例如，一部《甲午风云》影响了整整几代人，激发过无数青少年强烈的爱国热情，马江海战亦应如此。

从文化再生产角度来说，经营者应根据游客的惯习（habitus）和品位（taste）偏好，运用情景再现、影视传播、静态和动态展示相结合等手段实现遗产区文化资本的增殖，创新展示方式，以便于游客"阅读"。詹姆斯·邓肯等（James S. Duncan, et al.）认为，"景观可以被解读为

---

① Tilden, F., *Interpreting Our Heritage* (Fouth Edition), Chpel Hill: University of North Carolina Press, 2007: 35.

② Uzzell, D., *Heritage Interpretation* (Vol. 1): *The Natural and Built Environment*, London: Belhaven Press, 1989: 41.

③ Terkenli, T. S., "Landscapes of Tourism: Towards a Global Cultural Economy of Space?" *Tourism Geographies*, 2002, 4 (3): 227 – 254.

具体形式的充满意识形态的文本，为特定目的而制作"①。问卷结果显示，游客对一些异质文化类产品的展示普遍评价较低（见表3-5），主要是因为它们展示方式陈旧，形式呆板，文化内涵没有得到充分呈现，游客"阅读"困难、体验不深。贝拉·迪克斯（Bella Dicks）认为，活态历史博物馆模式是目前世界上流行的遗产再生产方式，因为"它基于使历史更加真实、更易接近的思想"，活态历史博物馆如瑞典斯堪森露天民俗博物馆、威尔士生活博物馆、澳大利亚约维克海盗中心等。这种新型博物馆模式强调"技术、多媒体展示，以及通过高科技旅行、模拟等制造充满感官体验的戏剧场景"②。根据船政文化的历史遗存及遗产所在地的地形地貌，可以考虑建设"船政工业活态遗产博物馆"、"海洋文化主题公园"和"战争遗址公园"等，以弥补目前船政文化旅游景区历史内涵展示和文化氛围营造方面的缺陷。

（4）船政文化旅游景观生产与管理须注意场所和细节的真实性，提高游客体验满意度。从文化再生产角度而言，任何人类活动都是在特定场域中进行的，遗产旅游也不例外。旅游活动场所的真实性是游客高质量体验的重要保证。在所谓后旅游时代，游客对于旅游产品内涵的体验要求很高。达伦·蒂莫西（Dallen J. Timothy）在《文化遗产与旅游的政治性质》一书的导言中说，当代大部分有关文化遗产语境中真实性的研究主要集中在作为遗产表达的手工艺—纪念品（handicraft-souvenir）生产以及建筑物、场所和事件上。"'真实性'的诸特征对遗产旅游的规划和管理具有显著的意义。"③ 问卷表明（见表3-5）：73.4%的游客认为马尾船政文化遗产旅游产品开发的重点应该放在文化旅游上，这说明游客对目前船政文化遗产浅表化的展示存在不满，也就是说船政文化深刻的历史内涵没有有效转化为外显的旅游吸引物，影响了游客的体验质量。表3-4因子分析结果和表3-5游客意向调查结果也说明，游客对旅游产品类型拓展和参与性提高抱有非常强烈的期待。贝拉·迪克斯认为，

---

① Duncan, J. S., and Duncan, N. G., "（Re）reading the Landscape," *Environment and Planning D Society and Space*, 1988, 6 (2): 117–126.

② 〔英〕贝拉·迪克斯（Bella Dicks）：《被展示的文化：当代"可参观性"的生产》，冯悦译，北京：北京大学出版社，2012，第127—129页。

③ Timothy, D. J., ed., *The Political Nature of Cultural Heritage and Tourism*, Hampshire, UK: Ashgate Publishing Limited, 2007.

"展示若能呼应流传下来的故事，如运用著名的奇闻轶事、往事和图像细节，那么也会被认为是真实的。相反，如果仅为寻求增加考古知识或仅为发现历史而来的外来参观者，他们对展示的遗产可能没有多少自我认同"①。船政文化在中国近代史上创造了无数个第一，拥有丰富的"奇闻轶事、往事和图像"资料，可以说，一部船政文化史就是一部近代中国海军发展史，船政人物活动的历史就是中国近代史的缩影。所有这些都是船政文化旅游再生产的重要素材和"背景文化"。因此，可以考虑建立"海军军事题材影视拍摄基地"，加大系列船政人物历史专题片和影视作品的创作力度；建设"中国海军国际会议中心""海事、海军院校毕业生实习基地"，经常性地举办海军历史及军事学术研讨会；围绕船政文化历史上的重要事件举行盛大的纪念活动，如马江海战周年祭等，真正将"中国海军摇篮"的真实性场景和历史氛围营造出来。不过，经营者应尽量避免景观生产的过度商品化，这是维持遗产开发与保护动态平衡的基本原则。唯有如此，方能提高游客体验的满意度，实现遗产地旅游可持续发展。

（5）船政文化遗产旅游景观再生产应注意形与意的统一、文化与自然元素的相互融合。从文化景观理论角度来看，文化景观旅游吸引力的核心在其"意"上，而遗产景观的"形"是遗产的外在表现，只有做到"形""意"的和谐统一，才能具有永久的生命力。就马尾船政文化遗产旅游景观来说，其"形"在于闽江出海口的独特的地理位置和物质遗存，所以，无论是"文化创意产业园"（40.7%）、"研学基地"（33.8%），还是"主题公园"（31.2%）或"生态博物馆"（28.9%）的建设（见表3-5），都应深入挖掘船政文化内涵，其外显要素和特征包括景观构成的细微要素都只能是特定地域的产物。此外，船政文化景观的非物质要素，如节事活动等，也不能游离于船政文化遗产的核心内涵之外。

"复合"型船政文化遗产也是一种复合景观，马尾船政文化遗产虽地处闽江沿岸，但长期以来由于强调发展工业遗产旅游，忽视了马江沿岸和出海口等美丽的自然风景，摒弃了其所处的自然景观的独特魅力。

---

① 〔英〕贝拉·迪克斯（Bella Dicks）：《被展示的文化：当代"可参观性"的生产》，冯悦译，北京：北京大学出版社，2012，第134页。

文化景观是由自然基底和人类活动组成，亦即包含了自然和人文的双重元素，对于景区来说，其旅游景观的生产同样需要融合文化与自然双重因子。"通过将自然环境与土地上的文化表达结合在一起，景观的概念允许旅游景点的物理设置与嵌入这些景点的文化表现形式一样重要。"[①] 当年左宗棠选择马尾作为船政学堂基址，也正是看中这里山海兼备、形势险要的地理位置。这就要求船政文化旅游景区在进行景观再生产的同时不能忽略其自然元素，因为只有将这两者结合起来才能生产出真正的旅游精品。所以，船政文化遗产地江海并存、山水共舞的自然底蕴对于构造旅游景观系统来说是不可或缺的要素，也是形成船政文化旅游产品体系必不可少的基石。

第四节　结论

文化景观被定义为"文化烙印在土地上的模式"[②]，或"久居的人类社会物质栖息地随时间的连续变化"[③]。顾名思义，文化旅游景观则是人类因应旅游需求而将传统文化景观旅游化或深入挖掘文化景观内涵所创造的旅游景观的过程和结果。福建马尾船政文化遗产作为典型的"复合"型文化遗产，它是在同一空间中多种文化景观元素的叠加，它们代表不同利益主体所创造的文化遗产，既有我族文化遗产，也有异族文化遗存，既有正面的积极向上的文化标志物，也有令人屈辱和沮丧的文化符号。因此，在文化旅游景观生产中，旅游景观生产的方向则由政府主导。马尾船政文化遗产作为复合型遗产，在文化旅游发展过程中，首先需要选择其主要文化景观作为目的地主题和形象定位的依据，否则，要

① Knudsen, D. C., Metro-Roland, M. M., et al., "Landscape, Tourism, and Meaning: A Conclusion," in *Landscape, Tourism and Meaning*, edited by knudsen, D. C., Metro-roland, M. M., and Soper, A. K., et al., Hampshire, UK: Aahgate publishing Limited, 2008: 134.

② Domosh, M., "Cultural Landscape in Environmental Studies," in *International Encyclopaedia of the Social and Behavioural Sciences*, edited by Smelser, N., Bates, P., New York: Elsevier, 2004: 3081 – 3086.

③ Conzen, M., "Cultural Landscape in Geography," in *International Encyclopaedia of the Social and Behavioural Sciences*, edited by Smelser, N., Bates, P., New York: Elsevier, 2004: 3086 – 3092.

么陷入同质化的陷阱，导致其无地方性；要么形成"混搭"式的旅游地，导致游客地方感"混乱"。其次，"复合"型文化遗产旅游景观和旅游产品的生产，需要根据资源禀赋特征和空间差异，采取整合和组合策略，处理好全球化和在地化的关系，通过全球市场凸显地域文化。再次，有效的遗产解说是增强游客对"复合"型文化遗产隐性内涵理解的重要手段，需要解说者具备"复合"型遗产知识和文化自觉。然后，注重真实和细节是提升游客体验的重要途径。最后，在文化景观的塑造上，应注意其形、意统一，文化与自然元素的有机融合。

景观既可以作为空间的一个单元，又可以作为文化遗产的一个单体，是文化旅游研究的一个微观视角，颇具学术张力；然而，现有文化旅游研究往往关注所谓的"宏大叙事"而忽略了旅游景观的"精雕细刻"。事实上，它有助于文化旅游理论的建构。就像盖房子需要砖瓦一样，没有砖瓦，房子照样盖不起来。正如丹尼尔·克努森、米歇尔·米特罗兰德和安妮·索珀（Daniel C. Knudsen, Michelle M. Metro-Roland, and Anne K. Soper）在《景观、旅游和意义》一书的结论中所强调的那样。

如果旅游理论要向前发展，就必须将旅游理论的重点从游客转向旅游景观，因为这样的重新关注使旅游学者能够检验旅游—景观—身份的联系。以这种方式考察旅游是富有成效的，因为它允许研究身份和景观之间的关系，旅游和景观之间的关系，以及它们在与意义的交叉方式方面有足够的复杂性。与此同时，它也没有忽视游客的作用，因为景观是由塑造它们的人和诠释它们的人赋予意义的。①

从这个角度而言，未来研究还可以从利益相关者角度探讨不同利益主体对"复合"型文化遗产旅游景观生产的主张。本研究只是一个基于游客感知的、从文化再生产和文化景观视角分析"复合"型文化遗产

① Knudsen, D. C., Metro-Roland, M. M., Soper, A. K., "Landscape, Tourism, and Meaning: A Conclusion," in *Landscape, Tourism and Meaning*, edited by Knudsen, D. C., Metro-Roland, M. M., Soper, A. K., et al., Hampshire, UK: Aahgate Publishing Limited, 2008: 133.

（文化景观）旅游开发路径的尝试，而这个案例地基本上是同质化的遗产景观，相对较为简单。而对于像耶路撒冷那样具有强烈冲突的"复合"型文化遗产地来说，情况会更加复杂，这类遗产是否也存在一个冲突的连续统（Continuum），还有待深入探讨。

第四章　从物质到精神：历史街区文化旅游空间生产的"三位一体"模式

随着城市化进程的加快，老城区更新改造、传统街区功能再定位面临许多挑战，尤其是过度商业化的挑战。旅游是一把"双刃剑"，给人以"好恶交织"的矛盾感觉[①]。有学者夸张地将其视为"帝国主义的一种形式"[②]。的确，控制得好，旅游发展可以"反哺"文化遗产保护，而管理得不好，旅游会成为文化遗产保护的一种"异质"力量。因过度商业化而导致的世界文化遗产地被黄牌警告的案例不在少数，如英国利物浦阿尔伯特船坞、我国张家界武陵源和福建永定土楼等。在我国历史街区文化旅游开发中拆迁过度、文化形象模糊、真实性缺乏、对地方文化误读以及过度商业化等问题相当严重。当下我国古城、古镇大多开发步行街或特色街区，但经济理性驱使开发商过于注重物质空间的改造而忽略文化氛围的营造，导致迪士尼化、同质化的"千城一面"，有的沦为所谓"鬼城"，使得所在区域失去地域特色，变得无地方性（placelessness）。在此背景下，如何在保护历史街区整体风貌的前提下，深入挖掘其文化资源，提炼其文化内涵，注入文化要素，换句话说，如何充分调动地方文化资本储备，将地域文化的特质融入历史街区的景观设计和文化旅游空间生产，从而纠正只注重物理空间生产的偏颇，进而关注空间中的内容生产，再注意空间本身的生产的逻辑延伸，把历史街区打造成"有意味"的文化旅游空间，是城市老城区更新改造和文化保护面临的重大挑战。因此，加强历史街区文化旅游空间生产的研究无疑具有实践和理论的双重意涵。本章借助亨利·列斐伏尔（Henry Lefebvre）和大卫·哈维

---

① 王宁：《旅游、现代性与好恶交织——旅游社会学的理论探索》，《社会学研究》1999年第6期，第93—102页。

② 〔美〕丹尼森·纳什：《作为一种帝国主义形式的旅游》，载〔美〕瓦伦·L.史密斯主编《东道主与游客：旅游人类学研究》（中译本修订版），张晓萍等译，昆明：云南大学出版社，2007，第34—48页。

（David Harvey）等的空间生产理论，以近代世界三大"茶港"之一的中国福州上下杭历史街区为案例地，对上述空间生产问题进行实证研究和理论分析，以期为当下我国老城区文化旅游可持续发展提供借鉴。

第一节 国际老城区更新中的文化旅游空间生产

以文化为导向的老城区更新改造是世界上许多国际化大都市的一个核心战略①。早在 20 世纪 70 年代，欧美学术界就注意到城市产业转型过程中文化遗产地空间转向的问题。20 世纪 70—80 年代，西方国家为应对制造业等传统产业的衰退，其城市经济开始向游憩化、节日化、老城区"遗产化"转向。所谓内城区的"遗产化"，它源起于 19 世纪的意大利的威尼斯、比利时的布鲁日、德国陶伯河上的罗腾堡的旅游发展。欧洲城市大多通过"文化遗产"口号来建构形象和品牌。这种标签化产生了值得参观的地标建筑。这一遗产化过程对于中小城市最重要，它深刻地改变了空间的性质，比如德国的特里尔、西班牙的托莱多、意大利的比萨和法国的卡卡松②。文化旅游是欧洲老城区"遗产化"的重要载体。格雷戈里·J. 阿什沃思和约翰·E. 滕布里奇（Gregory J. Ashworth & John E. Tunbridge）将内城区"遗产化"称为"旅游—历史城市"（tourist-historic cities）③。与遗产旅游产品有关的专业术语往往被冠以"遗产产业"（heritage industry）、"遗产吸引物"（heritage attraction）等名称④。理查兹·普伦蒂斯所列举的文化遗产旅游产品类型多达数十种，既包括物质文化遗产旅游产品，也包括非物质文化遗产旅游产品，如表演艺术、节日庆典、艺术画廊等⑤。格雷格·理查兹等欧盟文化旅游学者以欧洲"文化之都"评选案例为考察对象，发现文化资本集聚空间多为欧洲老牌历史城市，其文化

---

① Garcia, B., "Deconstructing the City of Culture: The Long-term Cultural Legacies of Glasgow 1990," *Urban Studies*, 2005, 42 (5/6): 841–868.

② Stock, M., "European Cities: Towards a 'Recreational Turn'?" *HAGAR · Studies in Culture, Polity and Identity*, 2006, 7 (1): 1–19.

③ Ashworth, G. J., & Tunbridge, J. E., *The Tourist-Historic City: Retrospect and Prospect of Managing the Heritage City*, Oxford: Elsevier Science, Ltd, 2000.

④ 张朝枝、保继刚：《国外遗产旅游与遗产管理研究——综述与启示》，《旅游科学》2004 年第 4 期，第 7—16 页。

⑤ Prentice, R., *Tourism and Heritage Attraction*, London and New York: Routledge, 1993: 39.

旅游发达区域恰恰就是这些文化资本集聚区域①。正如莎伦·祖金所言，寻找新的目的地受文化资本也具有空间成分这一事实的影响。独特的建筑、历史建筑、名胜古迹或重要的文化场所都是文化资本的空间表征，赋予特定地点一种符号价值。文化越来越成为城市旅游吸引力和独特竞争优势的基础。祖金认为，这些文化特征构成了一个地方真正的文化资本，而文化资本又可以塑造其居民的生活方式和文化消费，对社会认同和社会控制具有重要意义，也是构建空间的一种手段②。新加坡对于唐人街的更新改造走过一段弯路。新加坡独立之后，政府致力于提高人们的生活水平、为公众提供更好的居住条件，启动了综合的旧城改造计划，住房和发展局城市改造部承担了改造唐人街的任务。在被改造后的唐人街上叫卖小贩渐渐消失了，他们被安排到永久小贩中心，以便腾出地方来兴建公寓楼，这给唐人街的面貌、氛围和活动带来了巨大的变化。20世纪80年代中期新加坡政府委派旅游工作小组重新审视早先的开发效果。研究报告称，"我们在努力建设一个现代大都市的同时，抛弃了我们东方的神秘和魅力，这些在我们古老的建筑、传统节事以及在熙熙攘攘的路边活动中得到很好的体现"。于是开启了唐人街重建计划，由新加坡城市重建局和旅游促进局共同负责，试图在保护过去和满足现在需求之间保持一个平衡。重新恢复的唐人街保留了许多传统活动和社区生活方式，如大排档、小商贩提供的露天烹饪、传统街区里的工匠和商人，以及理发师、木匠和巫师。此外，还举办很多文化节目，包括哇扬戏、诗歌朗诵和武术，而且全年都有街头卖艺表演、活动和事件。所有这些做法着力推广"新加坡—新亚洲"文化旅游品牌，将新加坡打造成面向西方游客的亚洲文化的浓缩景观，试图真实地再现过去③。新加坡案例证明以文化为导向的老城区更新是成功的，它巧妙地处理好了全球化与在地化的关系，通过历史街区的文化资源的深度挖掘与重组，构建了崭新的具有浓郁地域风情的新加坡新形象④。这些老城区更新改造的历史经验和教训，从

① Richards, G., "The Social Context of Cultural Tourism," in Cultural Tourism in Europe, edited by Richards, G., Wallingford, UK: CABI, 1996: 39 - 52.
② Zukin, S., The Cultures of Cities, Massachusetts and Oxford: Blackwell publishers, 1995.
③ Henderson, J., "Attracting Tourists to Singapore's Chinatown: A Case Study in Conservation and Promotion," Tourism Management, 2000, 21 (5): 525 - 534.
④ Chang T. C., Yeoh B. S. A., "New Asia-Singapore: Communicating Local Cultures Through Global Tourism," Geoforum, 1999 (30): 101 - 115.

正、反两个方面为我国老城区改造提供有益的借鉴。

第二节　文化旅游空间生产的理论解读

"空间的生产"理论（以下简称"空间生产"理论）是法国著名社会学家亨利·列斐伏尔于 1973 年在其所著的《空间的生产》一书中提出的。列斐伏尔在批判亚里士多德的"有限空间"、牛顿的"绝对空间"和康德的"先验空间"以及莱布尼兹的"经验空间"等"物质和精神"二元对立论基础上提出了用于分析城市空间及其"总体性"（totality）的"概念三元组"（conceptual triad）——空间的实践（spatial practice）、空间的表征（representations of space）和表征的空间（spaces of representation）。大卫·哈维和爱德华·索亚（Edward Soja）发展了列斐伏尔的"概念三元组"，特别是爱德华·索亚，他在列斐伏尔"概念三元组"的基础上建构了"空间三元辩证法"（spatial trialectics）的概念，并用"第三空间"（the third space）命名超越二元对立并持续衍生的可能性场所。"空间三元辩证法"，即空间具有物质、社会和精神三重属性，是自然空间（或物质空间）、社会空间与精神空间（或意义空间）的辩证统一，它深刻揭示了资本主义条件下开发理念发生了从"空间中事物的生产"到"空间本身的生产"的转变①。所谓"第三空间"，索亚将其定义为"用来理解人类生活'空间性'（spatiality），并通过社会行动对其做出改变的另一种方式。它是一个独特的、具有空间批判意识的模型"②。

列斐伏尔等的"空间的生产"概念是一个"空间实践"、"空间的表征"和"表征的空间"三元一体复杂体系③。具体而言，所谓"空间实践"是指人们在日常生活中可以感觉到的"物质空间"；"空间的表征"是指人为建构的空间，是一种理性抽象空间，其间充斥着意识形态、权力和知识；"表征的空间"是指直接与"生活"有关的空间。依笔者的

---

① 〔法〕亨利·列斐伏尔：《空间：社会产物与使用价值》，载包亚明主编《现代性与空间的生产》，上海：上海教育出版社，2003，第 47—48 页。

② 韩勇、余斌等：《英美国家关于列斐伏尔空间生产理论的新近研究进展及启示》，《经济地理》2016 年第 7 期，第 19—26 + 37 页。

③ Lefebvre, H., *The Production of Space*, Translated from the French by Smith, D. N., Oxford: Blackwell, 1991: 31 – 46.

理解，列斐伏尔的空间生产的"概念三元组"类似于布尔迪厄的"场域"，以及第一章所述的以拉图尔为代表的巴黎学派行动者网络理论中的"网络"概念，是一种权力关系和社会网络，其间充满着权力斗争和意识形态冲突。资本、权力和阶层等政治、经济和社会要素主导着资本主义社会城市的空间生产，这就使得资本主义社会城市空间生产带有不正义性，即城市空间的布尔乔亚化，将普通劳动者排斥在资源共享之外。因而，"空间正义"是亨利·列斐伏尔、大卫·哈维、爱德华·索亚等理论家所关注的主要问题之一。

贝斯姆·哈基姆（Besim S. Hakim）提倡在城镇和社区发展中应用动态"生成过程"（generative process）理念，历史街区被描述为具有动态复杂的适应环境的属性，提倡要保持该地区的完整性、特征和地方感，避免出现使人工环境冻结的静态结果，并出现了游客感兴趣而不是生活在那里的人感兴趣的博物馆①；凯文·福克斯·哥谭（Kevin Fox Gotham）探讨城市旅游转换空间的不合理和矛盾，广泛关注旅游和当地文化之间的关系②。安靖·毕伯鲁等（Engin Eyüboğlu, et al.）设计出了伊斯坦布尔一个历史核心区加拉塔发展和变化的战略轴，以及整修、升级和更新的关键地点，并采用空间型构数位分析法客观评价历史核心区的问题和制约因素，进而提出重建历史核心区的建议③。

国内对于历史街区旅游开发的研究关注利益相关者权力博弈、"空间正义"、政府角色转变和公众参与等方面，正、反两方面的案例均存在，前者如上海新天地④、北京梅竹斜街⑤，后者如武汉楚河汉街⑥。有学者

① Hakim, B. S., "Generative Processes for Revitalizing Historic Towns or Heritage Districts," *Urban Design International*, 2007, 12 (2-3): 87-99.

② Gotham, K. F., "Theorizing Urban Spectacles Festivals, Tourism and the Transformation of Urban Space," *Cities*, 2005, 9 (2): 225-246.

③ Eyüboğlu, E., et al., "A New Urban Planning Approach for the Regeneration of an Historical Area within Istanbul's Central Business District," *Journal of Urban Design*, 2007, 12 (2): 295-312.

④ 姜文锦、陈可石、马学广：《我国旧城改造的空间生产研究——以上海新天地为例》，《城市发展研究》2011年第10期，第84—89+96页。

⑤ 朱昭霖、王庆歌：《空间生产理论视野中的历史街区更新》，《东岳论丛》2018年第3期，第173—179页。

⑥ 胡志强、段德忠、曾菊新：《基于空间生产理论的商业文化街区建设研究——以武汉市楚河汉街为例》，《城市发展研究》2013年第12期，第116—121页。

建议在历史街区商业环境中促进非物质文化遗产有形化①，提出以历史空间重构为手段，结合文化旅游和古城历史空间要素特征及影响因素等进行空间优化②。郭文根据列斐伏尔空间生产的"概念三元组"构建了"旅游物理—地理空间"、"旅游社会—经济空间"和"旅游文化—心理空间"的"旅游空间实践体系"③，有一定的参考价值。

　　国外一般将历史街区称为文化街区（cultural quarters）、历史城区（historic urban areas）、历史核心区（historical core area）、民族街区（ethnic quarters），也有用"近邻社区"（neighbourhood）和游憩商业区（recreational business district）概念的。前者如欧洲老城区，后者如欧美国家的唐人街等。我国正式提出"历史街区"的概念是在1986年国务院公布第二批国家级历史文化名城时，2002年10月修订的《中华人民共和国文物保护法》正式将历史街区列入不可移动文物范畴，具体规定为："保存文物特别丰富并且具有重大历史价值或者革命纪念意义的城镇、街道、村庄，由省、自治区、直辖市人民政府核定公布为历史文化街区、村镇，并报国务院备案。"历史街区和历史城区两个概念最为接近。"历史城区"最早于1987年出现在国际古迹遗址理事会《华盛顿宪章》之中，并将历史城区定义为："不论大小，包括城市、镇、历史中心区和居住区，也包括其自然和人造的环境。……它们不仅可以作为历史的见证，而且体现了城镇传统文化的价值。"西蒙·罗德豪斯（Simon Roadhouse）将文化街区定义为"大型城镇或城市的一个地理区域，通过一组专门容纳一系列文化和艺术活动的建筑的存在，以及旨在设计或改造的空间，创建认同感，并提供一个环境，以促进和鼓励文化和艺术服务和活动的提供，作为文化和艺术活动的焦点"④。但运用最多的还是文化街区。但从上述定义来看，文化街区并不能体现历史文化内涵，而历史城区范围

---

① 赵海荣：《HRBD中非物质文化遗产利用研究》，《山西师范大学学报》（自然科学版）2015年第1期，第109—112页。

② 石昊岭、汪霞：《文化旅游视角下古城游憩商业区历史空间优化研究——以古城开封市为例》，《特区经济》2015年第6期，第125—126页。

③ 郭文：《空间的生产与分析：旅游空间实践和研究的新视角》，《旅游学刊》2016年第8期，第29—39页。

④ Roadhouse, S., ed., *Cultural Quarters: Principles and Practice* (Second Edition), Bristol: Intellect, 2010: 24.

又过于宽泛。因此，笔者采用我国的"历史街区"概念来指称老城区传统街区。本章运用列斐伏尔空间生产"概念三元组"及其追随者们的空间生产理论框架来探讨福州上下杭历史街区空间生产实践，并检视其空间生产中的新型社会关系。

第三节　案例研究
—— 近代港口城市福州双杭街区的空间再造

福州是我国历史文化名城之一，境内存有众多古建筑、古街区，除2009年高票当选为我国十大历史名街的"三坊七巷"之外，临近闽江岸边的上下杭历史街区曾经是五口通商背景下世界三大茶港之一，属于港口型滨水历史街区，积淀了深厚的文化资源和文化内涵，在中国近代史上扮演过重要角色。本章以福州上下杭历史街区为例（以下简称双杭历史街区），深入挖掘其文化内涵及价值，采用网络文本分析法和扎根理论方法，对双杭历史街区游客的网络游记文本进行分析，结合问卷调查，在此基础上，运用列斐伏尔等的空间的生产理论分析其空间重构过程，进而提出若干空间再生产优化策略，以期为我国历史街区空间规划和文旅融合提供实践范例和理论启示。

（一）福州双杭历史街区文化资源赋存及旅游发展现状

北宋元祐年以前，今大庙山以南、以西尽皆泽国。南宋《淳熙三山志》中记载："由郡直上南台，有江广三里，扬澜浩渺，涉者病之。"[①] 潮水在大庙山南麓冲积出的两个大沙痕，可供人行走或船舶停靠，成为天然的"码头"。当涨潮时，人们走"上痕"，称上航；退潮时，人们走"下痕"，称下航。"航"与"杭"古音相通，故又称上杭、下杭。此后，两大沙痕逐渐淤积成陆地。随着上下杭一带居民渐多，街市形成，称上杭街、下杭街，亦称上杭路、下杭路，简称上下杭路或双杭路[②]。这就是本研究区域的上下杭地名的由来。福州地当闽江下游孔道，地理位置

① （宋）梁克家纂辑《淳熙三山志》卷5《地理类五·驿铺》，《宋元方志丛刊》第8册，北京：中华书局，1989，第7830页。
② 福州市台江区政府、福州市台江区政协编《福州双杭志》，北京：方志出版社，2006，第21页。

十分优越，而台江双杭就处于这个孔道的咽喉之地。根据清道光二十二年（1842）中英《南京条约》的规定，福州于清道光二十四年（1844）作为通商口岸正式开埠，从此上下杭便成为世界资本主义经济链条上的一个重要节点。如今上下杭街区已积淀成国内少见的、文化底蕴深厚的港口型历史街区，保留许多独具特色的文化资源。

1. 文化资源赋存

目前，素有"福州传统商业博物馆"之称的双杭街区现有文保单位14个，其中省级文保单位7个、市级文保单位5个、区级文保单位2个；登记文物点83个、传统风貌建筑314个。从文物保护等级角度看，福州双杭历史街区文物集中度高、保护级别较高（见表4-1），且涉及文物类型多样，有商行类、药行类、建筑类等。

表4-1 福州双杭历史街区现存文保单位

单位：个

文保等级	数量	文保单位	地址
省级	7	咸康药行旧址	下杭路 219 号
		黄恒盛布店旧址	上杭路 217 号
		罗氏绸缎庄旧址	下杭路 181 号
		生顺茶栈旧址	下杭路 238 号
		张真君祖殿	星安巷 88 号
		福州商务总会旧址	上杭路 100 号
		采峰别墅	上杭路 121 号
市级	5	星安桥	星河巷 19 号边
		三通桥	三通桥路 20 号
		黄培松故居	中平路 172 号
		高氏文昌阁	上杭路 134 号
		陈文龙尚书庙	三通桥路 2 号
区级	2	福州志社旧址	白马南路 101 号
		曾氏祠堂	下杭路 198 号

除了上述重要文物保护单位之外，福州双杭历史街区文化资源大致可以分为物质文化和非物质文化两大类，具体包括商业文化类、建筑文化类、民间信仰类、名人文化类、饮食文化类、民俗风情类等，具备文化、审美、商业和游憩（旅游）等多元价值。

（1）商业文化

五口通商以后，在内外贸易的拉动下，台江双杭商业区迅速崛起。

双杭街区位于闽江北岸，南通台江码头，东连中亭街，"两横一纵"，加上数十条小巷胡同，构成陆上路网；境内三捷河（又称星安河）三面均通闽江，桥梁纵横，水陆两便，三通桥因此得名（见图4-1）。据统计，自清末至民国，福州台江双杭街区涉及批零兼营、内外贸俱全的金融、进出口、土产、茶叶、药材、海纸、绸布、京果、糖、颜料、百货、海运、汽车运输等29个行业，私营商业企业数百家，由此带动粮食、面粉、烟草加工业和纺织染布、酿酒、鞋帽、铸鼎、棕麻、刺绣、刻印等手工业，成为"辐射全省、沟通省内外及东南亚的商品集散地和娱乐中心"①。

图4-1　福州双杭历史街区旁三捷河上的三通桥（笔者摄，2022）

工商业繁荣，富商大贾云集，高消费阶层集聚，有力地促进了双杭工商业和服务业的发展，也为如今的双杭历史街区留下了丰富的商业文化遗产，这从商人商帮所建的会馆即可窥见一斑。双杭地区共建有兴安、南郡、浦城、延平、建宁、周宁、寿宁、泰宁、尤溪、福鼎、建郡、绥安、昭武、南城14个会馆（见表4-2）。活跃于双杭街区的兴化（莆田）、福州（闽侯）、江西、长乐四大商帮比重较大。会馆是明清地域商

①　福州市台江区政府、福州市台江区政协编《福州双杭志》，北京：方志出版社，2006，第1页。

人商帮建立的商业组织，王日根、范金民等对明清会馆功能进行过深入细致的研究①②，总体而言，会馆具有商业、娱乐、教育、祭祀、联谊、慈善等功能。此外，繁荣的商业贸易，带动了双杭地区休闲娱乐、商务旅游等新业态的发展，歌楼妓馆、茶楼酒肆、休闲娱乐等设施高度集聚，这里成了福州高消费群体聚集区，其主要消费者为富商大贾、商务旅游者、外国传教士、领事侨民等。双杭商业文化包括物质文化和非物质文化两个方面，举凡一切为商业和服务业活动而建的商业建筑、道路桥梁、商号店铺、钱庄客栈、茶楼酒肆、娱乐设施等都属于物质形态的商业文化；闽商文化、经商理念、祖师信仰、商业民俗等非物质文化也是双杭历史街区商业文化的重要组成部分。

表4－2 近代以来福州双杭商业区会馆分布一览

名称	创立者（商帮）	地址	面积（m²）
浦城会馆	浦城商帮	上杭路83号	320
南城会馆	江西南城商帮	上杭路103号	200
南郡会馆	厦漳泉闽南商帮	下杭路92号	2000
兴安会馆	兴化（莆田）商帮	下杭路27号	3000
延平会馆	延平商帮	延平路106－111号	2000
寿宁会馆	寿宁商帮	上杭路173号	2000
绥安会馆	建宁商帮	上杭路56号	2000
建宁会馆	建宁商帮	上杭路63号	不详
昭武会馆	江西商帮	上杭路10号	不详
建郡会馆	建宁商帮	上杭路63号	2000
周宁会馆	周宁商帮	上杭路173号	410
泰宁会馆	泰宁商帮	上杭路	不详
尤溪会馆	尤溪商帮	潭尾街59号	800
福鼎会馆	福鼎商帮	上杭高顶路35号	290

资料来源：根据《福州双杭志》第五章"会馆"整理。此书也可能漏载个别会馆，比如永德会馆。永德会馆坐落于台江下杭路张真君祖殿斜对面的砖埕里，始建于清雍正年间，重修于光绪年间，民国二十年（1931）重建。永德会馆系永泰、德化两县商帮所建。

① 王日根：《乡土之链：明清会馆与社会变迁》，天津：天津人民出版社，1996。
② 范金民：《明清江南商业的发展》，南京：南京大学出版社，1998。

（2）建筑文化

福州双杭建筑艺术已引起不少学者关注，其中建筑类型、空间格局、艺术特色是学者关注的焦点。一般而言，双杭历史街区建筑可以分为商业建筑、民居建筑和公共建筑三大类。商业建筑是晚晴以来双杭街区的主要建筑类型，其中包括商业会馆、金融建筑（钱庄）、商业店铺、行当建筑。福州双杭会馆建筑大多形成于开埠前，一般规模较大，平面布局以多进四合院为主。现存的大型会馆就有10个之多，包括南郡会馆、兴安会馆等。

除会馆外，商业建筑还包括大型商行和沿街商铺，以及近代银行等，这些商业建筑规格往往较高，装饰风格表现为中西混合风格，其功能布局多为前店后宅或下店上寝。例如开设于民国时期的咸康参号药房，大量运用古罗马壁柱、拱券等西洋元素，以及莲花、八卦等中式元素；在功能布局上，一层是零售，二层及以上为仓储，后面的传统院落则以住宅功能为主[①]。民居建筑是双杭街区的主要建筑类型。根据平面布局形式及建筑风格可以将民居建筑大致分为两种，一种为独门独院的合院式传统民居，另一种为采用折中主义手法的洋式别墅建筑。传统民居多呈现福州民居常见的多进天井式的布局，建筑入口立面沿用中国传统建筑风格；折中主义风格的民居代表有倪文斌故居、谢如如故居、杨鸿斌故居、罗勉侯旧居。其中杨鸿斌故居采用砖混结构，建筑外立面装饰简洁，室内建筑装饰豪华，环境优美，是西式与中式古典建筑装饰的完美结合。此外，双杭地区拥有一些寺庙、宗祠等祭祀建筑，主要有关帝庙、张真君祖殿、天后宫、水部尚书庙、观音庵、戚公祠、鲁班庙、罗氏祠堂、高氏祠堂、何氏祠堂、张氏祠堂、陈氏祠堂、梁氏祠堂等[②]，这些建筑形制仍旧延续着中国传统建筑的风格。

（3）民间信仰

福建民间信仰发达，商业竞争更具有不稳定性，搏击于生意场中的商人们更是将希望寄托于他们所信奉的神灵身上。因而，作为民间信仰

---

① 牛奥运、郭宇涵：《福州上下杭历史街区空间形态与建筑特色浅析》，《中外建筑》2017年第6期，第64—67页。

② 福州市台江区政府、福州市台江区政协编《福州双杭志》，北京：方志出版社，2006，第122页。

发达的闽东北重镇，福州自然可以满足多元信仰群体的精神需求。双杭地区很少有信仰基督教、天主教的，本地道教系统神祇为其主要信奉对象。最著名者有张真君信仰、妈祖信仰、临水夫人信仰和水部尚书陈文龙信仰等。

张真君祖殿，又称真君殿，坐落于星安桥和三通桥之间，始建于南宋绍兴年间，主祀张真君，兼祀临水夫人。祖殿前的三捷河涨潮时，闽江潮水南端从新桥仔入达道河至三捷河，西端由闽江流向三捷河，两河水汇聚于三通桥北侧张真君祖殿前，形成"圣君殿河水两头涨"的奇特的汇潮景观，因而也成为双杭历史街区标志性景观之一（见图 4-2）。商人视"涨"为聚财的象征，于是祖殿里的张真君成了备受推崇的商神。那些生意做到海外的商户，也把信仰传到外面，逢年过节他们都回到这里，举行隆重的祭神仪式和各种庙会活动，从而使张真君信仰一直延续到现在。张真君祖殿对促进福州南台商贸及文化的发展繁荣有着不可忽略的作用。裴仙爷、临水夫人等也是双杭地区商家、居民争相崇奉的对象。据说裴仙爷做过闽浙总督衙署的师爷，关心民间疾苦，有恩泽于民，后羽化成仙，故称督署裴真人。裴仙爷是福州人共同信仰的俗神，仙爷宫的香火至今犹盛。临水夫人陈靖姑是当地妇女儿童保护神，福州民间尊其为娘奶。双杭地区信众在张真君祖殿附设临水宫，还绘上 36 宫婆画像，每当正月元宵节，远近妇女都到宫里请花（求娘奶送子女），香火之盛不亚于张真君正殿①。总之，双杭历史街区信仰文化极为丰富，无论是佛教、道教、天主教等，还是妈祖信仰、关帝信仰、张真君信仰等，都能和谐交融地汇聚于这一商业空间，满足不同群体的精神文化需要。

（4）名人文化

通过对有关史料的梳理，笔者大致将出生于或活动于双杭历史街区的人物分为四类②。①在历史上产生过重要影响的帝王，如闽越王无诸、东越王余善。越王勾践后裔驺无诸，因跟随刘邦击败项羽有功，被封为

---

① 福州市台江区政府、福州市台江区政协编《福州双杭志》，北京：方志出版社，2006，第 105 页。

② 福州市台江区政府、福州市台江区政协编《福州双杭志》，北京：方志出版社，2006，第 147—177 页。

图 4－2　福州上下杭三捷河畔的张真君祖殿（笔者摄，2022）

闽越王，"王闽中故地，都东冶"。无诸在今双杭地区大庙山筑台接受汉廷册封，大庙山、越王台因而成为闽人怀念之地；汉武帝时代，因并封无诸之孙繇君丑为越繇王、余善为东越王，两王并处，互相争雄，余善扬言大庙山上临江钓得白龙，制造祥瑞，自立为东越武帝，汉廷派四路大军征讨，余善败亡，钓龙台古迹与"白龙"传说流传至今。②在历史上担任过重要的军政官职、建功立业的人物，如素有"闽中十才子"之称、参编《永乐大典》、直声震天下、文章书法冠绝一时的王恭；雍正王朝山东按察使余甸；林则徐嫡曾孙、继承高祖遗志、与陈宝琛等 10 人于双杭大庙山成立福建去毒社，自任首任总社长的林炳章；被周恩来总理称为不能忘记的在台两个朋友之一的中共地下党员吴石将军等。③著名学者、诗人、拳师、商界大佬等，如仿照《四库全书总目提要》体例撰著《石庐金石志》的著名金石学家林石庐；被称为"魁士达人""南台词宗"的著名诗人王一琴；创立"鸣鹤拳"，著有《拳论》，并影响日本刚柔流空手道的著名拳师谢如如；商界大佬张秋舫、邓炎辉、罗金城、罗勉侯、黄瞻鳌、杨鸿斌、蔡友兰等，他们或投身慈善活动，或倾力支持革命斗争和民族解放事业。④双杭街区还涌现一批救死扶伤的名医，如徐建禧、王郁川、郑奋扬、张贞镜、蔡人奇等。

（5）饮食文化

为满足商人商帮、旅客等应酬需要，福州双杭历来菜馆酒楼林立，多集中于苍霞洲、中平路和台江汛一带，其次是三保街。位于下杭路小桥头的聚英楼与靛街的天赐、双兴菜馆，以及延平路的信义楼、大庙路的醉玉楼等都是知名的老店。天赐菜馆做菜善用糟，烹饪出的佳肴色、香、味俱佳；延平路的信义楼，销售盘菜、包点，以葱肉饼闻名于世，讲究包葱技术，葱多壳薄，名声颇佳。面点也是双杭地区饮食文化中独特的一枝。如下杭路上售卖豆浆、豆腐、腐皮、兴化粉等具兴化（莆田）风味食品的饮食店以及面点、扁肉、粉干、白粿、锅边等的小吃店。此外，也有许多平民百姓所需的美味小食摊点、老店。闻名的有上杭路的炳春扁肉店和潭尾街鱼丸店。名牌小吃如隆平路马祖道平里桥张依俊兄弟合作经营的"唯我"鼎边糊；潭尾街林继发开发的"葛粉包""千页糕"；学军路林依嫩开发的"猪血化"；海防前的德成福卤味。德成福卤味店特制的卤香干、叉烧肉、卤猪肠等色香味俱全，物美价廉[1]。但最具特色、前后相继、推陈出新的小吃要数双杭地区海防前（延平路）的聚记肉燕。聚记肉燕店创设于清同治八年（1869），创始人为福州商行王世统（小名金聚），他模仿闽北浦城县"扁肉壳"（馄饨）的做法，改用赤肉为原料创制肉燕，并开创晾干法以便保存，肉燕因皮薄、质脆、味美、色白，质量上乘，久存不坏，便于携带，闻名遐迩。福州宴席上的"长春燕""太平燕""燕丸""燕丝汤"等成为大众化名菜。肉燕成为福州人家宴席上的佳品。清宣统二年（1910），王世统独生女王妹麞继承父业创制"聚利"肉燕，后传子陈依海，陈依海创制"依海牌"肉燕，人称"依海肉燕，百吃不厌"。中华人民共和国成立后，该店公私合营，又创制"三山牌"聚记干肉燕皮。新时期以来，陈依海之子陈彪于2001年创制的"快熟龙须燕丝"成为福州知名品牌[2]。如今福州肉燕制作技艺已被列入国家级非物质文化遗产名录。

① 福州市台江区政府、福州市台江区政协编《福州双杭志》，北京：方志出版社，2006，第80页。

② 福州市台江区政府、福州市台江区政协编《福州双杭志》，北京：方志出版社，2006，第56页。

（6）民俗风情

明清以降，双杭地区商业繁荣，因商贸而起的岁时节庆和商贸文化活动逐渐增多，流行于上流社会的高雅文化与民间文化相互融通，形成独具地域特色的民俗文化和非物质文化遗产，这些无形遗产有些属于双杭地区所独有，有些则属于福州市民所共享。双杭地区有着当地群众约定俗成的民间文化和商业民俗。①重阳节"大庙山上来登高"。每逢九月初九，福州人有登高的习俗，其中以双杭街区居民最为热衷。在大庙山上，今福州四中校园内有块登高石，相传是天上掉下来的陨石，小孩往上一站可长高，大人登了则有一种"高就"的期盼，所以在这一天大家都争先恐后去登高。②元宵佳节"鸡角（公鸡）企糖粿（年糕）"。在双杭地区隆平路的南端有个巷子叫一支弄（已在旧城改造中消失），弄内有一个真人庙，每逢元宵佳节，附近居民都会蒸一锅大糖粿，并杀一只公鸡到庙内供祀。后来，有人把公鸡制成标本，企（立）于糖粿之上，街坊居民仿效，在庙内供奉完后，将供品抬到弄中，一字排开，看谁做得好看，这些延续下来成为该地的习俗①。③民谣。双杭一带民谣可以追溯到汉闽越王无诸统治时期，有代表性的民谣为《钓龙台谣谶》等。明清以来，特别是五口通商以后，双杭地区商业繁荣，许多民谣，如《街市》《台江名牌货歌谣》《老板嫂答债》《福州商场哨语》《十二月长年》等具有浓厚的商业文化气息。从清代至民国，双杭地区附近还出现了专业歌谣表演场所，产生许多职业演唱人②。④商业民俗。如"师兄学艺""议行充行""行业哨语""生意俗谚"等，生意俗谚最能代表作为通商口岸、商业码头的双杭地区所独有的商业文化。如"吃我鱼汤七十二""生意是真，本钱是假""千赊不如八百现""和气生财，急气客不来""见贵莫赶，见贱莫懒""秤杆虽小压千金"等，反映了传统商人朴素的经商理念和人生哲理③。作为典型的传统商业街区，长期以来，双杭街区还形成独具地域特色的市声。如卖扁肉面的敲竹板，"嘭噗、嘭噗"；卖鱼丸的手挟小碗调羹，

---

① 福州市台江区政府、福州市台江区政协编《福州双杭志》，北京：方志出版社，2006，第101页。

② 福州市台江区政府、福州市台江区政协编《福州双杭志》，北京：方志出版社，2006，第83页。

③ 福州市台江区政府、福州市台江区政协编《福州双杭志》，北京：方志出版社，2006，第107页。

发出响声等，好不热闹，形成当年双杭街区独特的风景线①。

2. 双杭历史街区文化旅游发展概述

双杭街区起源于北宋，繁荣于清代，民国时期达到高潮，谱写了近代福州商贸文化辉煌的诗章。历经千百年，双杭整体轮廓、街巷机理基本保存完整、结构清晰，院落格局和建筑风貌总体上保存着清末民国时期原貌，可以展现当时街区的整体面貌，以及双杭地区与福州港口城市发展与演变的关系，双杭历史街区被誉为以闽商为代表的中国民族资本主义萌芽时期的"城市街区活化石"。双杭历史街区景区内拥有大量的人文旅游资源和众多的生态景观，是一个集山水、名人故居、文物古建、民俗文化于一体的文化休闲旅游区。目前已被评为国家级3A景区。

据福州古厝集团有限公司提供的资料，近年来，双杭景区受到了福建省委、省政府和福州市委、市政府的高度重视，市委、市政府多次邀请相关部门考察、精心谋划、反复研究形成景区整体运作方案。先后出台《上下杭历史文化街区保护规划》《上下杭历史文化街区城市设计及保护利用策划方案》《上下杭历史文化街区保护整治规划》《上下杭历史文化街区商业策划方案》《上下杭历史文化街区旅游专项规划》等规划方案。在商业规划上根据街巷机理分布和现有建筑基础，规划出以隆平路为核心中轴，串联上杭街、下杭街、三捷河、中平路、龙岭顶的"四横一纵、五路一区"的步行街区格局，打造夜月娱乐区、百业体验区、艺术商务区、国际风尚区、休闲度假区五大业态区域，形成街区业态联动。

街区在保护修复历史建筑的同时，对院落进行活化利用。遵循保护为主、注重公益、合理利用、强化管理的原则，依据街区总体业态规划，以保证建筑本体、消防安全为前提，科学延续原功能，赋予新功能，合理利用各级文保单位及风貌建筑，进行文化公益类展示与体验式参观相结合的"活态保护"，引进开放福州市非物质文化遗产展示馆、福州市美术馆等文保展馆7处，茉莉花美学馆、大漆文化馆等风貌展示馆25处。

双杭文化旅游区已举办1000多场各类文化活动，更有福建文创市集、全闽乐购美食节、"抖转新遗"活动等具有影响力的大型活动，举

① 福州市台江区政府、福州市台江区政协编《福州双杭志》，北京：方志出版社，2006，第107页。

办以"人文双杭、创意双杭、艺术双杭、曲艺双杭、活力双杭"为标签的五大特色 IP 活动，强化双杭"东情西韵，兼收并蓄"的文旅形象，串连特色活动，活力氛围不断延伸，呈现福州城市气质。双杭景区商店种类繁多，包括医药堂、茶空间、餐酒吧、茉莉花美学馆等。2020 年"上下杭·金银里"商业步行街荣获"市级夜色经济体验示范街区"称号。由此可见，双杭历史街区的文化旅游发展初具规模。

从现有保护与开发状况来看，该历史街区至少存在两个问题：一是"主题"凝练缺失；二是地方感营造乏力。历史街区的旅游开发主题凝练是关键，地方性是文化旅游空间生产的首要因素，这两者都离不开对旅游地文化资源禀赋特征的提炼。规划者和运营商虽然注意到"保护"和"多维"空间的构建，上述的"人文""创意""艺术""曲艺""活力"五维 IP 的营销口号表明，景区管理者试图避免掉进历史街区过度商业化的"陷阱"，但据笔者现场观察和业内人士反映，双杭历史街区在铺天盖地而来的市场力量和"绅士化"内驱力的牵引下，很可能沦为过度商业化的"物质容器"。现有开发理念是将其打造成福州的"城市客厅"，这可能忽略了双杭历史街区"文化资本"的禀赋特征和地方的独特气质，虽然它是福州历史的一部分，但不是全部。历史街区"见物不见人"的空间再造在一定程度上忽视了当地社区原乡氛围和文化生态，因此，类似双杭历史街区的人文空间和精神空间的营造亟待加强，这也是本章关注的重点。

（二）研究方法与数理统计

本章将综合运用网络文本分析法、扎根理论方法、访谈法和问卷调查法等方法获取尽可能丰富的第一手资料，分析双杭历史街区空间生产的三重逻辑。本章重点运用网络文本分析法和扎根理论方法。

所谓网络文本分析法，其实也是一种内容分析方法，即运用有关数据挖掘软件对网络评论、博客等网络文献内容进行抓取。这是一种观察性的研究方法，用来系统地评价所有形式的被记录在案的人类交流的真实的或象征性的内容。该方法是一种将数量众多的文本内容简化、压缩和归类的系统性研究方法①。文本分析的优点在于从博客、游记等非结构化数据中

---

① Stemler, S., "An Overview of Content Analysis," *Practical Assessment*, *Research & Evaluation*, 2001, (17): 137 – 146.

提取文本，这种文本是独立于研究人员的非交互式数据，因此并不需要研究人员进入社会生活来收集。网络文本分析法现已被广泛应用于对目的地旅游形象和旅游体验的研究之中，涌现许多较有意义的发现。这一方法相较于单纯的问卷调查法等传统方法有其优越性，内容分析相对客观。

扎根理论方法（grounded theory approach）是最早由美国芝加哥学派巴尼·格莱瑟和安塞姆·施特劳斯（Barney Glaser & Anselm Strauss）于20世纪60年代末提出的一种质性研究方法[1]。之后，有不少学者不断对扎根理论方法进行完善，前后共经历三个阶段，包括格莱瑟和施特劳斯的原始版本、施特劳斯和朱丽叶·科宾（Juliet Corbin）的程序化版本以及凯西·查美斯（Kathy Charmaz）的建构型扎根理论版本等[2]。扎根理论方法的使用一般不预设前提，换句话说，研究并非开始于理论假设，而是植根于经验事实，进而上升到理论高度。扎根理论的优点在于有清晰的操作步骤，包括资料收集过程、编码过程、理论生成与检验阶段三个步骤。收集的资料包括访谈记录、文献资料和视频录像等多种形式；编码过程包括开放性编码、主轴编码和选择性编码三个阶段，分别对应识别各个概念属性及维度，用全新的方式将揉碎的数据进行整合，等等[3]。

1. 福州双杭历史街区游客体验感知测度的网络文本分析

在大数据时代，研究者不再仅仅依靠问卷调查、深度访谈等传统方法获取数据，软件技术的进步节省了大量的人力、物力和时间成本。在某种程度上，利用大数据技术获取的数据往往更为客观、可靠。如用后羿采集器对旅游网站的大量网络游记文本数据进行抓取，然后利用 ROST CM 6.0 软件对抓取文本进行分词、过滤等，能够极大地提高数据处理效率。本章运用 ROST CM 6.0 软件将有关福州双杭历史街区的 80 篇网络游记文本转化为高频词，通过该软件的词频和语义网络分析等功能对双杭历史街区游客体验感知内容进行系统梳理。在此基础上，借助扎根理论

① Glaser, B., & Strauss, A., *The Discovery of Grounded Theory: Strategies for Qualitative Research*, New Brunswick and London: Aldine Transaction, 1967.

② 费小冬：《扎根理论研究方法论：要素、研究程序和评判标准》，《公共行政评论》2008 年第 3 期，第 23—43 页。

③ 李志刚、李兴旺：《蒙牛公司快速成长模式及其影响因素研究——扎根理论研究方法的运用》，《管理科学》2006 年第 3 期，第 2—7 页。

方法完成初级编码与选择编码，建立游客旅游体验评价指标体系，在理论层面上解释文本的意义与实质。

（1）高频词统计分析

百度风云搜索榜以互联网用户搜索查找数据为基础，直观反映广大用户的爱好与需求，逐渐成为影响与改变用户生产生活方式的"网络风向标"之一。笔者将百度风云搜索榜中排名前十（截至2020年3月10日）的旅游网站作为网络文本主要数据来源（见表4-3）。因考虑到数据采集时的操作性障碍等，笔者先利用后羿采集器分别抓取携程网、马蜂窝网和去哪儿网中关于福州双杭的网络游记；之后，在其他旅游网站的游记攻略中手动搜索相关文本。2018年初双杭部分街区建成开放，与先前封闭建设时期相比，双杭街区游客量更多，因而相关网络游记文本数量更多与内容更为丰富，故笔者主要选取2018年1月至2020年3月的游记文本作为样本数据。

表4-3　百度风云搜索榜中各旅游网站排名

排名	网站	搜索指数
1	携程网	11891
2	马蜂窝网	2702
3	飞猪网	2510
4	去哪儿网	1410
5	Airbnb 网站	964
6	穷游网	848
7	猫途鹰网	571
8	途牛网	484
9	中青旅网站	434
10	国旅网站	397

由于采用网络大数据抓取，笔者无法对每一篇游记进行辨别，致使原始数据具有重复、偏离主题等不足，为确保研究结果的严谨性与科学性，需要对原始数据进行二次清洗。规则如下：处理错字别字；删除空白内容；清除无关内容。在清洗后，共得到80篇游记样本，笔者将它们保存命名为"福州上下杭游客体验感知文本"文档，对其文档进行预处

理。①统一语言表达，如将"地铁""公交"等统一成"公共交通"；"老砖房""老房子""传统民居""历史建筑""老建筑"等统称为"古建筑"；"老巷子""老街坊""古街""传统街区"等统一为"古老街区"；"上杭区域""上杭街"统一为"上杭路"等。②建立自定义词表，为使分词与词频分析更为精准。③建立过滤词表，为过滤掉与本研究无关的语言表达，其内容为代词、介词、助词等。

对上述网络游记文本进行分析整理，得到福州双杭历史街区游记排名前 80 高频词语，如表 4-4 所示。

表 4-4 福州双杭历史街区游记排名前 80 高频词语

序号	高频词	频次	词性	序号	高频词	频次	词性
1	建筑	136	名 词	22	重要	56	形容词
2	历史	134	名 词	23	风格	53	名 词
3	三通桥	130	名 词	24	星安桥	52	名 词
4	修缮	103	动 词	25	历史文化街区	52	名 词
5	台江	96	名 词	26	店铺	50	名 词
6	陈文龙尚书庙	96	名 词	27	改造	50	动 词
7	古代商业	95	名 词	28	发展	49	动 词
8	上杭路	94	名 词	29	民国	46	名 词
9	繁华	84	形容词	30	拍照	45	动 词
10	古建筑	81	名 词	31	记忆	45	名 词
11	张真君祖殿	79	名 词	32	航运码头	42	名 词
12	下杭路	79	名 词	33	河道	41	名 词
13	商业	77	名 词	34	美食	39	名 词
14	三捷河	76	名 词	35	民俗	38	名 词
15	古老街区	74	名 词	36	古田会馆	38	名 词
16	会馆	70	名 词	37	隆平路	37	名 词
17	街区	65	名 词	38	永德会馆	37	名 词
18	文化	63	名 词	39	中亭街	35	名 词
19	特色	61	名 词	40	传统	35	形容词
20	生活	59	名 词	41	祖殿	34	名 词
21	保护	57	动 词	42	鹿森书店	34	名 词

序号	高频词	频次	词性	序号	高频词	频次	词性
43	闻名	34	形容词	62	闽商文化	23	名　词
44	街道	32	名　词	63	文艺	23	名　词
45	榕树	31	名　词	64	戏台	23	名　词
46	中西合璧建筑	30	名　词	65	漫步	22	动　词
47	明清	30	名　词	66	味道	22	名　词
48	大庙路	29	名　词	67	复古	22	形容词
49	埠头	29	名　词	68	规划	21	名　词
50	咖啡屋	29	名　词	69	闽商	21	名　词
51	文物	29	名　词	70	融合	20	动　词
52	重修	28	动　词	71	小桥	20	名　词
53	独特	27	形容词	72	典型	20	形容词
54	建郡会馆	27	名　词	73	商贾云集	20	名　词
55	小酒馆	27	名　词	74	王庄阿咪大排档	20	名　词
56	历史文化	26	名　词	75	旅游	20	名　词
57	故事	26	名　词	76	庙宇	19	名　词
58	热闹	25	形容词	77	韵味	19	名　词
59	开发	24	动　词	78	喜欢	19	动　词
60	景观	24	名　词	79	穿越	18	名　词
61	公共交通	24	名　词	80	榕城	18	名　词

　　从词性来看，表4-4中包括名词、动词、形容词，其中名词63个，动词9个，形容词8个。名词中既包括古建筑、古老街区、会馆等古代建筑类旅游景点，也包括鹿森书店、小酒馆和咖啡屋等现代网红打卡地，还包括陈文龙尚书庙、张真君祖殿等。动词中包括修缮、改造、发展、开发等有关双杭街区保护与开发的描述；也有包括拍照、漫步等有关游客行为的描述。形容词中有繁华、热闹、复古等对古时或者当代双杭街区氛围的感知评价。

　　为进一步直观反映高频词之间的关联性与指向性，笔者利用ROST CM 6.0软件的"社会网络与语义网络分析"功能，运用Net Draw工具绘制高频词语义网络图（见图4-3）。图中高频词节点大小表示与其有直接语义关系的高频词数量，节点越大，数量越多。由图4－3可知，整个网络体系中以"历史"为核心节点，它与其他高频词存在广泛的直接语义关系，表明它是双杭历史街区游客体验感知语义网络中最基本的要素。其中，"古老街区""古代商业""航运码头""繁华""闻名"等词语，表明游客对双杭历史时期功能及繁荣景象等感知强烈；游客对"上杭路""下杭路""台江"等地理位置的感知较强。"建筑""会馆""民俗"等高频词，表明游客对其古建筑、会馆、地名及历史文化等较为关注；就高频词及语义网络图而言，游客对双杭历史街区的历史状态、古老建筑及地理位置感知较为强烈。

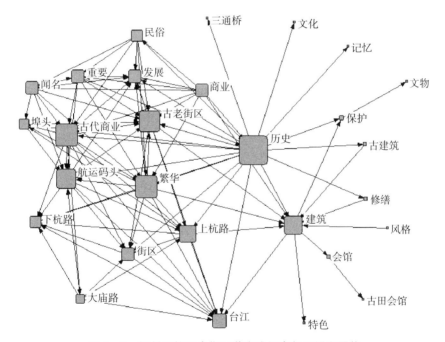

图4－3　福州双杭历史街区游客感知高频词语义网络

注：节点大小表示语义关联度大小。

（2）游客体验感知评价指标体系构建

第一，初级编码。通过对高频词及其语义网络的分析，较为全面地展示游客对双杭景区的感知内容且初步探明高频词间的关联性，并将文本内容进行概念化处理。为深入分析游客感知内容特征，笔者借助扎根理论的研究方法，对通过分析高频词得到的初步概念进行初级编码。初级编码是对游记文本进行概念化编码，将具有相同隶属关系的文本内容进行重组归纳，进而范畴化归纳出隶属①。笔者对网络游记文本内容深入研读与分析归纳，将游客感知内容的初始测量维度总结为9个初始维度（见表4-5）。

表4-5　福州双杭历史街区游客感知内容初始编码

序号	文本内容节选	高频词	初始维度
1	台江的上杭路和下杭路及其附近街区，俗称双杭，是从小桥头到大庙路之间的两条平行的横街；去上下杭很方便，先到中亭街，然后随便找一个人问一下就可以了	下杭路、上杭路、隆平路、中亭街、台江、大庙路、榕城	地理位置
2	张真君祖殿殿前是古河道渡口，景观优美。从达道河流经这里的三捷河，双向流入闽江，涨潮时出现"圣君殿前河水两头涨"的独特水文景观，在福州绝无仅有	三捷河、河道、榕树、小桥	自然景观
3	会馆是双杭地区极具特点的人文景观，这些会馆馆庙结合，建筑富丽堂皇，既有建馆者的家乡特色和地域特征，又吸收了福州地区的建筑艺术风格，甚至融合了西洋建筑的精华。如古田、建宁、寿宁会馆等；在约500米的三捷河两岸，存有大量明清、民国时期的历史建筑；陈文龙尚书庙始建于明代，是纪念抗元忠烈陈文龙的祠堂；张真君祖殿位于三捷河畔，而河水"两头涨"被视为聚财之兆，张真君的神祇功能由雷神转变为商神	建筑、历史、三通桥、陈文龙尚书庙、古建筑、张真君、古老街区、会馆、街区、特色、星安桥、历史文化街区、民俗、古田会馆、祖殿、永德会馆、传统、文物、中西合璧建筑、建郡会馆、故事、历史文化、戏台、庙宇、韵味、典型	传统景观
4	被改造后的上下杭进驻了很多新的商铺，有些也是颇受好评，涌现了数十家网红店；上下杭的星安河畔逐渐开了咖啡馆、小酒馆、文艺书店和餐吧；沿着河岸建起来的复古商铺，若是等到夜里亮起灯光，应当也是一幅灯火灿烂的景象；如今则是以清新、文艺，还有厚重的文化底蕴吸引着大家	文化、生活、风格、鹿森书店、街道、独特、小酒馆、咖啡屋、景观、文艺、复古、融合、穿越	现代景观
5	此时，大家在上藤路地铁站，乘坐地铁往北走，在达道站下车，百度地图导航步行前往不远处的上下杭历史文化街区；第一次到福州的上下杭参观，启用了高德地图导航，还不错，开车方便；上下杭的公车很方便，还有满大街的共享单车，非常适合逛大街小巷	公共交通	旅游交通

① 张丹：《基于网络文本的旅游目的地形象感知群体差异研究》，西安外国语大学硕士学位论文，2019。

序号	文本内容节选	高频词	初始维度
6	就在福州上下杭里面，有一家地地道道的福州菜馆——王庄阿咪大排档，上过央视，虽然是分店，但味道和主店没什么区别；循着沁人心脾的香味，"福州城市美食名片"几个大字映入眼帘，店内灯笼高悬，锅边、海蛎煎、红糟肉饼、青红酒等各种美食令人目不暇接；令人吃惊的是，除了传统"佛跳墙"等老字号外，竟创新推出了海鲜"佛跳墙"，游人品尝着美味佳肴，脸上洋溢着笑容	美食、味道、王庄阿咪大排档	特色美食
7	不论是漫步街巷的寻访、观光，还是坐享喝茶聊天的休闲时光，这老城新貌都让人感到无比温馨和惬意；星安楼，一栋古色古香的二层小楼，书店加咖啡吧，布置得很温馨，临窗的座位还可以看小桥流水，赏秋日明媚阳光。看书，听轻柔的音乐，恬静安宁；左海春秋酒肆不仅可以品尝到口感绵长的青红酒，在店里穿着古装拍照、拍摄微电影，还可以在店里挥毫泼墨创作山水画	拍照、记忆、漫步、喜欢	休闲娱乐
8	这里早年是福州的商业中心和航运码头，是曾经以商业的繁华而闻名的古老街区；明清两朝及至中华人民共和国成立前，福州及各地商贾云集在上下杭地区，组成经济实力雄厚的"商帮"，进行频繁的商贸经营活动；过去上下杭商铺林立，码头热闹非凡，一些有实力的商帮纷纷在此设立会馆；上下杭历史文化是闽都文化的重要组成部分，是闽都近代史发展的重要见证，也是福建海洋文化和闽商的发祥地之一	繁华、古代商业、重要、店铺、民国、航运码头、闻名、埠头、明清、热闹、闽商文化、闽商、商贾云集	历史回溯
9	如今，三捷河、隆平路和上杭街已基本改造完成。改造后，这里的街道、建筑，或修旧如旧，或焕然一新，而龙岭街道、下杭路和中平路也在改造中，一个新的地标将要诞生；终有一天上下杭会和三坊七巷一样成为福州的代表；2018年，上下杭经过修缮重新开放，成了与三坊七巷遥相呼应的福州历史文化街区，具有极高的旅游休闲价值；随着福州上下杭历史文化街区保护修复项目的推进，福州上下杭整个街区的功能都朝着商业、旅游、文化等转型	商业、修缮、保护、改造、发展、重修、开发、旅游、规划	未来发展

第二，选择编码。在初始编码过程中，笔者总结出游客对双杭感知内容的9个初始维度，这9个维度之间存在内在的相互关联，因此需要进一步选择编码，确定核心范畴，从而对双杭街区具有更加直观的感知。因此，笔者进一步将测量维度归纳为位置区划、旅游吸引物、旅游活动、历史与未来4个主类目（见表4-6）。

表4-6　福州双杭历史街区游客体验感知测度类目及出现百分比

主类目（%）	次类目（%）
位置区划（10.51）	地理位置（10.51）
旅游吸引物（55.80）	自然景观（4.62）
	传统景观（39.33）
	现代景观（11.85）
旅游活动（6.64）	特色美食（2.28）
	休闲娱乐（3.60）
	旅游交通（0.76）
历史与未来（27.05）	历史回溯（15.26）
	未来发展（11.79）

（3）游客体验感知分析

第一，内容分析。网络文本分析结果显示，游客最为关注的要素包括位置区划、旅游吸引物、旅游活动以及历史与未来。

位置区划：在游记中对景区所处具体地理位置、行政区划等的描述。游客在进行旅游目的地选取时，地理位置是首要考虑的问题。在前80位高频词中，与具体地理位置相关的词语包括上杭路、下杭路、隆平路、中亭街、大庙路等；与描述行政区划相关的词语则是榕城、台江。其频次虽然只占总频次的10.51%，但研读文本发现100%的游记会谈到景区位置及区划，表明游客在旅游目的地选取时会考虑其地理位置。

旅游吸引物：在游记中对自然、传统和现代景观的客观描述及主观感受等。游客对旅游吸引物的感知最为强烈，其出现百分比达55.80%，远远高于其他类目，其中对于传统景观的感知又高于自然与现代景观。其主要原因为，双杭街区是福州古代商业中心和航运码头，是曾以古代商业的繁华而闻名的古老街区。街区内包括古建筑、商业会馆、中西合璧建筑、祖殿、庙宇、祠堂、民居等传统建筑景观，这些带有沧桑感的古建筑成为独特的历史记忆标志物，也成为游客旅游体验感知的重要组成部分。由于双杭街区以人文旅游资源为主，且处于修复改造时期，存在原自然景观有一定程度破坏，而人造景观尚未建成的现象，游客对自然景观感知较弱。而对于小酒馆、咖啡屋、鹿森书店等现代景观，游客评价反而极高，但由于街区的招商运营仍在继续，游客对街区整体感知相对较弱。

旅游活动：在游记中对旅游交通、特色美食、休闲娱乐等活动的描述。具体如下。

旅游交通：来到双杭的交通以及在景区内的交通。在词频统计分析中，到双杭历史街区旅游的游客提及最多的是乘坐公交、地铁等公共交通工具，其次是自驾游。这表明到双杭景区的市内公共交通极其便利，且正面评价居多，游客体验极佳。另外，景区内的交通主要为共享单车，这对于游客逛大街小巷来说十分便利。

特色美食："美食"一词排在高频词第 34 位，特色美食的频次只占总频次的 2.28%，这表明游客感知较弱，但对其评价较高。游记中多次提及的锅边（鼎边糊）、海蛎煎、红糟肉饼、青红酒、粉干、元宵、汤圆、芋泥、甜八宝饭、九重粿等福州特色美食更是让游客回味无穷。"王庄阿咪大排档"排在高频词第 74 位，王庄阿咪大排档曾登上央视 CCTV 2 的大排档老店节目，其将新店开在双杭历史街区，传统与现代巧妙融合的装修风格与独特的餐饮特色吸引了络绎不绝的游客，这表明特色美食拥有巨大的发展潜力。随着双杭历史街区修复保护项目及招商运营的推进，游客对特色美食的感知不断增强。

休闲娱乐：既包括游客在景区游览过程中自身的休闲娱乐活动，也包括景区组织的现场体验、大型演出等休闲娱乐活动。在前 80 位高频词语中，有拍照、漫步等游客自身的休闲娱乐活动，而现场体验活动及大型演出是在部分游记中被提及，包括国庆嘉年华系列活动、灯光秀、美食节、年味街宴等，它们未成为高频词语。在游记中提到"之前说的像是开场的灯光秀，真被我们猜中了。我们最后是在福州上下杭的一个广场中看到的，很幸运，我们一来，就开始了""今天来福州上下杭，正好赶上了一个美食节，有福建的特色小吃"，这表明这些活动是游客偶遇的，并未提前知晓，可知双杭大型活动的宣传力度不足，知名度不高。

历史与未来：在游记中对双杭历史时期发展状况、当前的现状及未来发展的期望等的描述。游客对双杭历史状况与未来发展的感知强度仅次于旅游吸引物，且两个次类目的感知强度差异较小。

历史回溯：从古代商业、繁华、闻名、闽商文化、商贾云集、热闹等高频词及在游记里多次提及的"如果说三坊七巷是福州的官员聚集地，那么福州双杭就应该算是大福州古时候的中央商务区'CBD'吧！""福州上下杭，是古代人们为生活奔波往来的一个缩影，一个烟火人家聚集的地方"中，展现出双杭作为商业中心和航运码头的繁荣以及普通民众为生活奔忙的烟火气息。

未来发展：目前双杭历史街区保护修复项目正在推进，仅有部分修复改造好的街区向游客开放，故在游记中更多提及修缮、重修、改造等高频词，"修缮"一词更是排在高频词表第4位，表明游客在观光游览的过程中对街区的修复与改造感知强烈。另外，双杭与三坊七巷共同被列为福州历史文化街区，三坊七巷开发早，发展好，在游记中被多次提及意在与双杭进行对比，以进一步阐明双杭独特之处，及其重新修缮开放必将成为下一个"三坊七巷"。由此可见游客对目前双杭的改造开发关注之大，对其未来发展期待之高。

第二，情感分析。本章运用 ROST CM 6.0 软件中的情感分析功能对网络游记文本内容的情感倾向进行测度与分析。通过情感分析功能计算每条文本内容的心情指数，赋予心情数值，以此作为文本内容情感状态的判断指标。最基本的情感感知包括三个方面，正面情感（积极情感）、中性情感和负面情感（消极情感）。心情数值 >0 的文本内容偏向正面情感，表达游客的旅游体验满意程度偏高；心情数值 <0 则相反；心情数值 =0 表达中性情感。且根据其数值大小将情绪分为高度、中度、一般三个层次。心情指数在一定程度上展现了游客对旅游目的地整体的体验评价。

情感评价分析。将整理后的游记文本导入软件中，利用情感分析功能得到游客情感评价统计数据（见表4-7）。

表 4 - 7 游客情感评价统计数据

情绪类型	比重（%）	情绪分段	比重（%）
积极情感	64.40	高度（20 以上）	17.80
		中度（10—20）	20.71
		一般（0—10）	25.89
中性情感	24.60	无	
消极情感	11.00	一般（-10—0）	8.41
		中度（-20—-10）	2.27
		高度（-20 以下）	0.32

由表 4 - 7 可知，在游客对双杭旅游体验的情感评价中，积极情感占比高达 64.40%，其中一般积极情感为 25.89%；中性情感为 24.60%；而消极情感仅占 11.00%，且仅有 0.32% 属于高度消极情感。这表明游客情感感知以积极情感为主，同时有些许消极情感，但情感反应均不强烈。在游记文本中，通过"独特""喜欢""复古"等情感词语表达积极情感，而消极情感主要包括对在改造修缮过程中存在与史实不符的情况以及自然景观破坏的失望，也包括对在历史变迁中文物存在不同程度损毁的遗憾。虽然消极情感占比小，且反应不强烈，却能够反映双杭历史街区发展过程中存在的问题与不足，对于少数游客的不满情绪，相关部门应该给予高度重视，在后期修复项目推进过程中积极采取相应对策，从而提高游客满意度。

2. 游客地方感维度测量及统计分析

为验证网络文本分析结果的可靠性，笔者又以李克特五分量表为依据，采用网络问卷和实地调查相结合的方法，运用威廉姆斯和罗根布克（Williams & Roggenbuck）设计的地方依恋量表[1]，获得有效问卷 311 份，样本借助问卷星自动生成表格，结合手动统计分析，得出如下分析结果。

（1）福州双杭历史街区游客社会人口学特征

由表 4 - 8 可知，福州双杭历史街区游客社会人口统计学特征比较明显，总的来说，在性别、年龄、职业、受教育程度、月收入等方面呈正

---

[1] 邹统钎等：《旅游学术思想流派》（第二版），天津：南开大学出版社，2013，第107—108 页。

态分布。男女比例大体相当，中年人居多，集中在 31~45 岁，表明这部分游客出游能力较强，中老年人占比近五分之一，特别是 65 岁以上老人占比与"职业"一栏中的"离退休人员"占比相符，这与以往网络问卷调查结果有明显差异，说明文化底蕴深厚的历史街区对老年人来说有较大吸引力；游客受教育程度普遍较高，说明历史街区是富有文化资本的游客较为青睐的地方，与格雷格·理查兹对欧洲文化游客的空间分布研究结果相符[①]；总体而言，游客地区分布相对均衡，福州市、福建省内其他地区、外省份（港澳台地区除外）三者占比分别为 29.26%、33.12% 和 37.30%，境外游客极少。

表 4-8 福州双杭历史街区游客社会人口学特征

主类目	子类目	百分比（%）
性别	男	47.27
	女	52.73
年龄	18 岁以下	2.25
	18—30 岁	37.30
	31—45 岁	34.73
	46—65 岁	19.61
	65 岁以上	6.11
职业	机关、事业单位	15.11
	企业职员	37.30
	创业者、个体户、自由职业	17.36
	学生	19.29
	离退休人员	6.43
	其他	4.51
受教育程度	初中及以下	2.57
	高中或其他中等教育	27.65
	大专、本科	56.27
	研究生	13.51

---

① Richards, G., ed., *Cultural Tourism in Europe*, Wallingford：CABI, 1996：39 - 54.

续表

主类目	子类目	百分比（%）
籍贯	福州市	29.26
	福建省内其他地区	33.12
	外省份（港澳台地区除外）	37.30
	我国港澳台地区及国外	0.32
月收入	≤2000 元	10.93
	2001—5000 元	34.41
	5001—8000 元	42.12
	8000 元以上	12.54

（2）游客地方感维度测量结果分析

由于本研究主要考察历史街区空间生产问题，故忽略了威廉姆斯和罗根布克地方感测量量表中的"地方依赖"维度，因为这个维度主要是考察游客对旅游地基础设施设备以及服务的评价。因此，与空间生产有关的另外两个维度"地方依恋"和"地方认同"是本次问卷调查的主要考察内容。这两个维度主要测量游客对双杭历史街区的情感依附程度。表4-9统计结果显示，游客对双杭的"地方依恋"和"地方认同"两个维度的体验均值几乎相同，均在中等偏上的水平，说明游客对双杭历史街区有一定的情感依恋，但联结程度并不强，比如"地方依恋"维度中的"福州双杭的旅游体验其他景点无法取代"一项均值仅为 3.27，对双杭的"归属感"均值为 3.52，说明双杭历史街区空间特征不够明显，地方氛围营造不够浓厚，体验感不太强，没有形成独特的无法替代的"旅游空间"；"地方认同"维度测量均值稍高于"地方依恋"，特别是关于双杭"环境氛围""民俗风情"表示较高的认可度，测量均值分别为 3.79 和 3.71。对于双杭中西合璧式古建筑并没有表现出特别的偏好，但重游意愿较为强烈（3.81）。总之，对双杭历史街区游客"地方依恋"和"地方认同"的测量，可以看出双杭历史街区空间生产和地方营造还有较大改善余地。

表 4 - 9　福州双杭历史街区游客地方感维度测量均值

维度	题目/选项	非常同意 (1分)	不同意 (2分)	中立 (3分)	同意 (4分)	完全同意 (5分)	均值
地方依恋	福州双杭之旅对我来说很重要	4 (1.29%)	8 (2.57%)	77 (24.76%)	207 (66.56%)	15 (4.82%)	3.71
	福州双杭给我留下了珍贵的美好回忆	2 (0.64%)	22 (7.08%)	89 (28.62%)	157 (50.48%)	41 (13.18%)	3.68
	福州双杭的旅游体验其他景点无法取代	2 (0.64%)	36 (11.58%)	169 (54.34%)	85 (27.33%)	19 (6.11%)	3.27
	福州双杭给我以强烈的归属感	3 (0.96%)	29 (9.33%)	108 (34.73%)	145 (46.62%)	26 (8.36%)	3.52
	如果我有机会，我会旧地重游	3 (0.97%)	5 (1.61%)	73 (23.47%)	197 (63.34%)	33 (10.61%)	3.81
地方认同	福州双杭环境氛围让我流连忘返	4 (1.29%)	11 (3.54%)	59 (18.97%)	210 (67.52%)	27 (8.68%)	3.79
	与其他古建筑相比，我更喜欢福州双杭中西合璧式建筑	2 (0.64%)	30 (9.65%)	125 (40.19%)	128 (41.16%)	26 (8.36%)	3.47
	福州双杭自然景观对我来说别有韵味	2 (0.64%)	15 (4.82%)	97 (31.19%)	168 (54.02%)	29 (9.33%)	3.67
	我对双杭新安河畔浓郁的现代与复古氛围相互交织情有独钟	2 (0.64%)	18 (5.79%)	99 (31.83%)	162 (52.09%)	30 (9.65%)	3.64
	与其他历史街区相比，福州双杭民俗风情独一无二	2 (0.64%)	10 (3.22%)	89 (28.62%)	185 (59.48%)	25 (8.04%)	3.71

本书进一步考察了游客对福州双杭历史街区的情感倾向，以便与网络文本分析结果做一个对比，从而总体把握游客对该历史街区空间的感觉和认可度。表4-10和表4-11显示，游客对双杭历史街区空间感觉的情感评价总体是积极的，"地方依恋"和"地方认同"两个维度的积极情感占比分别是59.49%和63.67%，"消极情感"占比较低，分别是

7.33% 和 6.17%；"积极情感"中的中等程度的情感评价占比分别是 50.87% 和 54.86%，这说明给予高度情感评价的比例偏低，"中性情感"占比分别是 33.18% 和 30.16%，基本占各自总情感评价的三成左右。两个维度的积极情感中的"中度情感"和"中性情感"两者之和分别高达 84.05% 和 85.02%，这说明双杭历史街区地方感营造要想获得游客的高度认可还有较大的提升空间。

表 4-10 福州双杭历史街区游客地方依恋维度情感评价

情绪类型	比重（%）	情绪分段	比重（%）
积极情感	59.49	高度（5分）	8.62
		中度（4分）	50.87
中性情感	33.18	一般（3分）	
消极情感	7.33	中度（2分）	6.43
		高度（1分）	0.90

表 4-11 福州双杭历史街区游客地方认同维度情感评价

情绪类型	比重（%）	情绪分段	比重（%）
积极情感	63.67	高度（5分）	8.81
		中度（4分）	54.86
中性情感	30.16	一般（3分）	
消极情感	6.17	中度（2分）	5.40
		高度（1分）	0.77

3. 小结

研究表明：第一，就高频词及语义网络图而言，游客对双杭历史街区的历史回溯、传统景观及地理位置感知较为强烈。第二，从感知内容维度来看，游客对旅游吸引物感知较为强烈，尤其是对传统景观的感知较为显著，而对双杭历史与未来发展的感知强度仅次于旅游吸引物，且对其两个次类目感知强度差异较小。对旅游活动感知较弱，但游客情感评价很高，故在增强游客旅游活动感知方面潜力巨大。第三，对游客地方感的两个维度——"地方依恋"和"地方认同"的测量结果显示，游客对双杭历史街区情感依附程度达到中等偏上的水平，说明地方营造力度有待加强。第四，无论是网络文本分析还是游客地方感测量结果，两者的情感评价百分比非常接近，游客积极情感分别占 64.40%（网络文本分析）、59.49%（地方依恋）和 63.67%（地方认同），占比较高且重游意愿较明显。两者均存在部分消极情感，但反应并不强烈，故游客对双杭旅游体验和地方感知总体较好，但还存在较大的提升空间。

（三） 福州双杭历史街区文化旅游空间生产的三位一体模式

福州双杭历史街区是一处文化资本空间化集聚的重要区域，诚如前述，这里集聚商业文化、建筑文化、名人文化、民间信仰、饮食文化和民俗风情等，形成独具地域文化的"品位"，是进行文化旅游空间生产的重要元素。2016 年《上下杭历史文化街区保护规划》（以下简称《保护规划》）提出，到 2018 年底，力争将上下杭历史街区建设成为具有商业、旅游、居住、文化等多种功能类型，以及具有浓郁的、福州典型的闽商文化和中西合璧的建筑文化特色的传统历史街区。笔者以亨利·列斐伏尔的"空间的实践"、"空间的表征"和"表征的空间"的空间生产理论"概念三元组"为基础，根据上述游记网络文本分析和问卷调查结果，辅以参与观察和深度访谈，结合其文化资源禀赋，检视双杭历史街区空间生产效能及空间社会关系。

1. 物质空间的生产：旅游空间的实践

旅游物质空间的生产，主要是指旅游景观的物质载体和有形遗产的旅游开发实践，换句话说，是指游客可以感知到的物质空间形态，是"人化的自然"，也是赖以开展旅游活动的物质载体的空间实践。"在可感知的空间内，它体现了日常现实（日常事务）和城市现实（连接工作、私人生活和休闲场所的路线和网络）之间的密切联系。"① 根据网络文本分析结果，游客感知最为强烈的是旅游吸引物，占比达 55.80%，内容包括自然景观、传统景观和现代景观，这说明目前双杭历史街区物质空间的生产并不符合游客预期。其中传统景观占比 39.33%。再看高频词统计，排在前 20 位的基本都是可感知到的物质空间，如"建筑"（1）、"历史"（2）、"三通桥"（3）、"陈文龙尚书庙"（6）、"上杭路"

---

① Lefebvre, H., *The Production of Space*, Translated from the French by Smith, D. N., Oxford: Blackwell, 1991: 38.

（8）、"古建筑"（10）、"张真君祖殿"（11）、"下杭路"（12）、"三捷河"（14）、"古老街区"（15）、"会馆"（16）、"街区"（17）等。不难看出，如果将这些高频词加以组合，完整的双杭历史街区格局就呈现在我们眼前。虽然双杭历史街区更新改造的外在景观符合游客认知，得到其保留古风的认同，但问卷调查表明，游客对双杭历史街区和传统建筑等物质景观感知并不强烈，"地方认同"仅仅中等偏上，积极情感并不是很强烈，反而对咖啡屋、鹿森书店等异质性现代景观评价极高，这是需要开发者和管理者警惕的，这说明作为文化旅游区的双杭物质空间营造还有待加强。

第一，恢复双杭历史街区空间机理，强化文化景观的再生产。表4-4表明，双杭传统商业景观，如古商号、古街区、古戏台、古会馆、古庙宇、古桥梁等给游客留下深刻的印象。提取双杭历史街区的文化元素，形成具有地方特色的文化符号，包括其名人轶事、建筑形态、街巷名称、特色景点等，以此展示双杭历史街区地方文化元素，营造浓厚的地方文化氛围，并以强化旅游者认知中的文化符号为目的，建设情景解说系统。规划人员和开发商可以借助现代多种信息技术集成手段，在双杭历史街区增设智能定位系统、广播系统、景区WiFi系统、电子屏幕显示设施设备等，结合专业解说员的解说来营造场景氛围，为旅游者讲解双杭历史街区的历史演变、民俗风情和历史建筑文化等。

第二，恢复传统建筑外观及空间格局。双杭历史街区共有14处省、市、区级文物保护单位，如高氏文昌阁、张真君祖殿、陈文龙尚书庙、福州商务总会旧址（魁星楼）、采峰别墅（杨鸿斌别墅），以及商行、会馆、钱庄、祠堂等建筑，建筑风格独特，有中国式的合院单元模式，有西式巴洛克风格；立面造型有西式的拱券、砖砌拱券、石砌拱券、半圆形券、尖券、三叶形券，还有中心带有类似券心石装饰的券。柱式也很丰富，有塔司干柱式、爱奥尼克柱式等。许多建筑呈现一种西式建筑技艺与福州传统建筑工艺相结合的独特风格[①]，如采峰别墅，它呈现典型的中西合璧"洋楼厝"的建筑风格，因此保护者对建筑细部和装饰技法

---

① 吴麒：《福州双杭传统商业街区特色与保护研究》，《福州大学学报》（自然科学版）2007年第4期，第570—576页。

的复原，要做到"修旧如旧""建新如旧"，保持双杭传统建筑中西合璧式风格。对于双杭历史街区建筑内部空间的生产，应本着"扬弃"的态度，取其精华，弃其糟粕。建筑景观空间的再生产要处理好传统与现代、保护与利用、内部与外部等的二元关系，辩证地实现文化价值的转化和再造。

第三，以区域主题化方式活化利用会馆空间。双杭历史街区曾经拥有14座本省及外邦会馆，在某种程度上，每一个会馆都是一个地域文化的缩影，都是一个独特的文化空间。如代表闽西北文化的浦城会馆、建郡会馆；代表闽西文化的泰宁会馆、延平会馆；代表闽东北文化的寿宁会馆、周宁会馆、福鼎会馆；代表江西文化的南城会馆等。因此，可以深度挖掘会馆所属区域的代表性文化，如饮食文化、商业文化、民俗文化、民间信仰等，巧妙地将其浓缩在双杭历史街区的空间要素中，以多元化的主题形式展示别具一格的商业文化。

第四，塑造以"慢节奏"生活方式为特色的滨河休闲空间。快节奏的城市生活让人们渴望找到一个安静的休憩场所，享受到不可多得的"慢生活"。双杭历史街区作为"五口通商"之一所在地的核心区，拥有得天独厚的滨水文化，为其滨河休闲区的构建奠定了良好的基础。因此，双杭历史街区的滨河休闲区可以从以下两方面进行建设：一方面，以三捷河为主构建滨河休闲商业带，融入金融商贸、休闲娱乐、商业、餐饮等业态，与双杭路上主要游览的路线相结合设置游船码头、商业码头，在恢复双杭历史街区原有建筑形态时，在三捷河两岸建设以游憩、旅游、休闲、娱乐为主要功能的商业带，重现三捷河繁华鼎盛的传统风貌；另一方面，建设以闽江风光为主的滨江风光带，旅游者既可以沿闽江欣赏其江边的自然风光，又可以释放生活的压力，驻足河岸，遥思冥想。

2. 社会文化空间的生产：旅游空间的表征

表4-6显示，双杭历史街区以自然景观、传统景观和现代景观为旅游吸引物的游客感知占比高达55.80%，但以特色美食、休闲娱乐和旅游交通为主体的旅游活动内容显得极为单薄，仅占6.64%。问卷调查结果显示，游客对双杭历史街区文化氛围的感知并不强烈，其"地方依恋"和"地方认同"均值中等偏上。这一结果说明，以主客互构为特征的"旅游的社会文化空间"的生产严重不足。《保护规划》对双杭历史

街区进行了功能分区，如商贸会所区、文化展示区、民俗休闲区、创意街区、商业体验区和休闲旅游带，这些功能分区基本符合历史上双杭街区的空间格局。旅游空间的表征是通过旅游规划的表达、旅游开发活动和目的地文化符号的外化、旅游利益共享等形式体现出来的。正如列斐伏尔所言，空间的表征是"概念化的空间，是科学家、城市规划者、技术官僚细分者和社会工程师的空间，是某种具有科学倾向的艺术家的空间——所有这些人都将生活的东西、感知的东西与设想的东西等同起来"①。因此，在现阶段，双杭历史街区的旅游社会文化空间生产要着力于丰富街区旅游产品，加大文旅融合力度，构建旅游产品类型多样、文化符号充分彰显的"有意味"的旅游空间。如恢复以"老字号"为主题的商业空间。如保留张真君祖殿和上杭路、下杭路两侧的商业集中区，以商业为主体功能，形成以双杭历史街区的传统商业延续、特色餐饮、老字号等为主线的功能区。因此，政府在进行招商引资时，需要注重商家的甄别，为有意愿在双杭历史街区经营店铺的老居民提供优惠政策。同时，要积极地吸引已搬离的老字号商家重返双杭历史街区，形成双杭老字号品牌规模效应。商家可以结合双杭历史街区中的会馆和传统院落，发挥其地域文化的特色，建设适应现代生活需要的上下杭商业集中区，从而满足休闲者、旅游者购物需要，有效发挥历史街区的商业功能。

第一，活化利用"老字号"，培育怀旧型商业景观。老字号是双杭传统商业文化的代表。历史上，双杭街区孕育了诸多让人们耳熟能详的老字号品牌店，如柯伯藤艺店、桥头米时粿、耳聋伯元宵店等。老字号是一个地域典型的文化符号，历史街区空间生产贵在营造"传统"氛围。应采取各种优惠措施"请回"老字号，重新打造适合当下人们生活口味的百年老店，迎合居民和游客的怀旧情结。注重历史文脉的延续，增强游客文化体验感，比如茶文化旅游空间的营造，如欧阳康的生顺茶栈曾是集茶王宅院、茶农客栈、毛茶收购站、花茶制造厂、成茶仓库于一体的福州最大的茶农交易站和茶叶加工厂，现已被列为省级文物保护单位。经营者可以创新利用，融入 3D、VR 高科技要素，模拟展示生顺茶栈的历

---

① Lefebvre, H., *The Production of Space*, Translated from the French by Smith, D. N., Oxford: Blackwell, 1991: 32.

史兴衰过程，让游客直观了解生顺茶栈发展演变历史；使旅游者观看茉莉花茶的制作流程、聆听制茶师傅的制茶解说以及亲自动手制作花茶，让旅游者进一步了解花茶文化和制作工艺；游客入住生顺茶栈，泡制自己制作的花茶，享受属于自己的闲暇时光。这样既保护了茉莉花茶制作技艺这一宝贵的非物质文化遗产，又满足了现代人品茗休闲的时尚追求。

第二，利用历史街区深厚的文化底蕴，打造特色鲜明的文创空间和旅游演艺空间。文化创意产业已成为世界经济增长的新动力，影响着全球未来经济的发展趋势。双杭历史街区汇集多元价值的诸多文化，如街巷文化、古建文化、名人文化、商业文化、民俗文化等，这些文化都是文化创意产业发展的重要元素。将这些文化资源与创意理念结合起来打造成可感知、可体验、可参观的文化旅游产品，树立具有双杭历史街区文化特征的文化旅游品牌。双杭历史街区可以借鉴上海田子坊的创意产业发展经验，既完整保留老上海的城市机理与生活机理，又自其原生态的生活机理上，嫁接现代生活的符号，在怀旧的街区情境中，焕发无限的商机，这就是创意产业的魅力——把历史休闲化，把旧城生活化。着意恢复传统手工作坊，将双杭历史街区中的中西合璧的建筑元素、名人文化、非物质文化遗产等融入现代创意符号，通过茶坊酒肆、画廊、咖啡吧等休闲空间加以展示，塑造一个个文化创意空间。

旅游演艺已经成为文化旅游地必备的"节目"，将文化旅游地打造成展示地域文化的重要舞台，历史街区最为典型。晚清的双杭连接着中国与世界，闽商足迹遍及全国乃至全球。深入挖掘闽商"敢拼会赢"的拼搏精神、开拓进取的"海洋意识"，打造一个个鲜活的历史舞台剧，可以提高游客沉浸式旅游体验，比如前述的民谣、闽剧、安南伬、十番乐等非物质文化遗产，都是旅游演艺的重要素材。新加坡为了恢复唐人街的生机，国家艺术理事会要求一些单位在其艺术之家中引入各种文学和表演艺术团体，包括那些专门从事京剧表演、中国古典音乐演奏等的团体，将唐人街打造成为展示东方文化的舞台，以凸显"新加坡—新亚洲"的形象①。他山之石，可以攻玉，新加坡历史街区空间生产实践给

---

① Henderson, J., "Attracting Tourists to Singapore's Chinatown: A Case Study in Conservation and Promotion," *Tourism Management*, 2000, 21 (5): 525 – 534.

我们提供有益的借鉴，将双杭历史街区营造成为表演福州地域文化的演艺空间，也有利于促进福州夜色经济的发展。

第三，搜集双杭"老物件"，创造新型文化空间——主题博物馆。《保护规划》提出要将双杭历史街区打造成为闽商文化的展示地。如今许多老建筑，比如商业会馆，不可能再延续原先的功能，要么被建成民宿，要么被改造成特色餐馆、咖啡馆、茶馆，要么为各地商会所租用，但双杭历史街区也可选择较有代表性的、建筑面积较大的会馆打造福建省级闽商博物馆和福州市级民俗博物馆。前者可以集中展示自古以来台江作为水上贸易港口的发展历史、闽商发展历史、会馆发展历程、闽商贸易类型、贸易路线，特别是闽商参与海上丝绸之路海外贸易的历史、闽商国内水上航线贸易历史、闽商著名人物、商业民俗、祖师信仰等内容。后者则集中展示传统时代双杭地区岁时节俗、礼仪禁忌、丧葬嫁娶、生产生活等习俗，如民间信仰、饮食文化、名人文化等，以及国家级、省级、市级非物质文化遗产，如老天华乐器制作技艺、十番乐、安南伬等实物资料。博物馆采用现代高科技，如声、光、电、影像、虚拟仿真、多语言同声解说等手段，再现以台江双杭为中心的闽商发展史和民俗文化。让游客坐上"时间旅行车"在短时间内尽览双杭街区历史文化景观。正如贝拉·迪克斯所言，博物馆"既能展示外部陌生的他者，也展示内部如我们祖先那样的他者……通过将注视导向可观看的空间，博物馆用公开的、物质化的方式上演他们/我们的关系。这意味着博物馆是向公众定义文化的有力机构，也是公众通过博物馆体现的观看关系来定义自身的有力机构"，博物馆是"我们时代关键的文化中心"。[①]

3. 精神空间的生产：表征的旅游空间

表 4-6 表明，游客对双杭历史街区的"历史回溯"和"未来发展"的感知占比达 27.05%，两者分别占比 15.26% 和 11.79%，这说明游客对双杭历史街区旅游开发和未来发展抱有期望。地方感测量则显示游客地方归属感不是很强，积极情感都只占 60% 左右，可见双杭精神空间的营造还有待加强。"历史回溯"表达出游客浓重的怀旧心理，希望当代

[①]　〔英〕贝拉·迪克斯（Bella Dicks）：《被展示的文化：当代"可参观性"的生产》，冯悦译，北京：北京大学出版社，2012，第 153 页。

的双杭能够再现历史上台江码头繁荣的商业文化景象，闽商文化能够得到活态传承，重现社区居民鲜活的生活样态，而"未来发展"表达出在保护、修缮和改造过程中，游客希望各利益主体能够认真做好旅游规划和旅游开发，还原一个鲜活的、有别于同城三坊七巷的历史街区。列斐伏尔"表征的空间"是指通过其相关的图像和符号而生活的空间，因此是"'居住者'和'使用者'的空间"①。因此，构建双杭历史街区"表征的旅游空间"，实际上是生产一种"旅游的精神空间"，这种空间是指情感、信念和意志等的精神空间，与旅游体验相对应，在某种程度上是一种体验空间，意在强调旅游实践对历史街区生活的影响、旅游收益共享、旅游体验的感知和体悟等，因而也是一种生活的空间。双杭历史街区未来应注重社区营造和原始风貌的保护，重塑与再现双杭历史街区意象性空间。

第一，恢复双杭历史街区的空间意象。凯文·林奇（Kevin Lynch）在《城市意象》中指出，城市意象一般是通过道路、边界、区域、节点和标志物五种元素营造的，且在城市机理中，所有元素都共同作用。"意象是一个连续的领域，某个元素发生的一定变化会影响到其他所有的元素。"② 一些福州地方志、台江区志中的街道图、政区图以及晚清传教士所拍的照片等文献和实物资料都是重构双杭历史街区空间意象的重要依据。通过凯文·林奇所提出城市意象营造五要素，在建筑风格、老字号店铺、地理标志、街巷节点、桥梁水体等方面再生产双杭历史街区的意象性空间，将传统与现代、历史与时尚、自然与人文有机结合起来。如大庙山上的"钓龙井"、三捷河畔张真君祖殿、龙岭顶上的关帝庙、商业会馆、高氏文昌阁、曾氏祠堂、彩气山上的魁星楼等，反映双杭街区浓厚的商业文化和民间信仰的融合，也是人文景观与自然景观的统一。如张真君祖殿位于三捷河畔，殿前河水"两头涨"被商人视为聚财之兆，这种自然景观蕴含着深厚的人文意蕴，因此，水体治理也是景观塑造的关键之一，在修复这些传统建筑时，要考虑到与周围环境的一体

---

① Lefebvre, H., *The Production of Space*, Translated from the French by Smith, D. N., Oxford: Blackwell, 1991: 32.

② 〔美〕凯文·林奇：《城市意象》，方益萍、何晓军译，北京：华夏出版社，2001，第35—69 页。

恢复。

第二，注重双杭历史街区精神意境的再现。通过合理的规划设计，重新构建和再度呈现双杭历史街区的会馆、商铺、码头、庙宇以及民宿、文旅演艺、街区建筑等，重新构建一个别具一格的保护和传承闽商文化的空间。双杭历史街区生态营造也是重要一环。在高度城市化背景下，构建历史街区文化生存与发展的新环境，培育新的文化生态，使历史街区文化在这一文化生态中获得自我生存与发展的能力。从自然因素、人类活动等环境因素考虑地貌地形、自然景观、人造景观等，使双杭街区内建筑风格与生态环境相互呼应，使文化空间形态具有艺术与审美价值，并体现双杭的文化精神和内涵。因此，需对街区周围的河流水体、植被、山体等要素进行保护。在营造双杭历史街区的生活场景时，应考虑文化生态方面的塑造，如邻里交往空间的营造、特色主题街区的设计和创新以及对街区绿色交通系统的把关和重视等。双杭历史街区文化再现是唤回历史街区精神的重要举措。"一个地方的意义或感觉反映在居住在该地方的人之间发展的公共纽带或访问该地方的游客之间。"[1] 文化再现主要包括文化发展与创造、文化保护与传承。新加坡唐人街更新改造案例可资借鉴。

第三，致力于社区生活空间的营造，避免历史街区陷入过度商业化的"陷阱"。贝拉·迪克斯认为，"基于场所的平民遗产魔力般地将两个表面相呼应的当代现象融合在一起：一个是遗产展示中采用活态历史形式的倾向；另一个是当地群体渴望展示他们的身份以及在官方的公共遗产中建构普通的当地历史的愿望"[2]。随着体验经济和全域旅游、文旅融合理念的兴起，传统旅游方式已经不适应新时代游客的新要求，应牢固树立社区生活方式也是旅游吸引物的理念。为此，以"民俗文化"为主的文化展示区是双杭历史街区发展深度体验游的重要空间。首先，利用传统音乐（十番乐、安南伬）、舞蹈（舞龙灯）、戏剧、曲艺、杂技以及传统礼仪、民俗节庆等非物质文化遗产来营造社区浓郁的地域文化色彩。

---

① Hammitt, W., Backlund, E., and Bixler, R., "Place Bonding for Recreation Place: Conceptual and Empirical Development," *Leisure Studies*, 2006, 25 (1): 7–41.

② 〔英〕贝拉·迪克斯（Bella Dicks）：《被展示的文化：当代"可参观性"的生产》，冯悦译，北京：北京大学出版社，2012，第149页。

其次，根据传统习俗，举办传统节事活动。双杭历史街区在日常生活中按照农历节气有意恢复传统节日，如春节（俗称"做年"）、拗九节等，在传统节日中融入现代元素，奖励性地吸引社区居民、中小学生参加，他们既作为文化景观的生产者，也作为旅游景观的体验者，双杭历史街区定期举行中小型主题文化活动。最后，生活氛围的营造。大庙山、龙岭顶虽非街区，但这些地方自古以来就是福州市民游憩之所。据载，每当重阳登高，这里聚满游人，放风筝，品小吃，买玩具，尽兴而来，满意而归。"龙岭顶上下和周围小巷，摆满地摊，来自四面八方的手工艺人，在此销售各种工艺品，有泥塑、竹木和铁皮的小玩具，五彩纷呈。"龙岭顶上的"九重粿""依五炒粉"等名小吃，让游人大快朵颐，传统的市声、商品买卖吆喝声此起彼伏。选择性地再现这样的生活场景，着意恢复传统手工技艺、小吃摊点、玩具制作，如恢复制作藤床的、编竹席的、打铁的、补锅的、剃头的等老福州的民间五行八作，再现原生态社区的昔日风华。

需要指出的是，上述历史街区旅游空间并非三个相对独立的空间。列斐伏尔所谓的空间生产是指空间本身的生产，换句话说，他所指的空间是一种"感知的、构思的和生活的三位一体中的辩证关系"，分别对应物质空间、社会文化空间和精神空间。"感知—构思—生活（在空间术语中：空间的实践、空间的表征、表征的空间）三位一体如果被视为抽象的'模型'，就会失去所有力量。……生活的、设想的和感知的领域应该是相互联系的，因此'主体'，一个特定社会群体的个体成员，可以从一个空间移动到另一个空间而不混乱——这是逻辑上的必然。"[1]因此，双杭历史街区旅游空间生产就是物质、文化和精神的三位一体的空间生产，具有普遍意义。

第四，福州双杭文旅空间中的社会关系再生产

历史上，双杭历史街区就兼具商业与休闲功能，当代空间的再生产是建立在保护街区文脉的基础上，突出旅游功能和商业功能的历史再现。历史街区空间的生产可以视为权力、资本和阶层等政治、经济、社会要

---

[1] Lefebvre, H., *The Production of Space*, Translated from the French by Smith, D. N., Oxford: Blackwell, 1991: 39-40..

素等力量对旅游空间的重塑（空间的再生产）。利益相关者共同决定历史街区的空间生产走向，用列斐伏尔的话说，"社会空间还包含了生产和再生产社会关系之间这种双重或三重互动的具体表征。象征表征的作用是将这些社会关系维持在一种共存和凝聚的状态"①。双杭历史街区的更新改造动议于 2013 年启动，北京一家规划设计研究院和福州市规划设计研究院联合编制了《保护规划》。根据规定，双杭历史街区居民自由选择搬迁安置还是原地居住，没有强制集体全部移出，虽然有能力继续留在街区的居民并不多，但这也体现了权力、资本和社会等三方力量博弈的一个初步平衡，政府在其中起到了主导作用。2018 年福州古厝集团有限公司成立了二级子公司——福州市上下杭保护开发有限公司。改造前，福州市人民政府专门出台了一系列保护文件，如《福州市上下杭历史文化街区文化遗产保护管理办法》《福州市历史文化街区国有文物保护单位使用管理办法》《福州市历史文化街区国有房屋租赁管理办法》等，同时公布了双杭历史街区 74 处历史建筑保护名单。这些文件对街区文化遗产保护进行了详细的规定，这从《上下杭历史文化街区保护规划》的名称上即可看出。我们知道，从历史脉络来看，双杭历史街区本来就是一个商业游憩区，进行保护性旅游规划也未尝不可，可见其动议初衷是立足于保护，而不是旅游规划或城市规划。福州市上下杭保护开发有限公司林总对此表述得很清楚，他说：

> 通过对"文保"单位、历史建筑的保护修复和不协调建筑的拆除整治，我们配套建设了市政基础设施，保护传承了物质与非物质文化遗产。在市政府的支持下，我们公司长期聘请国家文物局及福州市规划设计研究院等专家制定修缮导则等技术规范和标准，现场指导每一幢老屋的修缮方案审核工作，努力打造原汁原味的历史文化名城建筑群体，实现从保护建筑单体、历史街区，到与历史文化名城文化内涵及非物质文化遗产相融合的飞跃。

---

① Lefebvre, H., *The Production of Space*, Translated from the French by Smith, D. N., Oxford: Blackwell, 1991: 32.

与此同时，规划文本还进行了公示和广泛征求意见①。网上在福州市自然资源和规划局门户网站公示，现场公示地点在福州市台江区隆平路6号下杭社区，任何单位和个人可以通过信函和电子邮件方式对规划提出相关意见与建议，并提供了电话号码、邮箱以及确切地址。这一举动得到当地居民和社会各界的广泛关注，他们提出许多改进意见，如《对〈上下杭历史文化街区保护规划〉公示稿的看法以及三捷河河道及沿岸改造的建议》《开发上下杭，希望改造的时候对一些历史风貌能做适当保留》等。福建省、福州市多家新闻媒体连续跟踪报道，无形中也起到一定的监督作用。实际上，双杭历史街区空间的再生产也是一次社会关系的再生产。正如福州古厝集团有限公司一位副总所言：

> 当初拆迁补偿单价非常高，所以街区居民都乐意配合拆迁，但三年棚改结束后现在没有再做这种大面积拆迁了，在上下杭街区没有像早先一些城市历史街区开发那样遇到政府、开发商与原有居民之间的尖锐矛盾。……街区内商家都是我们招商进来的，我们有严格的业态管控，尤其是遗产保护，包括古建改造限制性条件，也就是说，保护规划先行，如历史建筑、更新建筑保护标准不一样，实行分类保护和改造，活化利用的时候也按照保护等级引入不同业态，像展馆、文创、餐饮业等。对于福州老字号，政府是鼓励它们进入的，出台许多优惠政策，比如租金优惠等，目的是弘扬和保护老字号。我们不希望走国内某些历史街区过度商业化的老路……

从网络文本分析的游客情感分析结果看，积极情感占比64.40%。这说明，双杭历史街区保护、更新、改造的初步成果基本符合游客意愿。我们知道，国内外历史街区过度商业化、大量居民外迁、社区居民权益保障缺失、惠民不足、空间被异质性社会关系重置等现象比比皆是，在此情况下，上述结果体现了一定程度上的"空间正义"。权力的适度引导，资本对旅游空间实践的正当介入，能够保证双杭历史街区空间再生

---

① 《上下杭历史文化街区保护规划公开征求意见》，搜狐网，http://roll.sohu.com/20130528/n377312681.shtml。

产的效能，政府（权力）、资本（市场）和社会（社区）等多元利益主体之间初步达成平衡关系。笔者于 2022 年国庆期间再次考察了该案例地，随机访谈了一位出租车司机吕先生和在景区遛弯的陈女士：

> 吕先生：我家原来就住在这里，现在没事，就开个出租车。
>
> 笔者：现在不住在这里啦？拆迁补偿怎么样啊？
>
> 吕先生：根据面积，我家一下子分了 4 套房，除给安置房之外，一个户口本补贴 10 万元，2 个更多。
>
> 笔者：这样补贴，你满意吗？
>
> 吕先生：满意呀。
>
> ……
>
> 陈女士：我家原来就住这河边上，拆迁就地安置，喏，那边 4 栋楼，还有前面开发的楼盘，都是安置我们这些老住户的。
>
> 笔者：你对这样的拆迁补偿满意吗？
>
> 陈女士：满意啊，怎么不满意？就地安置，房子比原来大了；你不想要大的可以换个小点的，比如 90 平方米，你不要，你要 70 平方米的，多出 20 平方米就折算现金补偿给你，你还可以拿些钱装修呢！
>
> 笔者：有没有安置到外面去的，比如说郊区啦！
>
> 陈女士：有啊，自觉自愿，想要多套房给孩子结婚用的话，就搬出去了。
>
> 笔者：你们这些就地安置的老住户住楼房习惯吗？平时还有来往吗？
>
> 陈女士：习惯啊，没有什么变化啊，我们每天都在这棵大榕树下聚会聊天，邻里关系融洽，我们祖祖辈辈就住在这里，舍不得，感觉挺好的。

上述访谈内容与前述业界人士陈述的情况基本吻合。不可否认，历史街区"中产阶级化"（Bourgeois）或"绅士化"（gentrification）是国际社会的普遍现象。自 20 世纪 90 年代经济衰退以来，全球城市经历了第三波绅士化浪潮。正如尼尔·史密斯（Neil Smith）所言，中产阶级化背后的冲动不再局限于美国或欧洲，而是一个全球性的普遍过程。作为一种"全球城市战略"，中产阶级化现在"密集地连接到全球资本和文化循环的回路中"①。中产阶级化的研究一直是全球主要城市研究的重要论题，主要原因有二：一是中产阶级在城市中的时空流动；二是供给侧和需求侧之间的因果关系②。多数研究者认为，历史街区中产阶级化是城市更新的必然趋势，甚至成为企业增长的一种战略。凯文·福克斯·哥谭（Kevin Fox Gotham）通过对美国新奥尔良维约卡雷（Vieux Carre，法国区）半个世纪以来社会空间变化的个案研究，提出一个"旅游中产阶级化"的概念，他认为，旅游中产阶级化指的是将一个中产阶级社区转变为一个相对富裕和专有的飞地，其标志是企业娱乐和旅游场所的激增。资本流入房地产市场的变化，加上旅游业的增长，提高了住宅空间中消费导向活动的意义，并鼓励了中产阶级化③。维约卡雷的案例表明，传统房地产战略无法为城市振兴和旅游业发展提供所需的巨额资本。地方精英将旅游业作为振兴地方经济的战略选择，在这种新的城市景观中，中产阶级化和旅游与其他消费导向如购物、餐厅、文化设施和娱乐场所融合在一起。娱乐、商业活动和居住空间的模糊化导致了城市空间生产、消费中文化和经济之间关系的改变。总之，历史街区更新从早期的房地产战略到如今的"旅游化"转向，有利于老城区的复兴和城市文脉的延续，关键在于占主导地位的利益相关者的引导。

因此，笔者建议，双杭历史街区在保护的前提下，逐步恢复街区传统商业文化和"三位一体"空间的重新塑造，招商引资过程中仍要发挥政府的主导作用。权力的强力介入，用以防止旅游空间异化，警惕资本逻辑对旅游空间实践的另类牵引④。重点是保留和重塑双杭历史街区的

① Smith, N., "New Globalism, New Urbanism: Gentrification as Global Urban Strategy," in *Spaces of Neoliberalism: Urban Restructuring in North America and Western Europe*, edited by Brenner, N., & Theodore, N., Oxford: Blackwell, 2002: 80–103.

② Smith, H., & Graves, W., "Gentrification as Corporate Growth Strategy: The Strange Case of Charlotte, North Carolina and the Bank of America," *Journal of Urban Affairs*, 2005, 27 (4): 403–418.

③ Gotham, K. F., "Tourism Gentrification: The Case of New Orleans' Vieux Carre (French Quarter)," *Urban Studies*, 2005, 42 (7): 1099–1121.

④ 郭文、王丽：《文化遗产旅游地的空间生产和认同研究——以无锡惠山古镇为例》，《地理研究》2015 年第 6 期，第 708—716 页。

生活空间，还原居民原生态生活状态，弘扬街区无形文化，要"见物、见人、见生活"。因此，"如何引进适当的人群、阶层入住双杭街区，发挥政府主导、群众主体、社会参与的合力作用来复育传统商业业态和保护传承非物质文化遗产关系到历史文化街区的整体性保护，以及历史文化街区的生活延续性问题"①。这需要改变传统旅游观念，用全域旅游理念引领街区文化旅游发展，树立社区居民生活方式也是旅游吸引物的理念。正如福州市上下杭保护开发有限公司林总所说：

> 我们不断加强对购物场所及商户的管理，制定出台了《上下杭历史文化街区商户管理手册》等文件，相关工作人员经过严格培训，遵守职业道德规范，使得街区内各项经营活动秩序井然，目前已入驻包括餐饮店、医药堂、茶空间、餐酒吧、特色糕点店、福州特色小吃店、非遗文化展示馆、民宿客栈等商铺共计121家。逐步把上下杭打造成具有浓厚的福州中西合璧建筑文化特色和典型的福州闽商文化特色，具备商业、居住、旅游、文化等复合功能的传统街区，这不仅是保护上下杭，更是留住福州人共同的生活记忆。

在社会主义国家，空间的再生产要立足于民生改善，民生幸福是社会主义空间生产的价值旨归②，是实现空间正义和价值理性的统一。但绝对的"空间正义"是不存在的，从双杭历史街区案例可以看出，政府、开发商等利益主体给予当地居民相当的自决权，在经济补偿、心理补偿和就业安置等多方面予以满足或请他们自主选择，在共处的文化空间中形成了一种新型的社会关系。

第四节　结论

福州有着许多值得深入挖掘的历史资源。双杭历史上是闽商的发祥

---

① 马延：《福州市上下杭历史文化街区整体性保护的思考与建议》，《福建建筑》2014年第6期，第62—67页。
② 王志刚：《民生幸福：社会主义城市空间生产的价值旨归》，《社会主义研究》2012年第1期，第33—37页。

地，商业文化是其主流文化。作为滨水区的港口型历史街区，其物理结构和民间信仰（张真君、陈文龙信仰见前述）均与水密切相关，古河道、古桥梁、古码头成为其显著的符号标志，因此，水文化也是双杭历史街区有待凸显的地方；作为近代世界三大茶港之一，其文化中透露出一股淡淡的"茶香"，茶文化是连接世界的一缕文脉。根据布尔迪厄的文化资本理论，"品位"、"惯习"和"场域"是三个相互关联的资本要素，上述文化要素和物理结构、滨水区域等构成了双杭历史街区特有的气质。它们不仅要表现在物理空间上，更应表现在文化空间和精神空间里。网络文本分析和游客地方感问卷调查结果均显示，建筑物外立面和街巷的物理结构并不是双杭的"唯一"存在，游客的地方依恋和地方认同的中心在于心理和精神的赋予。因此，本研究运用亨利·列斐伏尔及其后继者的空间生产理论作为历史街区空间生产的理论依据就是题中应有之义。从物质、文化到精神，从空间中的生产到空间本身的生产，列斐伏尔的空间生产"概念三元组"是一个有机统一体，"空间实践、空间表征和表征空间以不同的方式对空间的生产做出了不同的贡献，这取决于它们的性质和属性，取决于相关的社会或生产方式，也取决于相关的历史时期"①。同样，双杭历史街区的"空间的实践"、"空间的表征"和"表征的空间"也是相互耦合的关系，并非截然并立的三个独立空间。这既是双杭历史街区空间生产的个性要求，也是国内外历史街区（文化街区）空间生产和地方营造（place-making）的普遍诉求；只有这"三位一体"空间生产协调发展，历史街区的遗产保护、商业发展和文旅融合三大职能才能有机统一，从而建构起新型的空间生产关系，实现历史街区的旅游可持续发展。本选题还可以作历时性对比考察，以弥补横切面的共时性研究的不足。

---

① Lefebvre, H., *The Production of Space*, Translated from the French by Smith, D. N., Oxford: Blackwell, 1991: 46.

冲突协调

第五章　文化旅游："冲突"型遗产利用中"冲突"调节的一种方式

　　自 15 世纪地理大发现以来，西方列强除了占领土地、掠夺资源、倾销商品和输出资本外，他们还发动一系列侵略战争，给许多民族和国家带来了深重的灾难，使得许多民族和国家沦为殖民地或半殖民地。随着近现代民族解放运动的兴起，民族国家纷纷独立。在原先被西方列强掠夺和侵略的国家，特别是在广大亚非拉地区，有许多列强留下了"异质"文化遗产（包括非物质文化遗产），这些遗产对于独立后的国家而言就变得非常尴尬和棘手，人们不禁要问：这些文化遗存到底是垃圾还是遗产？是保护利用还是破坏丢弃？如果是遗产，那么它又是谁的遗产？谁有权处置？近年来，有关国际组织和国家对此进行了深刻的反思，大多采取辩证的态度，特别是在全球旅游业迅猛发展的大背景下，对其保护和利用的旅游"转向"成为当下国际社会的普遍共识。

　　文化遗产体现着一个国家和民族的独特生活方式和精神内涵，特别是世界文化遗产，它更是全人类的共同财富，因此受到各国人民珍惜。但在历史的长河中，沉淀着有关外来侵略和暴力等的"异质"遗产，比如欧洲法西斯遗迹、美国奴隶种植园、西非奴隶贸易城堡、新加坡的殖民遗迹等。这类遗产在所在国的民众意识里往往具有一定的情感冲突，我们姑且称之为"冲突"型遗产。在国际层面上，正经历着一个对过去暴行、冲突和死亡等遗产遗迹的辩证反思过程。1997—1999 年联合国教科文组织分别将奥斯维辛集中营、原子弹爆炸地广岛、纳尔逊·曼德拉被囚禁的地方罗本岛等列入世界遗产名录，由此拉开了国外学者关注"冲突"型遗产研究的序幕。

　　进入 21 世纪以来，随着旅游业的快速发展，我国一些地方在利用"冲突"型文化遗存开展旅游活动时，往往不知所措，要么"简单粗暴"地一概铲除，要么不加区别地正面"展示"或过度娱乐化，一度引起许多争议。如针对上海外滩申遗，有人认为是"自揭伤疤"①，也有人认为这是"殖民色彩浓重的玩意儿"②；但是《解放日报》署名文章则表达不同的主张，即"上海外滩申报世界文化遗产到底惹了谁？"，认为它是"世界文化的有机组成部分"③，也有人呼吁站在人类文化的大视角上看待它。相比而言，国外学术界对此类遗产的保护和旅游利用研究已有长足发展，国内学界则较少涉及。少数文章仅从西洋建筑的旅游资源价值④、旅游开发⑤、游客的情感体验⑥和教学讨论⑦等方面对比加以审视。对于这类遗产在现实生产、生活中，任何民族和国家都是无法回避的，因此，只要我们辩证地对此加以保护和利用，还是能够起到其应有的正面作用。本章从"冲突"型遗产的概念界定、冲突性表征及文化旅游利用的调节模式等加以归纳分析，并以福州烟台山外国使领馆区及其周围文化遗存为案例，通过参与观察和半结构访谈方法，分析"冲突"型遗产的文化旅游价值转化及调节作用，以期为我国同类型遗产保护及旅游的合理利用提供参考和借鉴。

第一节　　"冲突"型遗产的冲突性表征

近代以来，西方列强对广大亚、非、拉地区进行大规模的殖民掠夺，发动侵略战争和进行以宗教为媒介的文化渗透活动，从而在这些国家遗留了大量的物质遗存。随着国外学界对文化遗产研究不断深入，人们开始将目光投向了由"冲突"背景而引起的遗产类型。由于该类型遗产的研究尚不成熟以及该领域具有广泛、模糊和重叠的特点，学者们很难用

①　晏扬：《外滩建筑群是什么样的文化遗产？》，《中国青年报》2003 年 7 月 3 日。

②　一刀：《外滩"申遗"，要想想历史》，《工人日报》2003 年 7 月 8 日。

③　王多：《上海外滩申报世界文化遗产到底惹了谁？》，《解放日报》2003 年 7 月 23 日。

④　肖星、钟燕森、姚若颖：《中国近代西洋建筑的旅游价值评价体系与实证》，《经济地理》2014 年第 7 期，第 165—170 页。

⑤　鲁小波、李悦铮、陈晓颖：《东北地区殖民遗迹旅游开发探析》，《人文地理》2009 年第 1 期，第 110—113 页。

⑥　赵昭、张朝枝：《历史背景认知对殖民遗产旅游情感体验的影响——以广州沙面岛为例》，《热带地理》2018 年第 5 期，第 707—716 页。

⑦　王艳平：《关于对殖民建筑遗产性的教学讨论》，《旅游学刊》2005 年第 S1 期，第118—120 页。

一个学术术语加以表述，于是出现诸如"不和谐遗产""负面遗产""有争议遗产""冲突遗产""棘手遗产或困难遗产""矛盾遗产""禁忌遗产""不受欢迎遗产"等概念（见表5-1）。尽管如此，但笔者归纳发

表5-1 国外"冲突"型遗产概念的代表性观点

遗产类型/名称	概念表述或主旨描述	文献出处
dissonant heritage（不和谐遗产）	首先，遗产中的不和谐是指人们对待遗产观点的不一致和不协调。这一点在暴行遗产中可以清楚地看到，例如战争纪念碑、大屠杀纪念碑和其他带有暴力潜台词的纪念碑或建筑；其次，从认知失调概念出发，是指人们对遗产同时持有的相互不一致的态度或态度和行为之间缺乏协调而引起的精神紧张状态，类似音乐和谐的隐性类比	John Tunbridge & Gregory Ashworth
negative heritage（负面遗产或消极遗产）	负面遗产是一种在集体想象中成为消极记忆库的矛盾遗址。作为一种记忆场所，消极遗产扮演着双重角色：它可以被动员起来用于积极的教育目的（如奥斯维辛集中营等），或者如果这些地方不能在文化上得到恢复，从而抵制融入国家想象，它就可以被抹去	Lynn Meskell
contested heritage（有争议遗产）	有争议遗产本身带有情感和痛苦的暗流（如加勒比地区奴隶制种植园），由于一系列原因，遗产的意义和重要性在消费者之间存在差异。在旅游语境下，该类遗产解说存在很大争议，呈现"选择性社会失忆症"和受害者后代的"集体沉默"。总之，该类遗产所有权和话语权成为争议的焦点，其间也饱含着不同利益主体之间的对抗	Mechelle N. Best & Winston F. Phulgence
conflicted heritage（冲突遗产）	遗产所存在的层次关系和价值体系可能是不一致的，甚至是相互排斥和冲突的。主要体现在不同讲述者、不同利益群体、不同的意义和象征、遗产展示与真实性、准确描述与流行怀旧、学术解释与娱乐感等方面。通常也会被描述成矛盾、敏感、禁忌、创伤、讨厌或不良的遗产	Geoffrey W. Kearsley & Martine C. Middleton
difficult heritage（棘手遗产或困难遗产）	历史上，因战争、内乱、种族歧视或敌对行为等造成的如大屠杀和种族灭绝遗址、与战俘有关的场所、民事和政治监狱，以及麻风病人聚居地和疯人院等"仁慈"拘留场所，对此类遗产的处置颇为棘手，因为不同利益相关者的看法存在根本差异。随着时间的推移，一些痛苦和耻辱的地方已经被视为个人或群体超越战争时期不公正待遇或抵抗残酷和压迫的政治政权的场所。社区往往对这些事件感到羞耻，或者担心对这些事件进行调查可能会重新引发社区内部的分歧，要求拆除它们以消除有关的耻辱和恐惧	William Logan & Keir Reeves

遗产类型/名称	概念表述或主旨描述	文献出处
ambivalent heritage（矛盾遗产）	矛盾的遗产占据了一个充满冲突的情感和不确定意义的空间，从而陷入了一个意识形态的困境，它是冲突和征服的有形标志（类似印度加尔各答英国士兵公墓和公园这样的殖民建筑遗产）。它的当代意义在于它是一种既具有思想内涵又具有情感内涵的物质文化，因此产生了矛盾和不相容的意义。这种遗产既不能在民族主义的想象中被占用，也不能被完全否定	Ashish Chadha
taboo heritage（禁忌遗产）	禁忌遗产代表了人们避免、否认或回避的东西（如二战期间纳粹德国占领的海峡群岛上的劳改营）。活动人士试图创造或推广这类遗产的努力受到社区和/或官员的阻挠，人们避免提及它，承认它	Gilly Carr & Caroline Sturdy Colls
undesirable heritage（不受欢迎遗产）	此类遗产常常被描述为不受欢迎的遗产（如法西斯主义的遗产地纽伦堡），即大多数人不愿拥有的遗产。这种遗产的物质遗迹提供了一种身份，许多人希望与之保持距离	Sharon Macdonald

资料来源：①Tunbridge, J. E., & Ashworth, G. J., *Dissonant Heritage*: *The Management of the Past as a Resource in Conflict Resource in Conflict*, Chichester, UK: John Wiley and Sons, Ltd, 1996: 20 – 22.

②Meskell, L., "Negative Heritage and Past Mastering in Archaeology," *Anthropological Quarterly*, 2002, 75（3）: 557 – 574.

③Best, M. N., & Phulgence, W. F., "Interpretation of Contested Heritage at an Attraction in St. Lucia," *Journal of Heritage Tourism*, 2013, 8（1）: 21 – 35.

④Kearsley, G. W., & Middleton, M. C., "Conflicted Heritage: Values, Visions and Practices in the Management and Preservation of Cultural and Environmental Heritage," *Public History Review*, 2006,（13）: 23 – 34.

⑤Logan, W., & Reeves, K., "Introduction: Remembering Places of Pain and Shame," in *Places of Pain and Shame*: *Dealing with "Difffcult Heritage"*, edited by William Logan and Keir Reeves, London and New York: Routledge, 2009: 1 – 14.

⑥Chadha, A., "Ambivalent Heritage: Between Affect and Ideology in a Colonial Cemetery," *Journal of Material Culture*, 2006, 11（3）: 339 – 363.

⑦Carr, G., & Colls, C. S., "Taboo and Sensitive Heritage: Labour Camps, Burials and the Role of Activism in the Channel Islands," *International Journal of Heritage Studies*, 2016, 22（9）: 1 – 14.

⑧Macdonald, S., "Undesirable Heritage: Fascist Material Culture and Historical Consciousness in Nuremberg," *International Journal of Heritage Studies*, 2006, 12（1）: 9 – 28.

现，此种遗产仍具有若干共性：（1）带有消极的情感色彩；（2）造成遗产地社会不愿直面的记忆和伤痛；（3）不同利益集团对其所有权和解释权存在争议；（4）面对该类型遗产时，公众容易陷入意识形态或情感的纠结之中。

显然，本文所指的"冲突"型遗产不是一种单一的遗产类型，它已经超越了遗产的物质性，成为集体记忆、情感体验、身份认同、意识形态和文化价值的符号。正因为"冲突"型遗产中的"冲突"存在，使得研究议题具有广泛性，如空间冲突、政治冲突、社会冲突、利益冲突、叙事话语、遗产解说、遗产保护和旅游利用等方面的冲突表征。

首先，不同利益集团的冲突与对抗使空间成为一种不断地被争夺、赢得或失去的资源，故而在特殊历史时期形成的文化遗产也体现着文化间的对抗、剥削、欺骗或殖民掠夺。面对过去冲突的地点以及与那些"令人不安"的地点有关的信息，人们往往是选择性或程式化承认①。亚伦·杨克霍尔姆斯（Aaron Yankholmes）和鲍勃·迈克彻从集体记忆和冲突视角建构了多重有争议的奴隶集体记忆的概念框架（见图5-1），对奴隶制传统进行解构，促使包括旅游者和当地居民在内的不同利益相关者在政治冲突、社会冲突和空间冲突三维框架下更好地表征、纪念和解释与奴隶有关的集体记忆②，以弥补种族歧视所造成的创伤。

当然，不是所有的社会空间都充斥着紧张的气氛，但是边缘化群体的记忆则亟须得到别人的认可。文化人类学家罗德尼·哈里森（Rodney Harrison）认为，人们在面对"冲突"型遗产的集体记忆方面存在选择、修剪、堆叠、掩饰的"危机"③，同时面临着集体选择性失忆和"困难的记忆"的困扰④⑤。

---

① Murtagh, B., Boland, P., and Shirlow, P., "Contested Heritages and Cultural Tourism," *International Journal of Heritage Studies*, 2017, 23 (6): 506 - 520.

② Yankholmes, A., & McKercher, B., "Rethinking Slavery Heritage Tourism," *Journal of Heritage Tourism*, 2015, 10 (3): 233 - 247.

③ Harrison, R., "Forgetting to Remember, Remembering to Forget: Late Modern Heritage Practices, Sustainability and the 'Crisis' of Accumulation of the Past," *International Journal of Heritage Studies*, 2013, 19 (6): 579 - 595.

④ Corsale, A., & Vuytsyk, O., "Jewish Heritage Tourism Between Memories and Strategies: Different Approaches From Lviv, Ukraine," *Current Issues in Tourism*, 2018, 21 (5): 583 - 598.

⑤ Gouriévidis, L., "Heritage, Transnational Memory and the Rediasporisation of Scotland," *International Journal of Heritage Studies*, 2016, 22 (4): 277 - 290.

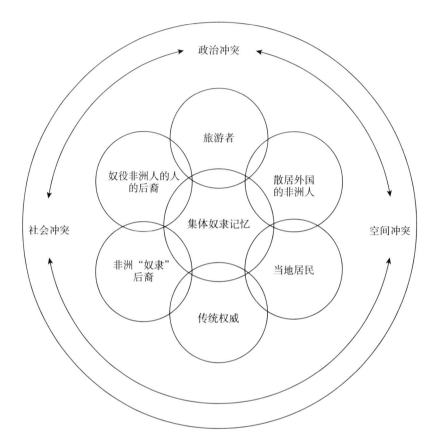

图 5 - 1　亚伦·杨克霍尔姆斯和鲍勃·迈克彻建构的多重有争议的奴隶集体记忆概念框架

其次，冲突叙事或主导话语的争夺也是冲突的表现之一。传统叙事大多从西方列强的观点来呈现殖民的历史，正如人们对阿非利卡索斯的维尔特尔（Afrikanisches Viertel）街道名称所产生的争议那样，如今大多数原殖民地人民主张将"边缘"群体中的自己重新写入"中心"[①]，因为重新命名街道可以使被边缘化的利益群体获取更大话语权。但是，肯·卢恩（Ken Lunn）在对东南亚战争遗产性质进行观察时认为，说服西方

① Förster, S., Frank, S., Krajewsky, G., and Schwere, J., "Negotiating German Colonial Heritage in Berlin's Afrikanisches Viertel," *International Journal of Heritage Studies*, 2016, 22 (7): 515 – 529.

国家重新评估它们对战争和社会的理解同样重要①。佩里·L.卡特
（Perry L. Carter）构建的博物馆与观众的互动模型（见图 5 - 2），有望让
人们更加清晰地理解遗产的叙事框架②，同时促使当地政府权威部门和
博物馆采取新的方式来协调"冲突"型遗产与公众之间的紧张关系。

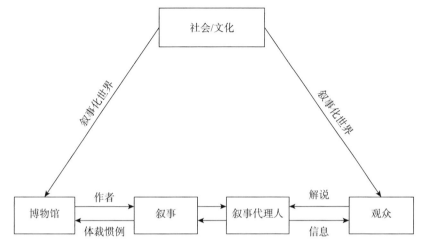

图 5 - 2　卡特的博物馆与观众互动模型

　　对于争议性人物的遗产或遗存，评判部门要允许游客形成自己的观
点和道德判断，解说部门只是正确的引导和公正的讲述。

　　再次，面对游客或公众，"冲突"型遗产的解释权也成为不同利益
集团之间的争夺对象。遗产解说过于开放也会引起不同意识形态群体的
意见分歧。如荷兰历史上的一个有争议的事件，17 世纪荷兰东印度公司
总督扬·彼得斯佐恩·库恩（Jan Pieterszoon Coen）的雕像拆除与否及其
旅游利用问题。库恩为荷兰东印度公司做出过重要贡献，一度被视为荷
兰民族英雄，荷兰为其树碑立传，并在其家乡市政中心广场树立雕像，
但一群人认为库恩应为种族灭绝罪行负责，要求地方政府拆除雕像。当
地博物馆以审判的形式让参观者投票表决是否拆除。地方政府和博物馆

①　Lunn，K.，"War Memorialisation and Public Heritage in Southeast Asia：Some Case Studies
and Comparative Reflections，" *International Journal of Heritage Studies*，2007，13（1）：81 -
95.

②　Carter，P. L.，"Where Are the Enslaved？Tripadvisor and the Narrative Landscapes of Southern
Plantation Museums，" *Journal of Heritage Tourism*，2016，11（3）：235 - 249.

重新协商赋予雕像新的意义，从而降低不和谐程度，由此库恩的雕像作为遗产资源以一种有选择性的方式被开发利用①。遗产的解说方式同样重要，如澳大利亚塔斯马尼亚港亚瑟王历史遗址纪念花园的敏感适宜性解说方式②等。

最后，不同社会群体之间的权力冲突很容易转化为对地理身份和遗产合法性的争夺③。一般而言，遗产的争议分为群体之间（两个或多个群体声称拥有相同的遗产）和群体之内（群体内部对遗产意识形态的分歧）两种。大多数学者都将注意力集中到因政治、种族、文化等分歧而产生的争议上。但值得注意的是，也有学者试图从群体之内和群体之间的重叠角度来探讨宗教背景下遗产旅游的争议性质。随着社会重新寻求定位或应对现实的不断变化，"冲突"型遗产将会在时间、环境和地点的变化中被重新解读；也可能出现所有者为了抹去丑陋的过去而改变，甚至摧毁该遗产。"冲突"型遗产作为与"艰难历史"接触的重要场所，需要以一种特殊的方式揭开"伤口"，面对公众拒绝的遗产，我们要做的不是破坏，而是重新思考它存在的意义④，可以在遗产保护公约的框架下公开讨论和协商"冲突"型遗产，将遗产的消极传统转化为具有普遍价值的可接受遗产，提高公众对保护文化多样性的认识，以保护文化多样性来促进人们对遗产消极性的宽容⑤。

总之，笔者认为"冲突"型遗产是指历史上因侵略战争、殖民掠夺、种族歧视或其他暴力方式，由强势群体强加于弱势群体所遗留下来的文化遗存，由于意识形态、价值观念、历史创伤等因素，不同利益群体对其所有权和解释权等往往存在矛盾而引发争议。

---

① Johnson, L., "Renegotiating Dissonant Heritage: The Statue of J. P. Coen," *International Journal of Heritage Studies*, 2014, 20 (6): 583 – 598.

② Frew, E. A., "Interpretation of a Sensitive Heritage Site: The Port Arthur Memorial Garden, Tasmania," *International Journal of Heritage Studies*, 2012, 18 (1): 33 – 48.

③ Olsen, D. H., & Timothy, D. J., "Contested Religious Heritage: Differing Views of Mormon Heritage," *Tourism Recreation Research*, 2002, 27 (2): 7 – 15.

④ Lehrer, E., "Can There be a Conciliatory Heritage?" *International Journal of Heritage Studies*, 2010, 16 (4 – 5): 269 – 288.

⑤ Rico, T., "Negative Heritage: The Place of Conflict in World Heritage," *Conservation & Management of Archaeological Sites*, 2008, 10 (4): 344 – 352.

第二节 "冲突"型遗产利用中冲突 调节的国际经验

针对"冲突"型遗产的再利用，有学者提出了"我们应如何处理那些历史上很重要却又很不光彩的遗迹；如果确立了其文化遗产地位，那么将会有什么风险；如果不承认它们，又会有什么风险；应该如何考虑利益相关者的意见；遗产专家和政府在这个过程中应该发挥什么样的作用"等问题①。与此同时，"冲突"型遗产的旅游利用也引发了另一批学者关于"发展其旅游形态是否会引发新的冲突"的担忧②。但是，密克罗尼西亚的例子说明正确处理"冲突"型遗产的再利用问题，主要取决于社区利益和政治意愿两大关键因素，即首先要解决这类"冲突"型遗产是"谁的文化，谁的遗产，谁来支配和解释它"的根本性问题③。

随着历史的转型，遗产空间和功能也在演变④，过去冲突的地方如今也可以重新为当地的社区利益服务⑤。不论冲突型建筑的建造者是谁，建筑依然是地方历史不可或缺的部分，建筑的艺术风格和它所代表的"特定过去"应该分开叙述，保护和利用并不意味着就要接受与之相关的政治主张⑥。格雷戈里·阿什沃思和约翰·滕布里奇（John Tunbridge & Gregory Ashworth）提出了解决"冲突"型遗产问题的三种主要方法：

---

① Burström, M., & Gelderblom, B., "Dealing with Difficult Heritage: The Case of Bückeberg, Site of the Third Reich Harvest Festival," *Journal of Social Archaeology*, 2011, 11 (3): 266 – 282.

② Henderson, J. C., "Built Heritage and Colonial Cities," *Annals of Tourism Research*, 2002, 29 (1): 254 – 257.

③ O'Neill, J. G., & Spennemann, D. H. R., "German Colonial Heritage in Micronesia," *CRM*, 2001, (1): 46 – 47.

④ Tunas, D., "The Re-Positioning of Colonial Spaces in a Globalizing Metropolitan: The Case of Jakarta," *Dimensi Journal of Architecture & Built Environment*, 2004, 32 (1): 1 – 12.

⑤ Holtorf, C., "Averting Loss Aversion in Cultural Heritage," *International Journal of Heritage Studies*, 2015, 21 (4): 405 – 421.

⑥ Zaban, H., "Preserving 'the Enemys' Architecture: Preservation and Gentrification in a Formerly Palestinian Jerusalem Neighbourhood," *International Journal of Heritage Studies*, 2017, 23 (10): 961 – 976.

（1）一种寻求将所有观点融合到遗产的"拼接被子"中的"包容性"方法（an "inclusivist" approach）；（2）一种极简主义的方法（a "minimalist" approach），即通过只发展那些所有居民共有的遗产，从而避免某些人或群体可能对"包容主义被子"中的特定"斑块"的反对，以此避免不和谐的产生；（3）一种在地化方法（a localization approach），即促进对来自不同位置和空间层次中不同尺度的不同遗产信息的默认接受①。国外大致将"冲突"型遗产的处理方法归纳为回收、修理、重建、复制、替换和策展②等几种类型，如伦敦德里、新加坡莱佛士酒店、希腊艾斯特拉蒂斯、佛罗里达玫瑰镇等的文化旅游再利用模式已成典范。国际上，最为常见的"冲突"型遗产的文化旅游利用模式为博物馆旅游、研学旅行、教育旅游、寻根旅游、怀旧旅游、遗产解说等模式。

第一，博物馆旅游利用模式，如依托于新加坡战争遗产和德国纽伦堡法西斯遗产开展的博物馆旅游。采取博物馆旅游利用模式，一般与冲突因素较为严重的地点有关，人们在意识形态上没办法将之纳为己用，只能作为警示性教育博物馆而存在。值得注意的是，该类遗产的再利用必须要尊重那些失去生命或受到伤害的人，不能过分地娱乐化和商业化③。此外，一些人认为"冲突"型遗产所带来的痛苦历史应该被忘记，并拆除与之相关的建筑；而另一些人则认为可以对其进行保护以作为一种对历史起警示作用的教育资源。面对纽伦堡法西斯遗产再利用的棘手问题，学者们想出了一个巧妙的折中解决方案，即如今我们要做的不是让法西斯建筑完全崩塌或彻底拆除，而是应该让这些建筑陷入半失修状态，应该让它们看起来丑陋、平庸和不整洁④。具体做法是给建筑装上透明的玻璃，其建筑内部既没有收拾干净，也没有恢复和翻新，让内部

---

① Tunbridge, J. E., & Ashworth, G. J., *Dissonant Heritage：The Management of the Past as a Resource in Conflict Resource*, Chichester, UK：John Wiley and Sons, Ltd, 1996：219 – 221.

② Moshenska, G., "Curated Ruins and the Endurance of Conflict Heritage," *Conservation & Management of Archaeological Sites*, 2015, 17（1）：77 – 90.

③ Henderson, J. C., "Remembering the Second World War in Singapore：Wartime Heritage as a Visitor Attraction," *Journal of Heritage Tourism*, 2007, 2（1）：36 – 52.

④ Macdonald, S., "Undesirable Heritage：Fascist Material Culture and Historical Consciousness in Nuremberg," *International Journal of Heritage Studies*, 2006, 12（1）：9 – 28.

丑陋的原始砖块清晰可见。

随着时间的推移，遗产空间的作用也在演变[1]，痛苦和耻辱的地方可以重新为当地社区的利益服务[2]。如由防御性军事功能转变为休闲观光功能的欧洲古城墙遗产[3]，不可否认，"冲突"型遗产具有明确的经济目的，如百慕大的英国殖民遗产[4]和北爱尔兰的冲突地点[5]在经过商品化包装之后已然成为当地旅游业的重要组成部分，但是旅游业本身如何成为当地社区克服历史创伤的手段还有待深入探讨。

第二，研学旅行利用模式。当建筑被停止用于最初用途时，遗产的用途就必须经过协商来减少新用途中的不和谐因素，在不受过去干扰的前提下，游客可去欣赏建筑美学[6]。殖民建筑因保持了西方特色的建筑风格而与当地的传统建筑形态不同，极富年代感的老旧西洋风格建筑成为重要的研学旅行资源，如印度安得拉邦维萨卡帕特南殖民建筑就是代表。在这里，密集地分布着诸多在当时被英国视为"骄傲的遗产"的建筑，如摩纳斯维加维塔兵团墓地、圣保罗教堂、圣约翰教堂、圣阿罗伊修斯教堂、汉密尔顿纪念共济会教堂、爱德华王七世市场、印度教徒阅览室、乔治国王医院等众多代表性建筑。在这个特定的时代，印度既有印度教和莫卧儿风格建筑，又有印撒拉逊和英国殖民风格建筑[7]。风格独特的建筑代表的也是当地某一特定时期的历史风貌。新加坡的代表性

---

[1] Tunas, D., "The Re-positioning of Colonial Spaces in a Globalizing Metropolitan: The Case of Jakarta," *Dimensi Journal of Architecture & Built Environment*, 2004, 32 (1): 1 – 12.

[2] Holtorf, C., "Averting Loss Aversion in Cultural Heritage," *International Journal of Heritage Studies*, 2015, 21 (4): 405 – 421.

[3] Creighton, O., "Contested Identities: The Dissonant Heritage of European Town Walls and Walled Towns," *International Journal of Heritage Studies*, 2006, 12 (3): 234 – 254.

[4] Fortenberry, B., "Life among Ruins, Bermuda and Britain's Colonial Heritage," *International Journal of Historical Archaeology*, 2016, 20 (3): 601 – 613.

[5] Mcdowell, S., "Selling Conflict Heritage through Tourism in Peacetime Northern Ireland: Transforming Conflict or Exacerbating Difference?" *International Journal of Heritage Studies*, 2008, 14 (5): 405 – 421.

[6] Pendlebury, J., et al., "Re-using 'Uncomfortable Heritage': The Case of the 1933 Building, Shanghai," *International Journal of Heritage Studies*, 2018, 24 (3): 211 – 229.

[7] Giduthuri, V. K., Vazeer M., and Kishore D. V., "Salient Architectural Features of Selected Colonial Built Heritage in Visakhapatnam, Andhra Pradesh, India," *International Journal of Engineering Research and Development*, 2012, 4 (2): 24 – 34.

战争建筑——老福特工厂也是一个典型案例，它被开辟为社区休闲聚会场所，内部建有咖啡馆、零售商店、纪念品店、教堂、剧院和小型室外花园等[①]，成为人们观光休闲的好去处。

　　第三，教育旅游利用模式。伴随一系列复杂的文化和社会转型，多样化的信息流以及新的生产者和消费者出现。旅游被认为是教育与"冲突"型遗产对话的重要形式[②]。2001 年韩国对《文化财产保护法》的修订，改变了韩国对日本殖民建筑的处理方式，它们不再被视为殖民时代的糟粕，而成为可以保存和利用的资源[③]。朴亨宇（Hyung yu Park）在解释主义现象学指导下对韩国殖民遗产旅游进行了长期的民族志研究，发现游客不只是在民族主义意识形态下被动地消费殖民遗产，殖民遗产也能帮助游客对殖民历史进行反身性的重建和协调[④]。哈坎·霍尔贝格（Håkan Hökerberg）在讨论了博尔扎诺（Bolzano）历史遗迹的性质时也认为，一个历史遗迹或建筑物有争议的事实并不能成为将其从遗产行列剔除的理由，它是一个更加真实的历史缩影，它具有鼓励民众与过去"创伤"和解的额外价值[⑤]。棘手遗产（difficult heritage）有着激发游客反思的巨大能力[⑥]，对棘手遗产进行根本性的反思可以加深游客对历史背景的深刻理解。例如，佛罗里达玫瑰镇（Rosewood）就希望借助虚拟现实技术来引起游客对"棘手的地方"（difficult places）的深刻反思[⑦]。不仅如此，特伦蒂诺战场遗址的管理方提供给游客的也是一种批判和严

---

① Doot, E., "Tourism Encourages Heritage preservation in the Amana Colonies," *Communal Societies*, 2006: 65 – 78.

② Naef, P., & Ploner, J., "Tourism, Conflict and Contested Heritage in Former Yugoslavia," *Journal of Tourism & Cultural Change*, 2016, 14 (3): 181 – 188.

③ Hyeon-Jeong, K., "Making Korean Modern Museums: Japanese Colonial Buildings as Heritage and Resource," *Acta Koreana*, 2014, 17 (2): 583 – 607.

④ Park, H. Y., "Tourism as Reflexive Reconstructions of Colonial Past," *Annals of Tourism Research*, 2016, 58 (3): 114 – 127.

⑤ Hökerberg, H., "The Monument to Victory in Bolzano: Desacralisation of a Fascist Relic," *International Journal of Heritage Studies*, 2017, 23 (8): 759 – 774.

⑥ Burström, M., Gelderblom, B., "Dealing with Difficult Heritage: The Case of Bückeberg, Site of the Third Reich Harvest Festival," *Journal of Social Archaeology*, 2011, 11 (3): 266 – 282.

⑦ Gonzáleztennant, E., "New Heritage and Dark Tourism: A Mixed Methods Approach to Social Justice in Rosewood, Florida," *Heritage & Society*, 2015, 6 (1): 62 – 88.

谨的战争叙事①。显然,"冲突"型遗产是不容易被承认或容纳的,但它属于公有文化遗产的一部分②。

第四,寻根旅游利用模式。基于"共享"遗产的寻根旅游是促进民族和国家身份认同的重要载体。詹姆斯·戴维斯、马克·杰克逊和理查德·杰克逊(James Davis, Mark Jackson, and Richard Jackson)分析了遗产旅游在加强和维护犹他州波利尼西亚人的群体身份方面所起的作用③。殖民文化遗存也对发展中国家民族主义的建构起到了促进作用,如承浩永和大卫·乌泽尔(Seung Ho Youn & David Uzzell)的研究结果显示,这些殖民遗产所蕴含的社会和政治意义是人们在欣赏文化遗产时进行民族认同的重要决定因素。年轻一代并没有表现出对该类遗产的盲目抵制④;而吉尔吉斯斯坦在后殖民语境下利用伊斯兰教和游牧主义等几个民族共有且相互冲突的文化遗产作为文化旅游产品开发的基础,这有助于加强国家建设和提高民族内部和民族之间的凝聚力,以此申报世界文化遗产,有助于消除遗产旅游发展的许多经济和社会文化障碍⑤。因此,我们不能简单地把殖民地的遗存看作威胁国家认同的表现,殖民遗产旅游也可以作为增强民族主义的媒介。

加纳曾经是跨大西洋奴隶贸易活动的重要节点,在加纳长约200英里的海岸线上散布着众多的奴隶贸易遗产,如奴隶贸易的堡垒、城堡和奴隶市场。如今,加纳已经在海岸角奴隶堡(Cape Coast)和埃尔米纳城堡(Elmina Castles)这两个世界文化遗产地建有奴隶贸易纪念馆,并计划在阿克拉的詹姆斯堡(James Fort)开设第三个奴隶纪念馆。这样做的

---

① Franch, M., Irimiás, A., and Buffa, F., "Place Identity and War Heritage: Managerial Challenges in Tourism Development in Trentino and Alto Adige/Südtirol," *Place Branding & Public Diplomacy*, 2017, 13 (2): 119 – 135.

② McCarthy, C., "Incidental Heritage: Difficult Intangible Heritages as Collateral Damage," *International Journal of Heritage Studies*, 2017, 23 (1): 52 – 64.

③ Davis, J., Jackson, M., and Jackson, R., "Heritage Tourism and Group Identity: Polynesians in the American West," *Journal of Heritage Tourism*, 2009, 4 (1): 3 – 17.

④ Youn, S. H., & Uzzell, D., "The Young Generations' Conceptualisation of Cultural Tourism: Colonial Heritage Attractions in South Korea," *Asia Pacific Journal of Tourism Research*, 2016, 21 (12): 1324 – 1342.

⑤ Thompson, K., "Post-colonial Politics and Resurgent Heritage: The Development of Kyrgyzstan's Heritage Tourism Product," *Current Issues in Tourism*, 2004, 7 (4 – 5): 370 – 382.

目的除了沉痛纪念在 TAST 活动中蒙难的人们之外，也在纪念黑人种族为摆脱奴隶束缚所开展的解放运动。虽然发展这些遗址旅游是一个极具争议的话题，但是在加纳的国家旅游营销战略中，这些遗址被赋予了新的内涵。加纳旅游与海外关系部（MoTDR）已经启动了一个名为"约瑟夫计划"（Joseph Project）的项目，旨在开发非洲裔美国人这一重要的客源市场，因为许多人认为加纳是他们祖先的家园。对非洲裔美国人来说，这种参观奴隶纪念旅游地的传统被称为寻根旅游（Roots Tourism），这些景点会强调游客对苦难历史的记忆和对先辈的缅怀。针对非洲裔美国人开展的寻根旅游计划是一个庄严而微妙的计划，重新包装后的"寻根"旅游产品主要包括举行欢迎仪式、参观当地社区以改善主客互动关系、重新规划和定制奴隶贸易相关旅游景点线路、注重奴隶城堡外观及周围环境的协调等①。不可否认的是，这无疑为加纳地方经济的复苏注入了活力。值得注意的是，旅游决策者们将非洲裔美国人吸引到加纳是出于对先辈苦难历史的纪念和文化认同方面的原因，而不仅仅是为了预期的经济回报②。

第五，怀旧旅游利用模式。我们知道，"冲突"型遗产的冲突有强弱之分。对于冲突性比较弱的"异质"文化遗产，可以开展多种形式的文化旅游，例如采用怀旧旅游利用模式。怀旧是一种文化实践，不仅可以帮助游客唤起对过去美好时光的回忆，而且对游客的决策行为具有重要的影响③。典型例子是印度殖民遗产的旅游利用。自1991年印度经济自由化以来，印度急切希望摆脱殖民统治的影响，塑造属于自己的国家文化形象。但殖民文化已经充斥于各个方面，尽管加尔各答在印度拥有"文化之都"的美誉，它却很难吸引除英国以外的其他外国游客。然而后殖民主义时代的英国游客也能在加尔各答甚至是印度重新燃起一种对昔日帝国辉煌的怀旧想象。因此，西孟加拉邦首席部长宣布了一项宏伟

---

① Mensah, I., "The Roots Tourism Experience of Diaspora Africans: A Focus on the Cape Coast and Elmina Castles," *Journal of Heritage Tourism*, 2015, 10 (3): 213 – 232.

② Yankholmes, A. K. B., Akyeampong, O. A., and Dei, L. A., "Residents' Perceptions of Transatlantic Slave Trade Attractions for Heritage Tourism in Danish-Osu, Ghana," *Journal of Heritage Tourism*, 2009, 4 (4): 315 – 329.

③ Bandyopadhyay, R., "'Raj Revival' Tourism: Consuming Imperial/Colonial Nostalgia," *Annals of Tourism Research*, 2012, 39 (3): 1718 – 1722.

的计划，将加尔各答改造成另一个伦敦。目前已经翻修了圣保罗大教堂和维多利亚纪念碑，此后还计划投入 6000 万英镑改造胡格利河畔南岸，包括修建一个名为"加尔各答眼"（Calcutta Eye）的费里斯轮和重建摄政公园。其实，除了加尔各答这样的大城市，在印度的一些小地方也有以怀旧为主题的私人定制旅游。例如，在私人定制的怀旧主题游中，游客会被安排游览殖民时代的庄园和墓地，住红顶的英式风格石屋，吃英式布丁，喝纯麦芽威士忌等，让身处现代的人们亲身体验殖民时代英国人的生活。

新加坡莱佛士大酒店（Raffles Hotel）案例也具有典型意义。莱佛士大酒店是在殖民时代建造的一个酒店，但它仅是一种微弱冲突的殖民遗产，因此，新加坡旅游部门针对西方游客的怀旧情结，通过对莱佛士酒店现有空间的改造，在不影响原有结构和过度商业化的前提下重新利用原殖民建筑空间，以适应当今旅游者的需求。其全新的发展定位是"国际地标"、"宏伟的历史酒店"和"令人兴奋的社交场所"①。

第六，遗产解说利用模式。针对"冲突"型遗产的旅游解说，如果没有适当的解说方式，其内容可能变得空洞，但是过于标签化的解说也可能导致游客的漠视和社会失忆，应该通过遗产的有效解说来提高游客的体验，注重游客体验质量与遗产解说方式之间的关系。米歇尔·贝斯特和温斯顿·弗朗格斯（Mechelle N. Best & Winston F. Phulgence）对加勒比地区种植园遗产解说问题进行了问卷调查，发现有价值的解说可能会给来访者带来更好的体验②。此外，伯纳黛特·奎恩和特蕾莎·瑞恩（Bernadette Quinn & Theresa Ryan）通过对爱尔兰都柏林殖民城堡导游解说案例的哲学性探索，强调导游在对敏感景观解说时应该秉承的态度，以及导游与游客之间如何相互影响③。换句话说，在面对"冲突"型遗产的解说时，导游与游客是一种强烈的依赖关系，导游的解说可能会唤起游客情绪化的记忆，而游客的认知也可能对导游解说提出挑战。在如

①　Henderson, J. C., "Conserving Colonial Heritage: Raffles Hotel in Singapore," *International Journal of Heritage Studies*, 2001, 7 (1): 7 – 24.

②　Best, M. N., & Phulgence, W. F., "Interpretation of Contested Heritage at an Attraction in St. Lucia," *Journal of Heritage Tourism*, 2013, 8 (1): 21 – 35.

③　Quinn, B., & Ryan, T., "Tour Guides and the Mediation of Difficult Memories: The Case of Dublin Castle, Ireland," *Current Issues in Tourism*, 2016, 19 (4): 322 – 337.

今的社会环境中，"冲突"型遗产如果不能得到令大家认可的解释，那么将会被作为一种不受公众欢迎的事物而被移除或破坏。

面对上述"冲突"型遗产若干表征，国际上，文化旅游的若干模式对于化解该类型遗产"冲突"已积累了丰富的案例。在我国，"异质"文化遗产随处可见。在后现代旅游语境下，人们面对具有冲突意涵的历史遗存要如何叙述、展示和消费呢？如何根据游客对"冲突"型遗产的认知程度及冲突性强弱来实现其价值的文化旅游转化？这些问题还有待进一步深入研究。

第三节　汤普森的垃圾理论与"冲突"型遗产的价值转化

垃圾理论（Rubbish Theory）是英国学者迈克尔·汤普森（Michael Thompson）于 20 世纪 60 年代创立的一个关于物品价值的废弃与再生的社会经济理论。迈克尔·汤普森的垃圾理论体现在其专著《垃圾理论：价值的创造与毁灭》一书中。该书于 1979 年首次出版，于 2017 年由伦敦柏拉图出版社再版。迈克尔·汤普森受到英国数学家伊恩·斯图尔特（Ian Stewart）的突变理论启发，认为物品的价值表现为三种形态：瞬间形态、持久形态和垃圾形态。它们分别对应短暂价值、持久价值和零价值。"垃圾提供了短暂与持久之间的通道。"① 在汤普森看来，一个事物或物体在两种状态之间移动，即瞬态和持久态。如果一个物品的价值下降，并且有一个有限的生命周期，那么它就属于瞬态类别。另外，属于持久类的物品会体验到价值的提高，并拥有无限的寿命。他的理论解释了价值对文化物品的可能转换。这些转换可以分为三种不同的类型：瞬态转换、持久转换和垃圾转换。物品在市场上流通，随着时间的推移获得或失去价值。

对于瞬态类别（transient category），汤普森认为物品的寿命是有限的，其价值会随着时间的推移而下降。汤普森用一辆奥斯汀乡绅庄园

---

① Thompson, M., *Rubbish Theory: The Creation and Destruction of Value*, London: Pluto Press, 2017: 4.

（Countryman Estate）汽车来说明这种价值的下降。一辆全新的生产于 1962 年的奥斯汀汽车在市场上售价约 550 英镑。它一被买下来就贬值了 100 英镑。由于它经历了不同阶段的改进和机械检修，销售价格波动，但随着时间的推移，其价值呈下降趋势。到 1972 年，它不再有任何市场价值，它已经变成了垃圾。

对于持久类别（durable category），汤普森认为有些物品保持或增加了它们的实际价值。这些物品有无限的寿命，他称之为耐用品。他用古董安妮女王高脚柜（Queen Anne tallboys）的样本验证了这一类别。用汤普森的话来说，我们的世界观决定了我们的行为，他称之为固定假设区域（region of fixed assumptions）。这样的物品要么是短暂的，要么是持久的，这取决于人们如何看待它们以及赋予它们什么意义。为了解释这一点，汤普森认为，这些类别中的价值转换和控制发生在另一个区域：弹性区域（region of flexibility）。区域的高端耐用品吸引了那些有权力和财富的人，其他使用者将只保留瞬态物品①。

对于垃圾类别（rubbish category），他认为，短暂类物品随着价值降至零，它们就变成了垃圾。他评论说，垃圾存在于永恒和没有价值的场所。垃圾可以被摧毁。垃圾也是隐蔽的，如果没有被破坏，它就是被隐藏或忽略的东西。然而，一个已经成为垃圾的物体也可以被重新发现，并通过弹性区域成为耐用的物品②。

为了说明其垃圾理论内涵，汤普森使用了史蒂文斯丝织画的例子，他将其描述为"昨天的媚俗"。史蒂文斯图案是一种丝织品图画，最初是为 1879 年的约克展览制作的纪念品。到 20 世纪 60 年代初，史蒂文斯丝织画已经没有市场了，经销商不会购买它们，因为它们已无法售出。这些丝织画变成了垃圾。然而，汤普森指出，有一些女性收藏者发现了丝织画的美学价值，她们的收藏低调而不引人注意。汤普森认为，这些收藏家赋予这些物品古怪的美学价值，而不是市场价值。汤普森的意思是，史蒂文斯丝织画从垃圾转变为耐用品的方式。在这里，他调用了他

---

① Thompson，M.，*Rubbish Theory：The Creation and Destruction of Value*，London：Pluto Press，2017：8.

② Thompson，M.，*Rubbish Theory：The Creation and Destruction of Value*，London：Pluto Press，2017：24 - 29.

的弹性区域概念：只有掌权的人才能影响人们对待物体的世界观，而行为取决于世界观①。

　　汤普森的垃圾理论并非无懈可击，它也受到诸多的批评，如罗伯特·古丁（Robert E. Goodin）认为，汤普森没有适当地考虑唯物主义的选择，就直接得出了现象学的结论②；莉兹·帕森斯（Liz Parsons）认为汤普森的垃圾理论忽视了"寻找物品，展示物品，转化和再利用物品"的"价值创造的实践过程"③；马丁·诺伊曼（Martin Neumann）认为垃圾理论是关于边界和这些边界的流动性理论，"在固定假设区域，世界观决定行动，在弹性区域则相反，这就是边界可以被操纵的地方"④。但其理论的合理内核还是得到绝大多数学者的肯定，对于垃圾物品的价值转换还是具有较强的解释力的，否则该著作也不会时隔半个多世纪再版，不过笔者认为汤普森用"世界观"来解释垃圾物品价值转化的内在动因似乎有些别扭，用"价值观"这个术语更为妥帖。国际旅游学界有学者将汤普森的垃圾理论运用于遗产旅游研究中。对于遗产旅游来说，有些看似垃圾的东西很可能属于耐久类物品。比如大卫·费希尔和贝基·斯迈利（David Fisher & Becky Smiley）运用汤普森垃圾理论解释所罗门群岛二战海底沉船以及原斐济殖民地首都通过遗产旅游实现其价值转换的案例⑤，以及额木瓦提·马沃特（Irmawati Marwoto）运用汤普森垃圾理论解释了16世纪印度尼西亚万丹王朝首都万丹旧址上的陶片如何成为万丹人文化认同的标志性符号，并阐述了文化元素的价值转换过程⑥，等等。

　　根据汤普森垃圾理论，物品一般分为瞬态和持久态两种类型，持久

① Thompson, M., *Rubbish Theory：The Creation and Destruction of Value*, London：Pluto Press, 2017：30 - 48.
② Goodin, R. E., "Thompson Michael. Rubbish Theory：The Creation and Destruction of Value," *Ethics*, 1981, (7)：681 - 683.
③ Parsons, L., "Thompsons' Rubbish Theory：Exploring the Practices of Value Creation," *European Advances in Consumer Research*, 2008, (8)：390 - 393.
④ Neumann, M., "Rubbish theory：The Creation and Destruction of Value," *European Societies*, Published online, 23 Mar, 2018：1 - 2.
⑤ Fisher, D., & Smiley, B., "Adapting Rubbish Theory for Heritage Tourism," *Journal of Heritage Tourism*, 2016, 11 (2)：143 - 154.
⑥ Irmawati Marwoto, "From Rubbish to Cultural Identity：Making Archaeology Relevant for the Contemporary Community," *Wacana*, 2019, 20 (2)：317 - 351.

态物品对应于"固定假设区域"，瞬态物品对应于"弹性区域"。随着时代的变迁，人们观念会发生变化，按照汤普森的说法，就是"代理人"的价值观决定物品的价值转换。固定假设区域的持久态物品可能会变成弹性区域的瞬态物品，进而变成垃圾，进入无价值区域或仅有遗存但被忽视。事物也可以反转，但仍须通过"价值观"这个中介，无价值垃圾才可转换成可供消费或珍藏的物品而变成持久态物品从而进入固定假设区域。这就是汤普森"垃圾三角"，也是一个闭环转换模型。我国半殖民地半封建社会遗留下来的"异质"遗产，包括外国租借地、领事馆、教堂、教会医院、教会学校、洋行，监狱等"冲突"型遗产也很多。如何对待它们？是将其当作垃圾任意废弃？还是转变观念提取其普遍价值，进而转换成为我所用的有意义物品？为此，笔者基于汤普森垃圾理论构建一个"冲突"型遗产价值转移模型（见图 5 - 3），用以解释福州乃至全国近代以来遗留下来的具有不同"冲突"程度的"异质"文化遗产的价值转化问题。

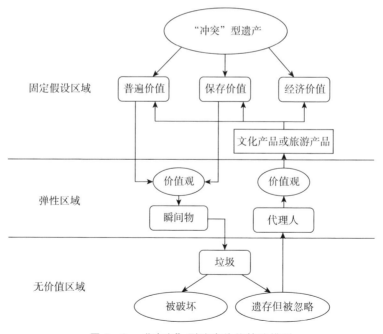

图 5 - 3　"冲突"型遗产价值转移模型

第四节　案例研究

——福州烟台山"冲突"型遗产的旅游价值转化

晚清以来，西方列强掀起瓜分中国的狂潮，积贫积弱的中国陷入半殖民地半封建社会，西方列强在我国很多地方都留下一批冲突程度大小不同的文化遗迹，这些遗迹既是中国人民饱受列强欺辱的历史见证，也是我国特定历史时期社会风貌的物质遗存。在中华民族伟大复兴的历史语境下，这些"冲突"型遗产是被毁灭还是被利用？国际经验已经给出明确答案，并且取得很好的效果。在当代全球化背景下，深入挖掘和正确对待"冲突"型遗产的正、负面价值，变废为宝，结合爱国主义教育和研学旅行，对之合理利用，开展国际文化旅游活动，彰显大国风采和民族自信心，都具有重要意义①。本章以晚清福州烟台山历史风貌区为中心，探讨类似福州的"冲突"型文化遗产的旅游价值转化路径和冲突调解模式。

（一）案例地资源赋存与旅游发展概述

清道光二十二年（1842），根据中英《南京条约》，福州被辟为"五口通商"口岸之一。烟台山因其特殊的地理位置和自然条件而为西方列强所觊觎，逐步成为福州的外国人领事馆区、外贸基地和航运中心。清道光二十五年（1845），英国在烟台山首设领事馆；咸丰四年（1854）、十一年（1861），美、法两国分别建馆；同治二年（1863）以后，相继有荷兰、葡萄牙、西班牙、丹麦、瑞典、挪威、德国、俄国、日本等国设馆；光绪六年至二十八年（1880—1902），又有奥匈帝国、比利时、意大利先后设馆；晚至光绪二十九年（1903）尚有墨西哥建立领事馆，共计 17 国，设立 15 个领事馆。直至抗战爆发，各国领事撤离，建筑物才逐渐改作他用。领事馆建筑大多分布于乐群路、观井路至公园路沿线，地理位置优越②。

---

① 需要说明的是，本章中的"冲突"型遗产旅游再利用主要指偏重于殖民遗迹或宗教文化遗存等的旅游再利用，对于大规模侵略战争遗迹或人类丑闻如奥斯维辛集中营、南京大屠杀遗址这样的"黑色遗产"，国际上有所谓"黑色旅游"（Dark Tourism）的概念，这类遗产的再利用不在本文的讨论范围之内。

② 薛菁：《福州烟台山近代建筑的历史文化价值》，《闽都文化》2014 年第 6 期，第 90—96 页。

　　闽江南岸仓山外国人居留地主要包括泛船浦和仓前（烟台山一带）两个区域。泛船浦位于今仓山区东北部，包括海关埕及前街一带。泛船浦一带为洋行的聚集区，也是闽海关所在地。凭借临近闽江及海关埕码头的交通便利，外国商人相继在此开办洋行，多时有 90 多家，著名的有英国怡和、天祥、太古、太兴，美国的美孚，德国的神臣，法国的泰昌洋行等。外国商人倾销洋货，廉价收购地方土特农副产品，特别是茶叶，这里成为帝国主义进行经济侵略的重要基地。泛船浦成为当时世界上最大茶叶贸易港口（见图 5－4）。各国商民纷纷在仓前租借土地建造洋行、宫观、教堂、学校、医院、跑马场、洋墓亭等建筑，乐群楼（Fuzhou Club）、石岩山的打球场、仓前南麓的跑马场、德国领事馆附近的神臣花园是这些外国人的主要娱乐场所。这些领事馆、教堂、别墅等建筑带有浓郁的所在国民族风格，如哥特式、罗马式、洛可可式以及中西合璧式等多种类型，具有很高的文化价值和艺术价值，因此，烟台山历史风貌区素有"万国建筑博物馆"之称①。

图 5－4　福州泛船浦

　　资料来源：中国人民政治协商会议福州市委员会编《茉莉韵》，北京：科学出版社，2015，第 5 页。

　　如今的烟台山历史风貌区位于福州市仓山区闽江南江滨，地处福州市历史文化中轴线八一七路的最南端，又是现代福州城的地理区位中心。2014 年 2 月，福州市政府审议通过《烟台山历史文化风貌区保护规划》及《公园路及马厂街历史建筑群保护规划》。2021 年，根据市政府工作部署，仓山区启动烟台山片区整体整治提升策划方案编制工作。研究范围为由东至六一南路，北至闽江南岸、中洲岛和江心岛，南至上三路组成的烟台山片区，覆盖范围约 3150 亩。片区内文保建筑、历史建筑及传

---

　　① 戴显群、李静蓉：《论福州仓山近代建筑的历史价值与保护》，《福建地理》2006 年第 2 期，第 89—91＋106 页。

统风貌建筑191处，其中文物84处（省级文保3处10个点、市级文保4处、区级文保4处、文物登记点73处），历史建筑及传统风貌建筑107处。被誉为"万国建筑博物馆"的烟台山历史风貌区，在福州近现代史上占有重要地位。这里曾汇聚了17国领事馆、33家洋行、8座教堂、3家教会医院、11所教会学校，记录了福州开埠后的时代风尚。

上述历史风貌区所保留的遗产并没有涵盖近代福州"冲突"型遗产的全部，烟台山是其集中分布区而已。为此，笔者对福州市地方志编纂部门辑录的近代以来福州部分具有代表性外国文化遗存进行研究，并且依据其"冲突"的强弱程度对此进行了分区划分①（见表5-2）。

表5-2　近代福州代表性"冲突"型遗产资源

冲突程度	类别	代表性资源名称	区位
强冲突型	监 狱	梅园监狱、马江海战遗址	马尾区
次冲突型	领事馆	美国领事馆、俄国领事馆、英国领事馆、法国领事馆、德国领事馆、日本领事馆、荷兰领事馆、葡萄牙领事馆、西班牙领事馆等17国领事馆	仓山区
		英国领事分馆、日本领事副馆	马尾区
	洋行	怡和洋行、天祥洋行、太古洋行、怡大洋行、太兴洋行、福州怡和公司、美孚洋油公司、德士古煤油公司、协记茶行、太古轮船福州分公司、三井洋行、大阪商船公司、南华公司等数十家	仓山区
	银行	汇丰银行、中法银行	
	教堂	泛船浦天主堂、基督教小岭堂、天安堂、圣约翰堂、福民堂、中洲基督教徒聚会处、石厝教堂、圣保罗堂、明道堂、三一堂、卫理公会总部、英华礼拜堂	
		基督教花巷堂、基督教真神堂	鼓楼区

① 亚伦·扬克霍尔姆斯和鲍勃·迈克彻在《奴隶制遗产旅游再思考》一文中回顾黑色旅游的定义时发现有不少学者对黑色旅游景点通常是根据它们的"黑暗"（darkness）程度分类的。他们认为，在任何一种情况下，连续统（continuum）的方法似乎是最常见的，如夏普利就根据黑暗程度将游客分为暗淡、灰色和黑色三种情况。因此，本章"冲突"型遗产的"冲突"强度也可作如是观。参见 Yankholmes, A., & McKercher, B., "Rethinking Slavery Heritage Tourism," *Journal of Heritage Tourism*, 2015, 10（3）: 233-247。

续表

冲突程度	类别	代表性资源名称	区位
弱冲突型	教会学校	福音书院、真学书院、懿德道学院、道学院、福建神学院、华南女子文理学院（胜利楼）、英华书院（鹤龄楼、美志楼、钟楼）、寻珍女中、格致书院、三一书院、陶淑女中等	仓山区
		保生堂、福建基督教孤儿院	
微冲突型	私人住所	鼓岭外国居民度假别墅区	晋安区
		玉林山馆、英国教会劳埃德先生住所	仓山区
	娱乐设施	保龄球公园及五道球场	
	医院	圣教医院院长官邸	马尾区
		塔亭医院、马高爱医院、圣教妇医院、柴井医院、德撒医院、博爱医院、庆田医院	仓山区

资料来源：笔者根据《福州市建筑志》（北京：中国建筑工业出版社，1993）、《福州市城乡建设志》（下册）（北京：中国建筑工业出版社，1994）和《仓山区志》（福州：福建教育出版社，1994）等文献整理。

　　根据案例地管委会内部资料，烟台山历史风貌区总体定位为文化旅游区。在保护的同时加大了旅游利用力度。如活化利用罗宅等历史建筑89处，培育落地"蝶园""山水境"等精品民宿、文艺体验项目，发展了文创、商贸、餐饮等业态；与省旅游公司等合作，开发半日游、一日游等旅游路线；会同万科集团举办了烟台山商业漫步街区招商大会，签约落地"星巴克"等一批项目；引入传统文化、手工艺、文化体验等多种文旅业态。在尊重历史、复原街区的同时，秉承"城市历史街区里的文化旅游商业街区"理念，在古老建筑机理中，植入时尚潮流、艺术人文、自然慢活的多元业态，打造时尚风尚街。

　　历史风貌区管委会邀请省市文化、旅游、规划、建设等领域专家，组建专家顾问团队，深度挖掘其文化内涵，广泛收集资料，推出《烟台山史话》等烟台山历史文化作品。已将爱国路2号原美国领事馆开辟为烟台山历史博物馆，将乐群路12号闽海关税务司官邸开辟为闽海关主题文化展览馆，将梅坞路2号仓山影剧院开辟为烟台山艺术中心，在乐群路14号卫理公会总部引入福州茶港文化展览。2021年烟台山历史风貌区被评为国家3A级旅游景区。

　　笔者通过调查和参与观察获知，福州烟台山历史风貌区管委会、旅游开发商、街道办事处和社区等利益相关者似乎意识到该类型文化遗产存在诸多与本土文化相冲突的因素。现有文化方式和产品开发仅限于文化公园、博物馆、餐饮民宿、文创等意识形态较弱的几个类别。

（二）垃圾理论视角下的福州"冲突"型遗产价值转化的学理分析

本案例以福州烟台山历史风貌区为中心，采取参与观察和半结构访谈方法，考察其中利益相关者（包括游客）对此类遗产保护与开发的态度。笔者先后访谈了烟台山历史风貌区管委会各科室负责人、部分民宿业主、开发商，随机访谈了若干游客。汤普森垃圾理论和图 5 – 3 笔者构建的"冲突"型遗产价值转移模型，作为"冲突"型遗产的旅游价值转化的学理依据。

福州市委、市政府高度重视，开始加大对"冲突"型遗产的保护力度，特别是对于烟台山历史风貌区的保护，已成立专门的保护利用机构——福州烟台山历史风貌区管委会。笔者所撰写的《加强福州仓山外国人居留区建筑遗产保护的建议》专报件得到当时省政府、省政协主要领导的批示，并将烟台山外国人居留地传统建筑保护与开发纳入福州市"十二五"城市规划。前述一系列保护规划都是在福州市政府、仓山区政府领导下编制的，由此可见，政府是这类进入"无价值区域"的"冲突"型遗产价值转化的主要推动者。

> 针对文化冲突，尤其是当时的半殖民地的文化，现在不能说不在乎，心里还是会在乎与担心的，在改造过程中也很谨慎。涉及外国的文化内容我们都是重视其生活方式，忽略其文化的国别属性。生活方式如咖啡文化、酒吧文化（红酒、鸡尾酒等）、西餐（法餐、意餐等），感受异域风情、外国风情，不去强化文化属性，每个人都可以选择不同的生活方式，这种生活方式很现代，这体现了烟台山的独特性。我们很少强调领事馆文化，尽可能模糊掉这一内容。（万科陈总，男，30 多岁）

> 西洋建筑，不分你的我的，不分谁留下来的，它是根据建筑物物理结构及过去发生的一些事情来确定是否有文物的价值等。比如，国家级文保可能只让观看、只让卖咖啡。对于访客或监管者并没有"外来入侵产品"这样的概念。（管委会文物科科长，40 岁左右）

开发商、文物保护工作者是这类"冲突"型遗产的实际代理人，他们是此类文化遗产保护和旅游开发的主体。他们都受过高等教育，有对"冲突"型文化遗产价值属性的认知，但他们将文化旅游和文化产品作为化解此类隐性冲突的重要媒介。正如承浩永和大卫·乌泽尔（Seung Ho Youn & David Uzzell）研究结果所证实的那样，"年轻一代的韩国人似乎以不同的方式看待殖民遗产景点，他们的评价标准因人而异，常常与景点在当今社会的功能以及个人对遗产的情感和感觉联系在一起。虽然后殖民社会可能对殖民遗产有共同的看法，但年轻一代对殖民遗产的看法有些不同"①。旅游和遗产专业人员和从业人员需要意识到在旅游背景下管理历史资源的潜在冲突。

> 反面教材也好啊，至少从中能够看到我们民族积极的变化。我很喜欢看到这里的现代气息。（游客，女，20多岁）

作为利益相关者之一的游客，特别是后旅游时代的游客也是"冲突"型遗产的代理人，他们的态度决定文化旅游发展的方向。正如法国社会学家莫里斯·哈布瓦赫（Maurice Halbwachs）的记忆社会学理论框架所阐明的那样：

> 所谓记忆的集体框架，就只不过成了同一社会中许多成员的个体记忆的结果、总和或某种组合。……个体通过把自己置于群体的位置来进行回忆，但也可以确信，群体的记忆是通过个体记忆来实现的，并且在个体记忆之中体现自身。……过去的人们，他们的生活和行为现在都被固定在一个清楚界定的框架中，对于我们，他们也许表达过或好或坏的意图，但是，对于他们，我们现在无所期待；他们在我们身上唤起的情感，既不是怀疑、敌意，也不是嫉妒。简言之，因为约束只有运作才能被感觉到，而根据约束的定义，过去的约束已不再发挥效力，所以，昨日社会里最痛苦的方面已经被忘

---

① Youn, S. H., & Uzzell, D., "The Young Generations' Conceptualisation of Cultural Tourism: Colonial Heritage Attractions in South Korea," *Asia Pacific Journal of Tourism Research*, 2016, 21 (12): 1324-1342.

却了①。

换句话说，个人记忆是依托于集体记忆的存在而存在的。通过文化旅游的"运作"，重新唤起年轻一代对过去的记忆，促进其民族认同和爱国情怀，促使人们重新思考这类遗产的使用方式，从这个意义上讲，"旅游业创造了一个安全的领域，在这里，它促进了对国家记忆和归属的对立、灵活和另类解读"②。因此，我们必须以马克思主义唯物辩证法和历史唯物史观为思想武器，结合汤普森的垃圾理论，合理利用好这类遗产，其前景可能是另外一种情形，即通过代理人（国家、地方政府、学者、社区居民、文物保护工作者、旅游开发商、游客……）的观念转变，将看似无价值的"异质"文化遗产转换成有价值的旅游产品或文化产品，使其再次进入"固定假设区域"，重新具备普遍价值、保存价值，如厦门"鼓浪屿：历史国际社区"申遗成功就是典型案例。在文旅融合语境下，这类"冲突"型遗产的经济价值得以凸显。

（三）针对不同冲突强度的"冲突"型遗产的旅游价值转化及调节方式

国际经验表明，"冲突"型遗产固然带有受害国公众不愿直视的"伤痛"。但是，随着社会转型和民族意识的觉醒，其功能和意义也会发生某种程度的转变，即这类遗产、遗迹不再遵从于原有的政治意志、服务于原有的功能。随着我国综合国力的不断增强、社会开放程度的日益加深、民族文化自信的空前高涨，我们有了从容面对"苦难"历史的能力和信心。因此，批判性地看待该类型遗产并不是要我们自揭"伤疤"，或是忘记历史的伤痛，而是促使我们转变观念，在服务于社会主义建设和主流意识形态的前提下，创造性地对"冲突"型遗产的"冲突"加以适当调适，尤其是在发展文化旅游产业的大背景下，旅游业界要以正确的价值观为导向，时刻保持清醒的头脑，谨慎评价，选择性地利用其价值。因此，我们可以借鉴国际经验，根据该类型遗产、遗迹的"冲突"

---

① 〔法〕莫里斯·哈布瓦赫：《论集体记忆》，毕然、郭金华译，上海：上海人民出版社，2002，第70—71＋89页。

② Park, H. Y., "Tourism as Reflexive Reconstructions of Colonial Past," *Annals of Tourism Research*, 2016, 58 (3): 114–127.

强弱程度加以区别对待，合理利用其旅游价值。

1. 强冲突型——博物馆、警示教育基地模式

强"冲突"型遗产更多代表的是一种历史伤痛的记忆，这段艰难的历史给我们的国家和民族带来了巨大的精神创伤，面对侵略暴力行径，国民必须时刻铭记。虽然这类设施带有公众不愿直视的伤痛，但是我们也不能武断地将其作为一堆"垃圾"而移除或者任其荒废，而应该尝试借鉴上述的博物馆旅游教育利用模式来揭露侵略暴行、发挥传统遗产无法替代的教育和警示价值。可以在传统陈列式博物馆的基础上，开通现代数字博物馆，让更多的人能够轻松地在线浏览，发挥其更加普遍的社会教育价值；也可以参考社区博物馆模式。总之，这一类遗产的利用宗旨是以发挥社会教育和警示功能为主，让我国公众记住历史，记住耻辱，反对战争和暴行，面向未来；同时让加害者引以为戒，反省其侵略暴行。

2. 次冲突型——研学旅行、文化创意模式

次"冲突"型遗产数量众多，类型较为庞杂，其中既有值得纪念的部分，也有令人谴责的部分，其冲突性质也难以一概而论。因此，面对此种类型遗产我们要在充分了解其建筑历史与流变的基础上，对其进行总体而全面的辩证审视。我们可以借鉴意大利和印度等国的旅游利用模式，将建筑本身与文化旅游的体验结合起来，既能让更多的人在旅游过程中了解历史，又能用旅游所创造的收益促进老建筑的保护。针对在历史时期具有特殊意义的建筑，遗产管理部门可以以研学旅游利用模式为主，针对不同年龄层次的人群制定不同的旅行营销方案。针对中小学生群体，管理部门可以制作相关的宣传漫画手册，也可以将之作为学生的室外课堂，还可以组织开展知识小课堂和历史趣味活动等来充分调动中小学生对历史知识的兴趣。面对高年级的学生和普通游客可以合理规划和推荐西洋建筑的赏析线路和绘画写生的最佳视角。

3. 弱冲突型——休闲娱乐、游览观光模式

弱"冲突"型遗产数量较少、冲突色彩较为轻微，一般为外国人的娱乐和居住场所，大多作为外国人放松和娱乐之用，比如福州烟台山上的乐群楼、神臣花园、跑马场等，历史上这里就是外国领事馆外交官、洋行职员、传教士等及其家属休闲娱乐的地方，尤其是跑马场，其规模仅次于上海跑马场。

乐群楼原来是整个烟台山重要的活动娱乐中心，目前是省级文保单位，因为建筑具有一定的艺术性，在比较重要的位置得到很好的保护，现在引进的业态是北欧商会的展览馆（博物馆），当下这样利用更多是偶然因素使然。早些时候乐群路在规划上的定位是"泛博物馆街区"。（管委会旅游文化科李科长，女，30 岁左右）

针对这类遗产，各级政府部门应该健全相应保护制度和法律法规，划定保护范围，启动修复工程，让老建筑重现昔日风采。在旅游利用方面，可以借鉴新加坡和北爱尔兰的一些做法，通过对现有空间的改造，延续其原先的功用来发展休闲度假等旅游项目，以满足当下旅游者体验异域风情的需求。比如开发西餐一条街、咖啡吧，这些本身就是舶来品，现在开办比较成功的咖啡馆就是利用中华基督教卫理公会总部旧址开设的，还有利用原闽海关开办的福州茉莉花茶品鉴馆，等等。福州这类遗存比较多，如教堂、原教会学校（现为福州高级中学所在地）、教会医院等，这些建筑物除仍旧发挥原有功能外，还可以作为社区信教群众、社区居民的休闲游憩的场所，也可以作为外来游客游览观光的旅游景点。

4. 微冲突型——民宿度假、寻根旅游模式

"冲突"型遗产中有当时西方列强领事馆中的外交人员、传教士、商人等的休闲度假场所、私人居所，虽有微弱冲突意味，但其具有旅游利用价值，因为这些建筑物等原先就是建设在环境优美、风景独特的区域内，如福州鼓岭度假别墅群。鼎盛时期（1935），鼓岭上共建有度假别墅 316 座，到 1950 年鼓岭上还剩有 100 多座此类建筑。绝大多数是当年传教士的住所，这些遗产也可作为当年的外国居民后裔追忆亲友、重拾记忆之地。① 因此，在不受过去干扰和遵从公众意志的前提下，该类遗产可以成为游客休闲度假场所、民宿文娱艺术区、外国风情文化区或对外文化交流中心，让市民和游客在休闲放松的同时享受不同建筑风格

---

① 据章秋水的稽考得知，1992 年，美国人戈于勒太太带着一个盖有"福州鼓岭"（Foochow Kuliang）邮戳的信封来到鼓岭，目的是了却她丈夫戈于勒教授临终前想重拾他当年随父母居住于福州鼓岭记忆的夙愿。参见章秋水《鼓岭别墅与近代福州的兴衰》，《万象》2009 年第 10 期，第 53—56 页。

所带来的愉悦感。

第五节　结论

本章详细梳理了"冲突"型遗产的各种表现形式、概念界定，以及文化旅游作为"冲突"型遗产"冲突"调节方式的可能性。一般而言，根据"冲突"型遗产的"冲突"强弱程度开展文化旅游活动，可以有效化解该类型遗产中的隐性"冲突"，但也有可能激化不同利益群体之间新的"冲突"。这取决于三个因素：一是"冲突"型遗产属地利益相关者的意志；二是民族国家的现代化程度；三是"冲突"型遗产本身的"冲突"程度，就像黑暗遗产的"黑暗"程度决定人们对它的心理接受程度一样。笔者主张根据该类遗产"冲突"的强弱程度而采取不同的文化旅游利用模式加以调节，比如，如果它代表的是野蛮或暴行，那么充其量也就只能作为一种警示性教育遗产加以利用；如果冲突程度轻微，可以将其转化为公众休闲、研学旅行、餐饮民宿、怀旧寻根等文化旅游产品。如何变废为宝，如何变"垃圾"为可供游客消费的文化旅游产品，汤普森的垃圾理论提供了一个该类型遗产的价值转化框架，用他的话说，这取决于我们的世界观的转变，换句话说，取决于我们如何看待"冲突"型遗产的价值。

当然，"冲突"型遗产旅游地存在多头管理问题，这类遗产使用权混乱、分割管理现象严重，给该类遗产保护和开发利用带来一定难度。

> 整个景区的运营管理由仓山区文旅投资公司（国企）来做，烟台山文化公园由园林中心的烟台山公园管理所管理，街区也不是整体连片，不可以进行封闭管理，因为其内部有学校、军事管理区、街道、居民区等，没有统一管理机构，管理难度大。（管委会综合科林科长，男，40多岁）

正如鲍勃·迈克彻 、卡琳·韦伯和希拉里·迪克罗斯（Karin Weber & Hilary du Cros）所认为的那样，"利益相关者可能会被激励以符合他们狭隘利益的方式展示该地点，而牺牲其他合法用户和'所有者'的利益"[①]。就像加纳跨大西洋奴隶贸易遗址的奴隶制旅游产生的矛盾那样，"由于存在多个利益攸关方，权力不平衡，这些遗迹的任何当代使用都是有问题的。……奴隶制遗产旅游充满着矛盾"[②]。

总之，作为曾经的受害者，我们有能力把握"冲突"型遗产保护和开发的价值取向。与其选择遗忘，不如有选择合理利用。

---

① McKercher, B., Weber, K., and du Cros, H., "Rationalising inappropriate Behaviour at Contested Sites," *Journal of Sustainable Tourism*, 2008, 16 (4): 369–385.

② Yankholmes, A., & McKercher, B., "Rethinking Slavery Heritage Tourism," *Journal of Heritage Tourism*, 2015, 10 (3): 233–247.

第六章 非遗文化旅游利用中二元结构及平衡机制构建

自 20 世纪 70 年代以来，针对旅游对文化的负面影响，国际学术界提出过诸如民族文化商品化①、"迪士尼化"、"麦当劳化"② 或 "伪事件"③、"一种帝国主义的形式"④ 等一系列观点。学者们寻找解决文化商品化所带来的负面效应问题，其中美国社会学家迪恩·麦康奈尔的 "舞台真实" 理论对本书尤具启发意义。他借助社会学家欧文·戈夫曼的 "拟剧理论"，将戈夫曼的 "结构与意识" （structure and consciousness）以及前后台二分（the dichotomy of front and back） 等⑤概念引入旅游研究中，提出了一个所谓的 "舞台真实"（staged authenticity） 概念⑥。麦康奈尔认为，人们在现实生活中经历了太多的虚假和伪事件，迫切需要到外面的世界寻找真实的体验，然而游客们看到的并非真实，而是人造的 "舞台真实"，即商品化了的文化产品。其目的是保护后台，也就是说，"舞台真实" 语境下的旅游消费在某种程度上反而使东道地的文化传统免遭破坏。类似前台与后台这种二元结构，我们在文化旅游实践中经常会碰到，比如主人与客人、神圣与世俗、生活世界与旅游世界、传统与现代，以及全球化与本土化等；在文化旅游语境下，不少国家和民族借

---

① Greenwood，D. J.， "Culture by the Pound：An Anthropological Perspective on Tourism as Cultural Commoditization，" in *Hosts and Guests：The Anthropology of Tourism*，edited by Smith，V.，Philadelphia：University of Pennsylvania Press，1989：171 – 185.

② Jafari，J.，*Encyclopedia of Tourism*，London：Routledge，2000：91.

③ Boorstin，D. J.，*The Image：A Guide to Pseudo-Events in America*（the 25th Anniversary Edition），New York：Atheneum，1987.

④ 〔美〕丹尼森·纳什：《作为一种帝国主义形式的旅游》，载〔美〕瓦伦·L. 斯密斯主编《东道主与游客——旅游人类学研究》（中译本修订版），张晓萍等译，昆明：云南大学出版社，2007，第41—59 页。

⑤ Goffman，E.，*The Presentation of Self in Everyday Life*，Harmondsworth：Penguin，1959.

⑥ MacCannell，D.， "Staged Authenticity：Arrangements of Social Space in Tourist Settings，" *American Journal of Sociology*，1973，79（3）：589 – 603.

助这样的二元理念协调文化遗产保护与文化旅游开发两者之间的矛盾，但对于此类问题的理论探索还有待加强，本章就文化旅游中的二元结构及中介作用进行概括梳理，并借助印度尼西亚巴厘岛案例来说明二元性对于化解非物质文化遗产保护与文化旅游开发之间冲突的调节作用，以期促进两者之间的良性互动与动态平衡。

第一节　文化旅游中的二元结构现象

对于旅游中的二元现象，无论是在理论上，还是在实践中，都有学者进行过探讨，但并没有对此问题进行过系统阐述，大多是"碎片化"的零星论述，也不完全是针对文化旅游问题的，但系统归纳分析这一"二元"现象颇具理论和实践价值。

理论上，如伊曼纽尔·莫里斯·沃勒斯坦（Immanuel Maurice Wallerstein）提出过"核心"与"边缘"的概念，即发达世界游客到原先的殖民地第三世界去旅游，某种程度上是一种后殖民主义形式；爱德华·萨义德（Edward W. Said）在其《东方学》中抨击了旅行中的西方中心主义对东方妖魔化的想象，"东方"是被人为建构出来的一个概念，在欧洲游记文学作品中，"东方"是"欧洲最强大、最富裕、最古老的殖民地，是欧洲文明和语言之源，是欧洲文化的竞争者，是欧洲最深奥、最常出现的他者形象之一，……西方与东方之间存在着一种权力关系，霸权关系"[①]。瓦伦·史密斯（Valene L. Smith）在《东道主与游客：旅游人类学研究》一书中将旅游地居民视为主人，而游客被视为客人，形成一种二元对应关系。纳尔逊·格雷伯恩（Nelson H. H. Graburn）根据爱弥儿·涂尔干（Emile Durkheim）的《宗教生活的基本形式》（*Elementary Forms of Religious Life*）[②] 和人类学家埃德蒙·利奇（Edmund Leach）在《人类学的再思考》[③] 一书中提出的神圣与世俗的学说，将旅游视为一种

---

① 〔美〕爱德华·W. 萨义德：《东方学》，王宇根译，北京：生活·读书·新知三联书店，2007，第2—10页。
② 〔法〕爱弥尔·涂尔干：《宗教生活的基本形式》，渠东、汲喆译，北京：商务印书馆，2011。
③ Leach, E., *Rethinking Anthropology*, London：Armhole press, 1961.

神圣与世俗的二分旅程，构建一个"世俗工作"与"神圣旅游"的"时间流动的模式"。当然旅游生活并非神圣，只是与宗教生活结构相似而已。这一点，已故旅游学家申葆嘉先生做过辨析①。旅游对文化的冲击，尤其是欧美文化的入侵，充其量导致一种文化霸权，因为目的地民族也会想方设法凸显其民族性（ethnicity）或土著性（Indigeneity），从而对西方文化霸权进行抵制。

北京大学已故学者陈传康先生专门发表过一篇题为《旅游文化的二元结构》②的文章，分析了文化旅游中的二元结构现象（实际上，陈传康先生这里探讨的不是旅游文化，而是文化旅游），如徐霞客式的苦行僧式的传统游客与雅皮士式的娱乐游客，前者是求知，后者是求乐。不仅如此，他发现从风景、游客娱乐和购物行为、餐饮、市场和客源、接待服务措施以及管理等环节都存在传统性和现代性的二元结构。因此，他认为，在文化旅游开发和管理中，管理人员具备传统文化知识和现代观念并能对此加以利用是解决问题的关键。谢彦君教授在其《旅游体验研究——一种现象学的视角》一书中将生活世界与旅游世界相对应，分析其不同特质③。

在实践中，文化旅游产品及场所的二分结构现象比比皆是。文化旅游吸引物就包括传统文化（遗产）和现代文化，它们都是文化旅游资源。文化旅游纪念品生产中的二元结构便是精英与大众之区别，大众旅游纪念品就是格雷伯恩所谓的"机场艺术品"，将高雅与通俗区别开来，将精英游客和大众游客、特殊兴趣旅游与传统观光度假区别开来。如突尼斯"在市场较便宜的一端，在旅游购物区出售的地毯中加入了非传统的颜色、图案和符号，证明了文化的适应性。在另一端，更昂贵和更大的地毯则采用了传统的图案和颜色。甚至销售模式也保持了传统的模式。……现在的毛毯是合成的，使用的化学颜色与突尼斯的传统不同"④。突尼斯人

---

①　申葆嘉：《旅游学原理——旅游运行规律研究之系统陈述》，北京：中国旅游出版社，2010，第98—101页。

②　陈传康：《旅游文化的二元结构》，《城市问题》1990年第6期，第38—42页。

③　谢彦君：《旅游体验研究——一种现象学的视角》，天津：南开大学出版社，2005，第18—21页。

④　Bleasdale, S., "Connecting Paradise, Culture and Tourism in Tunisia," *Journal of Intercultural Studies*, 2006, 27 (4): 447 – 460.

将旅游者人为分为精英旅游者和大众旅游者，据此，地毯的质地、图案、颜色和款式也都相应做出调整，以适应文化遗产保护与大众消费的需要。

也有学者对旅游中的诸如全球化和本土化、同质化和异质化、主人和客人、工作和娱乐、东方和西方等二元主义结构不以为然。迈克·罗宾逊（Mike Robinson）对文化旅游研究中根深蒂固的二元性和层次性提出了质疑。他认为旅游在塑造游客和接待社区之间的跨文化对话方面发挥关键作用；伊薇特·赖辛格（Yvette Reisinger）重新审视了全球化的争论，她认为全球化是一个由西方（美国）文化主导的同质化过程，并强调全球化对文化旅游目的地和当地产品分化、本土化的积极影响。他们一般倾向于文化旅游运营的连续体，而不是极化中的两极化，与其按照全球化和本地化、同质化和异质化进行二元分类，还不如从文化创新、再语境化（recontextualzation）或融合的角度思考，这样更有趣①。但东方宗教或民间信仰中的二元结构是客观存在的，如印度尼西亚巴厘岛宗教信仰的"局内人"与"局外人"、神圣与世俗等的二元区隔仍然很明显，其文化旅游的屏障作用创造了"巴厘奇迹"，这个案例耐人寻味。

第二节　案例研究
——印度尼西亚"巴厘奇迹"的内在机理

大众旅游已在印度尼西亚巴厘岛走过了几十个年头，游客量从1970年的24340人次猛增到2017年的5697739人次，虽然在岛上可以见到为游客提供便利的一系列现代化设施，如酒店、酒吧、超市、汉堡连锁店、纪念品商店等，但其传统的民族舞蹈、戏剧、工艺品制作技艺以及宗教仪式等非物质文化遗产几乎都被完整地保留了下来，并没有落入文化人类学家所谓的民族文化过度商品化的陷阱，同时强化了巴厘人文化认同感，这就是人们所称的"巴厘奇迹"或"巴厘现象"。正如菲利普·F.麦基恩（Philip Frick Mckean）所认为的那样，旅游业的发展导致巴厘岛经济结构的双重性，即旅游业发展既有助于巴厘艺术家和手艺人保持高

---

① Smith, M., & Richards, G., eds., *The Routledge Handbook of Cultural Tourism*, London and New York: Routledge, 2013: 7 – 10.

标准，也可能为大众旅游市场的需要而低标准地生产游客所需要的文化商品。因此，旅游业有助于巴厘人的"民间、民族或地方文化"的生存，对个人和社区来说，"巴厘人作为舞蹈家、音乐家、艺术家和雕刻家的传统角色是谋生的新的选择。旅游业的外部力量并没有改变巴厘文化的内在结构"。巴厘人在应对旅游业发展的冲击时能够很好地把握旅游的世俗世界和宗教神圣世界的界限，从而保持巴厘人非物质文化遗产如舞蹈、音乐、宗教仪式、手工技艺等的完整性。麦基恩将此现象称为"文化的内在变化"①。笔者采取文献归纳法和参与观察法等方法，结合以巴厘岛乌布皇宫为核心区域的非物质文化遗产旅游利用案例，考察巴厘人在利用传统文化发展旅游业实践过程中所存在的明显的二元结构，这种二元结构体现在"神圣与世俗""本真与流变""局内与局外""传统与现代"等一系列方面，巴厘人通过平衡上述诸多二元关系，使得巴厘岛非物质文化遗产等文化资源有效利用、保护和传承，这一"巴厘奇迹"对我国非物质文化遗产保护性旅游利用或许有启发意义。

（一）印度尼西亚巴厘岛文化旅游发展概述

印度尼西亚巴厘岛土地面积 5600 平方公里，人口 300 多万，印度教是信仰的主要宗教，现在约 80% 巴厘人信奉印度教，信徒家里都设有家庙，由家族组成的社区有神庙，村有村庙，全岛有庙宇 125000 多座。可以说，巴厘音乐、舞蹈、戏剧、手工技艺等无形文化无不渗透着宗教成分，因此，巴厘文化旅游产业就是依托这些无形遗产和有形遗产逐渐成长起来的。

巴厘岛自 1920 年代以来就以旅游目的地而著称，但直到 1970 年代旅游业才有相当的规模。在 1970～1980 年，到访巴厘岛的外国旅游者数量成倍增长，从原来每年不到 3 万人次增加到大约 30 万人次；与此同时，酒店容量也大幅提高，由原来的不到 500 间客房增加到 4000 间客房。然而，直到 1980 年代晚期，巴厘岛旅游发展才走上快车道，游客人数飙升，酒店和其他相关旅游设施的投资额也快速上升。因此，外国游

---

① 〔美〕菲利普·F. 麦基恩：《走向旅游业的理论分析：巴厘岛经济的双重性和内在文化变化》，载〔美〕瓦伦·L. 斯密斯主编《东道主与游客——旅游人类学研究》（中译本修订版），张晓萍等译，昆明：云南大学出版社，2007，第 104—119 页。

客人数于 1990 年达到大约 100 万，2000 年徘徊在 200 万。同时，酒店容量迅速跃升到 1990 年的 2 万间，2000 年超过 4 万间①。

　　巴厘岛入境游客数除了因 2002 年爆炸案和 2003 年"非典"影响而连续几年呈负增长之外，从 2007 年到 2016 年的 10 年，巴厘岛接待外国游客人数有了大幅上升，从 166 万多人次上升到 492 万多人次，多数年份呈两位数增长（见表 6 - 1）。旅游业已成为巴厘岛的支柱产业，每年创造的产值占全印度尼西亚旅游业的四分之一。旅游给巴厘岛带来了持续的经济收益，社区居民共享了收益成果、拓宽了就业渠道，一些社区居民可以把跳舞、雕刻作为谋生的新的选择。先进的技术运用提高了生产力，政府修建并完善了基础设施，人民生活水平有了较大提高。但过度的旅游开发对当地生态环境和传统文化也产生了严重的影响。

表 6 - 1　2007—2016 年巴厘岛外籍入境游客相关数据

年份	入境游客接待量		星级宾馆入境游客平均停留天数
	总数（人次）	增长率（%）	
2007	1668531	32.16	3.49
2008	2085084	24.97	3.89
2009	2385122	14.39	3.76
2010	2576142	8.01	3.6
2011	2826709	9.73	3.56
2012	2949332	4.34	3.43
2013	3278598	11.16	3.30
2014	3766638	14.89	3.33
2015	4001835	6.24	3.16
2016	4927937	23.14	3.09

数据来源：Bali Tourism Board，2017。原文献中有 4—5 处计算错误，引用时已更正。

（二）印度尼西亚巴厘岛非遗保护的文化旅游策略

1. 文化旅游：印度尼西亚巴厘岛旅游发展定位

起初，巴厘地方政府对旅游业发展始终持一种矛盾的态度。一方面，

---

① Picard，M.，"Touristification and Balinization in a Time of Reformsi," *Indonesia and the Malay World*，2003，31（8 - 9）：108 - 118.

艺术与宗教传统等非物质文化遗产使巴厘岛闻名世界，这些非物质文化遗产成为游客眼中的主要吸引物，又把巴厘文化转变成该岛经济发展的最有价值的资产。另一方面，外国游客的涌入被视为一种"文化污染"。为了防止这种"致命"的后果，巴厘地方政府设计一项"文化旅游"（Pariwisata Budaya）政策，旨在通过利用文化来吸引游客，在发展旅游的同时不降低巴厘岛文化品位，还可以将旅游收入用于促进文化的发展①。

　　这一计划就是1992年印度尼西亚政府请求世界银行帮助设计的巴厘城市基础设施改善项目，即"巴厘的可持续发展计划"（Bali Sustainable Development Project，BSDP）。这个项目直接促进了巴厘文化遗产资产的保护、管理和开发，这些遗产资产被视为由开发压力和大众旅游引起的濒危遗产。保护遗产的职责是由省政府承担的，巴厘文化局是实施机构。在巴厘文化局内成立一个文化遗产保护部门，其职责是在文化遗产保护的所有方面为省政府提供建议②。

　　巴厘岛文化旅游产业主要是基于其非物质文化遗产而发展起来的，这些产业包括进行起源于传统剧目的舞蹈和音乐表演，生产和销售音像制品，为非巴厘岛人和游客提供舞蹈和音乐培训等，这一点在乌布尤其明显。乌布是巴厘岛文化旅游的主要目的地，位于乌布文化旅游中心区的是普里莎仁阿贡（Puri Saren Agung），即乌布皇宫，这个地方为游客表演舞蹈和音乐。宫殿转变成一个游客聚集地点，一个"有意味"的文化空间。因此，利奥·豪厄（Leo Howe）认为，巴厘文化旅游的发展可以解释为诸多因素共同作用的结果：非巴厘艺术家在乌布的一段活跃历史；文化旅游的确立；当地音乐和舞蹈恢复活力；将音乐和舞蹈不断增加为创收的吸引物以及20世纪70年代以来印度尼西亚政府若干决议和社会经济的发展政策等③。显然，以音乐和舞蹈为代表的巴厘岛传统歌舞在

---

①　Picard，M.，"From Turkey to Bali：Cultural Identity as Tourist Attraction，" in *The Study of Tourism：Anthropological and Socilogical Beginnings*，edited by Nash，D.，Oxford，UK：Elsevier，2007：174.

②　Dunbar-Hall，P.，"Tradisi and Turisme：Music，Dance，and Cultural Transformation at the Ubud Palace，Bali，Indonesia，" *Australian Geographical Studies*，2003，41（1）：3 – 16.

③　Howe，L.，*The Changing World of Bali：Religion，Society and Tourism*，London and New York：Routledge，2005：135.

其文化旅游发展中扮演着重要的角色。巴厘本土艺术家易·瓦扬·莱（I Wayan Rai）认为，乌布音乐表演性质从当地传统的节庆延伸到传统习俗（包括策划旅游事件），这种变化不仅与乌布民间恢复音乐活力的行动相关，也与印度尼西亚政府和巴厘地方政府推动巴厘岛国际旅游并利用巴厘文化作为国际旅游吸引物的长期政策密不可分①。显然，印度尼西亚巴厘岛旅游业的发展业绩得益于该岛的"文化旅游"的发展定位。

2. 原生态"非遗"文化旅游利用模式

笔者于 2012 年 2 月 18 日晚在乌布皇宫观看了一场名为黎弓舞（Legong Dance）的舞剧，这是巴厘岛传统剧目，露天舞台布景，演出道具都是传统乐器，参与人员全是当地社区居民，演出形式严格遵循传统方式，唯一革新之处就是利用现代音响设备。尽管演出有些枯燥，但原汁原味的表演还是吸引了不少西方游客（见图 6 - 1）。巴厘旅游局的工作人员介绍，从 1989 年以来，乌布皇宫夜间舞蹈表演就一直在开展，每周演出节目交替进行，至今不衰（见表 6 - 2）。巴厘岛"非遗"展演当然不只是在乌布皇宫一处，但乌布皇宫的演出在巴厘岛非常有名，它是巴厘无形文化的"原生地"，无论是巴厘人还是游客，在这里演出或观看都代表的是"原汁原味"（见图 6 - 2）。

乌布皇宫位于乌布村庄最重要的十字路口，从巴厘人的观点来看，建筑和活动的影响组合形成社区、经济活动、历史、信仰和村庄身份的中心：家族会议苑阁（bale banjar）、村庄市场（pasar）、寺庙（pura）和宫殿（puri）。上述每一个要素都是构成意义的支撑因素，并且存在于巴厘人公共生活和个人生活之中，同时它们在这个十字路口彼此接近，形成了巴厘社会力量的集聚。在巴厘人的宇宙观中，家庭、寺庙和村庄是按照基于双轴线的方向性思想组合在一起的，通过与宗教神山阿贡山的相对位置来确定代表正义和邪恶的力量。阿贡山在巴厘岛的东北部，是巴厘岛的最高峰，在巴厘人的意识里，它是最接近天堂的地方、众神的居所、仁爱力量的源泉。它的中心是面山的方向（kaja），其相反的方向是面海的方向（kelod）。之后是互补的轴线，代表"日出（东）—日落

①　Dunbar-Hall, P., "Tradisi and Turisme: Music, Dance, and Cultural Transformation at the Ubud Palace, Bali, Indonesia," *Australian Geographical Studies*, 2003, 41 (1): 3 - 16.

图 6 – 1 乌布皇宫门前小广场上演出的史诗黎弓舞《摩诃婆罗多》
场景（笔者摄，2012）

图 6 – 2 乌布皇宫正门、边门和小广场（笔者摄，2012）

（西）"（kangin-kauh）的方位。这种轴向的思想体系应用于建筑和村庄中，通常最神圣或最重要的部分不是在面山方向就是在日出的方向。因而，不太神圣或不太重要的部分在面海或日落的方位①。因此，巴厘"非遗"展演选址于乌布，无疑表明了巴厘人遵循无形遗产利用的原生态保护原则。

表6-2　乌布皇宫舞蹈表演一周日程表

时间	舞蹈名称	表演团体
周一	Legong Dance（黎弓舞）	BinaRemaja Troupe
周二	*Ramayana* Ballet（《罗摩衍那》芭蕾舞）	BinaRemaja Troupe
周三	Legong Dance（黎弓舞），Barong（巴龙舞）和 Drama of Sunda Upasunda（巽他乌普孙陀剧）	Panca Arta Troupe
周四	Gabor Dance（伽柏舞）	Panca Arta Troupe
周五	Barong（巴龙舞）	Sadha Budaya
周六	Legong Dance（黎弓舞）	BinaRemaja Troupe
周日	Legong of *Mahabarata* Epic（《摩诃婆罗多》史诗黎弓舞）	Jaya Swara Troupe

资料来源：彼得·顿巴-霍尔（Peter Dunbar-Hall）《传统与旅游：印尼巴厘岛乌布宫的音乐、舞蹈和文化转型》。

3. 健全的社区参与机制

巴厘旅游部门起初对游客的管理是相当严格的，最初的方案是通过维持游客和东道地社区之间的适当距离来组织游客活动，以保证旅游发展所引起的社会—文化成本降到最低。游客和社区居民之间的交流会减少，旅游的不稳定影响可能会降低。即使允许游客进入巴厘中心地区的文化腹地，也必须以简单的、可控制的短途旅行为目的。这种旅游观念特别强调游客的非文化休闲活动和非个人的消费，这样就把巴厘人降到一个被动的旁观者地位，这种旅游模式很难为当地人带来收益。

为扭转这种局面，巴厘地方长官都不约而同地强调社区参与旅游发展的权利。例如2000年新任巴厘旅游部长易·格德·阿尔迪卡（I Gde

---

① Dunbar-Hall, P., "Tradisi and Turisme: Music, Dance, and Cultural Transformation at the Ubud Palace, Bali, Indonesia," *Australian Geographical Studies*, 2003, 41 (1): 3-16.

Ardika）强调需要发展一个"人民的旅游"（a people-based tourism）以便给当地社区带来益处。而且部门的名称也从"旅游与艺术部"改为"文化和旅游部"。他强调文化和旅游并非对立的，而是一枚硬币的两面，彼此丰富对方的价值。2001 年 6 月新上任的巴厘市长易·格德·皮塔纳（I Gde Pitana）更提倡从资本密集型旅游向"人民的社区主导的旅游"（a people's community-based tourism）转变，这种旅游发展理念的变化表明，巴厘地方政府的目的是建立健全巴厘旅游业发展的社区参与机制，以便赋权于人民[1]。

除上述制度保证之外，巴厘非物质文化遗产保护与传承还得益于巴厘人的社区共同体意识，亦即民族文化保护的"内部动力"。在此意识的驱动下，巴厘人不断提高对传统文化热爱和积极参与的程度。例如，位于乌布北部的克罗马村（krama），每周为游客表演凯卡克舞（Kecak）一次。凯卡克舞是巴厘岛旅游展演最受欢迎的节目之一。该节目中《罗摩衍那》的故事讲述的是罗摩的妻子西妲（Sita）被魔王拉瓦那绑架，后又回归的过程。凯卡克舞由男子合唱队伴奏。凯卡克舞的准备和表演是这个村子的综合性活动，涉及所有家庭成员正如笔者现场所见，传统舞蹈在乌布皇宫的表演同样如此。巴厘人具有公共意识、社区自助—互助合作（gotong-royong）和团体努力的惯例。在其中，每个人都有参与的愿望，他们坚信，整体比个体对凯卡克舞的贡献更重要。凯卡克舞的成功传承体现在表演时所发放的节目单中，这个节目单将表演归功于参与表演的集体成员（所有村民）[2]。

（三）非遗文化旅游利用中的二元结构及保护机制

印度尼西亚巴厘岛民众在利用"非遗"发展文化旅游过程中存在明显的二元结构关系，二元结构的巧妙处理是通过巴厘人所谓的"文化旅游"（Pariwisata Budaya）这个帷幕（中介）实现的，同时巴厘人获得了经济收益、社会发展和文化传承等多元回报，实现了"非遗"保护与旅

---

[1] Picard, M., "Touristification and Balinization in a Time of Reformsi," *Indonesia and the Malay World*, 2003, 31 (8-9): 108-118.

[2] Dunbar-Hall, P., "Culture, Tourism and Cultural Tourism: Boundaries and Frontiers in Performances of Balinese Music and Dance," *Journal of Intercultural Studies*, 2001, 22 (2): 173-187.

游利用的良性互动，具体表现在如下几个方面。

1. 神圣与世俗

长期而稳定的宗教信仰使得巴厘某些文化具有特定的神圣性，这些神圣性的东西和事物存在着不可交易性。在巴厘人的精神世界中，只有高水平的工艺品才能作为奉献给"神圣世界"的供品，供奉非高水平工艺品的行为会被认为是愚蠢、缺乏远见并且亵渎神灵的行为。

在巴厘岛，许多舞蹈和戏剧表演都是献祭给神的"贡品"，且在寺庙内举行。让游客不受歧视地接触寺庙内部的圣殿是不切实际的，也具有潜在的亵渎性和破坏性。按照惯例，在举行仪式期间，巴厘人在进入寺庙之前必须遵守一系列的指令和禁令。他们必须穿戴得体，且沐浴、净化、行为安静，经期妇女禁止进入寺庙。因此，摆在巴厘人面前的一个重要难题是如何将信徒的宗教实践与为取悦游客而进行的艺术表演分隔开来。为此，巴厘地方政府在1971年特别召开了一次学术研讨会，与会成员运用他们所熟悉的术语——宗教（agama）和习俗（adat）来区分哪些文化事项属于宗教领域，哪些则属于习俗或"艺术"领域。巴厘人开始重新将他们的宗教定位为一个主流的思想和行动，以与变得世俗化的习俗区别开来。这一区分的重要性在于，宗教被看作巴厘人文化身份的基础，围绕宗教划定一个界限，这样就可以保护他们的最高价值观。这次会议的一个可操作性的规定是将巴厘舞蹈分成三个类别：第一类是"神圣的宗教舞蹈"（wali），包括那些在寺庙的圣殿内部表演的舞蹈，且总是与一定的仪式相联系；第二类舞蹈（bebali）包括在寺庙外面的院子中表演的舞蹈，也与仪式相结合；第三类舞蹈（balih-balihan）包括一切别的东西，和指定为纯粹娱乐表演的舞蹈，与仪式没有关联性①。这一类型的划分在实践中得到很好的贯彻。

以欧达兰舞剧（Odalan）的表演为例。宣传单是通过酒店和商店发放的，用来告知游客节目的某些部分将对他们开放。这些表演节目可分为乐器演奏（bali-balihan of gamelan）、化装舞会（topeng）、哇扬皮影戏（Wayang kulit）和舞蹈（kreasi baru）。这些节目表演的时间和日期都是

---

① Howe, L., *The Changing World of Bali: Religion, Society and Tourism*, London and New York: Routledge, 2005: 137 – 138.

公开的。然而，另一部分的欧达兰舞剧的节目即被界定为第二类舞蹈（bebali）的节目，只对愿意穿戴合适的巴厘服装的游客开放。这不是简单把一两件巴厘人的衣服加到西服上的事情，而是一件严肃的涉及宗教意义的着装行为。对于男人们来说，服装构成包括布裙（kain）、长裙（saput）、肩带（umpal）和包头巾（udeng）等；对于女人而言，她们的服装包括布裙（kain）、女寸衫（kebaya）、腰带（sabuk）、围着布裙的长方形腰带（selendang）①。由此可见，巴厘人在旅游发展过程中很好地掌控着神圣与世俗的边界，从而保持其非物质文化遗产的完整性和本真性及其核心价值观。

2. 本真与流变

巴厘人在进行"非遗"传承时并非一成不变，文化传承人在利用文化旅游的过程中发挥着主导作用。巴厘音乐家和研究者创造了两个词汇 Kreasi Baru 和 Komposisi Baru，分别指新作品与新的合成。新作品专门指依据原有材料进行创作的音乐、舞蹈和表演活动的一个新的片段；新的合成明显不同于新作品，前者是指一种原创的新作品，后者则是在原有基础上进行的再创作。在此过程中，大量的表演艺术已被去神圣化，允许其在游客面前使用。在新的巴厘音乐和舞蹈生产中，早先材料的典型化处理方式象征着一种变化的文化伦理，即霍巴特等（Hobart et al.）所指的"巴厘文化转型的重要原则……流变是所有事物固有的特征"②。

以乌布皇宫周六晚上的黎弓舞表演为例。这个舞蹈由前奏 kebyar dang 及之后的 7 个舞蹈（Puspa Wresti、Topeng Keras、Legong Kraton、Kebyar Duduk、Kupu-Kupu Tarum、Oleg Tamulilingan、Jauk）组成，最后是一段乐器表演。其中一些舞蹈已经被修改，从宗教舞蹈转变成为游客表演的世俗舞蹈。例如，Puspa Wresti 是一种由宗教仪式改编的舞蹈，而 Oleg Tamulilingan 在世俗和宗教领域均有出现，依据语境呈现所需的意义。这种相似的艺术双重生活（double life）也能够在《摩诃婆罗多》史

---

① Dunbar-Hall, P., "Culture, Tourism and Cultural Tourism: Boundaries and Frontiers in Performances of Balinese Music and Dance," *Journal of Intercultural Studies*, 2001, 22（2）: 173 – 187.

② 转引自 Dunbar-Hall, P., "Culture, Tourism and Cultural Tourism: Boundaries and Frontiers in Performances of Balinese Music and Dance," *Journal of Intercultural Studies*, 2001, 22（2）: 173 – 187。

诗黎弓舞中看到。在 20 世纪 60 年代后期，针对世俗语境表演的需要，一种迎宾舞（Pendet）在 Puspa Wresti 基础上发展起来，这种舞蹈是乌布宫殿惯常表演的组成部分，在巴厘岛的其他聚集点也是这样，其包含早就存在于宗教中的音乐和舞蹈设计，比较常见的是在仪式中上演的"加伯"（Gabor）和"拉让"（Rejang）两种舞蹈。这尽管是从传统舞蹈转变为旅游用途，但提供一个文化旅游起到"传统"节目转化作用的范例。Tari Panyembrahma 在 21 世纪初已经非常明显地转化到宗教仪式的神圣领域中（不再进行旅游商品化的世俗表演），如今在寺庙迎宾舞仪式中一般性质的表演取代了更加传统的加伯①。上述案例表明，巴厘人在利用非物质文化遗产开发旅游过程中，除坚持其"非遗"核心价值观外，也会因应社会的变化、旅游的发展等适当改编，并且经过改编的世俗舞蹈与仪式也会"反哺"神圣的宗教世界，两者相辅相成，辩证统一。

3. 局内与局外

巴厘岛之所以能够成为一个成功的旅游目的地，原因在于巴厘文化展示的迷人魅力，巴厘人将自己的文化命运与旅游命运紧密地联系在一起。巴厘人邀请游客参加真实的文化表演，这些表演包括各种节日和庆祝活动②。这种文化展示的方式就是文化旅游。它不仅是一种应对游客寻求真实性的文化展示所期待的方式，也是一种保护巴厘文化完整性的手段。因此有必要决定在什么程度上巴厘文化是可以向旅游服务开放的，通过发布指令，允许当地人知道他们被批准什么东西可以推销给游客，什么东西无论如何也不能商业化。在他们不能区分为自己还是为取悦游客的情况下，巴厘文化会陷入危险，即不再能够区分他们自己的价值观和向游客宣传的价值观。如果真是这样的话，巴厘文化就会变成一种"旅游文化"（Budaya Pariwisata），导致一种价值观的混乱状态（axiological confusion），即哪些属于旅游，哪些属于文化变得混淆不清③。

---

① Dunbar-Hall, P., "Tradisi and Turisme: Music, Dance, and Cultural Transformation at the Ubud Palace, Bali, Indonesia," *Australian Geographical Studies*, 2003, 41 (1): 3 – 16.

② Picard, M., "From Turkey to Bali: Cultural Identity as Tourist Attraction," in *The Study of Tourism: Anthropological and Sociological Beginnings*, edited by Nash, D., Oxford, UK: Elsevier, 2007: 175.

③ Dunbar-Hall, P., "Tradisi and Turisme: Music, Dance, and Cultural Transformation at the Ubud Palace, Bali, Indonesia," *Australian Geographical Studies*, 2003, 41 (1): 3 – 16.

但巴厘人在旅游实践中很好地掌控这一边界。例如，音乐和舞蹈是欧达兰舞剧最重要的方面。欧达兰舞剧中音乐和舞蹈包括仪式节目单、娱乐表演节目、街头游行音乐。巴厘人把欧达兰舞剧表演的音乐和舞蹈分为三种类型，依据它们的用途以及随之发生的表演地点进行划分。Wali 是在一座寺庙的内部的最神圣的庭院（Jeroan）中表演的舞蹈，具有许多宗教的功能；Bebali 是在寺庙的第二庭院（Jaba Tengah）中上演的仪式舞蹈，它们都在讲述故事；Bali-Baliham 是世俗的舞蹈，与仪式无关，在寺庙的第三庭院或外面（Jaba）进行表演并需要付费观看[①]。第一种类型拒绝游客观看，第二种类型有限度地对愿意遵守其"规矩"的游客开放，第三种类型则完全对游客开放。上述案例表明，巴厘人在保持其宗教文化、音乐舞蹈等无形文化的后台不受游客"侵入"之外，也并非绝对地将游客限定在"舞台"化表演的前台区域。他们也懂得，文化旅游吸引力的核心动力是体验，只有为游客提供真实性的文化体验，才能保持旅游可持续发展，因此，他们有限度地将游客带入"缓冲区"，即上述所称的第二种类型，以提高其深度体验。但前提是，"局外人"游客必须遵守宗教仪式表演的若干"规矩"，就像维克多·特纳在参与恩丹布人仪式的田野调查时所体验到的那样，通过学习当地语言，遵守社区规矩，帮助社区成员，如施舍药品、给居民看病等[②]，渐渐被社区成员看成"自己人"，由此突破阈限（liminality）的限制而达到一种主客交融状态（communitas），巧妙地在局内人与局外人之间转换。

4. 传统与现代

"现代"，这里指的是因应大众旅游发展的需要，迎合游客的口味而生产的便于携带的简单化、批量化和标准化产品所表现出来的现代化生产形态，旅游纪念品生产的趋势即如此（格雷伯恩称之为"机场艺术品"）；歌舞表演类非物质文化遗产也经过改编，时间被压缩以适应即兴表演的需要。空间被精致的道具和现代视觉艺术的舞台布景设计所装饰

---

① Dunbar-Hall, P., "Culture, Tourism and Cultural Tourism : Boundaries and Frontiers in Performances of Balinese Music and Dance," *Journal of Intercultural Studies*, 2001, 22 (2): 173 – 187.

② 〔英〕维克多·特纳：《仪式过程：结构与反结构》，黄剑波、柳博赟译，北京：中国人民大学出版社，2006，第7—10页。

以及被电子的而非传统乐器伴奏等，由此导致少数民族或原住民传统文化过度商品化，进而出现变异及其功能的丧失。但在巴厘岛，尽管存在旅游艺术品和文化展演的简单化和标准化倾向，但并没有完全丧失实用艺术和商业艺术的边界限制，这是因为当地组织坚持要求只有高水平的工艺品才是恰当的供品，才可以奉献给"神圣世界"。在巴厘人的精神世界中，给神灵供奉劣等品导致神灵不悦是愚蠢和缺乏远见的行为。因此，巴厘手艺人既要满足市场需要，改变他们的皮影人物和动物雕刻艺术品的主题，甚至可以雕刻索菲亚·罗兰的半身像（"现代"），也要满足"神圣世界"的需要（"传统"）。神圣世界使巴厘的工艺、舞蹈和戏剧等非物质文化遗产得以确认和合法化，表明巴厘人在发展旅游的过程中对传统和现代这一对矛盾实现了有效掌握，两者共同提高了巴厘的文化生产力和自我身份认同。麦基恩认为，巴厘人的文化传统可能通过其内在文化的变化得以保护[1]，而没有因为外部力量（比如旅游）的冲击而发生质的变化。

第三节　案例启示

在某种程度上，印度尼西亚巴厘岛"非遗"文化旅游利用中的"二元结构"是一种"非遗"保护与利用的动态平衡机制，其文化传承与旅游发展的"边界"保持给予我们诸多的理论和实践启发，笔者认为"非遗"旅游利用应遵循如下原则。

（一）内外区隔：舞台真实原则

通常而言，大众旅游的进入会使得旅游地文化过度商品化，一些"不可交易性"的东西也被用于交易与交换，旅游纪念品中装饰了特殊的民族符号，使之从原来的"神圣性"转变为"世俗性"。甚至一些具有不可外传、外泄的形象、物品、符号也被出售。迪恩·麦康奈尔的"舞台真实"理论认为，人们对一成不变的日常生活感到厌倦，迫切需

---

① 〔美〕菲利普·F. 麦基恩：《走向旅游业的理论分析：巴厘岛经济的双重性和内在文化变化》，载〔美〕瓦伦·L. 斯密斯主编《东道主与游客——旅游人类学研究》（中译本修订版），张晓萍等译，昆明：云南大学出版社，2007，第113—114 页。

要到其他地方了解真实，但是他们所看到的并非真实，而是舞台性的真实，即所谓的旅游地"文化商品化"。舞台真实理论是借用欧文·戈夫曼的前、后台二分概念，其目的是保护"后台"，即东道地人们的传统文化免遭破坏。为了保证前台表演的"真实性"和"可信度"，就必须保证后台的封闭性和神秘性。乌布皇宫表演空间分布就是这样，正门是演员入场通道，边门是演出团体一般工作人员进出通道，其他非演职人员不得进出。演员演出准备工作都是在所谓的皇宫后院进行，形成了一个完整的前、后台二分格局（参见图 6-1 和 6-2）。基于这种认识，迪恩·麦康奈尔认为，现代旅游中的大多数经历都属于"旅游场合中的舞台真实"（staged authenticity in tourist settings）经历[1]。杨振之基于麦康奈尔的前、后台二分观点，提出了"前台、帷幕、后台"的民族文化保护与旅游开发的新模式。他认为，"帷幕就是前台的文化商业空间与后台的文化原生空间的过渡性空间。旅游业发展所带来的商业化热浪在帷幕区得以大大缓解。帷幕的屏障功能，阻止过度的商业化热浪席卷后台，它让后台的原汁原味的文化得以留存，使后台的文化得以保护"[2]。但这个"帷幕"是何物，杨振之并没有给出具体命名。本案例表明，巴厘人创造性地发现保护"非遗"后台的帷幕就是他们所特指的"文化旅游"（Pariwisata Budaya）。巴厘人通过文化旅游这个平台能够妥善地处理好前台与后台的关系。具体而言，在旅游展演过程中，对带有宗教性质的非物质文化遗产，他们分别提出神圣与世俗、局内与局外、本真与流变、传统与现代的界限。也就是说，对于宗教信仰类非物质文化遗产而言，其核心要素是不能商品化的，只能在举行宗教仪式时进行，对局内人开放，保持其宗教的神圣性、本真性和传统性；因民间信仰也有世俗化的一面，则可以将民间信仰非核心要素加以包装、改编、压缩等，提供世俗化、商品化的文化旅游产品，从而满足大众需要，同时以文化旅游为屏障，既能增强游客的文化参与感、体验感，又能有效限制大众游客渗入后台，从而保护后台文化的原生态性。与此同时，通过文化旅游这个

---

① 〔美〕Dean MacCannell：《旅游者：休闲阶层新论》，张晓萍译，桂林：广西师范大学出版社，2008，第 101—122 页。

② 杨振之：《前台、帷幕、后台——民族文化保护与旅游开发的新模式探索》，《民族研究》2006 年第 2 期，第 39—46 页。

"平台"，可以规范"非遗"利用的本真与流变的边界或界限，在局内与局外、神圣与世俗、传统与现代之间形成一个连续统。文化传承人和当地居民通过把控文化旅游舞台化的程度，可以有效地把握"非遗"保护与传承的界限。我们从巴厘人的实践中提炼出非物质文化遗产保护二元结构模型，需要说明的是，这个模型不仅适用于无形遗产的保护，也适合有形遗产的保护，具有一定的普适性（见图6-3）。

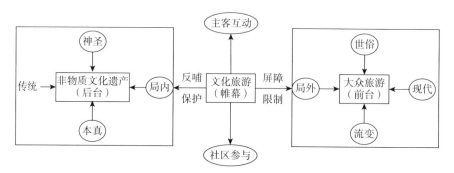

图6-3　以文化旅游为中介的"非遗"保护二元结构模型

（二）与时俱进：活态流变原则

巴厘人在利用"非遗"发展文化旅游的时候，有意识地保持若干二元平衡关系，本章归纳的神圣与世俗、局内与局外、本真与流变、传统与现代四对关系，前两者是为了保持"非遗"的原真性和完整性，后两者的目的则是妥善处理"非遗"本真性保护与因应旅游发展带来的环境变化所做的适当改编，在不触动"非遗"核心要素的前提下，对某些"非遗"进行再创作，使一些濒临衰退的传统文化得以复兴，这一点是在任何国家或地区"非遗"利用中都应遵循的原则，前两者则可以因时因地而异。笔者认为，巴厘人的"非遗"保护性旅游利用实践暗合了联合国教科文组织的非物质文化遗产概念，即"各社区、各群体为适应他们所处的环境，为应对他们与自然和历史的互动，不断使这种代代相传的非物质文化遗产得到创新，同时为他们自己提供了一种认同感和历史感，由此促进了文化的多样性和人类的创造力"，即所谓的活态传承。换句话说，非物质文化遗产的传承与发展并不是一成不变的，按照埃里克·霍布斯鲍姆（Eric Hobsbawm）的观点，传统是可以发明的，他考察了人们习以为常的欧洲的所谓几大传统，认为这些传统并不是古代流传下来的不变的陈迹，而总是当代人活生生的创造[1]。艾瑞克·科恩同样认为，真实性是一个"社会建构"的概念，其含义是"可以商榷"（negotiated）的。他认为，所谓真实性并不等于原始，而是可以转变的……当地人可以"创造一个提炼过的、新的真实"[2]。

（三）时空统一：原生态语境原则

巴厘"非遗"展演一般遵循原生态语境的时空统一原则，展演地点就是这些"非遗"产生的原始生境（The original habitat）。歌舞类"非遗"旅游展演在巴厘岛已经形成固定的时间和空间习俗。以乌布为例，乌布宫殿的表演空间与东西轴线平行，不自觉地将这种方位体系融入活动的表演之中，为舞蹈、音乐表演及其空间创造一个强烈的暗示意义。乌布皇宫表演空间的布局体现出东—西、神—人、宗教—世俗、表演者—观众、传统—旅游等的对应关系。以这样的方式，新的意义被书写在场所里，且在乌布皇家往事中被强烈地展现出来。这些表演也造就了乌布宫殿的当代身份，同时表明存在不朽的文化传统及相应的变化[3]。这种特定时空中表演的"非遗"项目能够达到提高游客体验真实性的同时保持其文化完整性的双重目的。正如鲍勃·麦克彻和希拉里·迪克罗斯所强调的那样，"非物质文化遗产需要传统文化的继承者赋予其生命。因此，'民间'的合作和参与是展示真正的非物质遗产的先决条件。同样，背景或文化空间也是重要的，因为非物质文化与地方或环境有着内在的固有联系。遗产资产一旦脱离其环境，其真实性即可能受到侵害"[4]。我国非物质文化遗产旅游利用过程中存在大量异地克隆和脱离"非遗"原生境的"去语境化"现象（De-contextualization）。所谓"集锦式"非遗主题公园模式，就是这种思维的产物，但事实证明也是不成功的。因此，社区参与是非物质文化遗产活态传承的重要载体。约翰·泰勒（John

---

① 〔英〕E. 霍布斯鲍姆、T. 兰格：《传统的发明》，顾杭、庞冠群译，南京：译林出版社，2004，第1—17页。

② Cohen, E., "Authenticity and Commoditization in Tourism," *Annals of Tourism Research*, 1988, 15 (3): 371–386.

③ Dunbar-Hall, P., "Tradisi and Turisme: Music, Dance, and Cultural Transformation at the Ubud Palace, Bali, Indonesia," *Australian Geographical Studies*, 2003, 41 (1): 3–16.

④ 〔加〕Bob McKercher、〔澳〕Hilary du Cros：《文化旅游与文化遗产管理》，朱路平译，天津：南开大学出版社，2006，第89页。

P. Taylor）甚至认为，游客与当地社区居民在后台区域的真诚邂逅（Sincere Encounters），可以获得一种互动式的共享体验（an interactive sharing of experience），真诚比舞台真实更可贵①。

第四节　结论

　　文化商品化与真实性之间存在永恒的冲突，如何达到相对平衡，需要文化遗产利益相关方一定程度的默契。印度尼西亚巴厘岛非遗保护与文化旅游发展的动态平衡，被国际学术界和业界称为"巴厘奇迹"，原因在于其自上而下（top-down）和自下而上（bottom-up）的良性互动。政府立志要发展一种"人民的社区主导的旅游"，鼓励巴厘旅游业发展的社区参与，赋权于人民，而巴厘人的遗产保护和文化旅游实践则让他们找到了一种化解文化商品化与遗产真实性保护之间"冲突"的中介——文化旅游，并利用这个中介，创造性地将若干二元结构自觉地运用于旅游实践之中，这些"巴厘经验"给予我们许多的启示。

　　我国提出的非物质文化遗产生产性保护或保护性利用的理念，实际上是一个有待深入探索的课题。既要保持"非遗"原真性，又要实现旅游可持续发展，这是一种两难选择，尤其是"非遗"保护与利用之间的平衡关系很难在实践中进行把握。巴厘人数十年来所探索的无形文化的旅游化发展取得很好的效果。巴厘人善于处理上述一系列二元结构关系，有效地避免了非物质文化遗产的过度商品化，同时促进了土著无形文化遗产在旅游语境下的良性发展。巴厘案例也证明了迪恩·麦康奈尔"舞台真实"理论的前、后台二分原则和艾瑞克·科恩"旅游空间与舞台猜疑"的四个情形之一的"人为的"真实②以及其后对泰国的丹·奎恩（Dan Kwien）陶艺村落的陶器旅游纪念品生产案例研究中所呈现出来的"渐进性"真实都有其实践的合理性。在泰国丹·奎恩案例中，科恩发现真实性问题存在一个中间立场，亦即将"'真实性'视为一种'新兴

---

① Taylor, J P., "Authenticity and Sincerity in Tourism," *Annals of Tourism Research*, 2001, 28 (1): 7-26.

② Cohen, E., "Rethinking the Sociology of Tourism," *Annals of Tourism Research*, 1979, 6 (1): 18-35.

的资产'（emergent property），并承认一些创新的产品和风格可能随着时间的推移而变得'真实'，因为它们成为当地工艺生产传统的一部分，并成为当地的身份标志"①。因此，我们也可以将科恩所说的这种"随着时间的推移而变得真实"的情形称为"渐进性真实"。此外，巴厘"非遗"旅游的全民参与、利益共享和文化自觉等理念，对我国当下基于非物质文化遗产保护前提的文旅融合实践都具有实际借鉴价值和启发意义。

---

① Cohen, E., "The Heterogeneization of a Tourist Art," *Annals of Tourism Research*, 1993, 20（1）: 138 – 163.

第七章　社区感维护：民族旅游地
文化调适的一种路径

民族地区既是文化资源富集区，也是文化生态脆弱区。早在 20 个世纪 70 年代，文化人类学家就特别关注弱势群体文化变迁问题。旅游作为现代性的一种重要表征，内含建构与解构的双重力量，许多旅游社会学家和旅游人类学家对此都有详细论述。瓦伦·史密斯（Valene L. Smith）主编的《主人与客人：旅游人类学》一书就是旅游的社会文化影响研究的里程碑①。史密斯把旅游社会文化影响归结为示范效应、社会分层与社会化、自尊、文化复兴和憎畏感等几个方面。随着国际旅游业发展和旅游研究的深入，部分学者注意到旅游的积极影响远远大于消极影响，如民族文化的商品化增强了民族自信，实现了民族文化的良性变迁，加速了民族文化的国际化进程等。这种"好恶交织"②和"双刃剑"的观点实际上是如何保持民族文化原真性和商品化的程度以达到动态平衡的问题。

当代旅游业的发展的确给民族地区带来了深刻的社会变革，居民为寻求生计而游走于城市与乡村之间，这种行为导致乡村空心化、传统民族村落结构的解体，以及外来经营者的"闯入"等异质化情形，从而导致社区感的丧失，民族文化的认同问题就成了"离散者"所面临的主体归属问题。由此可见，社区感是衡量民族文化保持的一个重要维度，社区感的丧失也就意味着民族文化的原生态语境的变异，进而影响民族文化的认同和文化再生产。研究表明，文化认同是社区感的重要组成部分，而且居民之间社区感的程度取决于他们对社区文化认同的程度③。如何

---

① Smith, V. L., ed., *Hosts and Guests: The Anthropology of Tourism*, Philadelphia: University of Pennsylvania Press, 1977.
② 王宁:《旅游、现代性与好恶交织——旅游社会学的理论探索》,《社会学研究》1999 年第 6 期, 第 93—102 页。
③ Obst, P. L., & White, K. M., "An Exploration of the Interplay Between Psychological Sense of Community, Social Identification and Saliene," *Journal of Community & Applied Social Psychology*, 2005, 15 (2): 127–135.

增强民族地区居民社区感和文化认同，是文化保持和文化旅游可持续发展的关键变量。现有多数民族地区的旅游文化影响研究从旅游客体角度切入，很少从民族文化的承载者——少数民族个体视角加以分析。本章以民族文化资本富积的湘西土家族社区为案例地，基于对土家族民族文化演化及资源禀赋的分析，从一位辗转于城乡二元结构社会中的土家族女青年个人生活史视角，运用大卫·麦克米伦（David W. McMillan）和大卫·查维斯（David M. Chavis）的社区感四因素模型，尝试分析湘西土家族居民个体社区感动态演化过程，进而提出若干保持民族地区族群社区感策略，以期为民族地区实现文化保护与文化旅游可持续发展的良性互动提供案例借鉴。

第一节　社区感理论与旅游研究

社区感（sense of community）或心理社区感（psychological sense of community）是西摩·沙拉森（Seymour B. Sarason）于 1974 年率先提出的一个社区心理学的重要概念。沙拉森所说的心理社区感是指"人们对孤独、疏离、社会力量的无能为力，对归属的渴望和相互依赖的感觉"，心理社区感是评判社区项目价值的首要价值①。沙拉森认为，心理社区感的缺失或淡化是一种破坏性的力量。社区感的发展和维持是社会心理学研究的重要主题。因此，在沙拉森看来，大卫·麦克米伦和大卫·查维斯对将社区感概念系统化为一种理论具有重要作用。他们认为："社区感是一种成员有归属感的感觉，一种成员对彼此和群体都很重要的感觉，一种成员需要通过承诺在一起而得到满足的共同信仰。"② 他们进而认为社区感由成员资格（membership）、影响力（influence）、需求的整合与满足（integration and fulfillment of needs）以及共同的情感联结（shared emotional connection）四个因素构成③。成员资格是指一种归属感或是一

① Sarason, S. B., *The Psychological Sense of Community*: *Prospects for a Community Psychology*, San Francisco, CA: Jossey-Bass, 1974: 192.

② McMillan, D., *Sense of Community*: *An Attempt at Definition*, Unpublished Mmanuscript, 1976.

③ McMillan, D. W., & Chavis, D. M., "Sense of Community: A Definition and Theory," *Journal of Community Psychology*, 1986, 14（1）: 6 – 23.

种对他人关系感的感觉分享；影响力是指一种重要性的感觉，一种对一个群体产生影响以及群体对其成员产生影响的感觉；需求的整合与满足是指一种成员的需要通过在该集团中的成员身份所获得的资源而得到满足的感觉；共同的情感联结是指成员之间的承诺和信念，他们已经并将会共享历史、共同的地方、共同的时间以及相似的经历。10 年后，麦克米伦对上述"四因素"进行了补充修订。第一个因素"成员资格"用"精神"（spirit）取代，不过这里的"精神"概念按照作者的解释，包括信任（说真话）、情感安全、归属感和付出等要素。第二个因素"影响力"被替换为"秩序感"（sense of order），它包括制定社区规范、规则或法律和凝聚力。第三个因素"需求的整合与满足"被改为"交易"（trade），所谓交易，包括奖励因素、成员需求和资源的整合。他认为社区经济是一种社会经济，它以共享的亲密关系为基础。在社区与成员的讨价还价之中，当社区成员不仅意在获得，也喜欢给予的时候，社区感才会达到完美状态。第四个因素"共同的情感联结"被替换为"艺术"（art），这里的"艺术"概念不同于我们通常理解的艺术门类或艺术作品，而是指一种社区值得珍藏的记忆，即代表社区的价值观和传统的一系列事件①。

麦克米伦和查维斯的"四因素"模型产生于西方文化语境中，如果将之不加修正地运用于我国社区感研究领域，那么不免显得晦涩难懂，并且在许多社会心理学家看来，社区感是情境化的，在不同的文化和群体中是不同的。……社区"感"的要点在思维和情感，例如归属感、安全感、共享的情感联结。② 在不同的文化和族群中，学者需要构建符合当地文化结构的社区模型，因此中国学者在引进西方社区感结构时须对此进行本土化改造。笔者仔细研读麦克米伦和查维斯的"四因素"模型，发现其核心理念还是非常有理论启发价值的，只是其所运用的概念和术语不符合东方人的思维习惯，我们要做的是将核心概念进行准确解释、通俗表达，然后用来阐述我国语境下的社区感案例。

---

① McMillan，D. W.，"Sense of Community，"*Journal of Community Psychology*，1996，24（4）：315 – 325.

② 〔美〕詹姆士·H. 道尔顿（James H. Dalton）等：《社区心理学：联结个体和社区》，王广新等译，北京：中国人民大学出版社，2010，第 122 页。

自20世纪70年代以来，社区感一直是社会学家的关注焦点，直到20世纪90年代，社区感才进入西方旅游研究者的视野。不过，基于社区感的旅游研究成果并不多，且选题范围有限，主要局限于社区感对节事旅游发展的影响[1][2][3]。研究者认为社区感越强的居民越能感知到节事旅游带来的影响，从而能让节事管理者更好地完善节事活动[4]。国内旅游发展与社区感关系研究刚刚起步，研究者主要探讨旅游对民族村寨居民整体社区感的影响[5]、社区感与地方依恋的关系[6]、社区参与对旅游感知和社区归属感的中介效应、社区参与对旅游地居民社区归属感的中介效应[7][8]以及社区归属感对乡村旅游地居民社区参与的影响[9]等几个方面。这些研究表明，旅游感知和旅游收益是影响社区归属感的两个中介变量；社区参与对旅游感知、社区归属感均具有显著的正向影响。社区感是当地旅游的重要依托，是社区参与的重要基础。

由此可见，国内外对旅游社区感研究的文献并不多，尤其是对于少数民族旅游地居民社区感的研究非常有限，多采用社区感测量量表测度居民社区感，很少有学者采用深度访谈和个人生活史研究方法来研究少数民族旅游语境下的个体社区感变迁问题；也没有运用社区感理论解释

---

① Derrett，R.，"Making Sense of How Festivals Demonstrate a Community's Sense of Place," *Event Management*，2003，8（1）：49 – 85.

② Schwarz，E. C.，& Tait，R.，"Recreation，Arts，Events and Festivals：Their Contribution to a Sense of Community in the Colac-Otway Shire of Country Victoria," *Rural Society*，2007，17（2）：125 – 138.

③ Getz，D.，*Events Studies：Theory，Research and Policy for Planned Events*，Oxford：Butterworth-Heinemann，2007.

④ Winkle，C. M. V.，& Woosnam，K. M.，"Sense of Community and Perceptions of Festival Social Impacts," *International Journal of Event and Festival Management*，2014，5（1）：22 – 38.

⑤ 曹兴平：《贵州民族旅游村寨社区居民的社区感研究》，《贵州民族研究》2013 年第 6 期，第 155—159 页。

⑥ 李燕琴：《基于地方依恋与社区感的边疆民族旅游社区研究构想》，《地域研究与开发》2013 年第 4 期，第 90—97 页。

⑦ 杜宗斌、苏勤：《乡村旅游的社区参与、居民旅游影响感知与社区归属感的关系研究——以浙江安吉乡村旅游地为例》，《旅游学刊》2011 年第 11 期，第 55—61 页。

⑧ 杜宗斌、苏勤、姜辽：《社区参与对旅游地居民社区归属感的中介效应——以浙江安吉为例》，《地理科学》2012 年第 3 期，第 329—335 页。

⑨ 杜宗斌、苏勤：《社区归属感对乡村旅游地居民社区参与的影响——以浙江安吉为例》，《旅游科学》2013 年第 3 期，第 61—70 页。

居民社区感维度及其变迁。笔者认为，社区文化认同和社区地方依恋强调的是个体情感，即个体对于社区核心价值的认同和社区空间的地域联结，而社区邻里关系强调的是个体与社区其他成员的社会互动，社区归属感是结果，在个体情感强烈和邻里关系密切时，社区居民更加离不开社区，他们归属于社区，从而有更强的社区感。社区的主体是居民，居民是民族文化的拥有者和传承者，社区的精髓是居民经过互动积累而成的社区感。

第二节　个人生活史与社区感变迁

本章涉及的个人生活史研究方法在口述史学的研究中应用得较为成熟，但在旅游研究中较少。不过已有研究颇具启发意义，国际案例如辛西娅·艾伯特·科恩（Cynthia Abbott Cone）通过对墨西哥恰帕斯州高地两个玛雅传统文化的女手工技艺传承人——曼纽拉（Manuela）和帕斯夸里（pasquale）生活史的考察发现，这两位妇女通过民族工艺品生产和销售构建了自己的身份和生活故事，增强了自信，摆脱了玛雅文化中妇女的从属地位；[①] 国内案例如吴其付以阳朔"月亮妈妈"为例，分析了"月亮妈妈"从普通农民到社区精英的发展过程，其成长事迹也代表了中国未来社区旅游精英的成长之路[②]，以及薛熙明等基于湖北恩施土家族女孩的个人生活史探讨旅游对于少数民族认同感的影响[③]等。

随着现代化与旅游大潮的涌入，民族社区经历了变迁过程，那么传统社区建立起来的血缘关系、邻里关系和地缘关系是否受到削弱？在民族传统文化资源转化为旅游文化资本之后，民族文化认同感是增强还是减弱？在社区居民更加注重理性、利益、效率的同时，人与人之间的交往是否会变得更加功利？传统的情感纽带是否被削弱？本章将在回溯湘西土家族文化资源禀赋及其旅游开发的基础上，以女青年晓敏（化名）

---

① Cone, C. A., "Crafting Selves: The Lives of Two Mayan Women," *Annals of Tourism Research*, 1995, 22 (2): 314 – 327.

② 吴其付：《从普通村民到社区精英：中国旅游精英的典型个案——以阳朔"月亮妈妈"为例》，《旅游学刊》2007 年第 7 期，第 87—91 页。

③ 薛熙明、覃璇、唐雪琼：《旅游对恩施土家族居民民族认同感的影响——基于个人生活史的视角》，《旅游学刊》2012 年第 3 期，第 27—36 页。

个人生活史为研究视角，梳理其个人成长经历中所反映的旅游影响下的社区感动态变化轨迹，试图以此反观旅游发展导致的湘西土家族社区感及其民族文化的变迁并回答上述诸多问题。

第三节　案例研究

——文化旅游与湘西土家族社区感变迁

本章以位于湖南湘西土家族苗族自治州的土家族聚居区为案例地。因为该案例地拥有独特的民族风情和丰富多彩的民族文化，并且多项土家族文化相继被列入国家级非物质文化遗产名录，旅游业发展已有长足进步，因此将之作为研究案例具有典型意义。旅游在给土家族带来经济利益的同时，推动着当地社会文化变迁。在这样的社会变革过程中，社会文化的变迁往往是通过其传承中介——社区居民表征出来的，换句话说，居民的社区感是少数民族文化变迁的指示器。那么，湘西土家族居民个体社区感如何变化？特别是民族文化的主要承载者——女性居民对旅游业发展的态度如何？湘西土家族民族文化的演进与当代文化旅游发展的关系如何？这些都是本研究的前提和基础。

（一）湘西土家族文化资源类型、内涵与价值

在长期的历史演化过程中，土家族民族文化的鲜明个性逐渐形成，其代表性民族文化有打溜子、摆手舞、毛古斯舞、织锦技艺、哭嫁歌、吊脚楼建筑技艺、土家年、傩戏、银饰等。现择其要加以描述。

摆手舞："摆手"是土家族最大的民俗事象，也是土家族区别于其他民族的显著标志之一。它保存了土家族古老的戏剧、军事、体育和表演艺术等民族文化精华。清代乾隆年间为宦于此的郑虎文（1714—1784）在其所作的《土家竹枝词》中吟道："新正各寨鬼堂开，男女神前摆手来。上自初三下十八，一家歌鼓百家陪。"并解释道："每寨设祠，名曰'鬼堂'。正月自初三至十八，寨民以次祭以鬼堂。男女杂至，群歌击鼓以为乐，名曰'摆手'。"[①] 地方志记载也证实了郑虎文的记述。"鬼堂"

---

① 王利器、王慎之、王子今辑《历代竹枝词》（二），西安：陕西人民出版社，2003，第1042—1043页。

又称"摆手堂""土官阴署"。清同治《永顺府志》中记载:"各寨有摆手堂,又名鬼堂,谓是已故土官阴署。"其表现形式为"夜间,鸣锣击鼓,男女聚集,跳舞长歌";举行时间各书记载不一,同治《永顺府志》说是每年的正月初三至十七日①,乾隆《永顺县志》则说时间是每岁正月初三至初五六之夜②,摆手舞的功能多数文献认为是"祛除不祥"。

摆手舞有"大摆手"和"小摆手"两种。"大摆手"规模大、参与人数多,祭祀的主神是"八部大神",表现了土家族起源、迁移、抵抗外敌和农事活动;"小摆手"规模小,参与人数少,也表演农事活动。各地区摆手舞的内容和表演形式大体相同,整体动作风格是刚健有力、粗犷朴实③。摆手舞是湘西土家族盛大的祭祀庆典歌舞仪式,复制祖神创造的渔猎文化、农耕文化的精华,在摆手堂世代传承,以缅怀先祖,祈求风调雨顺、五谷丰登、人丁兴旺④。

哭嫁歌:"哭嫁歌"是一种广泛流传于我国民间的婚嫁习俗,其中土家族的哭嫁歌较为突出。清末民初《永顺县志》记载:"嫁前十日,女纵身朝夕哭。且哭且罗离别辞,父娘兄嫂以次相及,嫁前十日,曰填箱酒,女宾吃填箱酒,必来陪哭。"⑤ 同属湘西的辰州府婚礼,"有行迎亲礼者,或母嫂代迎者;女家亦以母嫂送亲。赴女家宴者,带礼物相赠曰'添箱'。临行皆痛哭,新妇哭至婿家方止,或月内即数哭,统曰'哭生'"⑥。随着时代的变迁,"哭嫁歌"内容和形式不断丰富,表达了土家族女性对父母亲友的依依不舍之情和对前途命运的担忧等复杂情感。

傩戏:我国现代著名作家沈从文先生在其《湘行散记》等作品中多次描述过湘西驱傩习俗,巫傩文化在湘西传统社会中极为突出,由此衍生出的戏剧文化也是地域文化的一个重要表现形式。如明代容美土司诗

---

① (清)同治《永顺府志》卷10《风俗》,《中国地方志集成》本,江苏古籍出版社·上海书店·巴蜀书社,1992,第352页。
② (清)乾隆《永顺县志》卷4《风土志》,《中国地方志集成》本,江苏古籍出版社·上海书店·巴蜀书社,1992,第131页。
③ 刘楠楠:《诚论土家族摆手舞形态流传与发展》,中央民族大学硕士学位论文,2006。
④ 《舍巴日——溪州文化系列丛书之三》,刘善福收集整理,北京:人民日报出版社,2006,第3页。
⑤ 转引自李慧丹《土家族"哭嫁歌"——湘西古丈县实地考察与研究》,苏州大学硕士学位论文,2013。
⑥ (清)乾隆《辰州府志》卷14《风俗考》,清乾隆三十年(1765)刻本。

人田信夫在《澧阳口号》一诗中写道："山鬼参差迭里歌，家家罗神截身魔，深夜响彻呜呜号，争说邻家唱大傩。"① 该地多部地方志都记载过湘西傩戏，但其起源于何时，均语焉不详。如乾隆《永顺县志》载："永（顺）俗酬神必延辰郡（辰州）师巫唱演傩戏，设傩王男女二神像于上，师巫讽咒礼神，讨答以卜吉凶。至晚演傩戏，敲锣击鼓，人各纸面，有女装者曰孟姜女，男扮者曰范七郎，没于王事，妻姜女哭之，其声凄惨，乡民听之，至有垂泪者，相习为常，不知所自。"②

毛古斯舞："毛古斯"是土家族的古语，土家语称之为"古司拨铺"、"帕帕格次"或"扒布卡"，意为"祖先的故事"或"毛人的故事"。汉语里，多称之为毛古斯或毛猎舞，译为"老公公"。流传于湘西的永顺县、保靖县、龙山县和古丈县，是土家族从古流传到今的表演艺术之一。每到过年或节庆日，土家族人民在跳摆手舞时，也会跳毛古斯舞。毛古斯舞不是单一的舞蹈，而是有歌有舞、有人物和简单的故事情节。在表演中有大量的生产动作，表演土家族先祖捕鱼、农耕、打猎等劳动场景。毛古斯舞有群舞、独舞、双人舞之分，种类包括"狩猎舞"、"男根舞"、"农事舞"、"祭神舞"和"吉庆舞"③ 等。

土家族织锦技艺：土家族妇女善于纺织，尤其善于利用当地葛麻等原料生产出精美的纺织品，其中土锦最为人称道。清同治《永顺府志》载："土妇颇善纺织，布用麻，工与汉人等。土锦或经纬皆丝，或丝经棉纬，用一手织纬，一手挑花，遂成五色，其挑花用细牛角。"④ 光绪《龙山县志》则更为详细描述其生产过程，"土苗妇女善织锦，裙被或全丝为之，或间纬以绵，纹陆离有古致。其丝并家出，树桑饲蚕皆有术"⑤。郑虎文吟道："一手牵丝一手梳，一人织出锦江波。那知便有挑花手，牛

---

① 彭勃等辑录《历代土家族文人诗选》，祝注先选注，长沙：岳麓书社，1991，第59页。
② （清）乾隆《永顺县志》卷4《风土志》，《中国地方志集成》本，江苏古籍出版社·上海书店·巴蜀书社，1992，第131页。
③ 参见谢阳《湘西土家族"毛古斯舞"的艺术形态特征与再创造》，湖南师范大学硕士学位论文，2013。
④ （清）同治《永顺府志》卷10《物产》，《中国地方志集成》本，江苏古籍出版社·上海书店·巴蜀书社，1992，第357页。
⑤ （清）光绪《龙山县志》卷11《风俗》，《中国地方志集成》本，江苏古籍出版社·上海书店·巴蜀书社，1992，第112页。

角如针细细磨。"其下小注曰："苗锦，土家之女工也，有织有挑，皆以
一人成之。挑以牛角为针，尤工巧。"①

银饰：郑虎文的《土家竹枝词》之一载："项饰银圈耳十环，不冠
不履不梳鬟。布裙窄窄才遮膝，水便溪行陆便山。"其下小注曰："耳环
大于钏，以多为胜，耳各五环，非富者不能。"② 银饰是土家族妇女最显
著的装饰物之一，也是其显著的民族文化的符号之一。乾隆《永顺县
志》载："妇女喜垂耳圈，两耳之轮各赘至十，饰项圈、手圈、足圈以
示富。"③

以上不难看出，妇女是这些民族文化的主要创造者和传承者，妇女
是土家族文化的主体，也是民族文化旅游的实际承担者。湘西土家族不
少代表性民族文化已列入国家级非物质文化遗产名录。这些非物质文化
遗产在湘西少数民族文化旅游发展中起着非常重要的作用。现根据本彰
引述的历史文献及中国非物质文化遗产网资料整理如下（见表 7 - 1）。

表 7 - 1　湘西土家族国家级非物质文化遗产举要

名称/类别	内涵	价值
土家族 摆手舞 （传统舞蹈）	湘西土家族摆手舞集歌、舞、乐、剧于一体，表现开天辟地、人类繁衍、民族迁徙、狩猎捕鱼、桑蚕绩织、刀耕火种、古代战事、神话传说、饮食起居等广泛而丰富的历史和社会生活内容	对研究土家族历史、战争、宗教、迁徙、生产、生活、爱情、民俗等都有十分重要的价值，对于传承民族文化、增强民族认同、活跃民族经济、繁荣文化生活等具有重要的传承价值
毛古斯舞 （传统舞蹈）	毛古斯舞是一种具有人物、对白、简单的故事情节和一定表演程式的原始戏剧舞蹈，它以近似戏曲的写意、虚拟、假定等艺术手法表演土家先民渔、猎、农耕等生产内容，既有舞蹈的特征，又有戏剧的表演性，两者杂糅交织，浑然一体	毛古斯舞不仅对研究土家族最初的生活形态、生活方式有着十分重要的价值，而且其表演形态中所保留的自然崇拜、图腾崇拜、祖神崇拜等远古信仰符号和写意性、虚拟性、模仿性等艺术元素，是弥足珍贵的文化遗产

① （清）郑虎文：《土家竹枝词》之一，王利器、王慎之、王子今辑《历代竹枝词》（二），
西安：陕西人民出版社，2003，第 1042—1043 页。
② （清）郑虎文：《土家竹枝词》之一，王利器、王慎之、王子今辑《历代竹枝词》（二），
西安：陕西人民出版社，2003，第 1042—1043 页。
③ （清）乾隆《永顺县志》卷 4《风土志》，《中国地方志集成》本，江苏古籍出版社·
上海书店·巴蜀书社，1992，第 130 页。

续表

名称/类别	内涵	价值
土家族织锦技艺（传统技艺）	土家族织锦用棉线织成，俗称"打花"，主要有打花铺盖（土家语西兰卡普）和花带两大品种。西兰卡普采用"通经断纬"的挖花技术，分为"对斜"平纹素色系列和"上下斜"斜纹彩色系列两大流派。花带是土家族织锦中普及面更广的品种，它采用"通经通纬"的古老"经花"手法，几乎不需专用工具	湘西土家族织锦技艺历史悠久，体现了中国少数民族织锦技艺体系的基本特征，是土家族民族文化心理和不同时代文化积淀的独特表现方式，充分展示了土家人的创造力，对中华民族多元文化的形成与发展有积极的见证意义
土家族梯玛歌（民间文学）	梯玛歌是土家族长篇史诗，以"梯玛日"仪式为传承载体，世代口碑相传，格局宏大，长达数万行。土家族梯玛歌表现开天辟地、人类繁衍、民族祭祀、民族迁徙、狩猎农耕及饮食起居等历史和社会生活内容	吟唱式的长篇史诗，集诗、歌、乐、舞为一体，表现出土家族广泛的历史内容和社会生活内容，被誉为"研究土家族方方面面的百科全书"
土家族咚咚喹（传统音乐）	土家族单簧竖吹乐器，有词有曲，可吹可唱，吹唱结合。咚咚喹发声清脆明快，打音、颤音兼备，由模拟鸟语虫鸣、风吹泉流之声而形成写意性的音乐语汇和固定的曲牌	咚咚喹是湘西土家族重要的精神财富。人们借此娱乐和传递情感，其承载土家族音乐文化的发展脉络，联系着土家族习俗、生活和社会的各个方面
土家族打溜子（传统音乐）	土家族打溜子是土家族地区流传最广的一种古老的民间器乐合奏，它历史悠久，曲牌繁多，技艺精湛，表现力丰富，是土家族独有的艺术形式，广泛用于土家族节日喜庆、婚嫁迎娶、新居落成、舍巴摆手等场合中	被称为"土家族交响乐"，具有艺术价值和研究价值，不仅为民族学、社会学的研究提供重要材料，而且是音乐学中音色旋律学研究极其珍贵的原生性文化标志
土家族哭嫁歌（民间文学）	"哭嫁"是土家族婚嫁礼仪程序中的一种重要礼俗，演唱哭嫁歌与"哭嫁"程序同步进行。用哭声来庆贺女孩子出嫁，体现了土家族独特的文化意识。哭嫁歌又称"十姊妹歌"。充满了离别牵挂、喜悦欢乐的文化娱乐氛围	在研究土家族历史、社会生活、宗教信仰及保护土家族语言方面具有重要社会价值；以女子口头文学方式传承，具有较高学术价值
土家族吊脚楼营造技艺（传统技艺）	土家族吊脚楼多为木质结构，干栏式建筑，飞檐翘角，四面均有走廊，悬出的木质栏杆上雕有万字格、亚字格、四方格等象征吉祥如意的图案。窗棂刻有双凤朝阳、喜鹊噪枝、狮子滚绣球以及花草等图案，古朴雅秀，美观实用	结构独特，形式活泼，是集建筑、绘画和雕刻等艺术于一体的珍贵的民间艺术结晶，也是中国建筑艺术史上的杰出代表

续表

名称/类别	内涵	价值
土家年 （民俗）	土家年的内容十分丰富，办年货、做年饭、走亲拜年、做舍巴（摆手）。活动内容有闯驾进堂、扫邪安神、祭祀祖先、唱梯玛歌、跳摆手舞、演毛古斯等，是土家族文化的大盛会	土家年成为土家族民族认同的重要标志，对研究土家族历史和民俗文化以及加强民族团结、构建和谐社会具有重要价值
土家族民歌 （传统音乐）	土家族民歌是由歌词与乐曲结合而成的同一体民歌。歌曲按传统习惯可分为山歌、薅草锣鼓、劳动号子、风俗歌等。土家族民歌乐曲以声音的外化形式，产生了美的抒情效果，直接作用于听觉，创造性地展现了土家族民歌的抒情内容	真实地反映和记录了土家族的风土人情、伦理道德、生产生活以及社会生活和习俗活动的各个方面，有较高的人文研究价值

资料来源：笔者根据本章引述的历史文献和中国非物质文化遗产网相关资料整理而得。

在旅游业快速发展的背景下，旅游给湘西土家族带来经济利益的同时，也加速着当地社会文化的变迁，在此背景下，土家族旅游区的居民社区感如何变化，居民对旅游业发展的态度如何？这是影响民族文化的保护、传承和旅游业可持续发展的重要问题。

（二）旅游发展与族群个体社区感的演变

笔者调研小组成员在 2016 年 10 月 5 日于湘西土家族苗族自治州晓敏（化名）家中进行深度访谈，时长约 90 分钟，访谈主要围绕晓敏家世、成长过程中的族群意识、文化认同和旅游发展后其社区感的变化等方面。

晓敏，1991 年出生于湘西土家族苗族自治州，其祖祖辈辈都是土家族。爷爷在晓敏出生前就去世了，奶奶只懂土家语不懂汉语普通话；外祖父当时是一名乡村教师，在 20 世纪 80 年代末，为了追求更好的生活，外祖父带领全家从乡镇搬到了县城居住。晓敏的父亲在 20 世纪 80 年代大学毕业后也成为一名教师，全家随之也都搬到了县城，因此，晓敏大学前的族群记忆都留在了县城。

1. 现代性与族群意识

土家族的族群符号，如摆手舞、土家语、民族服饰、传统民居吊脚楼等受到现代化大潮的冲击，它们在晓敏的记忆中渐渐模糊。

我从小就很喜欢自己的民族，因为参加了山歌、摆手舞文艺比赛之后，我找到了个人成就感。但是，小时候的自己更向往着现代化的都市生活，想让自己的生活变得更好。

摆手舞是土家族传统文化的代表，作为一种祭祀性舞蹈，具有追忆祖先创业的艰辛、缅怀祖先的功绩、展示土家先民的生活场景等功能，整个活动都有着浓厚的祖先崇拜痕迹。由于受到祖父辈的文化教导和熏陶，晓敏从小就知道自己是土家族。不过在小学的班级里，有土家族、苗族、汉族、回族、满族、白族等，晓敏虽然知道自己是土家族，但是儿时的自己并未发现自身和其他民族人们的差异。上中学之后，学校经常举办土家族山歌、摆手舞的比赛，晓敏文艺细胞活跃，拿了不少奖，由此产生民族自信和民族自豪感，晓敏更多感知到的是土家族文化给自身带来的荣耀。

我觉得最能代表土家族文化特征的就是土家语，但没有文字记载，都是口口相传，因此失传得很厉害。

作为文化内核的土家语，晓敏只懂得简单的话语，家里长辈虽然有传授，但是土家语没有与自己语言相对应的文字，外加当时中小学采用汉语普通话上课，平日里同辈很少用到土家语，土家语日渐式微。祖父辈们都能精通的土家语，到了晓敏这一代已经很少人会说了，少部分人即便能听懂也不会说。提到民族服饰，在晓敏的记忆里，奶奶那辈还会一直穿着传统民族服装，但是到了自己这一代，则有更多选择，逢年过节会穿上土家族传统服饰，特别是在土家年和舍巴日期间，走亲访友、跳摆手舞时，都会穿上土家服，但平日里不穿。

平日里没有民族节日氛围，就不会穿传统服装，而且周围的人都不穿，你一个人穿就很扎眼；再者，我们小时候也很喜欢追随潮流。

2. 旅游发展与民族认同

> 在摆手舞比赛中获得荣誉之后，学校老师还带我参加了县委、县政府组织的土家摆手舞专门培训班，之后每年正月都参加县里组织的跳摆手舞活动，活动持续 5 天，有很多游客，他们很兴奋，很多人拍照录像，非常热闹，去外省上大学后就没跳过了。

在游客的凝视中，晓敏并未觉得尴尬，而是发现摆手舞作为旅游吸引物每年能够吸引很多游客前来参观体验土家族的民族风情。曾经宁静而贫穷的乡镇，随着游客的蜂拥而至变得名声大噪；政府对于土家族文化的挖掘、研究和整理更为重视，实行双语教学试点，对旅游从业人员和各级领导干部进行土家语日常用语、土家山歌、土家摆手舞的专门培训；组建土家族民族文化艺术团；定期推出土家族民俗风情歌舞表演；春节期间政府组织土家年文化传习活动，组织各项土家族节庆活动；土家族文化申请非物质文化遗产、确定"非遗"传承人等。晓敏说，在政府的宣传和组织下，旅游强化了民众对族群文化的认识，在游客的凝视中产生了文化自觉与文化认同感。土家族社区民众从旅游业发展中认识到本民族文化的价值所在，同时又需采取开放的态度，这表明旅游发展给土家族这样的民族地区带来了新气象。

让晓敏最为感慨的是土家族织锦西兰卡普"非遗"传承人叶玉翠奶奶的故事。

> 叶玉翠奶奶将她的一生都奉献给了西兰卡普，她辛勤耕耘土家族织锦事业 70 多年。西兰卡普体现了我们土家族的文化传统和文化渊源，老人一心想着将土家族织锦发扬光大，办起了工艺辅导点，土家族织锦技艺被列入了国家第一批非物质文化遗产名录。西兰卡普的背后体现的是一个民族人文素养的沉淀和一位老人对本民族文化的珍视之心。对于土家族传统文化，我们年轻一代有责任将其传承下去，生生不息。

根据麦克米伦和查维斯的社区感"四因素"模型，西兰卡普传承人叶玉翠奶奶一辈子执着于民族文化的传承和坚守，是因为其内心有一种坚定的社区精神或成员资格。土家族织锦是其"情感安全"和"归属感"的一个载体①，是其民族身份认同的符号和象征。

在全球化、现代化和城市化等外部力量的冲击下，传统认同形式在主体身份破碎、流离散居的情况下被逐渐消解，亦即在后现代语境下，主体碎片化有别于前现代的族群疏离，它变成了一种混乱与错位，出现了斯图亚特·霍尔所谓的"认同危机"，如身份认同、族群认同等。旅游在其中所扮演的角色值得探讨，它是文化认同危机的共谋者、替罪羊，还是文化认同的建构者？笔者认为，旅游作为现代性的一种重要表征，内含建构与消解的双重力量。但上述晓敏的遭遇反映了这样一个事实：民族文化旅游是强化土家族文化认同的一种重要的外部力量。

3. 旅游发展与文化商品化

旅游虽然促使土家族文化在一定程度上得到了复兴，增强了民族个体社区感，但是作为一种经济活动，旅游表现出的主要是市场经济理性。晓敏说：

> 我看过《魅力湘西》民族民俗歌舞表演，其融合了我们民族的特色，也加入了商业运作。依我看来，演出里的毛古斯舞、哭嫁歌融入了大量现代元素，并加入舞台声光电的运用，给观众以震撼的效果；但这些现代高科技所营造出来的视听体验，一方面讨好了观众的眼睛和耳朵，另一方面使得所谓的民族文化成为视听盛宴下的附加品而已，带给观众震撼的，更多的是同光影结合的民族艺术，而非民族艺术本身所具有的文化魅力。

因此，一些开发商会过度开发、包装传统文化来迎合游客的口味，使得传统文化"舞台化"。这不禁让我们思考，类似上述旅游演艺产品，究竟是传统民俗文化的现代重生，还是披着民族文化外衣的伪文化呢？在旅游语境下，文化的商品化的"度"很难把握，既有客观尺度的不

---

① McMillan, D. W., "Sense of Community," *Journal of Community Psychology*, 1996, 24 (4): 315－325.

同，也有游客主观感受的差异。同样的情形，不同人口学特征游客的感受可能就不一样。高科技与民族文化的融合，一方面可能冲击民族文化的"原汁原味"，另一方面可能是对民族文化的一种"艺术"呈现，用迪恩·麦康奈尔的观点来说就是"舞台真实"①。或许正是这一"舞台真实"，加深了游客对异质文化的体验，同时是对后台原生态民族文化的一种保护。

> 我姑姑一家在王村（芙蓉镇）开了特色小吃店，由于旅游的开发和宣传，这里吸引了大量的游客，居民增加了收入。以前逢年过节大家都是送猪腿肉、豆腐等食品，现在姑姑一家发展旅游后，开始送红包。

旅游对民族社区的影响是多重的，特别是对弱势群体而言，旅游给他们带来的也许不是利益，很可能是一种干扰，甚至是一种相对的"剥夺"。比如地方政府为发展旅游业，对于一些具有开发潜力的老城区、古镇、古村落统一规划，旧城改造必然涉及原有居民拆迁补偿或异地安置问题。

根据社会交换理论的主流观点，对旅游地社区居民来说，如果其从旅游发展中获得的收益大于其付出的代价和成本，那么他们就会对旅游发展持积极的支持态度，反之则持消极的抵制态度。

4. 旅游发展与社区归属感

晓敏本科读的是旅游管理专业，研究生读的是经济管理专业，她想为家乡旅游做出贡献。她说：

> 作为土生土长的土家族，家中世代就生长在这片土地上，我也是家里的独生女，研究生毕业之后，我更想回到湘西，凭借我的旅游专业和经济管理专业方面的知识和技能，来推动家乡旅游的发展，我是土家族的一员，我热爱我的家乡和民族，我有责任也有义务将

---

① MacCannell, D., "Staged Authenticity: Arrangements of Social Space in Tourist Settings," *American Journal of Sociology*, 1973, 79 (3): 589–603.

本民族的文化发扬光大。

布兰达·诺维尔和尼尔·博伊德（Branda Nowell & Neil Boyd）在社区感理论研究中建构了一个责任模型（见图7-1）。该模型认为，人们基于特定社区背景（民族、宗教等）形成了相应的价值观、理想和信念；责任感源于所处社区背景（我在哪儿?）、个体在社区中的身份以及适宜的价值观（我是谁?）、行为规范的交互作用（我和社区的关系）；社区的背景在一定程度上决定社区居民个人的社会历史背景，从而形成自己的个体价值观念和行为准则，并且开始审视自身与社区的关系，包括是否认同社区文化、是否产生社区地方依恋、邻里关系如何、是否对社区有归属感等，最终形成了居民"以社区事务为己任"的责任心①。由此表明，人们开始认知到自己对社区发展负有责任是一种社区感增强的标志。晓敏出生并生活在土家族聚居区，学校教育和家庭环境让其初步感知土家族文化；随着当地旅游的发展，旅游深化了晓敏对土家族文化的认知，并且强化其文化认同感，越发凸显其"土家族身份"，这种强烈的精神联结和地域联结，使得晓敏对于家乡更具有归属感和责任感。该模型很好地解释了旅游发展后晓敏对于本民族文化责任感的提升以及社区感的增强。

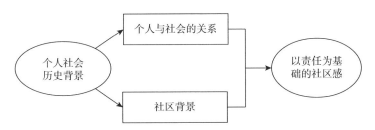

图7-1 诺维尔和博伊德的社区感责任模型

（三）旅游发展对土家族居民社区感的影响

旅游活动要求旅游目的地提供与客源地不同的文化以满足游客需求。因此，作为现代性标志物之一的旅游促进了目的地地方文化的保存和发

---

① Nowell，B.，& Boyd，N.，"Viewing Community as Responsibility as Well as Resource：Deconstructing the Theoretical Roots of Psychological Sense of Community，" *Journal of Community Psychology*，2010，38（7）：828-841.

展。吴其付在研究四川的旅游发展中的羌族时调研了一位社区精英，他表示："旅游发展之后，我们经济水平提高了，文化得到了重视，现在我们通过旅游结交了不少外地朋友。"① 通过旅游的发展，土家族文化受到了前所未有的重视，其文化势位得到提升，形成了一种双向赋能情形。具体表现在如下几个方面。

1. 旅游在一定程度上增强了民族文化认同感

随着旅游者的蜂拥而至，土家族社区居民开始重新审视本民族的文化，在追寻、确证自己文化上的"身份"时产生了文化认同②。塞缪尔·亨廷顿指出，不同民族的人们常用对他们来说最有意义的事物来回答"我们是谁？"，即用"祖先、宗教、语言、历史、价值、习俗和体制来界定自己"，并以某种象征物来表示自己的文化认同，如旗帜、十字架、新月形、甚至头盖等。亨廷顿认为"文化认同对于大多数人来说是最有意义的东西"③。换句话说，文化认同是人们对本民族文化的一种肯定性体认，是民族共同体的精神纽带和归属感的体现。晓敏进一步解释说：

> 旅游的发展给家乡带来了巨大的变化，我现在很热爱土家族文化，再加上这几年在外学习和生活，当我穿上土家族服装、跳着摆手舞、说着土家族话语时，周围的朋友们会报以欣羡和好奇的目光，他们都很想来我家乡旅游。

旅游的发展使得土家族居民逐渐意识到自身文化的价值和特色，他们表现出对本民族传统文化的前所未有的珍视，可以说，旅游发展在某种程度上强化了土家族的文化认同。

2. 旅游开发的功利动机也可能误导民族地区个体社区感演进方向

作为文化消费品的旅游产品，其文化商品化会不可避免地存在，而文化过度商品化对当地文化的负面影响是毋庸置疑的，国内外众多学者

---

① 吴其付：《民族旅游与文化认同——以羌族为个案》，《贵州民族研究》2009 年第 1 期，第 132—140 页。

② 阎嘉：《文学研究中的文化身份与文化认同问题》，《江西社会科学》2006 年第 9 期，第 62—66 页。

③ 〔美〕塞缪尔·亨廷顿：《文明的冲突与世界秩序的重建》，周琪译，北京：新华出版社，2002，第 7 页。

对此相继探讨过。艾瑞克·科恩在研究泰国的民族文化旅游时指出，为了迎合旅游者口味，泰国的狩猎—采集民族放弃了大量的本族传统生活方式，从而形成了"改良"文化①。这一舞台化的文化展演虽然有极大的游客市场，例如"印象系列""民俗村系列"等，但由于失去了居民日常生活的真实场域，反而不利于少数民族文化的保护。晓敏指出的《魅力湘西》以及土家族民俗风情歌舞表演，也许是对民族文化旅游的过度开发，例如舞台表演里的舍巴日为迎合游客猎奇心理而更多突出视觉、听觉效果，刻意改编夸大某些文化要素。

3. 旅游的经济理性在一定程度上削弱了民族地区居民社区感

旅游的发展在某种程度上给土家族民众带来了经济利益和就业机会，也使得当地小农经济向服务经济、市场经济转变，传统社区向城市社区转化，由此可见，快速推进的城市化也是民族社区居民经济理性化的重要推手。某种程度上，旅游发展的经济理性使得社区居民生活节奏变快，人心变得复杂而浮躁，从而削弱了族群原有的社区感。

4. 旅游发展中的权力不平衡在某种程度上导致民族社区居民产生相对剥夺感

"相对剥夺感"属于社会心理学概念，是指人们将自己的利益得失与其他群体或自己过去的经历进行比较后而产生的不公平感②。旅游发展加速了社会的变革和转型，人们收入渠道多样化、收入差距拉大，从而加剧了社会不公平问题。在旅游发展过程中被边缘化甚至遭到不公平对待的弱势群体常常会产生强烈的相对剥夺感。

第四节　结论与启示

（一）结论

从晓敏个人生活史反映的旅游影响下少数民族社区感动态演化过程，我们可以得出以下结论。

---

① 〔以色列〕艾瑞克·科恩（Erik Cohen）：《旅游社会学纵论》，巫宁、马聪玲、陈立平译，天津：南开大学出版社，2007，第331—355页。

② 罗桂芬：《社会改革中人们的"相对剥夺感"心理浅析》，《中国人民大学学报》1990年第4期，第84—89页。

第一，旅游发展与文化保护的平衡能够强化民族文化认同和社区感。在旅游发展之后，民族文化转化为民族文化资本被纳入消费文化范畴。旅游发展在提升土家族文化势位的同时强化了民族文化认同。旅游发展和文化保护是学者们经常探讨的话题，经济刺激在一定程度上能促进文化保护意识的觉醒，从而增强民族文化认同，此时的民族文化具有经济实用价值；而到了旅游发展稳定期，按照艾瑞克·科恩的观点，此时社区居民的认同感遭到削弱、社区感降低。因此我们需要平衡好旅游发展与文化保护的关系，在发展中保护，在保护中发展，当地政府在带领居民奔小康的同时能够弘扬民族文化，维持并增强居民的社区感。

第二，在一定程度上，旅游发展的工具理性使得社区感演进方向发生偏差，社区感沦为利益感。社区居民变得更为理性，金钱和效率取代传统社区的情感联结，社区陷入"社区感失落"状态；而旅游发展中的弱势群体会产生相对剥夺感。在大多数传统社区走向现代社区时，社区中的居民都能体会到社区感的失落，而形成社区感的重要条件之一就是人们之间的互动及在此基础上形成的社区成员资格（membership）、彼此信任（trust）和情感安全（emotional safty）[1]。如何改善理性状态下的邻里冷漠，是政府和社区居民需要共同努力携手解决的问题。笔者认为，可以通过开展丰富多彩的文化活动，让居民邻里充分参与其中，能"破除"居民心中存在的隔阂，最终实现新型邻里关系的重构[2]。雷吉纳·斯科文思（Regina Scheyvens）认为，增权的手段应包括经济增权、社会增权、心理增权[3]等一系列制度性措施。政府需要帮助弱势群体提高个人能力和他们对权利的认识。

（二）启示

第一，通过旅游业社区参与和成果共享，培育居民社区归属感。麦克米伦和查维斯的社区感"四因素"修订版中的第三个因素是"交易"

---

① McMillan, D. W., "Sense of Community," *Journal of Community Psychology*, 1996, 24 (4): 315 – 325.

② 袁为、翟斌庆、陈远翔：《转型期中国城中村改造过程中的邻里关系与参与度分析研究——以西安市为例》，《华中建筑》2014 年第 11 期，第 104—108 页。

③ Scheyvens, R., "Ecotourism and the Empowerment of Local Communities," *Tourism Management*, 1999, 20 (2): 245 – 249.

（trade），根据麦克米伦的观点，"交易"是指如果社区能够找到方法将成员的需求和资源并置并整合到一个持续的讨价还价之中，社区感就会更加强烈。他认为，"社区经济是一种社会经济，它以共享的亲密关系为基础。当一个社区开始发展经济时，重要的是从一开始交易就是公平的，交换的价值应该大致相等。一旦公平交易成为其历史上的惯例，社区的经济将会发展到一个与得分和平衡价值无关的阶段。在这样一个社区里，人们是为了给予的快乐和特权而给予，而不是为了得到，正如父母照顾孩子一样。半夜里，父母不会因为得到了回报而抱着哭闹的婴儿起床、给婴儿换尿布或喂饭。这是一个为了给予而给予的例子，而不是为了在交易中得到什么。一个社区只有在成员之间进行公平交易的情况下才能生存"[①]。国内外众多案例表明，当居民旅游的收益大于成本时，他们就会支持旅游业发展，进而参与到旅游业发展中去；反之，则会抵制甚至破坏社区旅游业的发展。有研究还表明，社区参与层次和族群文化保护存在内在的逻辑关联。社区参与旅游发展的强度与族群文化保护的程度之间呈现正相关关系，社区参与中的"文化自觉"将成为族群文化保护的合理支撑[②]。

第二，对包括非物质文化遗产在内的民族文化旅游进行开发，可以增强民族社区居民的社区感和文化认同感。麦克米伦将其和查维斯 1986年版的第四个因素"共同的情感联结"[③]替换为 1996 年版的"艺术"（art）。这里的"艺术"是指一种值得收藏的社区历史记忆和文化传统。诚如麦克米伦所说的那样，"一幅画胜过千言万语，一个故事代表了一个民族的传统。歌曲和舞蹈展示了一个社区的感情和热情。'艺术'代表了社会的超然价值。但'艺术'的基础是经验。要有经验，社区成员就必须互相接触。接触是社区感发展的必要条件"[④]。民族文化认同和自豪

---

① McMillan, D. W., "Sense of Community," *Journal of Community Psychology*, 1996, 24 (4)：315 – 325.

② 孙九霞：《社区参与旅游与族群文化保护：类型与逻辑关联》，《思想战线》2013 年第 3 期，第 97—102 页。

③ McMillan, D. W., & Chavis, D. M., "Sense of Community：A Definition and Theory," *Journal of Community Psychology*, 1986, 14 (1)：6 – 23.

④ McMillan, D. W., "Sense of Community," *Journal of Community Psychology*, 1996, 24 (4)：315 – 325.

感是在旅游这个场域中互动的结果。邓小艳认为，社区参与旅游开发有利于激发和凸显传承主体的文化自觉意识，有利于他们重新认识自己文化的价值，拓展族群文化视野，拓宽文化认同空间，并促进文化传承自觉，形成有效的文化传习机制。社区参与程度越高，居民的文化保护意识就越强，社区参与为居民主动、自觉地保护和传承非物质文化遗产提供了某些内在动力和观念支撑①。当然，无数的案例也证明，过度商业化的民族文化旅游开发也会导致民族文化的退化和自豪感的丧失，这是民族地区文化旅游发展需要特别注意的地方。

第三，发挥民族地区女性参与民族旅游、传承民族文化的特殊作用。国内外诸多案例表明，少数民族妇女既是民族文化的创造者，也是民族文化的传承者，还是民族文化旅游的开发者。女性所承袭的民族传统文化更接近于真实的文化，她们投身于民族旅游业，成为民族文化再传播的重要媒介②。如前所述，土家族自治县的许多非物质文化遗产，如摆手舞、土家族织锦技艺、哭嫁歌、银饰制作技艺大多是土家族妇女创造或展示出来的，她们既是土家族非物质文化遗产的创造者，也应该是土家族文化旅游产业的受益者。在民族文化旅游开发过程中，应充分发挥妇女的积极性，照顾她们的切身利益，诚如本案例中的晓敏和叶玉翠奶奶自觉投身民族旅游和非物质文化遗产传承那样，民族文化才能在旅游开发中得到原真性的传承和发展。

第四，社区赋权有利于民族地区社区感的维护和文化旅游的可持续发展。许多研究表明，民族地区社区居民的文化教育程度偏低，他们缺乏主体意识③，这就需要社区赋权（empowerment）。麦克米伦和查维斯的社区"四因素"模型修订版中的第一个因素是用"精神"（spirit）取代了"成员资格"（membership）。"信任是分析共同体精神的主要单位。这需要社区的同情、理解和关怀。情感安全、成员资格强调将我们与他们分隔开来的界限，并创造了鼓励自我表露和亲密的情感安全形式。社

---

① 邓小艳：《文化传承视野下社区参与非物质文化遗产旅游开发的思路探讨》，《广西民族研究》2012 年第 1 期，第 180—184 页。
② 钟洁：《中国民族旅游与少数民族女性问题研究进展》，《妇女研究论丛》2010 年第 2 期，第 83—87 页。
③ 邱云美：《景宁畲族社区参与旅游发展的实证研究》，《社会科学家》2005 年第 6 期，第 125—127 页。

区感的精神可以从一个情感火花开始。有了说真话、情感安全感、归属感和付出，这火花就能变成火焰。但它永远不会成为火灾，除非在社区中存在一个权威结构可以维持火灾。"① 杨昆的研究也显示，旅游增权与社区社会文化变迁之间存在联系，与去权社区相比，增权社区人口稳定性更好、旅游发展倾向更明显、社区文化自信更强且社区居民对未来抱有更加积极的态度②。显然，只有社区情感安全、付出与回报都能够得到满足，社区成员才有强烈社区归属感。

---

① McMillan, D. W., "Sense of Community," *Journal of Community Psychology*, 1996, 24 (4): 315-325.

② 杨昆：《旅游增权与民族社区社会文化变迁——基于西藏山南两个社区的对比研究》，《西藏民族大学学报》（哲学社会科学版）2016年第2期，第88—94页。

结　语

　　随着经济全球化的加深，带有经济和文化双重属性的文化旅游的全球化不可避免。诚如前述，全球化不等于同质化，全球化和本土化之间是一种相反相成的辩证统一关系。挖掘地方文化资源、凝练地域特色从而实现全球在地化，是抵制全球化冲击的有效方式。"只有民族的，才是世界的"，这句话同样适用于文化旅游。因此，在此语境下，本书涉及的三个文化旅游分主题是对当下旅游研究转向的思考，即文化转向、空间转向和情感转向。由于文化和旅游两个概念都是伞形词（英语语境用语），其覆盖的子概念是开放式、不断生成的，这种局面给我们从事文化旅游研究既造成困境，又提供了广阔的研究空间。正如文化大师陈序经先生所著《文化学概观》的扉页上的一句话所表达的那样，"文化的概念之大而模糊，范围之广而无涯，非勇者不敢言，非深思博学者不敢论"①。不晓得这句话是陈先生本人的自警之言，还是出版者的感慨，但这句话确实道出了文化以及与文化有关事项的研究之难。笔者并非"勇者"和"深思博学者"，在从事本书写作过程中，深知文化旅游理论整合难度之大、研究范围之广，某种程度上颇难驾驭。因此，只好采取避实击虚战术，即避开数十年来国际文化旅游研究的重点，如本书导论中所归纳的几组问题：真实性与商品化、全球化与在地化、文化变迁与文化调适、文化认同与权力关系、表演性与反身性等主题。鉴于目前国内文化旅游研究中区域文化资源及其禀赋提炼不足和浅表化给文化旅游理论研究造成的困境，本书试图在跨区域合作、空间生产和冲突协调三个文化旅游分主题上有所开掘，但还存在许多有待深入探讨的空间。

　　本研究的一个主要观点是，文化资本是文化旅游发展的基础，文化资本类型（或禀赋）决定同类问题研究的差异，文化资本空间属性决定文化旅游空间生产和空间功能分区的性质。布尔迪厄文化资本理论和文

---

　　① 陈序经：《文化学概观》，北京：中国人民大学出版社，2005。

化再生产理论的学术张力在文化旅游场域中可以得到很好的发挥。本书将布尔迪厄文化资本理论作为全书总体理论参照,深度挖掘每个案例的文化内涵和价值,以此体现其文化资本的特质,进而研究案例地文化旅游发展的不同面向和特殊性。本书的一个重要分论点是,提出"仙霞古道"及其关联路网构成"东方丝绸之路"的概念。因此,以仙霞古道为案例研究,其意义不仅在于其文化旅游发展跨区域合作机制问题,而且是通过充分挖掘其历史文脉和资源禀赋,突出其普遍价值,以此作为申报世界文化线路遗产的学理依据。历史上,仙霞古道连接钱塘江和闽江两大水系,西出江西广信、铅山,东向连通瓯江等,以及浙东运河至宁波,出海至日本和朝鲜,南向连接"海上丝绸之路",构成我国东南沿海的重要贸易网络,成为内陆物资转运的大动脉和沿海港口发展的依托。仙霞古道成为闽浙赣区域社会的重要文化资本。笔者坚持认为,在新时代条件下,仙霞古道要想重现往日的辉煌,关键在于人类行动者的"行动",需要地方乃至中央政府高度重视。无疑,仙霞古道的保护和利用对于闽浙赣毗邻区域乡村振兴和文旅融合,及其社会、经济、文化的发展具有重要的战略意义。其他分论点要么体现在各章节标题上,要么包含在其结论里,兹不赘述。

坦率地说,旅游跨区域合作不是新话题,但选择文化线路作为案例的确是新事物。随着世界遗产事业的不断推进和认识的不断加深,世界遗产家族不断扩大。迄今为止,世界遗产类型包括自然遗产、文化遗产、混合遗产(自然和文化)、非物质文化遗产、文化景观遗产、文化线路遗产乃至精神遗产、记忆遗产等。联合国教科文组织将遗产作如此分类不是心血来潮,除自然遗产外,对所有与文化有关的文化遗产细分的目的是便于识别、登录、管理和利用,当然也便于研究。笔者选择的案例是文化线路遗产,欧洲是文化线路遗产旅游跨区域合作的先行区。本书选择闽浙仙霞古道作为文化线路遗产的潜在对象,分析其文化资源赋存、时空演化、多元价值,在文化生态理念下,运用行动者网络理论构建不同类型、不同层次的联合申遗、遗产保护和文化旅游等合作机制,有别于一般社会网络思维。本研究视文化线路沿线生态环境等为非人类行动者,其"行动"与人类行动者的"行动"同等重要,不是被动的"他者",而是主动的"存在"。从该案例和实际调查体会来看,"属地"管理的行政壁垒是目前文化线路遗产保护和文化旅游合作的主要障碍。本书选取最具代表性的海上丝绸之路中的"同源共享"文化遗产（包括非物质文化遗产）为案例，探讨其文化旅游外交机制和功能，这是一个较新的研究领域。因为该遗产既是"同源"的，又是"共享"的，这样围绕其遗产保护与文化旅游开发的合作才有基础。目前国际机构已经关注到这种类型遗产。随着文化外交的旅游化转向，依托于"同源共享"的文化遗产旅游合作将成为现实，比如我国故宫博物院与法国巴黎卢浮宫文物互展，它既是一种文化外交，也是一种文化旅游外交。因为这两个博物馆都是所在国家的"高光"文化旅游景点。其旅游功能在文化外交语境下越发突出。此外，文化遗产"飞地"的文化旅游合作问题值得探讨，目前文化旅游跨区域合作研究的区域多在两国或多国接壤区域，如与我国陆地接壤的国家就多达 14 个，对这些边境口岸文化旅游区研究的成果相对较多①。由于文化线路遗产跨国跨境的"线性"特征，根据欧洲文化线路遴选标准，主题性是其突出特征，我国妈祖文化线路、郑和航海之路等文化遗产在海上丝绸之路共建国家，特别是东南亚国家留下很多史迹，也为所在国家所珍视，这些专题文化线路的申遗和文旅合作机制、外交功能、政治意义都有待进行深入的研究。我国文化旅游异军突起，其旅游品牌大型"山水实景"演出这样的旅游演艺模式及技术已经走出国门，如越南。这也是一种文化旅游合作方式，或被称为旅游的技术合作和艺术合作。总之，随着文化旅游全球化推进，文化旅游合作模式不断出新，文化旅游跨区域合作研究的广度与深度也有待拓展。

文化旅游空间转向是旅游空间研究的一个新趋势。旅游移动是空间生产的前提，"作为地理概念，景观和地方不再是目的地社区赖以生存的惰性舞台"②。相反，承认旅游目的地独特的文化景观及其居民的"地方感"，是承认在各种空间尺度上的人类经验条件所形成的联系，包括物理

---

① 幸岭：《区域旅游发展创新模式：跨境旅游合作区》，《学术探索》2015 年第 9 期，第 70—75 页。

② Mitchell, L., & Murphy, P., "Geography and Tourism," *Annals of Tourism Research*, 1991, 18: 57-70.

的和情感的①②。

　　本研究选择的案例如"复合"型文化遗产地，其文化资本价值本身就是多元的或独特的，这样的文化遗产集聚区的文化旅游空间生产自然有其自身独特的"品质"，如福建马尾船政文化，它是近代中国积贫积弱历史背景下"富国强兵"的历史产物，也是"中学为体，西学为用"的实践产物。对于拥有多种遗产类型的"复合"型文化遗产地，其文化旅游景观生产应该有别于一般意义上的文化遗产地。爱德华·雷尔夫（Edward Relph）在讨论"无地方性"（placelessness）和旅游景观的"迪士尼化"（Disneyfication）时，敦促我们更多地关注对这些地方的识别和尊重，他认为"对地方本质的更好的认识有助于维护和操纵现有的地方，并创造新的地方"③。旅游本质上是通过对历史和文化的操纵，创造和重建独特的旅游目的地的地理景观。马尾船政文化本身就是全球化的产物，因此，其景观生产除体现国际化特征外，还应突出特殊的滨海河口景观和自然环境。当年左宗棠选择马尾为船政学堂校址，也是因为其闽江出海口的杰出地理景观要素。本书初步分析了文化旅游景观生产的理论来源，即景观生产的依据在于其文化资本品位和富集状况，是旅游开发商和游客的价值共创，面对"复合"型文化遗产地，应突出其文化旅游地的主体形象，兼顾多元文化遗产要素，进而创造"新的地方"，而不是简单再现。

　　大卫·哈维（David Harvey）认为，现代世界越来越多地被一种无地方性的状态所定义④⑤。我国许多历史街区、古镇、古城的文化旅游开发同质化和迪士尼化，就是因为地方原本的性格被抽空。同样作为五口通商的产物——福州双杭历史街区，根据哈维、祖金等人的观点，这里

---

①　Spirn，A.，"From Uluru to Cooper's Place：Patterns in the Cultural Landscape，" *Orion Nature Quarterly*，1990，9：32 – 39.

②　Hirsch，E.，"Landscape：Between Place and Space，" in *The Anthropology of Landscape：Perspectives on Place and Space*，edited by Hirsch，E.，& O'Hanlon，M.，Oxford：Clarendon Press，1995：1 – 30.

③　Relph，E.，*Place and Placelessness*，London：Pion，1976：44.

④　Harvey，D.，*The Condition of Postmodernity*，Cambridge，MA & Oxford：Blackwell Publishers，1989.

⑤　Harvey，D.，"From Space to Place and Back Again：Reflections on the Condition of Postmodernity，" in *Mapping the Futures：Local Cultures，Global Change*，edited by Bird，J.，et al.，London and New York：Routledge，2012：17 – 44.

是福建乃至全国文化资本高度集聚的空间之一，由于其保护与开发滞后，其"后发"优势反而有利于地方感营造，避免重蹈千城一面的覆辙。随着体验经济时代的来临，空间生产转向意在创造"有意味"的空间，而不是简单的实体空间。正如黛博拉·杰普森和理查德·夏普利（Deborah Jepson & Richard Sharpley）观察到的，"不能仅从地理位置的角度来理解旅游；理解游客与该场所的社会、文化和心理互动也是必要的"。① 笔者采用网络文本分析和扎根理论方法，并设计游客地方感问卷，围绕网络文本分析结论进行验证，在此基础上借助亨利·列斐伏尔的空间生产理论，构建物理、社会或文化和精神"三位一体"的复合空间。因为"人的存在是由人与地点的关系来定义的，这种关系被描述为各种各样的术语，包括'地方依恋'、'地方认同'、'地方依赖'、'地方联结'和'地方感'，后者可以说是最被认可和使用的术语"②。这也是本研究采用地方感测量方法的原因所在。

新文化地理学广泛吸收了社会学、文化人类学等学科理论要素，这对于文化空间生产研究产生了重要的影响。上述几个案例的研究只是笔者的初步尝试。文化空间是一个多学科概念，既有地理学的文化空间，也有文化人类学意义上的文化空间，既可指物质实体空间，也可指虚拟、精神空间。在我国，文化空间的表现形态多种多样，如文化广场、广场文化、宗教场所、古村落、海岛、集镇中心、"大房子"、庙宇寺观教堂、神山、圣山、湖泊等③，当然也包括城市的历史街区。这些文化空间与文化旅游具有天然的内在逻辑关系，但从文旅融合角度研究文化空间与旅游的共生关系还很欠缺。蒂姆·恩索（Tim Edensor）在研究旅游表演性问题时提出的"飞地"空间和"异质"空间④概念，都有许多议

---

① Jepson, D., & Sharpley, R., "More than Sense of Place? Exploring the Emotional Dimension of Rural Tourism Experiences," *Journal of Sustainable Tourism*, 2015, 23 (8-9): 1157-1178.

② Stedman, R., "Is It Really Just a Social Construction? The Contribution of the Physical Environment to Sense of Place," *Society & Natural Resources*, 2003, 16 (8): 671-685.

③ 向云驹：《论"文化空间"》，《中央民族大学学报》（哲学社会科学版）2008年第3期，第81—88页。

④ Edensor, T., "Staging Tourism: Tourists as Performers," *Annals of Tourism Research*, 2000, 27 (2): 322-344.

题等待挖掘，比如表演的空间和空间的表演，由隐喻的旅游表演空间到明喻的旅游演艺空间，从实体文化旅游空间到虚拟文化旅游空间，其旅游体验价值或游客感知差异是什么；这些空间形成的机理如何；在旅游语境下，世俗空间和神圣空间的互动关系如何；等等。

体验经济时代所强调的文化旅游体验性研究得到了学界足够的重视，体验地理学的兴起，标志旅游研究的情感转向。"感觉"是游客感知旅游的重要方式。文化认同与文化冲突是文化旅游研究的两个重要维度。所谓文化认同（cultural identity），是指发生在与不同的文化接触、碰撞和相互比较的场域中，是个体在面对另一种异于自身存在的东西时，所产生的一种保持自我同一性的反应。对待"异质"文化的态度，要么"同化"和"融合"，要么"分离"和"边缘化"①。斯图亚特·霍尔认为，文化认同有两种类型：一是一种共有的文化，一种集体的"一个真实的自我"……这种文化认同观反映了共同的历史经验和共同的文化代码；二是一个"成为"和"存在"的问题，它既属于过去，也属于未来，就像历史上的一切事物一样，它们也经历着不断的变化②。文化认同决定了遗产地居民对"异质"文化和旅游业发展的态度。

文化旅游在遗产保护和旅游开发中的"中介"作用很少被研究。本书选择印度尼西亚巴厘岛"非遗"旅游利用中文化旅游的"缓冲"作用作为关键问题，这是一个非常有意思的问题。巴厘岛如今成为世界性的旅游目的地，岛上的文化旅游业态丰富多彩，但浓郁的地域文化并未因此而过度商业化，因而被学界称为"巴厘奇迹"。尽管有人提出其雕刻品的"异化"，但总体上其"非遗"保护还是非常成功的。笔者采取文献研究法和参与观察方法，归纳分析了其文化旅游发展中的诸多二元结构及文化旅游的中介效应，化解了文化保护与旅游开发之间的冲突，建构了"非遗"文化旅游利用的均衡模型。对于文化旅游的中介作用还可以从旅游地居民和游客双重感知角度加以研究，这是本研究有待加强的

---

① Berry, J. W., "Immigration, Acculturation, and Adaptation," *Applied Psychology: An International Review*, 1997, 46 (1): 5 – 68.

② Hall, S., "Cultural Identity and Diaspora," in *Colonial Discourse and Post-Colonial Theory: A Reader*, edited by Williams, P., & Chrisman, L., London: Harvester Wheatsheaf, 1994: 394.

地方。

　　冲突不仅隐含在文化旅游的发展中，而且有一种文化遗产本身就是"冲突"型遗产，这类遗产的"冲突"主要表现在政治冲突、社会冲突和空间冲突等几个方面①，在旅游语境下，可能还存在利益冲突。这类遗产属地的国家、政府和人民在文化认同上产生冲突，这些"冲突"型遗产大多是前殖民者或外来文化的遗存，"异质"文化认同本来并不存在困境，关键是这类遗产带有属地人民的伤痛和痛苦记忆，随着民族解放和主权国家的建立，这类遗产的所有权和管理权发生分离；文化自信程度有时也决定属地管理者对此类遗产的处置方式。传统"冲突"型遗产的"冲突"化解方式要么是彻底抹除，要么是视而不见、任其荒废。文化旅游发展给这类遗产"冲突"的化解提供了一个"出口"。本研究案例虽然选择的是近代五口通商口岸福州烟台山及其周围地区"异质文化"遗产，但这类遗产在我国乃至广大亚非拉地区都普遍存在。对于此类遗产的文化旅游开发，布尔迪厄文化资本理论和再生产理论仍然有指导意义，尽管是非"我族"遗产，在文化认同上存在"他者"化困境，但通过文化旅游这个中介将其价值转化，使其"冲突"性淡化，变废为宝，为我所用，可以发挥其应有的作用②。汤普森垃圾理论为该类遗产旅游开发提供了一个价值转化框架，笔者首次将其运用于本研究中，并通过深度访谈加以理论解释，研究结果或许具有普遍意义，可资借鉴。

　　民族文化旅游开发面临本真性保护和文化变异的双重困境。已有研究多从舞台真实理论、符号互动理论角度加以分析，但本研究则从情感的角度加以审视，即社区感是测度民族文化商品化程度的一个观察维度，维持社区感就是保护民族文化氛围和原真性的一个路径。通常这类研究都是借助社区感测量量表测度社区居民对文化旅游的态度，但由于本研究空间尺度过大，涉及一个空间较大的县域范围，因此采取参与观察和深度访谈方式进行研究，这项研究也采取旅游研究中较少运用的女性个人生活史方法，即以辗转于城乡二元语境下的旅游从业者对社区感在旅

---

① Yankholmes, A., & McKercher, B., "Rethinking Slavery Heritage Tourism," *Journal of Heritage Tourism*, 2015, 10 (3): 233 – 247.

② Henderson, J. C., "Conserving Colonial Heritage: Raffles Hotel in Singapore," *International Journal of Heritage Studies*, 2010, 7 (1): 7 – 24.

游发展过程中的变化感知，并基于文化认同理论的解读，提出维持社区感是民族区域文化旅游可持续发展的关键。

本研究是主要运用社会学、文化地理学、历史学和旅游学等相关学科理论所做的一个综合性研究，尽管获得了一些新发现和创见，但还存在许多不足，比如多学科理论整合及深入系统性研究不足等。显然，交叉学科是文化旅游研究的必然趋势。欧洲文化旅游研究历程表明，涉及文化旅游研究的学科从早期的文化人类学、社会学拓展到传播学、行为学、文学、城市学、营销学、生态学等领域①。未来文化旅游研究的主题可能涉及文化旅游创意研究，旅游和文化之间的协同效应研究，文化旅游的功能研究，新技术在文化旅游体验和旅游营销中的应用，如虚拟现实（Virtual Reality）和增强现实（Augmented Reality）等对文化旅游者的体验影响②，以及文化旅游所体现出来的许多共性问题（见本书导论）。当然，本书导论中所归纳的诸多传统议题也并未过时，随着新理论、新方法的应用，这些议题可以推陈出新。文化旅游是旅游研究领域中的一个富矿，需要多学科学者的共同参与、共同挖掘，才能蔚为大观。

---

① Richards, G., & Munsters, W., eds., *Cultural Tourism Research Methods*, Massachusetts and Cambridge: CABI, 2010.

② Richards, G., "Cultural Tourism: A Review of Recent Research and Trends," *Journal of Hospitality and Tourism Management*, 2018, 36 (3): 12-21.

参考文献

一 中文书目

（按章节顺序排列，同一文献在本书不同章节中出现，不再重复列入。）

（一）今人著述

1. 〔英〕爱德华·泰勒：《原始文化》，连树声译，上海：上海文艺出版社，1992。

2. 辞海编辑委员会编《辞海》（下），上海：上海辞书出版社，1989。

3. 〔美〕罗伯特·麦金托什、〔美〕夏希肯特·格波特：《旅游学——要素·实践·基本原理》，蒲红等译，上海：上海文化出版社，1985。

4. 马波：《现代旅游文化学》，青岛：青岛大学出版社，1998。

5. 〔加〕Bob McKercher、〔澳〕Hilary du Cros：《文化旅游与文化遗产管理》，朱路平译，天津：南开大学出版社，2006。

6. 〔英〕E. 霍布斯鲍姆、T. 兰格：《传统的发明》，顾航、庞冠群译，南京：译林出版社，2004。

7. 〔美〕瓦伦·L. 史密斯主编《东道主与游客：旅游人类学研究》（中译本修订版），张晓萍等译，昆明：云南大学出版社，2007。

8. 彭兆荣：《旅游人类学》，北京：民族出版社，2004。

9. 王宁等编著《旅游社会学》，天津：南开大学出版社，2008。

10. 〔美〕Dean MacCannell：《旅游者：休闲阶层新论》，张晓萍等译，桂林：广西师范大学出版社，2008。

11. 邹统钎等：《旅游学术思想流派》（第二版），天津：南开大学出版社，2013。

12. 丁援、宋奕主编《中国文化线路遗产》，上海：东方出版中心，2015。

13. 习近平：《论坚持全面深化改革》，北京：中央文献出版社，2018。

14. 罗德胤：《浙闽通途——仙霞古道》，北京：商务印书馆，2016。

15. 石在、徐建春、陈良富主编的《徐霞客在浙江·续集——从海天佛国到四省通衢》，北京：中国大地出版社，2002。

16. 《梦笔浦城》编委会编《梦笔浦城：中国闽北千年古县浦城历史文化》，福州：海峡文艺出版社，2008。

17. 福建古建筑丛书编委会编《古道桥亭》，福州：福建教育出版社，2020。

18. 罗德胤：《观前码头》，上海：上海三联书店，2013。

19. 范金民：《明清江南商业的发展》，南京：南京大学出版社，1998。

20. 福建省地方志编纂委员会编《福建省志》，北京：方志出版社，2004。

21. 廖大珂：《福建海外交通史》，福州：福建人民出版社，2002。

22. 国家统计局贸易外经统计司编《中国贸易外经统计年鉴》（2017），北京：中国统计出版社，2017。

23. 中华人民共和国文化和旅游部编《中国文化文物和旅游统计年鉴》（2020），北京：国家图书馆出版社，2020。

24. 〔美〕塞缪尔·亨廷顿：《文明的冲突与世界秩序的重建》（修订版），周琪等译，北京：新华出版社，2010。

25. 刘志强主编《东盟文化发展报告（2019）》，北京：社会科学文献出版社，2019。

26. 彭兆荣：《生生遗续　代代相承——中国非物质文化遗产体系研究》，北京：北京大学出版社，2018。

27. 高宣扬：《当代社会理论》（上、下），北京：中国人民大学出版社，2010。

28. 包亚明主编《现代性与空间的生产》，上海：上海教育出版社，2003。

29. 〔法〕布尔迪厄：《文化资本与社会资本》，包亚明译，上海：复旦大学出版社，2000。

30. 徐晓望主编《福建通史》（近代卷），福州：福建人民出版社，2006。

31. 〔法〕皮埃尔·布迪厄、〔美〕华康德：《实践与反思——反思社会学导引》，李猛、李康译，北京：中央编译出版社，1998。

32. 包亚明主编《布尔迪厄访谈录：文化资本与社会炼金术》，包亚明译，上海：上海人民出版社，1997。

33. 〔英〕贝拉·迪克斯（Bella Dicks）：《被展示的文化：当代"可参观性"的生产》，冯悦译，北京：北京大学出版社，2012。

34. 福州市台江区政府、福州市台江区政协编《福州双杭志》，北京：方志出版社，2006。

35. 王日根：《乡土之链：明清会馆与社会变迁》，天津：天津人民出版社，1996。

36. 〔美〕凯文·林奇：《城市意象》，方益萍、何晓军译，北京：华夏出版社，2001。

37. 福州市建筑志编纂委员会编《福州市建筑志》，北京：中国建筑工业出版社，1993。

38. 刘润生主编《福州市城乡建设志》，北京：中国建筑工业出版社，1994。

39. 仓山区志编纂委员会编《仓山区志》，福州：福建教育出版社，1994。

40. 〔法〕莫里斯·哈布瓦赫：《论集体记忆》，毕然、郭金华译，上海：上海人民出版社，2002。

41. 〔美〕爱德华·W. 萨义德：《东方学》，王宇根译，北京：生活·读书·新知三联书店，2007。

42. 〔法〕爱弥尔·涂尔干：《宗教生活的基本形式》，渠东、汲喆译，北京：商务印书馆，2011。

43. 申葆嘉：《旅游学原理——旅游运行规律研究之系统陈述》，北京：中国旅游出版社，2010。

44. 谢彦君：《旅游体验研究——一种现象学的视角》，天津：南开大学出版社，2005。

45. 〔英〕维克多·特纳：《仪式过程——结构与反结构》，黄剑波、柳博赟译，北京：中国人民大学出版社，2006。

46. 〔美〕詹姆士·H. 道尔顿（James H. Dalton）等：《社区心理学——联结个体和社区》，王广新等译，北京：中国人民大学出版社，2010。

47. 王利器、王慎之、王子今辑《历代竹枝词》（二），西安：陕西人民出版社，2003。

48. 《舍巴日——溪州文化系列丛书之三》，刘善福收集整理，北京：人民日报出版社，2006。

49. 彭勃等辑录《历代土家族文人诗选》，祝注先选注，长沙：岳麓书社，1991。

50. 〔以色列〕艾瑞克·科恩（Erik Cohen）：《旅游社会学纵论》，巫宁、马聪玲、陈立平译，天津：南开大学出版社，2007。

51. 陈序经：《文化学概观》，北京：中国人民大学出版社，2005。

（二）古代文献

1. （汉）司马迁撰《史记》，北京：中华书局，2006。

2. （清）光绪《续修浦城县志》，《中国地方志集成》本，上海：上海书店出版社，2000。

3. （明）赵植吾编《新刻四民便览万书萃锦》，由日本山口大学图书馆“栖息堂文库”所藏。

4. （明）程春宇辑《士商类要》，杨正泰点校，南京：南京出版社，2019。

5. （清）顾祖禹撰《读史方舆纪要》，贺次君、施和金点校，北京：中华书局，2005。

6. （清）康熙《衢州府志》，清康熙五十年（1711）修，清光绪八年（1882）重刻本。

7. （宋）欧阳修、宋祁撰《新唐书》，北京：中华书局，1975。

8. （宋）司马光编著《资治通鉴》，（元）胡三省音注，北京：中华书局，2013。

9. （清）陈云程著《闽中摭闻》，清乾隆晋江陈氏刊本。

10. （清）许旭著《闽中纪略》，载《台湾文献丛刊》第6辑，台北：大通书局，1987。

11. （清）同治《江山县志》，据清同治十二年（1873）刊本影印，台北：文成出版社有限公司，1970。

12. （元）马端临撰《文献通考》，北京：中华书局，2011。

13. （宋）朱熹撰《晦庵集》，《文渊阁四库全书》本，台北：台湾商务印书馆，1986。

14. （明）王世懋著《闽部疏》，据明宝颜堂订正刊本影印。

15. （元）脱脱等撰《宋史》，北京：中华书局，1977。

16. （清）雍正《浙江通志》，《文渊阁四库全书》本，台北：台湾商务印书馆，1986。

17. （明）李贤等撰《明一统志》，载《文渊阁四库全书》，台北：台湾商务印书馆，1986。

18. （明）徐弘祖著，朱惠荣校注《徐霞客游记校注》（上、下），昆明：云南人民出版社，1985。

19. （民国）杨文瑛著《暹罗杂记》，上海：商务印书馆，1937。

20. （唐）魏征等撰《隋书》，北京：中华书局，1973。

21. （宋）赵汝适：《诸蕃志》，上海：商务印书馆，1937。

22. （宋）洪迈：《夷坚三志巳》，涵芬楼本影印，上海：上海书店出版社，1990。

23. （清）张廷玉等撰《明史》，北京：中华书局，1974。

24. （明）黄省曾著，谢方校注《西洋朝贡典录校注》，北京：中华书局，2000。

25. （清）左宗棠撰《左文襄公全集》，清光绪十六年（1890）至二十三年（1897）刊本。

26. （清）福州船政局编《船政奏议汇编》，清光绪二十四年（1898）刊本。

27. （清）沈葆桢撰《沈文肃公政书》，清光绪六年（1880）刊本。

28. （清）同治《永顺府志》，《中国地方志集成》本，江苏古籍出版社·上海书店·巴蜀书社，1992。

29. （清）同治《永顺府志》，《中国地方志集成》本，江苏古籍出版社·上海书店·巴蜀书社，1992。

30. （清）乾隆《辰州府志》，清乾隆三十年（1765）刻本。

31. （清）乾隆《永顺县志》，《中国地方志集成》本，江苏古籍出版社·上海书店·巴蜀书社，1992。

32. （清）光绪《龙山县志》，《中国地方志集成》本，江苏古籍出版社·上海书店·巴蜀书社，1992。

二 外文文献

（按姓氏首字母顺序排列，同一文献在本书不同章节中出现，不再重复列入。）

Ashworth, G. J., and Tunbridge, J. E., *The Tourist-Historic City*, London and New York: Belhaven Press, 1990.

Ashworth, G. J., and Tunbridge, J. E., *The Tourist-Historic City*: *Retrospect and Prospect of Managing the Heritage City*, Oxford: Elsevier Science, Ltd, 2000.

Baker, A., and Biger, G., *Ideology and Landscapes in Historical Perspective*: *Essays on the Meanings of Some Places in the Past*, Cambridge: Cambridge University Press, 1992.

Baud, M., and Ypeij, A., eds., *Cultural Tourism in Latin America*: *The politics of Space and Imagery*, Leiden · Boston: Briall, 2009.

Bird, J., et al., eds., *Mapping the Futures*: *Local Cultures, Global Change*, London and New York: Routledge, 1993.

Boorstin D. J., *The Image*: *A Guide to Pseudo-Events in America* (the 25th Anniversary Edition), New York: Atheneum, 1987.

Bærenholdt, J., Haldrup, M., Larsen, J., and Urry, J., *Performing Tourist Places*, London and New York: Routledge, 2017.

Brenner, N., & Theodore, N., eds., *Spaces of Neoliberalism*: *Urban Restructuring in North America and Western Europe*, Oxford: Blackwell, 2002.

Buhalis, D., and Costa, C., eds., *Tourism Business Frontiers*: *Consumers, Products and Industry*, Oxford: Elsevier Butterworth-Heinemann, 2006.

Calò, A., *The Distribution of Bronze Drums in Early Southeast Asia*: *Trade Routes and Cultural Spheres*, Oxford: BAR International Series 1913, 2009.

Callon, M., Law, J., and Rip, A., eds., *Mapping the Dynamics of Science and Technology*, London: Macmillan Press, 1986.

Carlson, M., *Performance*: *A Critical Introduction*, London: Routledge, 1996.

CIIC, ed. , *Reports of Experts*, Madrid, Spain: CIIC, 1994.

CIIC, ed. , *The 3rd Draft Annotated Revised Operational Guidelines for the Implementation of the World Heritage Convention*, Madrid, Spain: CIIC, 2003.

Coleman, S. , and Crang, M. , eds. , *Tourism: Between Place and Performance*, Oxford: Berghahn Books, 2002.

Corner, J. , and Harvey, S. , eds. , *Enterprise and Heritage: Crosscurrents of National Culture*, London: Routledge & Kegan Paul, 1991.

Council of Europe, ed. , *Cultural Routes Management: From Theory to Practice*, Strasbourg: Council of Europe Publishing, 2015.

Cros, H. D. , and McKercher, B. , *Cultural Tourism* (2nd ed.), London and New York: Routledge, 2015.

Dann, G. , ed. , *The Tourist as Metaphor of the Social World*, Wallingford: CABI Publishing, 2002.

Donald, V. L. , Macleod and James, G. , eds. , *Tourism, Power and Culture: Anthropological Insights, Carrier*, Bristol, Buffalo and Toronto: Channel View Publications, 2010.

Eade, J. , ed. , *Living the Global City: Globalization as a Local Process*, London and New York: Routledge, 1997.

Edensor, T. , *Tourists at the Taj: Performance and Meaning at a Symbolic Site*, London: Routledge, 1998.

Entrikin, J. N. , *The Betweenness of Place: Towards a Geography of Modernity*, Basingstoke: Macmillan, 1991.

Foucault, M. , *Discipline and Punish: The Birth of the Prison*, New York: Vintage Books, 1977.

Foucault, M. , *Order of Things: An Archaeology of the Human Sciences*, New York: Random House, 1973.

Fridgen, D. J. , *Dimensions of Tourism*, East Lansing, MI: Educational Institute, 1991.

Gctz, D. , *Events Studies: Theory, Research and Policy for Planned Events*, Oxford: Butterworth-Heinemann, 2007.

Giddens, A., *Modernity and Self-Identity*, *Self and Society in the Late Modern Age*, Cambridge: Polity Press, 1991.

Glaser, B. G., & Strauss, A. L., *The Discovery of Grounded Theory*; *Strategies for Qualitative Research*, New Brunswick and London: Aldine Transaction, 1967.

Goffman, E., *The Presentation of Self in Everyday Life*, Harmondsworth: Penguin, 1959.

Haldrup, M., and Larsen, J., *Tourism*, *Performance*, *and the Everyday*: *Consuming the Orient*, London and New York: Routledge, 2010.

Hall, C. M., and McArthur, S., eds., *Heritage Management in New Zealand and Australia*: *Visitor Management*, *Interpretation and Marketing*, Oxford: Oxford University Press, 1993.

Hall, C. M., and Seyfi, S., eds., *Cultural and Heritage Tourism in the Middle East and North Africa*: *Complexities*, *Management and Practices*, London and New York: Routledge, 2021.

Hall, C. M., *Tourism and Politics*: *Policy*, *Power and Place*, New York: John Wiley & Sons, 1994.

Harvey, D., *The Condition of Post-Modernity*: *An Enquiry into the Origins of Cultural Change*, Cambridge, MA & Oxford: Blackwell Publishers, 1989.

Herbert, D. T., *Heritage*, *Tourism and Society*, London: Mansell Publishing, 1995.

Hirsch, E., and O'Hanlon, M., eds., *The Anthropology of Landscape*: *Perspectives on Place and Space*, Oxford: Clarendon Press, 1995.

Howe, L., *The Changing World of Bali*: *Religion*, *Society and Tourism*, London and New York: Routledge, 2005.

Hughes-Freeland, F., ed., *Ritual*, *Performance*, *Media*, London and New York: Routledge, 1998.

ICOMOS, ed., *The Charter on Cultural Routes*, Quebec: ICOMOS 16th General, 2008.

Jackson, J. B., *Discovering the Vernacular Landscape*, New Haven, CT: Yale University Press, 1984.

Jafari, J., *Encyclopedia of Tourism*, London: Routledge, 2000.

Khovanova-Rubicondo, K. M., "Cultural Routes as A Source for New Kind of Tourism Development: Evidence From the Council of Europe's Programme," Progress in Cultural Heritage Preservation-EUROMED, 2012.

Knudsen, D. C., Metro-Roland, M. M., et al., eds., *Landscape, Tourism and Meaning*, Hampshire, UK: Aahgate Publishing Limited, 2008.

Lash, S., and Urry, J., *Economies of Signs and Space*, London · Thousand Oaks · New Delhi: Sage Publications, Ltd, 1994.

Latour, B., *Aramis or the Love of Technology*, Translated by Porter, C., Massachusetts: Harvard University Press, 1996.

Latour, B., *Reassembling the Social: An Introduction to Actor-Network Theory*, Oxford: Oxford University Press, 2005.

Latour, B., *Science in Action: How to Follow Engineers and Scientists Through Society*, Milton Keynes, UK: Open University Press, 1987.

Leach, E., *Rethinking Anthropology*, London: Armhole Press, 1961.

Leask, A., and Yeoman, I., eds., *Heritage Visitor Attractions: An Operations Management Perspective*, London and New York: Cassell, 1999.

Lefebvre, H., *The Production of Space*, Translated by Smith, D. N., Oxford: Blackwell, 1991.

Leighly, J., ed., *Land and Life: A Selection from the Writings of Carl Ortwin Sauer*, Berkeley: University of California Press, 1925.

Logan, W., and Reeves, K., eds., *Places of Pain and Shame: Dealing with "Difffcult Heritage"*, London and New York: Routledge, 2009.

MacCannell, D., *The Tourist: A New Theory of the Leisure Class*, London: Macmillan, 1976.

Macleod, D. V. L., and Carrier, J. G., eds., *Tourism, Power and Culture: Anthropological Insights*, Bristol · Buffalo · Toronto: Channel View Publications, 2010.

Munar, A. M., Gyimóthy, S., and Cai, L., eds., *Tourism Social Media: Transformations in Identity, Community and Culture*, Bradford: Emerald Group Publishing, 2013.

Murphy, P. , *Tourism: A Community Approach*, New York: Methuen, 1985.

Myerscough, J. , *The Economic Importance of the Arts in Britain*, London: Policy Studies Institute, 1988.

Nash, D. , ed. , *The Study of Tourism: Anthropological and Socilogical Beginnings*, Oxford, UK: Elsevier, 2007.

Norman, D. , et al. , *Special Interest Tourism: Context and Cases*, Brisbane: John Wiley & Sons Australia, Ltd, 2001.

Oakes, T. , and Sutton, D. S. , eds. , *Faiths on Display: Religion, Tourism, and the Chinese State*, Plymouth, UK: Rowman & Littlefield Publishers, Inc. , 2010.

Prentice, R. , *Tourism and Heritage Attractions*, London and New York: Routledge, 1993.

Raj, R. , Griffin, K. , and Morpeth, N. , eds. , *Cultural Tourism*, Wallingford and Boston: CABI, 2013.

Relph, E. , *Place and Placelessness*, London: Pion, Ltd, 1976.

Richards, G. , & Munsters, W. , eds. , *Cultural Tourism Research Methods*, Massachusetts and Cambridge: CABI, 2010.

Richards, G. , ed. , *Cultural Attractions and European Tourism*, Wallingford, UK: CABI Publishing, 2001.

Richards, G. , ed. , *Cultural Tourism: Global and Local Perspectives*, New York, London and Oxford: The Haworth Press, Inc. , 2007.

Richards, G. , ed. , *Cultural Tourism in Europe*, Wallingford: CABI, 1996.

Roadhouse, S. , ed. , *Cultural Quarters: Principles and Practice* (Second Edition), Bristol: Intellect, 2010.

Robinson, M. , & Boniface, P. , eds. *Tourism and Cultural Conflicts*, Wallingford and New York: CABI Publishing, 1999.

Rojek, C. , and Urry, J. , eds. , *Touring Cultures: Transformations of Travel and Theory*, London and New York: Routledge, 1997.

Sarason, S. B. , *The Psychological Sense of Community: Prospects for A Community Psychology*, San Francisco, CA: Jossey-Bass, 1974.

Scobell, A., et al., *At the Dawn of Belt and Road: China in the Developing World*, New York: RAND Corporation, 2018.

Scott, A. J., *The Cultural Economy of Cities: Essays on the Geography of Image-Producing Industries*, London · Thousand Oaks · New Delhi: Sage Publications, 2000.

Seaton, C. A., et al., *Tourism: The State of the Art*, Chichester: Wiley, 1994.

Selwyn, T., ed., *The Tourists Image: Myths and Myth Making in Tourism*, Chichester, UK: John Wiley & Sons, 1996.

Smelser, N., & Bates, P., eds., *International Encyclopaedia of the Social and Behavioural Sciences*, New York: Elsevier, 2004.

Smith, M., and Richards, G., eds., *The Routledge Handbook of Cultural Tourism*, London and New York: Routledge, 2013.

Smith, M. K., *Issues in Cultural Tourism Studies* (2nd ed.), London and New York: Routledge, 2009.

Smith, V. L., ed., *Hosts and Guests: The Anthropology of Tourism*, Philadelphia: University of Pennsylvania Press, 1977.

Smith, V. L., ed., *Hosts and Guests* (2nd ed.), Oxford: Blackwell, 1989.

Thompson, M., *Rubbish Theory: The Creation and Destruction of Value*, London: Pluto Press, 2017.

Tilden, F., *Interpreting Our Heritage* (Fouth Edition), Chpel Hill: University of North Carolina Press, 2007.

Timothy, D. J., and Boyd, S. W., *Tourism and Trails: Cultural, Ecological and Management Issues*, Bristol · Buffalo · Toronto: Channel View Publications, 2015.

Timothy, D. J., *Cultural Heritage and Tourism: An Intruction*, Bristol: Channel View Publications, 2011.

Timothy, D. J., ed., *The Political Nature of Cultural Heritage and Tourism* (Critical Essays, Volume Three), Hampshire, UK: Ashgate Publishing Limited, 2007.

Tomaselli, K. G., ed., *Cultural Tourism and Identity: Rethinking Indigeneity*,

Leiden・Boston: Brill, 2012.

Tuan, Y., *Space and Place: The Perspective of Experience*, Minneapolis: University of Minnesota, 1977.

Tunbridge, J. E., and Ashworth, G. J., *Dissonant Heritage: The Management of the Past as a Resource in Conflict Resource in Conflict*, Chichester, UK: John Wiley and Sons, Ltd, 1996.

Turner, L., and Ash, J., eds., *The Golden Hordes: International Tourism and the Pleasure Periphery*, New York: St. Martin's Press Inc., 1976.

UNWTO, ed., *Cultural Tourism and Poverty Alleviation: The Asia-Pacific Perspective*, Madrid, Spain: UNWTO, 2005.

UNWTO, ed., *Report on Tourism and Culture Synergies*, Madrid: UNWTO, 2018.

UNWTO, ed., *The State's in Protecting and Promoting Culture as A Factor of Tourism Development and The Proper Use and Exploitation of the National Cultural Heritage of Sites and Monuments for Tourism*, Madrid: UNWTO, 1985.

UNWTO, ed., *Tourism Definitions*, Madrid: UNWTO, 2019.

Urry, J., *The Tourist Gaze* (2nd ed.), London: Sage, 2002.

Uzzel, D. L., *Heritage Interpretation* (vol. 1): *The Natural and Built Environment*, London: Belhaven Press, 1989.

Watanabe, Y., ed., *The Handbook of Cultural Security*, Massachusetts: Edward Elgar Publishing Inc., 2018.

Williams, P., & Chrisman, L., *Colonial Discourse and Post-Colonial Theory: A Reader*, London: Harvester Wheatsheaf, 1994.

Zube, E., Brush, R., and Fabos, J. G., eds., *Landscape Assessment: Values, Perceptions and Resources*, Stroudsburg, PA: Dowden, Hutchinson and Ross, 1975.

Zukin, S., *Landscape of power: From Detroit to Disney World*, Berkeley: University of California Press, 1991.

Zukin, S., *The Cultures of Cities*, Massachusetts and Oxford: Blackwell Publishers, 1995.

附　录

续表

作者	内容	文献出处
詹妮弗·克雷克（Jennifer Craik）	文化旅游是以一种被告知的方式进入其他文化和地方去了解其人、生活方式、遗产和艺术的"定制化"旅行（excursion），这种方式真正代表那些文化和它们的历史语境	"Is cultural tourism Viable?" *Smarts*，1995，（2）：6－7.
格雷格·理查兹（Greg Richards）	文化旅游概念性定义：文化旅游是指人们离开正常居住地到文化景点的移动，人们试图收集新的信息和经验来满足他们的文化需求。文化旅游的操作性定义是指人们离开惯常居住地到文化旅游景点，如文化遗产地、艺术和戏剧所在地的全部移动	*Cultural Tourism in Europe*，Wallingford：CABI，1996：24.
瓦伦·L. 史密斯（Valene L. Smith）	广义的文化旅游是指在寻求和参与全新或更深文化体验基础上的一种特殊兴趣旅游，与一般的旅游活动区别甚微，因为旅游就是一种文化现象，任何一次旅游经历，都是一次对新文化的体验；狭义的文化旅游是指一种人类记忆中正在消失的生活和生产方式场景或地方特色，表现形式如旧式的房子、自家的纺织物、马或者牛拉的车和犁、手工艺品	"Introduction," in *Hosts and Guests：The Anthropogy of Tourism*，edited by Smith，V. L.，Philadelphia：The University of Pennsylvania Press，1977：1－14.
鲍勃·迈克彻（Bob McKercher）和希拉里·迪克罗斯（Hilary du Cros）	文化旅游被定义为一种依赖于目的地的文化遗产资产的旅游形式，并将其转化为可以被游客消费的产品	"Cultural Heritage and Visiting Attractions," in *Tourism Business Frontiers：Consumers，Products and Industry*，edited by Buhalis，D. & Costa，C.，Oxford：Elsevier Butterworth-Heinemann，2006：211－212.
安德烈·豪斯曼（Andrea Hausmann）	文化旅游可以被定义为来自东道国以外的人们的访问，完全或在一定程度上受到某一特定目的地的文化产品和价值（美学的、历史的价值等）的激发	"Cultural Tourism：Marketing Challenges and Opportunities for German Cultural Heritage," *International Journal of Heritage Studies*，2007，13（2）：170－184.

续表

作者	内容	文献出处
梅勒妮·K. 史密斯 (Melanie K. Smith)	文化旅游：被动、主动和互动地参与文化和社区活动，借此游客可以获得一种教育的、创意的和/或娱乐性质的新体验	*Issues in Cultural Tourism Studies* (2nd ed.), London and New York：Routledge, 2009：17.
米歇尔·波德 (Michiel Baud) 和 安纳娄·伊佩姬 (Annelou Ypeij)	文化旅游是一种旅游类型，不管是过去的还是现代的文化遗产都占核心地位。跨文化遭遇是这种类型旅游的一个根本特征，是游客和接待地社会共同作用的结果	*Cultural Tourism in Latin America：The Politics of Space and Imagery*, Leiden·Boston：Briall, 2009：4.
达伦·J. 蒂莫西 (Dallen J. Timothy)	文化旅游有时用来指人们参观或参与活态文化、当代艺术和音乐或其他现代文化元素的活动	*Cultural Heritage and Tourism：An Intruction*, Bristol：Channel View Publications, 2011：4.

导论附录二：国内有关文化旅游概念的主要观点

作者	观察维度	内容	文献出处
陶汉军	旅游体验	游客通过旅游或者在旅游的整个过程中获得了知识、经历以及感受就是文化旅游	《旅游文化与文化旅游》，《旅游文化》1990 年第 6 期，第 1—2 页。
张晓萍	旅游体验	就文化旅游来说，则是以参观或研究某种或某几种文化现象为主要目标所开展的系列旅游活动	《文化旅游与云南》，《经济问题与探索》1998 年第 7 期，第 47—49 页。
郭丽华	思维和方法	文化旅游可定义为：通过旅游实现感知、了解、体察人类文化具体内容之目的的行为过程	《略论"文化旅游"》，《北京第二外国语学院学报》1999 年第 4 期，第 42—45 页。
王国荣	文化现象	将文化旅游定义为旅游景点与节目安排营造的一种文化现象	《论闽文化底蕴与福建的文化旅游》，《厦门大学学报》（哲学社会科学版）1999 年第 1 期，第 107—112 页。
李江敏 李志飞	旅游类型	文化旅游是旅游者以观光参与等行为为媒介，通过了解和熟悉特定文化群体区域的文化特性来达到增长知识和陶冶情操的目的的旅游活动	《文化旅游开发》，北京：科学出版社，2000，第 6—13 页。
蒙吉军 崔凤军	旅游产品	文化旅游是指旅游产品的提供者为旅游产品的消费者提供的以学习、研究考察所游览国（地区）文化的一方面或诸方面为主要目的的旅游产品。如历史文化旅游、文学旅游、民俗文化旅游等	《北京市文化旅游开发研究》，《北京联合大学学报》2001 年第 1 期，第 139—143 页。

作者	观察维度	内容	文献出处
张国洪	旅游体验	文化旅游是由人们对异地或异质文化的求知和憧憬引发的，人们离开自己的生活环境，观察、感受、体验异地或异质文化，满足文化介入或参与需求的过程	《中国文化旅游——理论、战略、实践》，天津：南开大学出版社，2001，第15—16页。
丁丽英	思维和方法	文化旅游是旅游经营者在设计旅游产品时的一种创新思维，是一种观念意识的反映，同时是旅游者从事旅游活动的一种方法	《浅谈中国的文化旅游》，《湖北社会科学》2002年第12期，第42—43页。
李巧玲	旅游类型	文化旅游是旅游者为获得特殊的文化感受，对旅游资源文化内涵进行深入体验，从而得到全方位的精神和文化享受的一种旅游类型	《文化旅游及其资源开发刍议》，《湛江师范学院学报》2003年第2期，第87—90页。
吴芙蓉 丁敏	旅游类型	文化旅游是集文化、经济于一体的一种典型的特种旅游形态，具有民族性、艺术性、神秘性、多样性和互动性等特征	《文化旅游——体现旅游业双重属性的一种旅游形态》，《现代经济探讨》2003年第7期，第67—69页。
刘宏燕	旅游类型	文化旅游可以被定义为文化旅游者通过旅游这种方式进入到异质文化的现实氛围中，切身体验和了解其生活习惯、社会风俗、宗教、艺术、文化、历史发展、民族特点的行为，其目的绝非单纯的消遣娱乐，更重要的是获得异质文化的相关知识和体验	《文化旅游及其相关问题研究》，《社会科学家》（增刊）2005年5月，第430—433页。
张春丽 刘鸽 刘继斌	旅游体验	文化旅游是指由人们对异地异质文化的求知和憧憬引发的，人们离开自己的生活环境，观察、感受、体验异地异质文化，满足文化介入或参与需求，从而达到增长知识和陶冶情操目的的旅游活动	《东北地区文化旅游资源系统开发研究》，《人文地理》2006年第1期，第116—119页。
任冠文	旅游类型	文化旅游就是消费者在消费文化旅游产品的过程中，更注重体验文化和精神享受，从而获得身心愉悦的一种旅游活动	《文化旅游相关概念辨析》，《旅游论坛》2009年第2期，第159—162页。
许春华	旅游类型	文化旅游是旅游者为达到对新奇文化的认识、理解及感受，而对旅游目的地进行了解、探索，以此获取精神享受的一种旅游方式	《武威市文化旅游开发与思考》，《重庆科技学院学报》（社会科学版）2010年第8期，第63—67页。

作者	观察维度	内容	文献出处
邝金丽	旅游体验	文化旅游是一种为旅游者提供富含文化特色的旅游产品和服务，使旅游者以文化审美、文化鉴赏的心理从事旅游活动，从而体验和感受旅游目的地深厚文化内涵的旅游活动形式	《基于竞争力提升的文化旅游开发》，《江苏商论》2010 年第 2 期，第 98—99 页。
侯燕	旅游体验	文化旅游是指旅游者深入体验旅游目的地的旅游资源，并获得精神上满足的过程	《文化旅游业竞争力现状及提升路径研究——以河南为例》，《生产力研究》2011 年第 10 期，第 171—173 页。
李俊霞	旅游体验	文化旅游是指人们离开居住地，到文化旅游地如名人故居、历史遗址等进行游览体验的全过程	《文化旅游新业态的出现和产业发展对策研究——以兰州为例》，《开发研究》2012 年第 4 期，第 126—129 页。

导论附录三：国外文化旅游者类型学研究举要

作者	细分变量	文化旅游者类型	文献出处
格雷戈里·阿什沃思（Gregory J. Ashworth）和约翰·滕布里奇（John E. Tunbridge）	意图	附带的、刻意的	*The Tourist-Historic City*, London and New York: Belhaven Press, 1990.
理查兹·普伦蒂斯（Richards Prentice）	社会人口学特征	怀旧的追求者、学童、家庭或群体、专业人士、受教育的参观者	*Tourism and Heritage Attraction*, London and New York: Routledge, 1993.
泰德·西尔博伯格（Ted Silberberg）	动机	偶然的、邻近的、部分动机的、高度动机的	"Cultural Tourism and Business Opportunities for Museums and Heritage Sites," *Tourism Management*, 1995, 16 (5): 361 – 365.
格雷格·理查兹（Greg Richards）	动机	一般文化旅游者、特殊文化旅游者	"Production and Consumption of European Cultural Tourism," *Annals of Tourism Research*, 1996, 23 (2): 261 – 283.
罗伯特·A. 史泰宾斯 Robert A. Stebbins	兴趣和动机	一般文化旅游者、专业文化旅游者	"Cultural Tourism as Serious Leisure," *Annals of Tourism Research*, 1996, 23 (4): 948 – 950.

续表

作者	细分变量	文化旅游者类型	文献出处
达伦·J. 蒂莫西 （Dallen J. Timothy）	遗产旅游体验水平	世界遗产旅游体验、国家级遗产旅游体验、当地遗产旅游体验、私有遗产旅游体验	"Tourism and the Personal Heritage Experience," *Annals of Tourism Research*，1997，34 (3)：751 – 754.
拜沃特·迈克尔 （Bywater Michael）	动机、兴趣	文化动机的、文化激发的、文化吸引的	"The Market for Cultural Tourism in Europe," *EIU Travel and Tourism Analyst*，1993，(6)：30 – 46.
霍华德·L. 休斯 （Howard L. Hughes）	兴趣	偶然的、附带的、多样性的主要文化旅游者和主要文化动机旅游者	"Culture and Tourism：A Frame Work for Further Analysis," *Managing Leisure*，2002，7 (3)：164 – 175.
鲍勃·迈克彻 （Bob McKercher）和希拉里·迪克罗斯 （Hilary du Cros）	文化动机的中心性和体验深度	附带的、临时的、观光型的、偶然的、有目的的文化旅游者	"Testing a Cultural Tourism Typology," *International Journal of Tourism Research*，2003，5 (1)：45 – 58.
努里亚·伽里 – 艾斯佩尔特 （Nuria Galí Espelt）和何塞·安东尼奥·多奈尔·贝尼托 （José Antonio Donaire Benito）	行为	偶然的、研习仪式的、感兴趣的、博学的文化旅游者	"Visitors' Behaviourin Heritage Cities：The Case of Girona," *Journal of Travel Research*，2006，44 (4)：442 – 448.

第一章附录：欧洲理事会认定的 38 条"欧洲文化线路"名录（截至 2019 年）

序号	名称	网络成员	认定时间
1	圣地亚哥·德·孔波斯特拉朝圣之路（The Santiago De Compostela Pilgrim Routes）	立陶宛、波兰、德国、法国、西班牙、意大利、葡萄牙	1987
2	汉莎商业同业公会（The Hansa）	白俄罗斯、比利时、爱沙尼亚、芬兰、法国、德国、冰岛、拉脱维亚、立陶宛、荷兰、挪威、波兰、俄罗斯联邦、瑞典、英国	1991
3	维京之路（The Viking Routes）	白俄罗斯、加拿大、丹麦、芬兰、法国、冰岛、爱尔兰、荷兰、挪威、波兰、西班牙、瑞典、英国	1993
4	法兰奇纳古道（The Via Francigena）	法国、罗马教廷、意大利、瑞士、英国	1994

序号	名称	网络成员	认定时间
5	安达卢西亚的艾尔·利加多之路（The Routes of El Legado of Andalusi）	埃及、意大利、约旦、黎巴嫩、摩洛哥、葡萄牙、西班牙、突尼斯	1997
6	腓尼基人之路（The Phoenicians' Route）	法国、克罗地亚、希腊、意大利、黎巴嫩、马耳他、西班牙、突尼斯	2003
7	比利牛斯山区的钢铁之路（The Pyrenean Iron Route）	安道尔、法国、西班牙	2003
8	欧洲莫扎特之路（European Mozart Ways）	奥地利、比利时、捷克共和国、法国、德国、意大利、荷兰、斯洛伐克共和国、瑞士	2004
9	欧洲犹太人遗产之路（The European Route of Jewish Heritage）	奥地利、阿塞拜疆、波斯尼亚、黑塞哥维那、捷克共和国、法国、格鲁吉亚、德国、爱尔兰、意大利、立陶宛、挪威、波兰、葡萄牙、罗马尼亚、斯洛文尼亚、西班牙、瑞士、土耳其、英国	2004
10	圣·马丁旅行之路（The Saint Martin of Tours Route）	克罗地亚、比利时、法国、德国、匈牙利、意大利、卢森堡、荷兰、斯洛文尼亚、斯洛伐克共和国	2005
11	欧洲克吕尼隐修院遗址（The Cluniac Sites in Europe）	法国、德国、意大利、波兰、葡萄牙、西班牙、瑞士、英国	2005
12	橄榄树之路（The Routes of the Olive Tree）	阿尔巴尼亚、阿尔及利亚、克罗地亚、塞浦路斯、埃及、法国、希腊、约旦、黎巴嫩、利比亚、摩洛哥、葡萄牙、斯洛文尼亚、西班牙、叙利亚、突尼斯、土耳其	2005
13	雷吉亚古道（The Via Regia）	比利时、法国、德国、立陶宛、波兰、西班牙、乌克兰	2005
14	跨拉丁语区域——欧洲遗产的罗马式风格之路（Transromanica-The Romanesque Routes of European Heritage）	奥地利、法国、德国、意大利、葡萄牙、罗马尼亚、塞尔维亚、斯洛伐克共和国、西班牙	2007
15	葡萄之路（The Iter Vitis Route）	阿塞拜疆、保加利亚、克罗地亚、法国、格鲁吉亚、希腊、匈牙利、以色列、意大利、马耳他、黑山、葡萄牙、摩尔多瓦共和国、俄罗斯联邦、罗马尼亚、塞尔维亚、斯洛文尼亚、西班牙、"前南斯拉夫的马其顿共和国"	2009

序号	名称	网络成员	认定时间
16	欧洲西多会修道院之路（The European Route of Cistercian abbeys）	比利时、捷克共和国、丹麦、法国、德国、意大利、波兰、葡萄牙、西班牙、瑞典、瑞士	2010
17	欧洲墓地之路（The European Cemeteries Route）	奥地利、波斯尼亚、黑塞哥维那、克罗地亚、丹麦、爱沙尼亚、法国、德国、希腊、意大利、爱尔兰、荷兰、葡萄牙、波兰、罗马尼亚、塞尔维亚、斯洛文尼亚、西班牙、瑞典、英国	2010
18	史前岩画艺术小径（Prehistoric Rock Art Trails）	阿塞拜疆、法国、格鲁吉亚、爱尔兰、意大利、挪威、葡萄牙、西班牙	2010
19	欧洲温泉古镇线路（European Route of Historical Thermal Towns）	阿塞拜疆、比利时、克罗地亚、捷克共和国、法国、德国、格鲁吉亚、希腊、匈牙利、意大利、葡萄牙、俄罗斯联邦、西班牙、土耳其、英国	2010
20	圣·奥拉夫之路（The Route of Saint Olav Ways）	丹麦、挪威、瑞典	2010
21	欧洲陶瓷之路（The European Route of Ceramics）	法国、德国、意大利、荷兰、英国	2012
22	欧洲巨石文化之路（The European Route of Megalithic Culture）	丹麦、德国、英国、荷兰、葡萄牙、西班牙、瑞典	2013
23	胡格诺教和韦尔多教小径（The Huguenot and Waldensian Trail）	德国、法国、意大利、瑞士	2014
24	中庭——20世纪欧洲极权主义建筑风格（Atrium，on the Architecture of Totalitarian Regimes of the 20th Century）	阿尔巴尼亚、保加利亚、克罗地亚、意大利、罗马尼亚	2014
25	"新艺术运动"网络（The Réseau Art Nouveau Network）	奥地利、比利时、古巴、法国、德国、匈牙利、意大利、拉脱维亚、葡萄牙、罗马尼亚、塞尔维亚、斯洛文尼亚、西班牙、瑞士、英国	2014
26	哈布斯堡古道：通过哈布斯堡小径的不同视角看欧洲（Via Habsburg：See Europe through Different Eyes-on the Trail of the Habsburgs）	奥地利、法国、德国、瑞士	2014

续表

序号	名称	网络成员	认定时间
27	罗马皇帝和多瑙河葡萄酒之路 （Roman Emperors and Danube Wine Route）	保加利亚、克罗地亚、罗马尼亚、塞尔维亚	2015
28	查理五世皇帝的欧洲线路 （European routes of Emperor Charles V）	阿尔及利亚、比利时、德国、意大利、摩洛哥、荷兰、巴拿马、葡萄牙、西班牙、突尼斯	2015
29	拿破仑目的地 （Destination Napoleon）	白俄罗斯、比利时、克罗地亚、捷克共和国、法国、德国、意大利、立陶宛、波兰、葡萄牙、俄罗斯联邦、西班牙、英国	2015
30	罗伯特·路易斯·史蒂文森的足迹 （In the Footsteps of Robert Louis Stevenson）	比利时、法国、爱尔兰、英国	2015
31	格兰德地区的要塞城镇 （Fortified Towns of the Grande Region）	法国、德国、卢森堡	2016
32	印象主义之路 （Impressionisms Routes）	法国、克罗地亚、德国、意大利、荷兰、斯洛文尼亚、西班牙	2018
33	查理曼大帝之路 （Via Charlemagne）	比利时、法国、意大利、爱尔兰、卢森堡、西班牙、瑞士	2018
34	欧洲工业遗产之路 （European Route of Industrial Heritage）	奥地利、比利时、保加利亚、克罗地亚、捷克共和国、丹麦、芬兰、法国、德国、希腊、匈牙利、爱尔兰、意大利、拉脱维亚、卢森堡、荷兰、挪威、波兰、葡萄牙、塞尔维亚、西班牙、瑞典、瑞士、土耳其、乌克兰、英国	2019
35	铁幕小径 （Iron Curtain Trail）	奥地利、比利时、保加利亚、克罗地亚、捷克共和国、爱沙尼亚、芬兰、德国、希腊、匈牙利、拉脱维亚、立陶宛、北马其顿、挪威、波兰、罗马尼亚、俄罗斯联邦、塞尔维亚、斯洛伐克共和国、斯洛文尼亚、土耳其	2019
36	柯布西耶的目的地：建筑长廊 （Le Corbusier Destinations：Architectural Promenades）	阿根廷、比利时、法国、德国、日本、瑞士	2019
37	欧洲解放之路 （Liberation Route Europe）	比利时、加拿大、捷克共和国、法国、德国、意大利、卢森堡、荷兰、波兰、英国、美国	2019

续表

序号	名称	网络成员	认定时间
38	宗教改革之路 （Routes of Reformation）	奥地利、捷克共和国、德国、匈牙利、意大利、波兰、斯洛文尼亚、瑞士	2019

资料来源：笔者根据欧洲理事会官网整理，参见 https://www.coe.int/ben/web/cultural-routes/ by-theme。

第二章附录　东南亚主要唐人街空间分布

所在国	唐人街名称	标志性景观
新加坡	新加坡唐人街牛车水，包括大坡、桥南路、新桥路、沙获巷、史密斯路、登婆路、宾塔街及摩士街	供奉海上女神妈祖的天福宫，建筑特色颇具中国风格。牛车水内的天福宫、兴都庙、同济医院等都是很有价值的历史建筑物
泰国	曼谷唐人街，由三路一街组成，即耀华力路、石龙军路（西段）、嵩越路和三聘街及其附近一些街区，其中三聘街最为有名	曼谷唐人街寺庙林立，有龙莲寺、龙尾古庙、天后圣母庙、真君大帝庙、永福寺、观音古庙、关帝庙、观音圣庙、尊上师祖庙、城隍庙等。象征性地矗立在耀华力路东面入口处的圣寿牌楼中央镶嵌着由诗琳通公主亲笔写的四个中文大字"圣寿无疆"，其另一面则是泰文。它象征着"中泰一家亲"
马来西亚	位于吉隆坡老城区南部的唐人街，被当地人称作茨厂街，包括马来大饭店一带和八打灵街附近的华侨区，迄今已逾百年历史	威镇宫观音寺建筑整体展现出中国闽南传统建筑风格，部分装饰及形式带有马来本土及欧洲建筑文化的特色，多元文化的交融汇聚在了这座百年古刹上；建于 1864 年的仙四师爷宫，是吉隆坡最古老的华人庙宇
	位于槟榔屿首府乔治市的唐人街，面积很大，横跨了 Weld Quay 等好几条大道，是世界上最大、保存最为完好的唐人街	建于 18 世纪、位于槟城市中心的观音寺，是槟城最古老的庙宇，至今仍然是岛上华人的信仰寄托之地；建于 1893 年的极乐寺是东南亚最大的佛教寺庙，其室内建筑融合了中、泰、缅三种不同的佛教文化，内有康有为的"勿忘故国"、光绪皇帝御笔亲题的"大雄宝殿"、慈禧太后的"海天佛国"等名人题刻匾额；著名侨领、客家人张弼士的光禄第"蓝屋"，是东南亚现存最大的清代中国园林式住宅
	位于马六甲鸡场街文化坊的马六甲唐人街，是一条集古迹、文化、休闲等三体合一的古老街道	坐落于马六甲区的庙堂街的青云亭，是马六甲市唐人街上的地标性建筑，取"平步青云"之意，始建于清康熙十二年（1673），为第一任华人甲必丹郑芳扬筹资修建；宝山亭也是一座中国建筑风格的神庙。两座庙宇都存有郑和史迹
菲律宾	马尼拉唐人街以王彬街、知彬街、后街仔、洲仔岸四条平行的大街为主体，并由数百条大小不等的街巷组成	耸立在王彬街的几座中国式牌楼门，如"中菲友谊门"、"亲善门"、"团结门"、"王彬南桥"、"王彬北桥"、马尼拉王城内重建的八连门等都是马尼拉唐人街标志性建筑物

所在国	唐人街名称	标志性景观
越南	越南胡志明市唐人街，又被称为华人街、中华老街或堤岸，已有300多年历史，现被列为越南省级历史保护区	胡志明市唐人街庙宇和会馆众多，有天后庙、关帝庙、同庆大道的霞彰会馆、明乡会馆及天主教的圣心教堂；二府庙、老子街观音庙、六省路南普陀寺等则位于孔子大道
	位于越南中部岘港市郊秋盆河北岸、会安江入海口附近的广南省会安古城唐人街是历史上著名的东方大港。1992年被联合国教科文组织列为世界文化遗产	会安唐人街关公庙是越南所有的关公庙中最为古老、最为壮观的一座，相传建于明成化年间的中华会馆则是会安最早的华人会馆，它是由福建、广东、海南、潮州和客家人合资兴建，体现了当地华人的团结互助精神；建于1697年的福建会馆，又名金山寺，是由福建侨民们修建的族群集会场所，后被改建成妈祖庙
	河内唐人街位于今天的行帆街和懒翁街（原名福建街）	该唐人街最为重要的建筑是华人会馆和庙宇。当时居住在行帆街的主要是粤籍华侨华人，而居住在懒翁街则是以福建移民居多，那里也建有福建会馆与天妃宫
老挝	万象唐人街主要街道是昭阿奴大街。其西自昭阿奴大街、东至喷水广场、北自桑森泰大街、南至湄公河畔的法昂大街	万象唐人街拥有许多华人商店和中餐馆，以"酒店""酒楼""酒家"等命名的中国餐馆最多

资料来源：笔者根据中国知网和百度网检索的若干文献整理，检索题名为"唐人街"。

第四章附录一　福州双杭历史街区非物质文化遗产举例

名称	内容概述	等级	备注
十番音乐	茶亭十番音乐发源于福州著名的手工艺街——茶亭街，在民间广泛流传近300年。清代时已具规模，主要乐器有笛子、逗管、椰胡、去锣、狼串、大小锣、大小钹、清鼓等10种，后又加入笙、木鱼等。音乐旋律独特，不仅吸收本地民间小调、地方戏曲唱腔的元素，而且有岭南音乐的韵味。节奏明快、情感跌宕起伏。双杭十番乐是茶亭街十番音乐的延伸和分支。主要演奏曲名为《水底天》《一枝花》等	国家级	兼有
陈靖姑信俗	陈靖姑，福州仓山下渡人，生于唐大历二年（767）正月十五日。一生除妖灭怪，祈雨救灾，助产佑童，深得民众喜爱。人们对陈靖姑的信仰活动于宋元时期趋盛，朝廷加封陈靖姑为"崇福昭惠慈济夫人"。从此，陈靖姑由民间女神成为钦定神明，这对陈靖姑信仰的传播起到了推动作用	国家级	兼有

名称	内容概述	等级	备注
陈文龙信俗	陈文龙是南宋末年的名臣、儒将和抗元英雄，其一生为官清廉、关心民疾、嫉恶如仇、刚正不阿、忠心报国的事迹十分感人。由于民众对陈文龙虔诚的崇拜而升华为一种民间信仰，已有600余年的历史。陈文龙作为福州三"海神"之一（与妈祖、拿公齐名）。陈文龙信仰文化内涵丰富、底蕴深厚、信众虔信	省级	独有
老天华乐器制作技艺	福州台江老天华乐器制作坊于清嘉庆六年（1801）由王仕全始创，祖铺设在茶亭街，原名天华斋琴铺。创始人王仕全从小喜爱音乐，其子王师良继承产业后将其更名为"老天华琴行"，该琴行于1955年并入福州台江乐器社，成立"老天华名牌乐器小组"。改革开放后由第五代传承人王道辉再创"老天华乐器制作坊"。老天华琴行主要制作南胡（二胡）、月琴、板胡、椰胡、京胡、七弦、琴、琵琶、瑟、箫、笛、笙等民族乐器，并以其选材优良、造型精美、音色准确、音域宽广而享誉福州，深受民族乐器爱好者青睐，得到国内外专家赞赏	省级	独有
安南伬	安南伬旧称安南鼓，是民间庆祝丰收、欢度节日的一种民间音乐。相传在宋代，安南国使节到京都朝贡时演奏安南鼓乐。此后，这种鼓乐就成为皇家宫廷音乐的一部分。南宋末年唐王赵昰败退南逃，于福州称帝，随从乐师将此种鼓乐带到福州，经过民间艺人的传承发展，该鼓乐流行于双杭、保福山一带。安南伬常用乐器包括：鼓、大小唢呐、大胡、中胡、二胡、柳胡、大鼓、铜铃、木鱼等。代表作有《一枝花》《九连环》《柳青娘》《卖田豆》等	省级	兼有
疍民渔歌（福州疍民盘诗）	疍民，一般指广东、福建、广西沿海港湾和内河上从事渔业或水上运输的居民，多以船为家，有许多独特的习俗，是个相对独立的族群。福州台江三面临江，区内内河纵横，形成了如义洲、帮洲、瀛洲、鸭姆洲、后洲、楞岩洲、三县洲、老药洲、鳌峰洲等带"洲"的地名。特殊的地理环境，造成历史上疍民群体繁多，江河文化的底蕴十分深厚。疍民以船为家，一般一船或两三船为一户，为了相互照应，他们把船连在一起，故称他们的住所为"连家船"。疍民生活的空间只有连家船，除了以歌唱自娱外没有任何娱乐可言，这也是疍民成为善于歌唱的群体的客观原因。他们唱的歌被称为闽江疍民渔歌（疍民盘诗），因常隔船对唱而得名，其内容丰富多彩，有浓厚的生活气息。福州疍民渔歌（疍民盘诗）是福州民间歌谣的重要组成部分，其基本内容带有浓厚的江河情调与福州乡土韵味，如《贺年歌》《端午采莲歌》《十把竹篙》《一粒橄榄》等，都反映了疍民的独特生活习俗和审美趣味，具有很高的历史和艺术价值	省级	独有

资料来源：笔者根据《福州双杭志》（北京：方志出版社，2006）和福建省非物质文化遗产网资料整理。

第四章附录二　福州双杭历史街区古建筑及名胜古迹举例

名称	地址	文化内涵	备注
戚公祠	龙岭顶平和里14 号	为褒扬抗倭英雄戚继光而建，一进式砖木结构，占地面积 150 平方米	建筑年代不可考，圮毁
观音庵	星河巷 18 号	清乾隆三十五年（1770）建，有清咸丰年间《观音庵碑刻》一方，观音庵后遭损毁，1980 年代信众捐款重修，恢复旧观。占地 537.5 平方米	修复
关帝庙（武圣庙）	龙岭顶 50 号	目前仅存门墙一面及部分厅廊。厅廊有一对石柱，镌刻柱联曰："志在春秋，五百岁圣人复起；目空吴魏，数千年生气犹存。"民国十四年（1925），关帝庙为"福州店员总工会"所在地，中华人民共和国成立后，为福州五爱中学、龙岭小学校址，1991 年被福州市人民政府立为福州市历史纪念地	圮毁
鲁班庙	南禅山下山边街 55 号（今 19 号）	光绪二十三年（1897）建，庙宇为一座三进式砖木结构，占地面积 500 多平方米，头进为门楼戏台，戏台为歇山顶，二进为鲁班庙大殿，面阔三间，进深五柱。大殿内存有两个粗大的石柱，柱联曰："构木仿皇初，共托圣人之宇；传薪贻我后，鲜登大匠之门。"每年农历三月二十日为鲁班神诞，演戏进香，十分热闹	破损严重
倪文彬故居	潭尾街	清代建，风火墙三进院落。第三进为宣统二年（1910）建。"倪天兴板行"是倪文莹、倪文琛、倪文彬三兄弟所开，经营木材生意，兼营中药材。廊柱精雕细刻各种花纹，门窗均镂空雕刻瓶花、夔龙、鳌鱼、喜鹊等图案，厅前轩廊雕刻有凤凰等图案。该故居从一个侧面见证了福州木材商业繁荣的景象	保存较好
谢如如故居	星安桥畔	谢如如，"鸣鹤拳"创始人，31 岁后开馆授徒，培养许多武林高手，如陈世鼎、琉球人东恩纳宽量，对琉球刚柔空手道以及日本空手道有很大影响	保存较好
杨鸿斌故居	上杭路 122 号	又名"采峰别墅"，意为采五峰之灵气。始建于民国九年（1920），占地面积 2000 平方米，建筑面积 523.7 平方米。建筑形式丰富，建筑堂皇宏敞，是福州近代民居建筑和别墅建筑的优秀代表作，成为重要历史遗产	保存完好

续表

名称	地址	文化内涵	备注
罗勉侯旧居	延平路79号	建于民国初年，占地面积800平方米。坐北朝南，围以砖砌风火墙，砖木石结构，为民国时期典型的建筑物	规模尚在，木结构完好
祠堂	上下杭路	罗氏祠堂（上杭路7号）、何氏祠堂（上杭路18号）、张氏祠堂（上杭路82号）、陈氏祠堂（星河巷10号）、梁氏祠堂（下杭路92号）等，均为典型民国建筑	多数保存较好
三通桥	后洲汇巷与双杭三通桥下巷交汇处	此桥建于清嘉庆十一年（1806），长36.7米，宽3.1米，高6.37米，是福州市区仅有的一座2墩3孔花岗岩石拱古桥，不仅造型优美，而且体量也是最大的。三水汇于一桥之下的独特景观，更是为其赢得了"三通"的美誉	部分圮毁
星安桥	星河巷三捷河上	初建于清乾隆五十一年（1786），经嘉庆十年（1805）、光绪十六年（1890）、宣统二年（1910）、民国14年（1925）以及1993年多次重修。现桥长18.3米、宽2.1米，为花岗岩三孔拱桥。人称"一桥飞架，两铺相通"，"两铺"是指福星铺和安乐铺，取"福星"的"星"字和"安乐"的"安"字合成"星安"桥名	保存完好

资料来源：笔者根据《福州双杭志》（北京：方志出版社，2006）整理，会馆建筑除外。

后 记

10多年前，当第1本拙著《闲雅与浮华：明清江南日常生活与消费文化》（中国社会科学出版社，2010）即将付梓之际，我在该书的《后记》中表达了我游走于历史与旅游两个研究领域的尴尬和无奈。该书出版后，就读于南开大学历史学院的范莉莉博士曾在南开大学中国社会史研究中心主办的《中国社会历史评论》上对拙著给予了中肯的评价，最后她对我的"告别"感到些许遗憾，我一直试图联系她并向她解释和感谢她的关注，但仔细想想，一幅画如果没有留白，就没有了想象的余地。所以，这些年来我一直没有再涉足历史学，尽管我一刻也没有脱离对历史，特别是明清社会经济史研究的关注。十年后，眼前这本《多维视野中的文化旅游》是我不辞辛劳探索的成果。有人认为跨学科研究可以发现学术富矿，我却尝够了"跨越"的艰辛和无力感。

做旅游研究难免吃力不讨好，但可喜的是，文化和旅游融合发展给旅游研究注入强劲动力，青年学者异军突起，杰作迭出，可喜可贺。在此背景下，拙著得以面世，可谓躬逢其时，其间凝结着许多人的心血和汗水，因此，我要感谢对本书案例调研和实际研究工作给予各种帮助的各界领导、朋友、老师和同学。

本书中仙霞古道跨区域合作案例涉及跨省调研，非常感谢福建省文化和旅游厅宣传推广处一级调研员、高级经济师郑芳女士，是她主动帮我联系了浦城县文体旅局领导；非常感谢香港理工大学酒店及旅游管理学院博士、杭州旅游学校副教授罗建基老师到浙江江山市协助我完成仙霞古道浙江段调研；非常感谢浙江江山市城市投资建设总公司总经理王卓奇先生的热情接待，他帮助我们联系该市文体旅局、文旅公司等机构的调研活动，百忙中抽出时间陪我调研了仙霞古道上的清湖码头，并派车一路协助调研了仙霞古道江山全段；非常感谢江山市农旅集团党委书记、执行董事曹慧郎先生接受访问，宾主进行了愉快的交谈，他给我们提供了许多第一手数据，并嘱咐沿途景点免费接待并予以配合；非常感谢浦城县文体旅局周勤孙书记、李雪晶局长、原恩翔副局长，浦城县博物馆馆长毛建安先生、文史专家赵真友先生！他们热情陪同我及我的团队调研了仙霞古道浦城段的主要节点，如梨岭关、枫岭关、浦城小关、渔梁驿、观前古村落及其码头。浦城县文体旅局领导们还为了接受我的专访而召开座谈会。得到以上各位领导朋友的热情相助，使得历时一周的调研非常顺利，并获得许多意想不到的发现和数据资料。

非常感谢福州古厝集团副总经理吴尧女士，她愉快地接受我的采访并嘱咐下属子公司福州市上下杭保护开发有限公司为我提供许多宝贵资料；非常感谢福州烟台山历史风貌区管委会旅游科李雅芸科长及其同事，李雅芸是我的学生，她热情组织了一场专题座谈会，陪同我游览了烟台山主要景点并沿途讲解，使我对烟台山文物保护和旅游开发有了清晰的了解；感谢接受访谈的管委会几位科长以及万科集团、部分民宿经理、游客等，上述各位业界领导、朋友的帮助，使得本书两个案例的调研顺利完成，丰富了本书两章的研究资料和内容。

在本书写作过程中，我的历届毕业研究生助力不少，或帮助调研，或整理文献，或帮助制图，或协助摄影。如现任江苏省宿迁市滨湖新区文化体育和旅游局副局长的谭申之于第三章马尾船政文化旅游的文献资料搜集与初步研究、陈彦棐之于第七章湘西土家族文化旅游发展与社区感变迁问题的访谈和参与观察的资料搜集、王东林之于第五章"冲突"型文化遗产的文献梳理、钟姚月之于导论中的图表制作等。在这里，我要特别感谢最后两届研究生杨秀成和王倩两位同学，他们任劳任怨，不辞辛劳，不仅协助我完成仙霞古道的全程调研，而且帮助我完成本书的多个章节的图表制作和数据处理，更感谢他们陪伴我一路艰辛地采访和数据收集。至今我仍然记得我们师徒三人在仙霞古道廿八都镇大雨中的跋涉场景和等车的焦虑。感谢上述同学们的帮助，没有你们的帮助，我也不可能顺利完成本课题的研究和本书的写作。

文化旅游研究涉及面很广，欧洲在该方面的研究走在全球前列，本书参考了大量相关外文文献，除了我在英国杜伦大学访学期间的资料积累之外，我的女儿、英国格拉斯哥大学亚当·斯密商学院宋璟博士为我解决了不少难题，她不厌其烦地为我搜集、扫描、复印一些难见资料，甚至到同城格拉斯哥卡里多尼亚大学图书馆借取，在此表示由衷感谢！

本书得以顺利出版，还得益于社会科学文献出版社王绯女士的鼎力相助，感谢她为本课题及本书所付出的辛劳；感谢同社副编审张建中、责任编辑朱月，他们对本书的肯定，使我倍感欣慰！

本书数易其稿，反复修改，仍觉有许多不足之处。由于本人学识和学力所限，错讹之处在所难免，敬请方家不吝赐教！

癸卯盛夏宋立中写于三山闽江之滨浦上金山